21世纪高等教育金融学精讲教程

（第三版）

The Essence of TRUST AND LEASE

信托与租赁精讲

杨忠海 编著

东北财经大学出版社
Dongbei University of Finance & Economics Press
大连

图书在版编目（CIP）数据

信托与租赁精讲 / 杨忠海编著. —3 版. —大连：东北财经大学出版社，2025.6. —（21 世纪高等教育金融学精讲教程）. —ISBN 978-7-5654-5584-1

Ⅰ.F830.8

中国国家版本馆 CIP 数据核字第 2025U93K24 号

信托与租赁精讲

XINTUO YU ZULIN JINGJIANG

东北财经大学出版社出版

（大连市黑石礁尖山街 217 号　邮政编码　116025）

网　　址：http://www.dufep.cn

读者信箱：dufep@dufe.edu.cn

大连东泰彩印技术开发有限公司印刷　　东北财经大学出版社发行

幅面尺寸：170mm×240mm　　　字数：365 千字　　　印张：19.75

2025 年 6 月第 3 版　　　　　　　2025 年 6 月第 1 次印刷

责任编辑：章蓓蓓　　　　　　　　责任校对：那　欣

封面设计：张智波　　　　　　　　版式设计：原　皓

书号：ISBN 978-7-5654-5584-1　　　　定价：49.00 元

第三版前言

　　作为金融业重要组成部分的信托业与租赁业既是资金密集型行业，又是知识技术密集型行业，需要一批高素质的复合型、创新型人才，而对此精讲教材的修订和完善，正是培养高素质的复合型、创新型人才的有效方式和途径。党的二十大报告提出："我们要坚持教育优先发展、科技自立自强、人才引领驱动，加快建设教育强国、科技强国、人才强国，坚持为党育人、为国育才，全面提高人才自主培养质量，着力造就拔尖创新人才，聚天下英才而用之。"

　　《信托与租赁精讲》第二版自2022年8月出版以来，受到了广大读者的欢迎与肯定，被许多高等院校的经济管理类专业师生选用。本书出版后，党的二十大、十四届全国人大一次会议、中央经济工作会议等重要会议分别于2022年10月、2023年3月、2023年12月陆续召开，出台了一系列新的政策、推出了一些新制度。我国的银保监会①也实施了许多新的有关信托业与租赁业的法规，信托业与租赁业自身的发展也呈现出许多变化，所以第二版教材中的部分内容已经难以适应新形势变化的要求，迫切需要进行修订。此外，作者在近几年的教学实践中也积累了一些新

---

　　① 　现为国家金融监督管理总局（2023年5月18日挂牌成立）。本书在写作时，使用银保监会说法的，说明法规是银保监会实施的；使用国家金融监督管理总局说法的，说明法规是国家金融监督管理总局实施的。

的教学经验，收集了一些新资料，有助于对第二版教材进行修订。

本次修订主要体现在以下几个方面：

一是紧密结合信托业与租赁业发展的最新现状，融入了思政元素，更新了相关数据，力争引用最新的资料，以便让读者更好地了解我国信托业与租赁业的最新动态。

二是梳理了信托业与租赁业的有关政策和监管的法律法规，并在有关章节中进行了补充和更新，使本书的内容能更好地体现新政策和监管的要求。

三是更新了有关案例，以便使读者对我国信托业与租赁业的发展变化有更深刻的认识。

本书在修订中参考了大量的文献资料和研究报告，并得到了有关专家、学者和业内人士的指点与帮助。同时，本书的修订工作得到了东北财经大学出版社的大力支持，在此一并表示衷心的感谢。

当然，由于我国信托业与租赁业的发展及各种政策、法律法规的更新变化较快，时间紧，作者水平有限，所以书中难免还会存在一些疏漏与差错，希望读者不吝指正。

杨忠海

2025 年 1 月

第一版前言

　　信托业和融资租赁业作为现代金融业两个重要的组成部分，在我国现代市场经济发展中必将发挥越来越重要的作用。随着我国改革开放进程的不断深入，信托业和融资租赁业的国际化竞争将日趋激烈。21世纪的竞争，归根到底是高素质人才的竞争。人才是信托业和融资租赁业发展的第一重要资源，起着基础性、战略性和决定性的作用，能否拥有优秀的人才，从某种意义上讲，决定着信托业和融资租赁业的兴衰。目前，人才短缺在我国信托业和融资租赁业是一个普遍现象。为了在21世纪信托业和融资租赁业的竞争中获取竞争优势，缓解信托业和融资租赁业人才的供需矛盾，必须加大信托业和融资租赁业人才培养的力度。本书正是为顺应信托业和融资租赁业的发展对人才的需要而编写的。

　　本书在编写时注重了以下几个方面：

　　第一，注重基础性。本书在注重理论体系完整性的同时，按照理论够用、突出应用的原则，重点向学生介绍信托和融资租赁的基础知识。

　　第二，注重通俗性。现代信托和融资租赁理论内容博大精深，本书力求通过通俗易懂的语言、丰富翔实的资料，深入浅出地向学生系统地介绍信托和融资租赁知识。

　　第三，注重适用性。本书在编写中努力突出内容的适用性，为学生将来顺利走上工作岗位打好基本理论和应用基础。

第四，注重时代性。本书努力做到博采众长，力求将最新的数据资料、国内外信托与融资租赁业界和学术界的最新研究成果呈现给学生，为学生奉献最新鲜的知识。

本书共分八章，具体内容包括信托概述、一般信托业务、中国信托业务与创新、信托公司管理、租赁概述、租金、融资租赁合同和融资租赁公司管理。

本书注重吸收优秀教材成果，坚持创新设计，版式上采用了套系一体化的栏目，各章中均设有学习目标、本章小结、关键概念、思考与应用，并根据需要适当安排了参考案例。本书定位准确、深浅适中、知识面宽、操作性强、贴近实际、适用面广，较好地体现了金融学专业教育的教材特色，既可作为本科院校金融专业的专业课教材，又可作为其他经济管理类、法律类等专业学生扩大知识面或选择学习的教材，还可作为信托业和融资租赁业从业人员及自学者的参考用书。

本书在编写过程中参考了大量的文献资料，并得到了有关专家、学者和业界人士的指点与帮助。同时，本书的编著出版得到了东北财经大学出版社的大力支持，在此一并表示衷心感谢。

由于时间紧，作者水平有限，所以书中难免疏漏，真挚地希望读者对本书中存在的问题给予批评指正。

杨忠海

2018年7月

目录

第一章 信托概述

────────── 学习目标 ──────────

　　理解信托的含义、本质，掌握信托的构成要素、特征、职能和作用，了解信托的种类、起源以及英国、美国、日本信托发展的特点。

第一节　信托的含义与本质

一、信托的含义

　　信托的最基本含义是指在信任基础上的委托行为。

　　信托在人们的社会生活中涉及的面很广，形式有多种，有经济方面的，有事务方面的，甚至还有政治性的。例如，委托他人销售自己的产品，委托信任的人或单位代为管理和处理自己的财产，亲朋好友之间委托捎带财物、照料老人或孩子、照管房屋等，这些都是基于信任的委托行为，都可以认为是一种"信托"。历史上，古代帝王将江山社稷大事托付给信任的近臣，这也可以认为是一种"信托"，但这具有政治属性。因信托含义的外延宽广，许多中外学者从不同的范畴考察，得出了不同的结论。从社会道德范畴看，信托是一种社会行为，表示人们之间一定的思想道德行为，所以，信托泛指一种以信任为基础的社会委托行为；从法律范畴来看，信托是一种法律关系，它是以信任为基础，涉及当事人之间权利与义务的法律行为；从经济范畴看，它是指在接受他人信任的基础上，代人理财，为人谋利的一种经济行为。因此，很多学者认为要给信托下一个准确、完整的定义是很困难的，但是信托定义的混乱又会导致信托制度设计上的模糊性，由此看来，要建立真正的信托制度，还真需要首先规范信托的概念。

在充分考虑到国情和结合了自身法律文化背景的前提下，我国2001年出台的《中华人民共和国信托法》（以下简称《信托法》）中，对信托进行了如下定义：信托是指委托人基于对受托人的信任，将其财产权委托给受托人，由受托人按委托人的意愿，以自己的名义，为受益人的利益或者特定目的，进行管理或者处分的行为。这一定义，有四个方面的含义：

（一）委托人对受托人的信任，是信托成立的基础与前提

委托人对受托人的信任是信托得以创立的条件。如果不是对受托人的诚实信用和能力存有充分信任，委托人很难作出把自己的财产交付给受托人管理或者处分的决定。因此，信托立足于信任之上。受托人处于受信任的地位，一旦接受信任和委托，就负有忠实地为受益人的利益处理信托事务、管理和处分信托财产的责任，不得利用该地位为自己或受益人之外的第三人谋取不当利益。

但信托一旦生效成立后，就以财产管理为中心了，人的因素退居次要地位。只要受托人没有违背法律规定的受托人必须承担的义务，没有违背信托文件中约定的受托人自愿承担的义务，而信托文件事先也没有相关的规定，那么，即使对受托人的信任有所下降甚至丧失，委托人也无权解除信托。

（二）信托财产是信托关系的核心

信托是一种以信托财产为中心的财产管理制度或法律关系。所谓信托财产，是指受托人因承诺信托而获得的财产。信托财产在信托关系中处于核心地位，若没有独立可辨识的信托财产，就无信托可言。从信托的成立看，如果委托人没有将自己的财产委托给受托人，信托就无理由成立；从信托的管理看，受托人的活动是围绕信托财产的管理或者处分而展开的，若没有信托财产，则受托人的活动和受益人的利益皆无所依托；从信托的存续看，倘若信托财产不再存在，信托关系即归于消灭。

因此，委托人在信任受托人的基础上，必须将其财产权委托给受托人，使受托人取得该信托财产的财产权，并为受益人的利益或特定目的而管理、处分信托财产。委托人一旦将财产委托交付给受托人设立信托，就产生了如下法律后果：一是被交付的委托人的财产转化为独立的信托财产；二是信托财产独立于委托人的其他财产，委托人对该信托财产不再享有管理和处分权利；三是受托人享有对信托财产的管理或者处分权，同时承担管理和处分信托财产并向受益人移交信托利益的义务。

（三）受托人以自己的名义管理或者处分信托财产

委托人将信托财产委托给受托人以后，就失去了对信托财产的直接控制权。信托财产的权利在法律上属于受托人。信托财产由受托人控制，受托人以自己的名义

管理或者处分信托财产，不需要借助委托人或受益人的名义，也无须借助其他人的名义。这是信托区别于一般委托代理关系的重要特征。受托人管理、处分信托财产的具体内容，首先依据信托文件来确定；信托文件未明确的，则依据《中华人民共和国民法典》上的管理、处分的一般含义来确定。可见，信托财产的管理方式是一种外部管理，委托人不亲自对信托财产进行管理，而是委托受托人进行管理。受托人在以自己的名义进行独立行为时，以实现委托人创立的信托目的为宗旨。

（四）受托人按委托人的意愿为受益人的利益或特定目的管理信托事务

受托人以自己的名义管理或者处分信托财产有两个基本前提：一是必须按照委托人意愿进行管理或者处分，不得违背委托人的意愿。委托人的意愿体现在信托文件的具体规定之中，是受托人行为的基本依据。二是管理或处分信托财产必须是为了受益人的利益或者特定的目的，不能是为了自己或者第三人的利益。受托人管理信托事务，除依据信托文件约定或法律规定取得适当报酬外，不能从信托财产上取得任何个人利益。也就是说，信托财产可以转移到受托人名下，置于受托人控制之下，但其不能享有信托财产上的任何利益。

通过受托人对信托财产的管理、处分而为受益人谋取最大利益或实现其他特定目的，是委托人创设信托的出发点，也是信托的价值所在。因此，信托目的决定着信托财产的管理或者分配，是信托不可缺少的要素之一。

二、信托的本质

信托的本质是"受人之托，代人理财"。信托的本质具体表现为以下几个方面：

（一）信托的前提是财产权

信托财产是信托业务的中心，财产权是信托行为成立的前提。信托财产的委托人必须是该项财产的所有者，要对信托财产拥有绝对的支配权，并要具有转让财产的权利。只有这样，受托人才能接受这项财产的信托，取得法律上的地位，信托行为才能真正成立。受托人也才能代委托人进行管理或处理，为受益人谋取利益。

根据英美法系的有关规定，信托业务中的信托财产权可分为两种：一种是受托人对信托财产的权利，称为"普通法上的所有权"（或名义上的所有权）；另一种是受益人享有的权利，称为"衡平法上的所有权"（或利益所有权）。也就是说，信托财产具有"双重所有权"。

大陆法系国家奉行的是一物一权的原则，法律上并没有双重所有权的规定，因此，受益人的权利被称为"受益权"，其所享有的利益称为"信托利益"。

尽管两大法系在权利的称谓上存在差异，但都体现了"所有权与利益权相分离"的基本理念。

（二）信托的基础是信任

作为一种社会信用活动，信托业务始终贯穿着信任关系。委托人把自己的财产交给受托人代为管理的行为，建立在委托人对受托人充分信任的基础上，这种信任关系是信托业务得以存续的基本条件。委托人提出委托，经受托人同意并接受委托从而信托关系成立，在之后的业务处理中受托人也必须尊重委托人对自己的信任，严格按照委托人的意图实施信托行为，不能自行其是从而辜负了委托人。

（三）信托的目的是保障受益人的利益

信托的目的是委托人设定信托的出发点，也是检验受托人是否完成信托事务的标志。在信托关系建立时，委托人一般要设立信托目的，而信托目的必然指向受益人的利益。也就是说，受托人在对信托财产进行管理时，要时刻以受益人的利益最大化为己任，约束自己的行为，不能作出有损受益人利益的行为，更不能利用信托财产为自己或第三者谋取利益。

（四）信托收益按实际收益计算

信托关系是在委托人信任的基础上，由受托人代为管理或处分信托财产的经济活动，受托人应尽职为受益人谋利。但信托业务也是有风险的，这表现为信托损益要按实际原则进行计算。如果受托人按合同规定处理并恪守职责，那么资金运用所发生的亏损应由委托人自己承担。当然，如果委托人或受益人有证据证明受托人未尽职守或存在重大疏忽，则由此带来的损失应由受托人负责赔偿。

（五）信托体现的是多边信用关系

信托业务体现的是一种多边的信用关系。一般来说，一项信托业务至少要涉及委托人、受托人和受益人这三方当事人，它们围绕信托财产形成了信托行为的多边关系。其中，作为信托财产的最初所有者的委托人是信托行为的起点；受托人则接受委托人的信托财产，通过信托业务加以运用，以满足委托人的要求，使受益人获得相应的利益并实现信托目的；受益人在信托关系中扮演了实际利益获得者的角色，是信托行为的终点。

当然，在这种围绕信托财产的管理、处分和受益而产生的一系列经济活动中，各方之间都存在相互信任的关系，而这种多边信用关系的建立，必须根据法定的形式，对各方关系人的条件、权利和义务加以明确。

第二节　信托的构成要素

信托的设立必须具备信托行为、信托目的、信托主体、信托客体、信托报酬和信托结束等约定要素。

一、信托行为

信托行为是指以设立信托为目的而发生的一种法律行为，也就是信托当事人在约定信托时，为使信托具有法律效力而履行的一种手续。信托行为就是信托约定行为或信托设立行为，信托关系通过信托行为得到确立。

（一）信托行为的条件

信托行为一般有以下三个方面的条件：

1.信托当事人及其约定合法，意思表示真实

信托行为有三个当事人：委托人、受托人和受益人。在实际信托行为中，需要两个以上的主体，委托人与受益人可以合二为一，此时受托人必须是与之相独立的另一主体。信托当事人应具备应有的权利能力和行为能力，且信托当事人在信托约定中的意思表示要真实。

2.特定的合法目的

信托设立必须有特定的目的，且目的合法。设立信托不得违反法律、法规或损害社会公共利益，不得专门以诉讼或讨债为目的设立信托。委托人设立信托，不得损害其债权人利益，否则，其债权人可以行使信托撤销请求权。

3.以财产为中心，以信任为基础

信托财产是信托关系的核心，因为信托是一种为了受益人的利益或特定目的进行的财产管理方式，信托行为的确认要以财产为中心，没有信托财产，信托行为无法产生。同时，信托是基于委托人对受托人的信任而设立的，信任是信托行为发生的基础。

（二）信托行为的形式

信托行为一般通过以下几种形式体现出来：

1.书面合同

书面合同，即委托人、受托人之间签署的书面信托合同文书。书面合同是信托行为最基本的体现形式。

2.个人遗嘱

个人遗嘱，即遗嘱人按照法律规定的方式处理遗产或者其他事务并于遗嘱人死亡时发生效力的法律行为。以遗嘱形式设立信托，一般是遗嘱人作为委托人委托他人代为处理其身后事务。

3.法院的裁决命令书

当关系人之间无明确的信托表示，或并无成立信托的意愿，而要由法院根据关系人之间已经发生的经济关系以及法律的有关规定来确定关系人之间的信托关系

时，就会出具法院裁决命令书。法院裁决命令书具有强制性。

4.信托宣言

信托宣言，是指财产所有人发表宣言，表示自某时起某部分财产或财产经营所得为特定受益人所享受，但仍由自己来管理财产并以自己为受托人的信托表示形式。依信托宣言而设立的信托为宣言信托，宣言信托中委托人和受托人为同一人。

5.协议章程

协议章程，是以协议章程的形式形成信托关系的行为表现。

以上的信托约定方式主要是书面形式的，有时也有口头形式的，但比较罕见。

我国《信托法》规定，设立信托应当采取书面形式。书面形式包括信托合同、遗嘱或者法律和行政法规所规定的其他书面文件等。采取信托合同形式设立信托的，信托合同签订时信托成立；采取其他书面形式设立信托的，受托人承诺信托时信托成立。

设立信托，其书面文件应当载明下列事项：一是信托目的；二是委托人、受托人姓名或者名称、住所；三是受益人或者受益人范围；四是信托财产的范围、种类及状况；五是受益人取得信托利益的形式、方法。除上述事项外，信托文件还可以载明信托期限、信托财产的管理方法、受托人的报酬、新受托人的选任方式和信托终止事由等事项。

二、信托目的

信托目的是委托人通过信托行为所要达到的目的。信托目的由委托人提出并在信托契约中写明，受托人应按照委托人所明确的信托目的进行信托财产的管理和运用。

信托目的是委托人想要实现的某种信托利益，因此，信托利益是信托目的的表现形式。信托利益可以是自益，即委托人为了自己的利益而设立信托，这是自益信托；信托利益也可以是他人利益，即委托人为了受益人（不是委托人自身，也不是特定公众）的利益而设立的信托，这是他益信托；信托利益还可以是公共利益，即委托人为了某一特定社会公众（群体）的利益而设立信托，这是公益信托。

信托目的多种多样，有些是为了保全财产，有些是为了财产生息增值，有些是为了分配财产，有些是为了使目标财产继续正常经营等。但总的来说，信托设立的目的不能偏离三个要点：合法性、可能性和为受益人所接受。

三、信托主体

信托主体即完成信托行为的主体，又称信托当事人或关系人。信托主体包括委托人、受托人和受益人。

（一）委托人

委托人是指基于受益人的利益，或者出于其他目的，将其合法财产委托给受托人管理或处分的当事人。

首先，委托人必须是信托财产的合法拥有者，因为信托是委托他人管理财产从而达到一定目的的财产管理形式，委托人在设立信托时，不仅决定由谁来享受这些财产的利益，而且还要把财产转移给受托人，如果委托人不是信托财产的合法所有者，就无法决定财产的受益人并转移信托财产。例如，破产人要成为委托人，就必须征得其债权人的同意。其次，委托人应当是具有完全民事行为能力的自然人、法人或者依法成立的其他组织，无民事行为能力的人，如未成年人或禁治产人，不能成为委托人。

委托人可以是法人、依法成立的其他组织，也可以是自然人；在一项信托业务中，委托人可以是一人，也可以是多人。两人或两人以上的财产共有人将其共有财产进行信托的为共同委托人。当然，共同财产中的某一人或几人也可将其中自己拥有的那部分财产信托给他人管理或处分。

（二）受托人

受托人是接受信托，按照信托合同的规定管理或处分信托财产的当事人，即受人之托、代人理财的人。

在信托关系中，受托人的地位十分重要，是关系到信托关系能否设立及信托利益能否得到保障的重要因素。这是因为：首先，信托是基于委托人对受托人的信任，委托人将信托财产转移给受托人，受托人以自己的名义去管理和处分信托财产，若受托人没有为自己树立起足够的信任度，信托关系就无法建立。其次，信托是受人之托、代人理财，受托人管理和处分信托财产时，就会出现信托财产的保值、分割、增值等利益，这些利益的大小直接影响到受益人的得失，也可能影响到委托人的利益（如受益信托下的本金损失）。因此，受托人的经营管理能力是委托人选择受托人的先决条件。最后，受托人在信托行为中负有限责任，在受托人合法、合规并依照信托合同进行信托财产管理与处分时，所产生的经营和处分结果完全由受益人和委托人承担，因此，对于委托人和受益人而言，信托风险的高低在很大程度上取决于受托人的信用、责任心和能力等综合因素。正因为受托人地位的重要性，因此对受托人的要求也十分严格，一般要求受托人必须具有民事行为能力，有良好的诚信度，有管理和处分信托财产的业务能力、专业技能和经验等。

受托人管理和处分信托财产是为了完成信托目的，其行为宗旨是受益人的利益最大化。受托人可以是自然人，即个人受托；也可以是法人，即法人受托。在一项信托事务中，受托人可以是一个人，也可以是几个人。同一信托的受托人有两人以上的，为共同受托人。

（三）受益人

受益人是在信托关系中享受信托利益的人。受益人由委托人指定，受益人可以是自然人、法人或者依法成立的其他组织。受益人可以是一人，也可以是多人。委托人既可以指明受益人，也可以只确定一个受益人的选择标准或范围，凡是符合标准或在范围之内的均可以成为受益人。受益人可以是委托人本人，也可以是委托人之外的第三人。受益人本身也可以是受托人，但受托人不得是同一信托的唯一受益人。

受益人享受信托利益的形式有：一是本金受益，即受益人只享受信托财产本身的利益；二是收益受益，受益人只享受信托财产运用的收益；三是全部受益，即受益人既享受信托财产本身的利益，又享受信托财产运用的收益。

在信托关系人中，受益人的资格不受限制，凡是具有权利能力的人都可以成为受益人，而不需要具备民事行为能力，如未成年人、残疾人、精神病人，甚至是罪犯、尚未出生的婴儿、非公司组织的社团和外国人等。被委托人指定的受益人可以拒绝受益，若全体受益人放弃信托受益权，则信托终止；若部分受益人放弃信托受益权的，则被放弃的信托受益权按下列顺序确定归属：信托文件规定的人、其他受益人以及委托人或者其继承人。受益人的信托受益权可以依法转让和继承。

四、信托客体

信托客体是指信托关系的标的物，即信托财产。信托财产是委托人委托给受托人管理或处分的财产，也就是受托人承诺信托而取得的财产。同时，信托财产还包括信托成立后经受托人管理或处分而获得的新增财产，如利息、红利和租金等。

信托财产具有以下特性：

（1）转让性。在信托关系中，信托财产从委托人手中转移到受托人手中，因此，信托财产的首要特性就是转让性，即信托财产是委托人独立支配的可以转让的财产。

（2）独立性。信托财产的独立性主要表现在三个方面。其一，信托财产独立于委托人的其他财产。其二，信托财产独立于受托人的固有财产。信托财产不属于受托人的固有财产，当受托人死亡或者依法解散、被依法撤销和被宣告破产等时，信托财产不属于其遗产或者清算财产；受托人管理或处分信托财产所产生的债权，不得与其固有财产产生的债务相抵消。其三，不同信托之间其财产相互独立。即不同委托人的信托财产或者同一委托人的不同信托财产相互独立；受托人管理或者处分不同委托人的信托财产所产生的债权债务，不得相互抵消。

（3）有限性。信托财产只能在一定的时空上运作：信托财产空间上的有限性，即信托财产范围受法律限制，如我国《信托法》第十四条就规定，法律、行政法规禁止流通的财产，不得作为信托财产；信托财产在时间上的有限性，即信托财产一般都有时效性。

（4）物上代位性。物上代位性是指信托财产的形态在信托关系存续期间可以发生改变。为了更好地实现受益人的利益，受托人可以根据实际情况在合同许可的范围内对财产进行具体的运用，这时可能就会发生信托财产的形态转化。

（5）运动的单向性。信托财产在设立信托之前是委托人的自有财产，但一旦设立信托，委托人就必须将信托财产转交给受托人，由受托人对信托财产进行管理与处分，而在信托结束或实现了信托目的之后，信托财产将交由受益人或委托人，所以信托财产的运动是以委托人为起点、以受托人为中介、以受益人为终点的单向运动。

五、信托报酬

信托报酬是受托人管理和处分信托财产所取得的报酬。受托人承办信托事务有获得报酬的权利，信托报酬的高低应在信托合同中约定，信托报酬可以向受益人收取，也可以从信托财产中提取，还可以由委托人另外单独支付，具体采用何种形式也应在信托合同中约定。目前资金信托的报酬主要是从信托收益中提取，提取方式主要有三种：一是固定金额，二是固定比率，三是浮动比率。受托人对信托财产所负担的捐税和费用，以及在处理信托事务中并非自己的过失而造成的损失，可以在应得报酬之外向受益人或委托人索取。

六、信托结束

信托结束是指信托行为的终止。信托不因委托人或者受托人的死亡、丧失民事行为能力、依法解散、被依法撤销或者被宣告破产而终止，也不因受托人的辞任而终止。对于信托终止问题，我国《信托法》第十五条进一步明确如下：设立信托后，委托人死亡或者依法解散、被依法撤销、被宣告破产时，委托人是唯一受益人的，信托终止，信托财产作为其遗产或者清算财产；委托人不是唯一受益人的，信托存续，信托财产不作为其遗产或者清算财产；当作为共同受益人的委托人死亡或者依法解散、被依法撤销、被宣告破产时，其信托受益权作为其遗产或者清算财产。

信托终止的事由有：信托文件规定的终止事由发生；信托的存续违反信托目

的；信托目的已经实现或者不能实现；信托当事人协商同意；信托被撤销；信托被解除。

信托终止时，信托财产属于信托文件规定的人；信托文件未规定的，通常按下列顺序确定归属：受益人或者其继承人，委托人或者其继承人。

第三节　信托的特征、职能与作用

一、信托的特征

信托起源于英国，自从它产生以来，在长期的发展过程中，已形成了其自身独有的特点。尽管后来信托经历了美国、日本等国的本土化改造，信托品种不断推陈出新，但基本上都继承了信托原有的基本特点。信托的特征主要表现在以下几个方面：

（1）充分信任是信托关系成立的基础。信托与其他信用关系最大的不同是，信托更强调当事人之间的充分信任，这种充分信任表现在：在信托期间委托人将财产的所有权授予和转移给受托人，并在信托期间不再拥有对这部分财产的处置权，受托人按照信托契约的规定自主运用信托财产，在不违反信托目的的前提下，对信托财产的运用不受任何人的干涉。而放弃财产的所有权对任何人来说，都是一件非常重大的事情。由此可见，信托的基础是充分信任，信托是在信托关系人相互之间充分信任的基础上设立的。一方面，委托人把信托财产转移给受托人管理和处置，体现了其对受托人的充分信任；另一方面，委托人根据信托契约的规定，保证受托人能够自主运用信托财产，这也需要受托人对委托人有充分信任。

（2）信托财产的权利主体与利益主体相分离。信托财产的权利主体与利益主体相分离，正是信托区别于类似财产管理制度的基本特征。委托人以一笔财产设立信托后，这笔财产就成为信托财产，它不再属于委托人所有，也不属于受益人所有，是被置于受托人名下，由受托人以自己的名义管理、运用和处分。委托人和受益人无权管理和处分信托财产时，信托所产生的利益归受益人享有，受托人不得利用信托财产为自己谋利，委托人也不再享有信托利益。受托人按照法律和信托文件享有信托财产的财产权，受益人根据法律和信托文件享有信托财产的受益权。信托的这一特点告诉我们，必须兼顾两方面的利益：一方面，受托人对于财产享有充分支配的权利，这有利于其对信托财产进行更有效的管理；另一方面，受益人从这部分信托财产本身获得利益的保障，这也是信托的目的。

（3）信托经营方式灵活，适应性强。在运作过程中，信托业务既可以投资，又可以贷款；既可以采用直接融资方式，又可以采用间接融资方式；既可以同客户建立信托关系，又可以建立代理关系；既可以为企业服务，又可以为个人服务；既可以为公益目的服务，又可以为私益目的服务。信托业务经营面之宽广、方式方法之灵活多样，是其他金融业务都望尘莫及的。信托业务方式的多样化，使其业务活动具有灵活性，并且伴随着经济的发展，仍不断有新的信托业务方式创立，以适应社会各方面的需要。信托业之所以有这种特殊之处，正是由于信托财产管理制度本身所具有的优越性。

（4）信托财产具有独立性。信托一经有效设立，信托财产便从委托人、受托人以及受益人的自有财产中分离出来，信托财产不属于其固有财产，也不属于其遗产或清算财产，仅服务于信托目的。这就促使受托人更加公正、合理地处置信托财产。信托财产的独立性和破产隔离效应，使信托财产的安全性有了保障，从而使受益人的利益在制度上得到保护。

（5）信托管理具有连续性。在信托关系中，信托财产的运作一般不受信托当事人经营状况和财务关系的影响。受托人的死亡、解散、破产、辞职、解任不影响信托关系的存续，某些信托，如公益信托和养老金信托等甚至没有期限限制。所以，信托是一种具有长期性和稳定性的财产管理制度。它为受托人长期管理和运用财产、委托人实现转移和管理财产的长期安排提供了制度上的保障，从而也使信托具有中长期融资功能。

（6）受托人不承担损失风险。受托人是按照委托人的意图对信托财产进行管理和处理，损益按实际结果进行核算。若有收益，则获得的经营收益归受益人享有；若有亏损，则由委托人或由受益人承担。受托人在自身没有过失的情况下，对信托业务产生的损失不承担任何责任，并依据信托协议向委托人或受益人收取处理信托业务所发生的费用。

（7）信托损益的计算遵循实绩原则。在受托人按照信托契约的规定尽职尽责管理信托财产的前提下，信托财产的损益根据受托人经营的实际结果来计算，而不是根据事先确定的损益标准来计算，这构成了信托的另外一个显著特点，同时也是信托存款与银行存款的一个重要区别。银行存款按照固定的收益率（利率）来支付收益，而信托存款在没有取得收益的情况下受益人就不享有收益。如果信托财产运用中的支出大于收益，则受托人还有权要求受益人给予补偿，也就是说，在受托人本身没有过错的情况下，受托人不承担信托财产运用的任何风险和损失。这一原则充分体现了委托人对受托人的信任。当然，对因受托人管理运用信托财产有过错而造成的信托财产的损失，受托人必须承担赔偿责任。

二、信托的职能

信托的职能是信托本身所具有的内在功能，它由信托的根本特性和地位决定，客观地反映了信托的本质，即信托的本质决定了信托的职能。信托的职能主要有以下几个方面：

（一）财产管理职能

财产管理职能也称财产事务管理职能，在我国又称为"社会理财职能"，是信托机构受托对信托财产进行管理或处理的职能。财产管理职能是信托的基本职能，具有以下特点：

（1）受托人受托经营信托财产，只是为受益人的利益而进行管理或处理，受托人不能借此为自己谋取利益，而只能受托做服务性经营。

（2）受托人虽然得到委托人的授信，接受了财产所有权的转移，但受托人如何管理或处理信托财产，只能以信托的目的为出发点。受托人不能按自己的需要随意利用信托财产。

（3）受托人通过管理或处理信托财产而产生的收益，最终要归于受益人。受托人为管理或处理信托财产而提供的劳务，只能收取手续费作为劳动报酬。

（4）受托人经营信托财产时，若发生亏损，那么只要其运作符合信托契约的规定，就可以不承担此亏损。

（二）融通资金职能

融通资金职能是指信托作为一项金融业务，具有筹集资金和融资的职能。在货币信用经济下，个人的财产必然有一部分会以货币资金的形态表现出来，因此，对这些信托财产的管理和运用就必然伴随着货币资金的融通。这一职能作用的大小，视各国对信托业务的认识和利用程度而定。例如，日本把信托机构视为融通长期资金的机构，因而金钱信托在整个日本信托业务中占90%以上。在我国，信托的这个职能主要反映在长期资金的营运上——筹集长期资金用于生产和建设，同时也表现为吸引外资、引进国外的先进设备和技术。

（三）沟通和协调经济关系职能

信托业务涉及多边经济关系，受托人作为委托人与受益人的中介，是天然的横向经济联系的桥梁和纽带。通过信托业务的办理，特别是通过代理和咨询业务（如代理发行有价证券、代理收付款项、代理保管资财、信用签证、经济咨询、资信调查等），受托人以代理人、见证人、担保人、介绍人、咨询人、监督人等身份为经营各方建立相互信任的关系，为经营者提供可靠的经济信息，为委托人的财产寻找投资场所等，从而加强横向经济联系和沟通，促进地区之间的物资和资金交流，也推进了跨国经济技术的协作。

（四）社会投资职能

社会投资职能是指信托机构运用信托业务手段参与社会投资行为的职能。该职能可以通过信托投资业务和证券投资业务得到体现。同时，信托机构开办投资业务也是世界上大多数国家或地区的普遍做法。

（五）为社会公益事业服务职能

为社会公益事业服务职能是指信托机构可以为资助社会公益事业的委托人服务，以实现其特定目的的职能。随着经济的发展和社会文明程度的提高，越来越多的人热衷于学术科研、教育、慈善、宗教等公益事业，纷纷捐款或者设立基金会，但他们一般对捐助或募集的资金缺乏管理经验，并且又希望所热心支持的公益事业能持续下去，于是就有了与信托机构合作的愿望。信托机构对公益事业的资金进行运用时，一般采取稳妥而且风险较小的投资方法，如选择政府债券作为投资对象。信托机构开展与公益事业有关的业务时，一般收费较低，有的甚至可以提供无偿服务。

综上所述，在信托的各种职能中，财务管理是其最基本的职能，资金融通、沟通和协调经济关系、社会投资以及为社会公益事业服务等也是其重要职能。这些职能是否能够起作用以及发挥作用程度的大小，依各国的政治制度、经济制度、社会习俗等因素而定，特别是一国市场经济发展的程度和金融深化的程度对信托职能的发挥起着决定性的作用。

三、信托的作用

信托的作用是信托职能发挥的结果，它通过具体的信托业务对社会经济产生影响。信托发挥的作用如下：

（一）满足各种社会组织对财产管理服务的需要

信托作为"受人之托，代人理财"的一种特定的财产管理制度，能够适应经济条件和经济环境发生重大变化后的个人、企业或其他组织委托他人管理和运用其财产的需要，表现在：随着家庭和个人财产的增加，人们将闲置资金转化为投资的愿望日益增强，需要提供投资服务的专业机构代为管理和运用其财产；法人或其他经济组织在生产经营活动中，为了更有效地发挥其资产的使用效益，提高资产质量，也有必要委托他人进行运用和管理，以使其资产得到保值和增值；随着社会保障制度的建立，养老保险、医疗保险、失业保险等社会保障基金，在其积累和管理过程中需要不断地增值，也有必要引入信托的方式进行管理和运用；随着社会的全面进步与精神文明程度的提高，社会公益事业不断扩大，用于特定目的的公益基金日趋增多，在大量的公益基金的管理上，信托是公益基金得到有效管理和运用的比较可靠的方式。

（二）聚集闲置资金，为经济发展提供服务

由于信托制度可以有效地维护、管理和运用各种不同所有者的资金和财产，所以它具有很强的筹资能力，从而为企业筹集资金创造了良好的融资环境。更重要的是，它可以把储蓄资金转化为生产资金。这种把储蓄转化为投资的机制为产业发展和经济增长提供了重要的资金来源，特别是对于某些基础设施建设项目，个人投资者因为资金规模的限制无法参与，但通过信托方式，汇集大量的个人资金投资于实业项目，不仅增加了个人投资的渠道，同时也为基础设施融资提供了新的资金来源。随着信托业的发展壮大，这种作用将越来越大。

实践证明，通过信托方式筹集资金，既能尊重企业单位和个人的资金所有权和自主权，又能使企业单位获得较好的经济利益，因而广受欢迎。无疑，信托机构的开办，为聚集资金、增加积累开辟了一条新途径。目前，社会上不仅存在拥有自主支配的各项资金、财产的法定代表人，而且存在拥有资金、财产所有权的一部分自然人，这些人大都属于善于经营管理的企业家，也有的是遗产的合法继承人。这些资金、财产的拥有者或支配人，在管理其资金和财产时，一方面，要保存价值，使之不因客观环境的变化或物价涨落而遭受损失；另一方面，许多人有尽可能使其发挥更大效益的愿望，包括支援国家、振兴经济的要求。但是，在如何发挥其最大效益以便更能充分合理地运用资金和财产方面，有些人知识有限，信息不灵，运用能力较差；而信托机构从业者，则是专门研究聚财和用财之道的金融从业人员，可以更快地助其增加财富，他们不仅在资金的调剂、融通方面具有较多的专业知识和经验，而且掌握了资金供求关系方面的大量信息，熟悉国家投资和融资政策，因此这些资金、财产的拥有者或支配人把一定时期可以支配运用的资金、财产，委托信托机构代为保管运用，这无论对拥有者或支配人个人，还是对维护国家利益，都是大有裨益的。

（三）促进对外经济技术交流的开展

在各国的现代化经济建设中，需要同国际经济联系起来，扩大对外贸易，引进先进技术，利用外资，发展国际经济技术合作。在这些经济活动中，许多企业急于寻找国外客户并了解资信，了解国际市场行情；同时不少国外客户也提出要了解本国企业的资信和建设方面的情况。信托机构可以为国内外有关方面提供信息，开展咨询服务，沟通并协助国内外双方达成协议，签订经济合同，接受外商委托，引进国外资金，经营其他代理业务，开展对外经济技术交流。

在国际贸易业务往来中，资本和财产的运动占主流，信托业务以其既融资又融物的特有形式，在国际贸易中促进各国经济的交流沟通。信托机构积极开展国际信托业务，开办境内外外汇信托存贷款和投资租赁业务、外汇租赁和担保见证业务，以及境内外的其他业务，成为筹集和运用外国资金、引进先进技术设备、促进资本市场形成及发展经济合作交流的主要渠道和手段。在市场经济和社会分工的条件下，市场主体对财产的管理、处理等完全由自己进行是不可想象的，市场主体利用信托制度来管理、处理财产不仅可以达到自己对财产处理的目的，而且可以有更多的时间和空间寻求更大的发展或满足自己对其他发展的需要。同时，由于信托业者是专业理财机构，所以能够使委托人的目的得到充分实现。

（四）促进金融体系的发展与完善

长期以来，许多发展中国家的金融市场一直以银行信用为主，存在制度性、结构性缺陷。主要表现为：缺乏具有代人理财性质的金融品种和金融机构，缺乏财产管理制度的创新，无法满足社会对外部财产管理和灵活多样的金融服务的需要。而信托制度的确立满足了社会日益增长的对专业化的外部财产管理制度和机构的需要。由于社会财富的日益增长和社会财富的分散化，造成了社会财富所有者的多元化、个人化，所以个人不仅成为自身劳动力的所有者，也成为部分社会财富的所有者，进而也就要求成为投资者。他们在社会扩大再生产中既要求按劳分配，还要求按资分配。同时，诸多社会的、经济的、技术的因素，要求专业性投资代理服务人出现，即要求受人之托、代人理财、提供服务的信托业出现。而社会扩大再生产的内在要求，决定了要把分散的民众富余资产集中起来，转化为生产资本。集中的方式，从大类上分只有两种：一是债权债务式；二是委托或代理投资式。从提供服务的金融机构上分，即商业银行与信托机构两类不同性质的金融机构。

随着资金供给者要求投资与服务的多样化，以及资金需求者获得资金方式的多样化，同时为满足资金供求双方对风险与收益不同的偏好，逐步产生了有别于商业银行债权债务经营方式以外的金融业务和金融机构，其中主要是信托机构：①投资由资金管理者代理经营、代理服务、提供咨询等，不是由资金供给者借款，不构成借贷式的债权债务的关系。投资者的风险与收益都由资金供给者承担与享受，利润是事后计算的，而且是变化的，不像商业银行那样承担风险，而且收益也是事先确定的，即到期必须支付存款本息。②委托投资人与代理人之间的分配关系十分明确，代理人既不承担风险，又不参与利润分配，只向委托人收取服务费与咨询费。

信托业是发达社会与发达市场经济阶段的产物，它一方面为那些愿意冒风险者提供专业服务，另一方面又为那些想降低风险者提供专业服务，尤其在出现了为中小投资者提供集合信托服务的投资基金信托以后，信托体系就更加丰富、壮大与完善。

（五）有助于构筑社会信用体系

在市场经济的建设过程中，信用制度的建立，是市场规则的基础，信用是信托的基石，信托行为都是基于信任之上的。从制度设计上来看，委托人之所以将财产的所有权转移给受托人，就在于对受托人的信任。受托人在对信托财产进行管理时所享有的自由权利是其他制度不能相比的，这也就使其在信托财产运作过程中来自外界的干预是最弱的。可见在受托人那里集中了最大的权力和最弱的监管，受托人理应对委托人诚实守信。由此可见，信托作为一项经济制度，它以诚实信用原则为基础，没有诚实信用原则支撑，就谈不上信托。信托制度的建立和完善，不仅促进了金融业的发展，而且有助于构筑整个社会的信用体系。

第四节　信托的种类

依据不同的划分标准，信托有很多不同种类。下面就具体地加以介绍：

（一）依据信托关系建立的法律基础，信托可分为自由信托和法定信托

1. 自由信托

自由信托，是指信托当事人依照信托法规，按自己的意愿自由协商而设立的信托。又因其意思表示订立在文件上，故称为"明示信托"，这类信托是信托中最为普遍的一种。此种信托又分两种：契约信托和遗嘱信托。契约信托是依照委托人和受托人所订契约而设立的信托，遗嘱信托是依照个人遗嘱而设立的信托。这种信托的事务范围、处理方针等均在信托契约或遗嘱中明确订立。自由信托中的意思表示以委托人的意思表示为最重要的依据，但是，也必须是受托人同意受托，受益人乐于受益。

2. 法定信托

法定信托，是指由司法机关依其权力指派确定信托关系人而建立的信托。这类信托的成立，由于缺少信托关系形成的明白表示，所以须经司法机关根据该项关系的内容，考查有关文件资料来确定当事人的信托意思表示，以此测定确要成立信托的真正意思表示，然后断定各当事人之间是否存在真正的信托关系。法定信托是英美法系中的一种特有现象。法定信托又分为鉴定信托和强制信托。由司法机关从现实情况推定当事人之间的信托关系的效力（无须当事人原来的意思表示），即是鉴定信托。为制止某些人以欺诈行为取得他人财产，司法机关按照公平正义的原则，不考虑信托关系人的意愿，按照法律政策行使强制解释权而强制建立的信托，称为强制信托，也叫推定信托。

（二）依据信托财产的性质，信托可分为资金信托、财产信托、有价证券信托和金钱债权信托

1.资金信托

资金信托，是指在设立信托时委托人转移给受托人的信托财产是货币形态资金，受托人给付受益人的也是货币形态资金，信托终了时受托人交还的信托财产仍是货币形态资金。在资金信托期间，受托人为了实现信托目的，可以变换信托财产的形式。目前，资金信托是各国信托业务中运用得比较普遍的，也是最重要的一种信托品种。

在我国，资金信托的基本分类是单一资金信托和集合资金信托。单一资金信托是指受托人接受单个委托人委托，单独管理和运用信托资金的信托业务。集合资金信托是指受托人接受两个以上（含两个）委托人的委托，共同管理和运用信托资金的信托业务。

在日本，资金信托被称为金钱信托。金钱信托根据金钱运用的方式不同，划分为以下几种：特定金钱信托，即该项信托中金钱的运用方式和途径由委托人特别具体指定；指定金钱信托，在这种信托形式中，委托人只指定金钱运用的主要方向，其运用的具体方式则由受托人决定；非指定金钱信托，是指委托人对金钱的运用方式、运用范围不作任何限定，而是由受托人决定。另外，日本还有一种有别于以上金钱信托的信托形式，即"金钱以外的金钱信托"，这种信托形式是指委托人在信托开始时转移给受托人的信托财产是金钱，而信托终了时受托人交付给受益人的则是其他形式的财产。

2.财产信托

财产信托，是指以非货币形式的物质财产权的管理、处分为目的的信托业务，主要包括动产信托和不动产信托。

动产信托是指信托公司接受的信托财产是动产的信托，其目的是管理和处分这些财产。能够受托的动产种类主要有车辆以及其他运输设备、机器设备。用来做信托的运输设备有铁路车辆、船舶、飞机和海上运输用的集装箱等。用来信托的机器设备有电子计算机、建筑机械和机床等。

不动产信托是指不动产的所有者（即委托人）将其不动产的财产权转移给信托机构，而信托机构根据委托人的要求，按照所签订的契约内容，对不动产进行买卖、租赁、交换、转让等管理和处理的信托业务。不动产信托是动产信托的对称，是历史上最悠久的一种信托业务，由最早的土地财产的遗嘱信托逐步扩展到修筑铁路、开采矿产、不动产交易等方面的信托。目前，不动产信托已形成了种类繁多、灵活多样、适合不动产开发与经营管理的各种需要的不动产信托体系。

3.有价证券信托

有价证券信托，是指委托人将有价证券作为信托财产转移给受托人，由受托人代为管理运用。比如，委托受托人收取有价证券的收益、行使有关的权利如股票的投票权，或以有价证券作抵押从银行获取贷款然后再转贷出去，以获取收益。

4.金钱债权信托

金钱债权信托，是指以各种金钱债权作为信托财产的信托业务。金钱债权是指要求他人在一定期限内支付一定货币金额的权利，具体表现为各种债权凭证，如银行存款凭证、票据、保险单和借据等。受托人接受委托人转移的各种债权凭证后，可以为其收取款项、管理和处理其债权，并管理和运用由此而获得的货币资金。例如，西方国家信托机构办理的人寿保险信托就属于金钱债权信托，即委托人将其人寿保险单据转移给受托人，受托人负责在委托人去世后向保险公司索取保险金并向受益人支付保险金。

（三）依据受托人对财产的处理方式，信托可分为担保信托、管理信托、处理信托、管理和处理信托

1.担保信托

担保信托，是指以确保信托财产的安全、保护受益人的合法权益为目的而设立的信托。当受托人接受了一项担保信托业务后，委托人将信托财产转移给受托人，受托人在受托期间并不动用信托财产去获取收益，而是妥善保管信托财产，保证信托财产的完整性。

2.管理信托

管理信托，是指以保护信托财产的完整、保护信托财产的现状为目的而设立的信托。这里的管理特指不改变财产的现状、性质，保持其完整性。在管理信托中，信托财产不具有物上代位性。如果管理信托中的信托财产是房屋，那么受托人的职责就是对房屋进行维护，保持房屋的原貌，在此期间，也可以将房屋出租，但不得改建房屋。如果是动产，如以机器设备为对象设立管理信托，那么受托人可以将设备出租获取租金收入，但不可以将动产出售变卖，换成其他形式的财产。

3.处理信托

处理信托，是指改变信托财产的性质、原状以实现财产增值的信托业务。在处理信托中，信托财产具有物上代位性，即财产可以变换形式，如将财产变卖转为资金来购买有价证券等。若以房屋为对象设立处理信托，受托人就可以将房屋出售，换取其他形式的财产；若以动产为对象设立处理信托，受托人就可以将动产出售。

4.管理和处理信托

管理和处理信托这种信托形式，包括了管理和处理两种形式。通常是受托人先

管理财产，最后再处理财产。例如，以房屋、设备等为对象设立管理和处理信托，受托人的职责就是先将房屋、设备等出租，然后再将其出售，委托人的最终目的是处理信托财产。这种信托形式通常被企业当作一种促销和融资的方式。企业在销售价值量巨大的商品，如房屋、大型设备的时候，若采用一次性付款方式，则很难将产品销售出去。若采用分期付款方式，则企业很难及时收回成本。企业以这些商品为对象设立管理和处理信托，把商品的所有权转移给信托机构，信托机构则通过各种形式为企业融通资金，这样的话，商品既可以顺利销售，企业的资金又可以顺利回收。

（四）依据信托事项的法律立场，信托可分为民事信托和商事信托

1.民事信托

民事信托，是指信托事项所涉及的法律依据在民事法律范围之内的信托。民事法律的范围主要涵盖民法、继承法、婚姻法和劳动法等法律，信托事项涉及的法律依据在此范围之内的为民事信托。例如，涉及个人财产的管理、抵押、变卖，遗产的继承和管理等事项的信托，即为民事信托。

2.商事信托

商事信托，是指信托事项所涉及的法律依据在商法规定的范围之内的信托。商法（也叫商事法）主要包括公司法、票据法、海商法和保险法等。信托事项涉及的法律依据在此范围之内的为商事信托，如涉及公司的设立、改组、合并、兼并、解散、清算，有价证券的发行，以及还本付息等事项的信托为商事信托。

（五）依据委托人的性质，信托可分为个人信托、法人信托以及个人法人通用信托

1.个人信托

个人信托，是指以个人（自然人）为委托人而设立的信托。个人只要符合信托委托人的资格条件就可以设立信托。个人信托的开展与个人财产的持有状况及传统习惯有很大的关系。个人有生命期的限制，由此个人信托又可以分为两种：一是生前信托；二是身后信托。

生前信托是指委托人生前与信托机构签订信托契约，委托信托机构在委托人在世时就开始办理有关的事项。生前信托签订的契约在委托人在世时即开始生效。生前信托都与个人财产的管理和运用有关，但具体到每个人的目的不同，呈现出多种多样的形态。委托人设立生前信托可以指定他人为受益人，也可指定自己作为受益人。

身后信托是指信托机构受托办理委托人去世后的各项事务。身后信托与生前信托的区别在于信托契约的生效期。生前信托的契约在委托人在世时即可生效，而且

生前信托的事项可以延续到委托人去世以后；身后信托的契约有些是在委托人在世时就与信托机构签订，但契约的生效却要等到委托人去世，还有一部分身后信托的发生并不源于委托人的意愿，而是在委托人去世后，由其家属或法院指定的。身后信托大多与执行遗嘱、管理遗产有关，身后信托的受益人只能是委托人以外的第三者。

2.法人信托

法人信托是指以具有法人资格的企业公司、社团等作为委托人而设立的信托。法人信托大多与法人的经营活动有关，如企业发行债券、销售设备等。法人信托中的财产价值巨大，个人作为受托人难以承担这样巨大的责任，因此法人信托中的受托人也都是法人，如信托公司、银行等金融机构。从信托发展的历史过程看，信托发展早期主要是个人信托，后来，随着各种企业公司等法人机构的出现，法人信托业务也逐渐发展起来，并成为信托公司的重要业务。法人设定信托的目的都与法人自身的经营有密切关系，但具体形式各异，主要包括附担保公司债信托、动产信托、雇员受益信托和商务管理信托等。

3.个人法人通用信托

个人法人通用信托，是指既可以由个人作委托人，也可以由法人作委托人而设立的信托。随着公司法人的涌现，法人信托成为主要的信托业务，个人作为受托人已不能适应信托业务的要求。信托财产所有者多元化、信托机构业务多重化，使得通用信托业务应运而生。通用信托主要包括基金信托、不动产信托、公益信托和年金信托等。

（六）依据受托人承办信托业务的目的，信托可分为非营业信托和营业信托

1.非营业信托

非营业信托，是指受托人不以收取报酬为目的而承办的信托业务。信托产生早期主要是个人信托，委托人寻找的受托人也大多是自己的亲朋好友，受托人承办信托业务大多是为了私人情义而非营利。委托人有时也向受托人支付一定的报酬，但这只能看作是一种谢意的表达。从受托人的角度，他并不以收取这种报酬为目的，这样的信托就是非营业信托。

2.营业信托

营业信托，是指受托人以收取报酬为目的而承办的信托业务。营业信托是在信托发展到一定阶段以后出现的。在信托发展的早期，受托人大多是个人，所以不存在营业信托，后来出现了专门经营信托业务的私营机构，这类机构承办信托业务的目的是收取报酬、获得利润。信托机构的出现是信托业发展的必然结果，同时它又促进了信托业的发展。目前，世界各国绝大部分的信托业务均属于营业信托。

（七）依据委托人与受益人是否为同一人，信托可分为自益信托和他益信托

1.自益信托

自益信托，是指委托人将自己指定为受益人而设立的信托。从信托性质上看，信托主要是为了他人利益，信托也是因为他人谋利而产生。在信托发展早期主要是他人受益，后来，由于社会的发展，委托人开始利用信托为自己谋取利益，也就出现了委托人将自己定为受益人的情形。通过这种形式，委托人可以把自己不能做、不便做的事项委托给信托机构去做，凭借信托机构的专门人才和专业设施，使自己的财产获取更大的收益。

2.他益信托

他益信托，是委托人指定第三人作为受益人而设立的信托。在信托发展早期主要是他益信托，即利用信托形式使他人享受自己财产的收益，如身后信托就是一种他益信托。

（八）依据委托人设立信托的目的，信托可分为私益信托和公益信托

1.私益信托

私益信托，是指委托人为了特定受益人的利益而设立的信托。所谓特定的受益人是从委托人与受益人的关系来看的。如果受益人与委托人之间有经济利害关系，委托人为受益人设立的信托就可以使委托人因此而获取一定的利益，那么这种信托可视作私益信托。例如，雇员受益信托是企业为本企业职工设立的，它的受益人有时是全体企业职工，但这种信托仍属于私益信托，因为企业为职工设立信托的目的是使职工更好地为企业服务，从而最终使企业获利。

2.公益信托

公益信托，是指委托人为促进社会公共利益的发展而设立的信托。例如，为促进社会科学技术、社会文化教育事业、社会医疗卫生保健事业的发展等目的而设立的信托。公益信托的发展不仅是社会进步的一种表现，同时也极大地促进了公益事业的发展和社会的进步。

公益信托与私益信托的最大区别是受益人不同。公益信托的受益人为非特定的多数人，凡是符合公益信托受益人资格的均可作为受益人。

（九）依据涉及的地理区域，信托可分为国内信托和国际信托

1.国内信托

国内信托，是指信托业务所涉及的范围限于一个国家境内，或者说信托财产的运用只限于一国范围之内的信托。

2.国际信托

国际信托，是指信托业务所涉及的事项已超出了一国的范围，产生了信托财产

在国与国之间的转移。

（十）依据业务范围，信托可分为广义信托和狭义信托

1.广义信托

广义信托包括信托和代理两类业务。它们同样都是财产代为管理制度，信托机构也都办理这两类业务。但严格地说，信托与代理是不同的。从当事人来看，信托有三个当事人，而代理只有两个当事人，即代理人和被代理人，代理人也称受托人，被代理人也称委托人。从财产上看，信托需要转移财产权，代理则不需要转移财产权。从权限上看，信托业务中受托人以自己的名义处理业务，并有较大的权限，而代理业务中代理人以被代理人的名义处理业务，直接受被代理人的制约。

2.狭义信托

狭义信托，是指财产所有权需要转移的信托业务，即委托人将财产权转移给受托人，受托人依信托文件（或信托契约）的约定，为受益人或特定目的而管理或处分信托财产的财产管理制度。

除了以上种类外，信托还包括其他一些品种，如金融信托，是指拥有资金或财产的单位和个人，为了更好地运用和管理其资金或财产，获得更好的经济效益，委托信托机构代为运用、管理和处分的经济行为。它具有融通资金、融资与融物以及融资与财产管理相结合的性质。贸易信托，是以商品的买卖为主要内容的信托业务。它是一种接受客户的委托从事商品代买、代卖并收取一定手续费的业务。宣言信托，是指委托人兼任受托人的信托方式。具体地说，委托人以向社会公开宣告的方式将自己财产的一部分列为信托财产由自己来占有、管理或者处分，并将该财产的收益分配给受益人。

第五节　信托的起源和发展

一、信托的起源

（一）信托的萌芽——遗嘱托孤

信托起源于古埃及，并与古罗马的遗嘱执行、遗产继承和管理有密不可分的关系。古埃及时就有人设立遗嘱，让其妻子继承自己的财产，并为儿女设定了监护人，同时设立遗嘱的见证人，其目的就在于委托他人执行遗嘱、处理财产并使继承人受益。这种以遗嘱的方式委托他人处理财产并使继承人受益的遗嘱托孤的做法是现今发现的一种最早的信托行为。显然，这种信托行为在当时只是一种原始的、自发的信托行为，不包含任何的经济关系。

（二）信托的雏形——信托遗赠

信托观念的出现，导源于《罗马法典》中的"信托遗赠"。所谓"信托遗赠"，是指由财产所有者以被继承人的身份，用遗嘱指定一个具有合法资格的继承人，由这个继承人先把财产继承下来，然后再由此人把遗产转移给或赠与真正要赠与的人。遗嘱中明确指出，合法继承人继承遗产的目的是可以在日后把遗产转交给其他人。这种法律遗赠制度之所以产生，是由于早期古罗马氏族社会规定财产只能由氏族成员来继承，以确保财产始终保留在氏族之内。最初的古代罗马法只适用于罗马市民，即只有罗马市民才享有罗马法所赋予的权利，可以通过遗嘱来安排继承和遗赠，而没有市民权利的人（如外国人、异教徒、自由人和俘虏等）既没有主动立遗嘱的能力，又没有接受遗赠的能力。这种法律规定仍然体现了"在任何情况下财产都要保留在氏族内"的传统观念。为了逃避"只有罗马市民才有资格成为遗嘱指定的遗产继承人"的限制，后来的《罗马法典》创立了一种遗产信托，即"在按遗嘱划分财产时，可以把遗嘱直接授予继承人，若继承人无力或无权承受时，则可按信托遗赠制度规定，把财产委托和转移给第三者处理"。这种遗嘱信托通过《罗马法典》固定下来，后来逐渐成为一种通行的制度。

"信托遗赠"在信托的产生与发展历史上具有十分重要的地位，因为近代信托业和现代信托业是以"尤斯制"为基础发展起来的，而"尤斯制"又是以"信托遗赠"为基础发展起来的。但这种方式仅仅是继承人将被继承人的有关遗产移交第三人所有，并不是继承人在取得所有权的前提下管理、运用和支配该项遗产，并将由此产生的利益交付给第三人，所以还不具备现代意义的信托的性质。

（三）信托的产生——"尤斯制"

信托制度是在中世纪的英国出现的"尤斯制"的基础上发展起来的。封建时期的英国，人们普遍信奉宗教，教徒都愿将土地交给教堂使用，以便"灵魂得救"，从而使教会占有的土地不断扩大。因教会的土地可免除徭役，所以影响了封建君主的权益，于是13世纪初的英国国王颁布了《没收条例》，规定未经君主和诸侯许可而捐献给教会的土地将被没收。为了摆脱这一限制，"尤斯制"便应运而生。其主要内容是：凡是以土地捐献给教会者，不作直接的让渡，而是先赠送给第三者，并表明其赠送的目的是保证教会的利益，然后，由接受人替教会管理和使用土地，并把从土地上所取得的收益转给教会。这样做，与教会直接拥有土地具有同样的意义而同时却逃避了《没收条例》的限制。这里，捐献土地者相当于现代信托中的委托人，名义上土地的所有者，即第三者可视同现代信托中的受托人，实际享受土地收益的教会一方则可视同现代信托中的受益人。这种由于土地的间接遗赠而发生的三方之间的财产联系，即是一种信托关系。

　　"尤斯制"在当时主要是为了维护教会的利益，它的产生从一开始就是以规避法律为目的的，对象也仅局限于土地。后来这一做法又被广泛运用于保障家庭财产的继承及遗嘱托孤、遗产管理、逃避土地税赋和逃避债务等方面。

　　（四）现代信托的创始——双重"尤斯制"

　　信托关系最初只是个人之间的信约，目的是逃避当时制度下的种种限制。因此，即使约定了信托，也只不过是信托双方个人之间的约定，当时的法律是不会承认的。但在中世纪的英国，除了有按普通法律裁判的法院之外，还有按衡平法裁判的特殊法院。16世纪，普通法不予承认的"尤斯制"在衡平法上得到承认，明确了"尤斯制"中的受益人的权利，使《没收条例》变成了没有实际意义的一纸空文。衡平法的原意是为了弥补普通法的欠缺，该法的许多部分都是与信托制度有关的，因此可以说衡平法院（也称大法官法院）是信托的培育人。16世纪中叶，亨利八世为了取消信托制度，保护贵族领主的利益，颁布了一项新的《尤斯条例》，即把使用土地的受让人视为土地真正的拥有人，与其他土地同样禁止捐献给教会或遗赠给家族其他成员，它实质是剥夺受让人为受益人利益而占有土地的权利。为了规避这项法律，人们创造出另一种财产寄赠方式——双重"尤斯制"，即本人先将土地转给儿女，转让的目的仍是为了教会的利益，然后由儿女把土地再转让给第三者，即第二个受托者，这第二个受托者一般是亲密的朋友。在前一个"尤斯制"中，儿女的受益权根据《尤斯条例》被看成是所有权，因此采用双重"尤斯制"后，教会的受益权则可以不适用《尤斯条例》的规定了。双重"尤斯制"实质上为真正的受益人另设一个财产所有的假受益人，以逃避《尤斯条例》的限制，这种方法再次得到衡平法院的承认。在这里，第二个"尤斯制"呈现了现代信托的真正结构，是信托结构的完善，是现代信托真正的由来。到19世纪，普通法院和衡平法院合并成一个法院后，信托关系被认定为正式的法律关系，信托的受益权也成为法律上的财产权之一。

　　随着经济的发展及工业革命的到来，原始的土地流转信托也逐渐从宗教上的目的转移到为社会公益、个人理财服务等方面，信托对象则从土地发展到商品、物资以及货币等其他财产，并受到法律保护，现代信托制度逐渐形成。

二、信托产生和发展的根源

　　（一）财产私有制是信托产生的基础和前提条件

　　财产私有制即人们对生产资料和生活资料的私人占有。正是由于私有财产的存在，才产生了对其加以管理和处分的多种方式，并在此基础上产生了委托他人管理和运用财产的信托方式。

（二）财产所有者能力的差异是信托产生的现实需要

财产所有者由于自身条件的局限不能更好地管理和运用财产，或者财产所有者由于某种原因（外出、死亡等）无力管理财产，产生了委托他人进行管理和运用财产的需要，信托便应运而生。

（三）商品经济的发展是信托发展的根本动力

商品经济的发展使人们的剩余财产不断增加，人们对财产管理的要求也不断多样化，并产生了对融资、融物的需求，这些都促进了信托自身的发展。正是因为商品经济的发展，才使信托从最初的民事信托发展为商事信托，进而使金融信托成为现代信托的主导。

三、信托的发展

信托制度起源于英国，发展于美国。信托的发展既受制于经济发展的水平，又受制于各个国家的民族文化和传统习惯，所以信托作为一种财产管理制度，在世界各国的发展程度是不同的。下面分别介绍一下英国、美国、日本信托的发展情况，我国信托的产生与发展将在本书第三章中加以介绍。

（一）英国信托的发展

英国是现代信托制度的发源地，"尤斯制"是现代信托的原形。

最初，英国的信托完全是由个人承办的，受托人大都是在社会上有一定声誉和地位的人，人们把担任受托人当作一种社会荣誉，一般不收取报酬。后来，在信托过程中，个人受托的局限性表现得越来越明显，为了规范受托人的行为，英国政府于1893年颁布了《受托人条例》，对个人作为受托人的权利和义务作出了规定，这标志着信托制度在英国的确立。随后，根据信托发展的要求，英国又于1896年颁布了《官选受托者条例》，规定法院可以根据委托人或受益人的请求选取受托人，受托人一般由法官担任。1906年，英国颁布了《官办受托人法规》和《官办受托报酬法令》，并于此后两年根据上述法令成立了"官营受托局"，开始以法人身份受理信托业务，当时虽不以营利为目的，但已经开始收取报酬。这标志着英国由个人受托向法人受托、由无偿受托向有偿受托转变的开始。1925年英国颁布新的《受托人法》用以代替1893年颁布的《受托人条例》，1957年颁布《受托人报酬法》，1961年出台了《受托人投资法》。目前，英国已形成了比较完备的信托法律体系，信托法律的完善为英国信托业的发展创造了良好条件。

现代英国的信托业务，按委托对象的不同划分为个人信托和法人信托两种。个人信托业务包括：财产管理、执行遗嘱、管理遗产和财务咨询等；法人信托业务包括：年金基金管理、代理公司股票的发行和资金募集，以及股票注册和过户等。此外，信托还是用来进行储蓄和经营个人财产的一种手段。作为信托业比较发达的国家，英国的信托在其产生和发展过程中表现出了一些明显的特点：

1.以个人受托为主

英国信托业务起源于个人信托，到目前为止，个人受托经办信托的比重仍很大，业务量占80%以上。而专设的信托机构较少，法人受托业务量则不到20%。这是英国信托发展的一个显著特点。

2.法人受托集中垄断

英国的法人受托虽然比重不大，但其中90%以上却集中于四大商业银行，即国民威斯敏斯特银行（National Westminster Bank）、米特兰银行（Midland Bank）、巴克莱银行（Barclays Bank）和劳埃德银行（Lloyds Bank）。

3.以民事信托为主

英国的信托以民事信托开始，虽然经过长期的发展，商事信托得到了一定发展，但仍然以民事信托为主，这也是传统习惯的延续所致。

4.不动产信托发达

英国的信托起源于民事信托，且信托财产主要以土地等不动产为主，所以时至今日，英国的土地等不动产信托仍比其他国家发达，而且其经营方式已经由过去的非营利经营转变为营利经营。

5.居民的信托意识强，但商业信托的意识不强

英国是信托的发源地，居民的信托意识较强，但由于法律、传统习惯和国民性格等的影响，商业信托的意识却不强。

（二）美国信托的发展

立国之前的美国大陆曾是英国的殖民地，各方面都深受英国的影响。18世纪末19世纪初，美国从英国引进了信托制度，其最初的目的是以信托的方式处理参战军人遗嘱的执行和财产、遗产的管理事宜，属于民事信托。但很快，随着欧洲移民在美国的殖民活动以及美国资本主义的迅速发展，为了适应社会财富的大量增加和有价证券的大量涌现，个人理财的需求越来越强烈，以营利为目的金融信托公司和银行信托部应运而生，为美国现代金融信托制度奠定了基础。

在世界范围内，美国最早完成了从个人受托向法人受托的过渡以及民事信托向商事信托的转变。1818年2月成立的麻省人寿保险公司是美国政府最早批准成立的信托机构。1822年，纽约农业火险及放款公司成立，不久即开始办理信托业务，包括代理买卖公司债券和代办转换股票等业务，并于1836年更名为纽约农业放款信托公司，更加突出了信托业务，使其演变成一个从事信托业务的新型企业。此后，美国的信托业获得了长足发展。1853年合众国信托公司在纽约成立，这是美

国成立的第一家专业信托公司。在此之前，信托业务都是由保险公司兼营的。1868年成立的罗德岛医院信托公司除了经营信托业务外，还获准经营一般银行业务。1913年12月23日通过的《联邦储备法》规定，国民银行依法可以兼营信托业务，此后其他银行也开始兼营信托业务，从而极大地促进了信托业的发展。

美国的信托业务主要有个人信托业务，包括人寿保险信托、财产管理信托、遗嘱执行信托和各类咨询等；法人信托业务，包括发行公司债、商务管理以及各种代理与咨询等。个人和法人兼有的信托包括公益信托、职工持股信托和年金信托等。美国是当代信托业最为发达的国家，其信托业务的发展表现出如下几个方面的特点：

1.法人受托起源于保险公司

从美国法人受托的历史变化可以看出，最早以法人形式接受信托业务并被批准的组织是保险公司，因为保险公司赔款以后，赔款受益人一般都要求保险公司继续处理善后事宜，要求对所得到的赔款进行妥当管理，保险公司具有帮助人理财的能力和便利条件，所以保险公司开始兼办类似信托的代为管理赔款的业务。随着经济的发展，社会分工越来越细，保险和信托作为两类性质不同的业务又需要分别发展和管理，从而使信托业务又从保险公司业务中分离出来进行单独经营，由此产生了专门的信托经营机构。

2.个人信托与法人信托并重

在美国，个人信托与法人信托的发展都非常迅速，并随着经济形势的变化而交替变化，完全根据市场的需要来转移。从总体上看，美国的这两类信托均很发达，对美国经济的发展均起到了很大的促进作用。

3.信托公司和银行在业务上相互兼营，但严格分业管理

美国法律允许信托公司兼营银行业务，银行兼营信托业务。由于银行实力雄厚，声誉可靠，所以逐渐形成信托业务集中于银行的现象，但美国有严格的规定，信托业务与银行业务在银行内部必须分别管理、分别核算、分业经营，禁止信托从业人员向银行客户购买或出售信托财产等。

4.有价证券信托和证券投资信托事业发达

第二次世界大战以后，美国金融领域出现了一系列巨大变化：一是金融市场飞速发展，各种有价证券层出不穷，市场投资工具种类繁多；二是通货膨胀严重，银行利率受到政府的限制。在此背景下，大量投资者将投资领域从银行转向了证券市场，有价证券的交易量剧增，由此带动了信托业务的迅速发展，几乎各种信托机构都办理证券信托业务，既为发行人服务，也为购买人服务。与此同时，各种类型的信托投资基金大量涌现，成为个人理财的重要品类，吸引了大量的资金，成为金融

市场上一股重要的投资力量。在美国，信托资产、银行资产、保险资产三分天下，美国的信托机构同银行、保险公司一起成为美国金融领域中举足轻重的金融机构。

（三）日本信托的发展

日本的信托是从美国引进的，最初是作为发展重工业的筹资手段。1900年颁布的《日本兴业银行法》，标志着日本信托业的开始。1902年日本兴业银行成立，首次开办了抵押公司债信托业务。1905年，日本制定了《附担保公司债信托法》。1906年，日本成立了第一家专业信托机构——东京株式会社，主营不动产管理、买卖及其抵押，代理贷款等信托业务。从此，日本信托从证券的代理推进到了财产管理领域，随后信托公司相继设立。

第一次世界大战后的最初几年，日本经济陷入萧条，受此冲击，小公司纷纷破产，给社会带来混乱，严重影响了国民经济的正常发展。为保护日本民众的利益，日本进行了信托业的整顿，政府于1922年颁布了经营信托业务必须遵循的《信托法》和监督经营信托业的《信托业法》，使信托机构实现了由量到质的大转变，这也是日本现代金融信托制度建立的真正开端。

第二次世界大战期间，日本政府为了发展军事工业，筹措战争经费，对金融机构进行了整编与合并，加之战时经济动荡，使信托业务日渐衰落。

1954年，日本政府根据经济发展的要求，确立了信托业和银行业分离、长期金融和短期金融分离的方针，明确商业银行为短期金融机构，普通银行不得兼营信托业务，信托银行为长期金融机构，经营以金钱信托为主的长期资金业务，其所经营的银行业务被限制在与信托有关的范围之内。经过改革，日本的信托业走上了快速、稳定发展的道路，从而对日本的经济起飞起到了很好的促进作用。

进入20世纪80年代，日本信托业与银行业又出现了相互渗透的现象，这是世界金融业出现混业经营趋势的反映。

日本信托业务主要包括三大类：一类是遗嘱信托、特定赠与信托等财产管理继承类信托；一类是贷款信托、证券投资信托等资产运用类信托；还有一类是年金信托和各种公益类信托。信托业务是信托银行的业务主体，约占整个业务量的60%；银行业务约占30%；以投资银行业务为主体的兼营业务最少，约占整个业务量的10%。

日本的信托自开办以来，特别是第二次世界大战后，发展很快，自成特色，主要表现在以下几个方面：

1.有较健全的法律作为依据

日本信托业能够得到迅速、稳定的发展，很大程度上得益于日本信托法律的及时制定与完善。在日本，除较早制定的《信托法》、《信托业法》和《兼营法》外，还根据不同信托种类设立了信托特别法，如《贷款信托法》、《证券投资信托法》以及《抵押合同债券信托法》等，使每一种信托业务都有相应的法律依据。此外，日本在2004年和2006年分别对《信托法》进行了两次大规模修订。其中2004年的修订主要推动了知识产权信托的开展，也使得从业机构范围从信托银行扩展到信托公司。2006年的修订使受托人义务合理化，也使受益人行使权力的机制得到完善。可以说，健全的法律是日本信托业健康、快速发展的重要保障。

2.信托银行是金融机构中最重要的长期金融机构

日本的金融信托之所以具有长期金融职能，是由于日本的信托财产大多是长期稳定的金钱，金钱信托在整个信托业务中占有绝大比例。日本的信托银行以经营信托业务为主，同时兼营银行业务，为社会提供长期资金，其他普通银行则禁止从事长期金融业务，这使得信托银行成为日本最重要的长期金融机构。同时，日本政府严格实行信托的审批制度，使得其信托业务自20世纪50年代以来一直集中在几家信托银行，便于对信托业务的管理和控制。

3.日本信托业务的发展非常注意结合国情予以创新

日本从美国引进信托制度后，并没有照搬英美国家的模式，而是将信托原理与日本的实际结合起来，根据日本经济发展的需要，不断开发适合本国需求的具有本国特色的信托业务。由于日本经济起步较晚，加之国土狭小，可利用的土地资源有限，日本人家庭观念很强，若发生孩子年幼而其父亲去世留下财产的情况，则习惯由本家族中有才干的亲属照看，一般不愿意委托他人代管，故日本的金融信托业务从一开始就把发展的重点放到金钱信托上。贷款信托就是日本首创的。此外，日本还相继开创了财产形成信托、年金信托、职工持股信托、特定赠与信托、收益期满兑取型信托等，使日本信托业务形成了范围广、种类多、方式灵活和经营活跃的特点。

4.以资金信托为主

在所有信托业务中，资金信托业务量占全部信托的90%以上，这是日本信托的一个最为显著的特点。

5.重视信托理念的普及

日本极为重视普及信托理念。日本创立了信托协会，该协会是日本经营信托业务的银行团体，协会成立的目的在于发展信托制度，增进公共利益。同时，日本又创立了信托研究奖励金制度，该制度的目的在于鼓励各大学、各研究机构以及其他有作为的人才从事信托研究，更好地为信托创新和信托普及服务。信托理念的普及，令日本信托业的发展非常受益。

───────────── **本章小结** ─────────────

　　信托是指委托人基于对受托人的信任，将其财产权委托给受托人，由受托人按委托人的意愿，以自己的名义，为受益人的利益或者特定目的进行管理或者处分的行为。信托包括四层含义：委托人对受托人的信任是信托成立的基础与前提；信托财产是信托关系的核心；受托人以自己的名义管理或者处分信托财产；受托人按委托人的意愿为受益人的利益或特定目的管理信托事务。信托的本质表现为：信托的前提是财产权；信托的基础是信任；信托的目的是使受益人获利；信托收益按实际收益计算；信托体现的是多边信用关系。

　　信托的设立必须具备信托行为、信托目的、信托主体、信托客体、信托报酬和信托结束等约定要素。

　　信托的特征有：充分信任是信托关系成立的基础；信托财产的权利主体与利益主体相分离；信托经营方式灵活，适应性强；信托财产具有独立性；信托管理具有连续性；受托人不承担损失风险；信托损益的计算遵循实绩原则。信托具有财产管理、融通资金、沟通和协调经济关系、社会投资及为社会公益事业服务等职能。信托的作用有：满足各种社会组织对财产管理服务的需要；聚集闲置资金，为经济发展提供服务；促进对外经济技术交流的开展；促进金融体系的发展与完善；有助于构筑社会信用体系。

　　信托可以按照信托关系建立的法律基础、信托财产的性质、受托人对财产的处理方式、信托事项的法律立场、委托人、受托人承办信托业务的目的、委托人与受益人是否为同一人、委托人设立信托目的、涉及的地理区域、业务范围等方面的不同进行分类。

　　信托起源于遗嘱托孤、信托遗赠、"尤斯制"和双重"尤斯制"，其产生与发展的根源是财产私有制、财产所有者能力的差异和商品经济的发展。

　　信托的发展既受制于各国经济发展的水平，又受制于各国民族文化和传统习惯，所以，其作为一种财产管理制度，在英国、美国和日本呈现出了不同的发展程度及特点。

───────────── **关键概念** ─────────────

　　信托　信托行为　信托目的　信托财产　委托人　受托人　受益人

—————————— **思考与应用** ——————————

1.如何理解信托的含义？

2.信托的本质是什么？

3.信托包括哪些构成要素？

4.信托的特征、职能和作用有哪些？

5.英国、美国及日本信托的发展有什么特点？

一般信托业务

　　理解并掌握每类信托业务的含义、特点和内容，熟悉每类信托业务的种类以及各个分类信托业务的含义、特点、目的、原因、内容、意义或作用、类型、流程、风险、决策等。

第一节　个人信托业务

一、个人信托的含义

　　个人信托，是指以个人（自然人）为委托人而设立或以个人为服务对象的信托，即委托人（指自然人）基于财产规划的目的，将其财产权转移给受托人（信托机构），使受托人按照信托契约为受益人的利益或特定目的，对信托财产进行管理或处分的行为。

　　个人信托设立的基础是个人拥有私有财产和与之相应的一系列权利，如使用权、受益权、分配权和处置权等。从其历史看，信托最早是从处理个人财产事务中发展而来的，如作为信托制度萌芽的古罗马遗赠制度，就是为了处理个人身后遗产；遗赠信托制度起源地英国，也是由于个人财产处理需要而创立了"尤斯制"。

　　个人信托的种类很多，从信托目的的角度可以分为财产管理和处理信托、监护信托；从受益人的角度可分为自益信托、他益信托；从信托关系确立方式的角度可以分为任意信托、法定信托；从信托财产形式的角度可以分为货币信托、有价证券信托、动产或不动产信托、金钱债权信托；从个人生存期的角度可分为生前信托、身后信托；从个人信托业务内容的角度可分为财产处理信托、人寿保险信托、监护信托和特定赠与信托。

个人信托的适用主体十分广泛，一般来说，可以运用个人信托的委托人包括：在投资管理方面缺乏经验的人，有钱却没有时间理财的人，希望享有专业理财服务的人，想把财产移转给子女而需要进行信托规划的人，希望贯彻继承意愿、约定继承方式的人，家有身心障碍者的人，家财万贯并想隐匿财产、避免他人觊觎的人，因遗产、彩券中奖等情况而得到大笔金钱的人。这些人都可以借助个人信托来实现特定的信托目的，保障自己或受益人的生活。

二、个人信托业务的特点

（一）信托目的的多样性

个人信托目的的具体内容是丰富多样的，这与人们在社会经济生活中的多种需要是一致的。不同的人身处不同领域、出于不同的愿望会形成不同的信托目的。对个人来说，由于每个人拥有的财产数量、形式不同，要达到的目的也会不同，所以可以是为了保持原有财产价值的信托，也可以是为了追求利润的信托，还可以是为了使自己或家人受益以及委托身后事务等的信托。总之，法律中没有对个人信托目的的内容作出具体规定，只要信托的目的是合法的，即在法律允许的范围内确定信托目的，在法律许可的范围内管理运用财产就都可以设立信托。

（二）受托人职责的多重性

受托人职责的多重性根源于信托目的的多样性。受托人在接受信托财产后，不但要对财产进行管理运用，确保其保值或增值，还常常要担负起对受益人的责任，如对未成年人和丧失行为能力的人进行监护，照顾他们的生活起居，承担养育责任。所以，在个人信托业务中，受托人承担的不仅是对信托财产的责任，还有对受益人的责任。

（三）信托财产管理的专业性

委托人通过签订信托契约，将财产权转移给受托人。由于受托人是专业的信托公司，拥有强大的理财和投资技术力量，能够发挥专长，所以借助其专业人才的管理、经营能力，可以促使信托财产产生最大的效益，为委托人创造更大的价值。

（四）可以做到合法节税

信托财产经过规划，可实现合法节省赠与税及遗产税。现在，我国的个人财产移转大都采取赠与或遗产继承的方式，目前为止还没有开征赠与税或遗产税。而对照国外相关法律，两者税率均高达50％。因此，税负将成为移转财产所面临的主要问题，而个人信托在降低财产移转的成本方面会起到合法节税的作用。

（五）可以使财产得到妥善存续

人的生命再长，也有终止的时候。因此，如何让财产保持完整性，并使财产权在原所有人生命终止后，仍可依照其意愿去执行，让财产权的效益得以持续，就成为财产规划的重心。信托法明确规定，信托关系并不因委托人或受托人死亡、破产或丧失行为能力而消灭。因此，信托法律关系的建立为委托人提供了一个让信托财产可以继续经营的目的。

（六）业务内容的弹性大、隐秘性强

与其他信用活动相比，个人信托具有很强的灵活性，在实际运作上极富弹性。个人信托的财产形式多样，可以是有形的，也可以是无形的，只要不与法律相抵触，都可以采用信托的方式委托受托人进行管理。而且，个人信托内容的设计灵活，当事人可通过信托文件灵活多变地进行设计，只要符合法律法规的要求，其目的、范围或存续期间等都可以依照委托人的特殊需要灵活制定，以实现多样化的利益分配、避免浪费、执行遗嘱、监护子女等目的。

依照各国信托法的规定，受托人负有为委托人及其信托财产保密的义务，这样也可以避免财富运用情况外泄所造成的不良后果。

三、个人信托的步骤

为了更好地利用信托来实现理财及其他目的，个人信托的设立及执行一般要经过以下基本步骤：

（一）确定信托目的

信托的目的是个人设定信托的基本出发点，也是检验受托人是否完成信托事务的标志，所以在设立信托时首先必须明确信托目的。个人信托的目的是多种多样的，如希望实现维护财产完整、财产增值、隐匿财产、退休安养、照顾未成年子女和管理不动产等。

（二）确定需要交付信托的财产

信托财产是信托关系的中心，信托财产不能确定的信托是无效信托。在个人信托中也必须明确信托财产。当然，个人信托的财产形式也可以多种多样，包括银行存款、有价证券和不动产等。

（三）确定受益人

受益人是按照信托合同规定享有信托利益的当事人，信托受益权包括本金及产生的收益两部分。受益人享受的信托利益分为三种：一是本金受益，二是收益受益，三是全部受益。

（四）选择受托人

受托人包括个人或机构，在我国多为信托公司。在选择受托人时，要考虑其合法性、资信状况、资产实力、专业人才配置、分支设置和经营业绩等，特别是其是否拥有阵容强大的理财规划团队，能否为自己的财产做最有效的配置与规划，以及能否提高财产的运用效果。

（五）签订信托合同

确定了信托目的、信托财产、信托受益人和值得信赖的受托人之后，就要通过有效的沟通，签订信托合同。

（六）移转信托财产

信托财产法律上的所有权只有移转给受托人，信托才能发生效力，受托人才能运用自己的身份有效地管理与处置财产。

（七）受托人履行义务

我国《信托法》规定，受托人要履行诚实、守信用、谨慎、有效管理信托财产的义务，要恪尽职守、妥善管理，认真执行信托合同，如有违约，则应承担相应的赔偿责任。

（八）实现信托目标，交付财产

当信托期满或者实现了信托目标之后，受托人要按照规定尽快收回信托财产并转交给合同约定的财产持有者。

四、个人信托的种类

（一）生前信托

1.生前信托的含义

生前信托，是指委托人与受托人签订信托契约，委托后者办理委托人在世时的各项事务。在这种信托关系中，既然称"生前"，那么委托人必须是自然人，法人团体是不区分"生前"和"身后"的。生前信托的形式是多种多样的，包括货币资金信托、债权信托、权利信托与实物财产信托等。

与不同的信托形式相适应，生前信托的业务处理方式也各不相同，但不管是哪种信托，基本上都是以信托契约为依据办理信托业务的，所以生前信托有时又被称为契约信托。生前信托订立的契约，在委托人在世时具有法律效力，此类信托的特点是生前签约、生前有效。在信托契约中双方全面、明确地规定了各当事人的权利、义务及相互关系。

2.设立生前信托的目的

（1）财产管理

一些委托人由于缺乏金融知识，或时间、精力有限，无法亲自管理财产，料理相关事务，所以在这种情况下，可以通过设立生前信托，将有关事务委托给受托人办理，从而减轻委托人亲自管理财产的负担。

（2）财产处理

委托人想把自己拥有的财产转换成另外的形式或希望对原有的财产进行分配，如出售原来的财产、向受益人交付财产等。在这些活动中，会涉及许多专业问题，如财产价值的评估、出售方式的选择、出售时机的确定及购买方的搜寻等，同时，往往还涉及相关税收或其他法律问题。在这种情况下，如采用信托方式，就可以将这些问题交给信托机构处理，大大节省了委托人的时间和精力。

（3）财产保全

财产保全是指委托人通过信托来保护自己的财产。信托财产具有独立性，独立于委托人的其他财产，也独立于受托人的固有财产。财产信托出去后，由受托人持有并由受益人享受信托收益，委托人就不再对信托财产拥有处置权，委托人在信托期间所形成的债务就不会影响到信托财产，从而保全了这部分财产。同时，受益人对信托财产的权利是由委托人确定的，受益人只能享受在合同中规定的权利，这样也能达到保全信托财产的目的。

另外，信托还可以通过隐匿来保全财产。当委托人将财产交付信托时，就必须将信托财产过户到信托机构的名下。大多数的法律都没有关于信托信息公开披露的规定，而且信托契约无须到任何政府机构进行登记，也不公开供公众查询，因此受益人的个人财产数据及利益均绝对保密，直至信托终止。然而，这只是一种名义上的所有权移转，实际所有权仍然掌握在委托人手中，这也可以起到保全财产的作用。

（4）财产增值

信托业务的受托人往往有较丰富的金融知识与投资经验，委托人把财产信托给有丰富理财经验的受托人，由受托人经营，借助这些专业人员的管理与经营能力，实现有效管理财产、增加收益、使财产增值的目的。个人生前信托业务，既减轻了委托人的负担、解决了委托人的困难，又能提高财产收益。

（5）税收规划

目前，各国（如美国、加拿大、英国等）对于亲属之间的财产赠与、继承都有较全面的税收制度，许多国家的税法规定的税率也较高，有的甚至达到50%，而且，赠与税或遗产税必须在财产移转前付清。这样，税负就成为移转财产所面临的主要问题。如何降低移转成本，将成为个人财产规划的一个重点。

通过信托方式来进行财产规划，可实现合法节省赠与税及遗产税的目的。因为信托财产具有独立性，它在信托关系存续期间是独立于委托人的固有财产的，所以可以通过受托人将信托财产的经营收益交给下代人使用，这样，通过设立信托转移的信托财产不受委托人死亡的影响，并可以在合法的前提下，保证受益人的利益，减少税款的缴纳，一举两得。另外，通过设立信托对财产进行规划还可以减轻甚至豁免所得税、资本利得税与财产税等税务负担。

3.生前信托的受托人选择

受托人将直接关系到信托财产的运用效果。因此，委托人选择一个可靠的受托人是十分关键的。生前信托的委托人在选择受托人时一般要考虑以下几方面因素：

（1）高度的信赖关系

信任是信托的基础，信托关系的成立，除订立合同外还要移转委托人的财产至受托人的名下，因此，委托人是否相信受托人，愿意把财产转给受托人进行管理与处分，在很大程度上取决于委托人对受托人的信赖。生前信托的委托人要找一个自己信任的受托人建立信托关系，高度的信赖关系成为信托设立的一个重要基础。

（2）信用风险

信托合同签订后，委托人须移转信托财产至受托人名下进行管理与处分。而受托人的信用风险大小，即他能否严格按照信托合同对财产进行管理，不仅关系着信托财产的安全，还影响着信托关系能否继续维系下去。因此，在生前信托中，如果以个人为受托人，那么信用风险除要考虑受托人的品质、以往的信用情况外，还要考虑其未来环境变化对受托人产生的影响。如果以法人为受托人，那么也要考虑其过去是否发生过信托产品的违约事件。

（3）永续经营

生前信托的合同存续期视委托人的需求而定。由于个人的管理受到生命有限的约束，有时无法完全达到委托人的目的，而法人则具有永续经营的特点，只要不发生破产，就可以一直经营下去，所以生前信托让法人受托具有更大的优势。

（4）管理能力

管理能力的强弱，直接影响信托财产运用的绩效。受托人具有较强的专业管理能力，不仅能保持信托财产的完整性，还能达到累积财富的效果。因此，委托人在设立生前信托时必须对受托人的专业水平、管理人才队伍和过去的经营业绩进行比较，以便挑选管理能力强的受托人。

4.生前信托的受益人

生前信托的受益人可以由委托人指定，也可以是委托人自己。有时，在信托之初委托人是受益人，一段时间以后则指定第三者作为受益人。

（1）委托人自己为受益人

委托人自己受益的情况有：①财产所有人因健康原因，不能自理财务，将财产移交信托机构经营，自己享用其收益。②财产所有人年老隐退，不愿自理财务，省却操劳之烦，将财产移交信托机构经营，自己享用其收益。③财产所有人长期在外，无暇经营自己的产业，将产业移交信托机构代为经营，将收益归自己所有。④财产所有人因时间、精力及经验有限，需要借助专业受托人的知识、经验和技能来管理财产。

（2）委托人指定第三者为受益人

委托人指定第三者为受益人的情况，主要是对亲属或社会公众而言，常见的有：①家长将部分产业移交信托机构，委托其代为支付子女的教育费、生活费、医疗保健费和婚嫁费等。②子女将资金交与信托机构，委托其定期送交老年父母或其赡养的其他亲属，作为生活补助费、医疗保健费。③财产所有人将其部分财产委托给信托机构，为其家属的其他特别需要而经营生利，如家属中某人购建住房。

（3）先为自身受益，后为第三者受益

生前信托在执行过程中，由于时间差别，会引起受益人的变动，即委托人在生前是自身受益，委托人自为受益人，信托期间原委托人去世，则由其指定的第三者受益，此时第三者为受益人。

（二）身后信托

1.身后信托的含义

身后信托业务的开展与遗产有关，是围绕遗产的继承和分配设立的。

身后信托，是指信托机构与委托人在生前订立信托契约，受托办理委托人去世后的各种事务。或者由死者的亲属和司法机关为委托人，与信托机构订立信托契约，受托办理死者身后的各种事务。这种信托的多数信托契约订立于委托人生前，但其信托生效却在委托人去世之后，这是身后信托的第一要素。此外，身后信托的受益人必为第三者。信托机构开展的身后信托业务主要有遗嘱执行信托和遗产管理信托。

2.身后信托的类型

（1）遗嘱执行信托

①遗嘱执行信托的含义

遗嘱执行信托，是指由受托人作为遗嘱执行人，按照委托人的遗嘱，处理其身后事务和处分身后遗产的一种信托方式。它属于身后信托业务，是委托人（立遗嘱人）去世后才发生效力的信托业务。在此种信托关系中，立遗嘱人为委托人，遗嘱执行人是受托人，遗嘱中指定的未成年人、禁治产人、继承人及其配偶或其直系血亲、其他受遗赠的法人团体和非法定继承人，都可以成为受益人。立遗嘱人作为委托人，其目的在于谋求对其身后事务和遗产的处理能充分体现遗嘱中规定的意旨，受托人的任务在于满足受益人的权益，使遗嘱中体现的意旨完全实现。遗嘱执行上的事务分为债权的收取、债务的清偿、遗赠物的交付、遗产的分割四大类。遗嘱执行人一般由遗嘱人指定，遗嘱执行人根据遗嘱，依照法律办理清理遗产等事务。若遗嘱人没有指定，则可以由法院指定。目前，世界各国大都由信托机构承担遗嘱执行事务。

②遗嘱执行信托的优势

遗嘱执行信托除具备一般信托的优点之外，还具有自身的优势：

第一，延伸财产规划

遗嘱执行信托使得委托人能在身后仍然按照自己的规划运用和分配自己辛苦积累的财产。

第二，实现照顾家人的心愿

遗嘱执行信托让需要照顾的家人，特别是弱势成员的权益得到维护，使他们生活无忧。

第三，避免继承纠纷

遗嘱执行信托使委托人能在事先做好遗产规划，将各继承人可分得的财产清楚写明，避免子女之间将来发生争夺遗产的问题。

第四，便于对共有财产的处分

通过信托方式进行财产的清理与处置，可以减少传统继承方式中发生的不动产由多人共同持有的问题，方便财产处分。

第五，进行税务规划

受托人可以运用其专业知识，选择最有利的方式处理遗产税务问题，以合法减少税金的缴纳，有效维护受益人的利益。

③遗嘱执行信托的程序

第一，鉴定遗嘱，设立信托

信托机构接受指定，同意作为遗嘱执行信托的受托人后，首先，要对遗嘱进行鉴定。对遗嘱的鉴定一般要由法庭实施，主要鉴别遗嘱的真实性和合法性。其次，要验证遗嘱人是否死亡。在本地医院死亡的，可直接用医院的死亡证明来证实；若是失踪等情况，则需进行推断证明。若遗嘱真实有效，遗嘱人确已死亡，法庭就可以正式任命信托机构为遗嘱执行人，设立遗嘱执行信托。

第二，清理遗产和债权债务

首先，要清理遗嘱人的财产，确定遗嘱人对财产的所有权。其次，要清理遗嘱人的债权。信托机构要调查遗嘱人是否办理了某些保险，如果有保险，则应通知保险公司，领取赔款；同时还要调查遗嘱人是否有其他债权，如果有其他债权，则应及时收取。如有欠款，则必须慎重地依法进行处理，确保受益人的权益。最后，要清理遗嘱人的债务。信托机构在接受遗嘱执行人的正式任命后，就要马上公开告知遗嘱人的债权人，要求债权人在指定的期限内出示其对遗嘱人的债权凭证，经过核实确定债权人的合法权利，若超过期限，则债权将被视作无效。告知的方式多为在当地报纸上发布通知。

在清理好遗嘱人的财产后，信托机构要对遗嘱人的财产进行估价。一般来说，清理遗产的数量比较容易，而遗产价格的认定比较麻烦，通常根据财产的不同形式，采用不同的估价方法，对有价证券等金融资产的估价，可以按照遗嘱人去世时的市场价格，加上遗嘱执行期间的应得收益，如股息、利息等来确定。对实物财产（如房屋、土地、汽车、首饰、艺术品等）的估价，有时信托机构自己难以把握，还要聘请专家来进行评估。

第三，编制财产目录

信托机构对财产进行清理和估价后，要编制正式的财产目录，详细记录财产的种类、数量和价值。在编制财产目录的同时，信托机构要对财产中的贵重物品妥善保管，如在此期间财产遭受损失，信托机构就要负责赔偿。但这种对遗产的暂时管理，重在保护，不在经营运用。

第四，安排预算支出计划

信托机构在遗嘱执行中会有一系列的支出，如医疗费用、税款、债务、葬礼费用、信托机构的管理费等。为此，必须制订一个详细的预算计划，列明支付的金额、时间，同时信托机构还要为上述费用的支付安排相应的资金来源，并逐项列出。安排资金来源时，如果现金不足，则可以出售其他遗产；若还有不足，就要依据法律的规定，安排相应的关系人支付。

第五，支付税款、清偿债务

信托机构支付的税款是指与遗嘱人的财产有关的税款，一般来说，这些税款主要有所得税、遗产税和继承税等，信托机构在不违反税法的前提下，应尽可能减少应付的税款，维护受益人的利益。

第六，交付遗赠、分割遗产

交付遗赠、分割遗产是信托机构作为遗嘱执行人的最后一项职责。信托机构在进行这项工作时，要按照遗嘱的规定执行，并保证被遗赠人和继承人获得相应的财产所有权。财产所有权转移完毕后，信托机构要将有关的单据交给相应的人员或部门，如律师、法院等，得到认可后，即可宣告此项信托业务完结。

（2）遗产管理信托

①遗产管理信托的含义

遗产管理信托，是指信托机构作为受托人以管理遗嘱人的遗产为目的而进行的一种信托。它与遗嘱执行信托的操作有相同之处，也有区别。遗嘱执行信托重在遗产处理，而遗产管理信托则侧重于遗产的管理，是为弥补遗嘱执行信托的不足而产生的，也可以说是遗嘱执行信托的补充和延续。

②遗产管理信托设立的两种情况

A.“继承已定”后的遗产的受托管理

继承已定的情况是指有遗嘱和明确的继承人，但因继承人不愿意或无法对财产进行有效管理，可以委托受托人代为管理遗产。其产生的主要原因包括：首先，继承人继承遗产后，不能立即接管分得的财产，如继承人不在本地，不能接管当地分得的遗产；继承人长期患病，不能接管并自理，只得办理遗产管理信托。其次，继承人继承遗产后，因繁忙或经验不足，不能立即接管遗产，委托信托机构代为管理。最后，继承人继承遗产后，因抑郁或悲痛，不愿立即接管遗产，亦可由信托机构办理管理遗产信托。

B.“继承未定”前的遗产受托管理

继承未定产生的主要原因包括：首先，有的遗产委托人生前没有立遗嘱，无法体现遗嘱人对继承的具体意思，虽然根据法律顺序可以进行财产分析，但因各方意见分歧，经久未决，此即继承未定。但遗产不能无人管理，只能委托信托机构办理遗产管理信托。其次，有的遗产分割继承有遗嘱可据，但一时找不到继承人，继承无法落实。而遗产不能无人照管，只得委托信托机构办理遗产管理信托。最后，有的遗产既无遗嘱可据，按法定程序一时又找不到继承人，同样可以委托信托机构，办理遗产管理信托。

③遗产管理信托受托人的职责

遗产管理信托受托人的主要职责是编制遗产清册，处置遗产，公告继承人、债权人和受遗赠人，偿还债务和交付遗赠物，或对继承人的遗产实行理财的工作。此项信托的目的只是妥善管理遗产，并在信托终止前将遗产交还继承人。在上述信托关系成立时，原遗嘱执行信托时的委托人、各种继承人都可以是委托人，所有继承人都是受益人。

④遗产管理信托的基本程序

遗产管理信托的程序根据其设立的情况不同而有所区别，在继承未定时，遗产管理信托的基本程序是：

第一，接受并妥善管理。信托机构在接受委托后，要妥善保管遗产并按照信托契约的要求，对遗产进行管理经营。

第二，发出公告。由于继承未定，所以要根据不同情况采取不同的方式公告继承人、债权人和被遗赠人，要求他们在规定的时间内提供有效证件，以便确定其合法身份。

第三，偿还债务，交付遗赠物。

第四，移交遗产。继承人确定后，信托机构就可以按照遗嘱的规定或与有关人士商榷后向继承人和被遗赠人办理遗产移交手续。遗产移交完毕，得到继承人、有关人员或法院的认可后，遗产管理信托便可以结束。

继承已定时，遗产管理信托与一般的财产管理信托没有什么区别，信托机构的职责就是在信托期间，按照契约规定妥善管理遗产，结束时交付遗产。

（三）人寿保险信托

1.人寿保险信托的含义

人寿保险信托，也称保险金信托，是指以人寿保险金作为信托财产而设立的信托，它是信托机构在委托人办理了人寿保险业务的基础上开办的一种信托业务。人寿保险的投保人，以人寿保险信托契约或遗嘱形式委托信托机构代领保险金并交给受益人，或对保险金进行管理、运用，并定期支付给受益人。办理人寿保险信托，必须以保险机构开展人寿保险业务为前提条件，否则，人寿保险信托也就无从产生。

人寿保险契约（即保单）与人寿保险信托契约的不同之处在于前者是一种债权证书，对保险公司而言是一种付款契约，是给付保险金的重要凭证；后者是管理财产的契约，契约中只明确委托人、受托人和受益人之间的权利义务关系。

在人寿保险信托关系中，人寿保险的投保人为委托人，保险受益人为人寿保险信托的受益人，信托机构是受托人。委托人以信托契约或遗嘱的形式同信托机构约定，委托人将保单交给信托机构保管，由信托机构负责向保险公司领取保险金和代办保险费的缴纳等事项。在保险到期或发生保险事故时，由信托机构代领保险金并交付给受益人，以减轻受益人财务上的压力；或代受益人对领到的保险金先进行管理、运用，以实现保险金保值增值的目的，然后再按照信托契约的规定把领到的保险金及收益一并交付受益人。由于信托机构办理此项业务时，从委托人处得到的信托财产是保险单据，所以此项业务属于信托机构办理的金钱债权信托。

设立人寿保险信托，必须以投保人为委托人，并将保单移交给信托机构，即保险契约中的受益人应更换为信托机构，只有这样，在被保险人死亡后，信托机构才能代原受益人领取保险金，否则保险公司可以拒付。

2.人寿保险信托的功能

人寿保险信托的功能主要是财务管理、融通资金和保全保险金。

（1）财务管理。财务管理是指信托机构接受保单所有者的委托，为其管理、处理保单或保险金。

（2）融通资金。融通资金是指信托机构作为信用中介为市场需求筹措资金，将保险金用于贷款和投资。信托合同规定或委托人指定的受益人享有其收益，同时，在受托人严格按照信托合同规定运用保险金时，受益人或委托人承担相应损失。

（3）保全保险金。作为理财手段，人寿保险信托还是财产保全的一种方式。人寿保险信托设立之后受益人对设立信托的财产可依法占有、支配、处置。对有效保单设立信托可以对保险金的所有权进行合法保全，以维持对受益人承诺的做法是国外遗嘱和债权信托中较常采用的方式。人寿保险信托设立可以通过信托公司为委托人照顾未成年子女和应尽赡养义务的长辈。另外，委托方还可以在信托合同中列明信托财产管理办法，限制信托保险金的支出流向以尽可能保障受益人的利益。

3.人寿保险信托的优点

（1）信托机构可为委托人保管保险单，定期缴纳保险费，从而避免保险单遗失和失效；

（2）在发生理赔事项或保险到期时，信托机构可依约领取与分配保险赔款或支付保险金，既为被保险人和受益人减轻负担，又可协调争端，排难解纷；

（3）信托机构将委托人的财产与死亡后的寿险赔款一并受托管理、运用，可以实现财产的保值与增值；

（4）信托财产与信托机构自有财产分别管理，信托机构定期报告信托财产内容，可确保信托财产的安全性；

（5）由信托机构管理保险赔款，避免遗属将赔款挥霍浪费，使被保险人和受益人对日后的生活更加放心，从而达到委托人生前办理人寿保险的目的。

4.人寿保险信托的程序

（1）人寿保险的投保人与保险公司签订保险合同；

（2）委托人与信托公司签订保险信托契约；

（3）在发生理赔事项或信托到期时，由委托人或受益人向保险公司提出理赔要求；

（4）保险公司向信托机构交付理赔金或到期的保险金；

（5）信托公司对保险信托财产进行管理与运用；

（6）信托公司按合同规定向受益人支付收益，并在合同到期后交付信托财产。

5.人寿保险信托的种类

根据信托机构在人寿保险信托中的作用，人寿保险信托可以分为以下几种：

（1）被动或消极人寿保险信托

被动或消极人寿保险信托，是指信托机构从投保人处得到保单，在保险期内代为保管，当被保险人出现意外时，由信托机构向保险公司索赔，并从保险公司领取保险金，然后将保险金支付给保险受益人。它又称为保管服务型人寿保险信托，因为信托机构的职责非常单纯，仅负责保管保单，领取保险金并加以分配，交给受益人，不承担任何积极意义的责任。

（2）不代付保费人寿保险信托

不代付保费人寿保险信托，是指信托机构不仅负责保管保单，领取保险金，并且负责管理、运用保险金的信托形式，它又被称为保管运用型人寿保险信托。在信托过程中，信托机构将运用保险金获得的收益交付给受益人，信托结束时，再将保险本金交付给受益人。

（3）代付保费人寿保险信托

代付保费人寿保险信托，是指委托人不仅将保单交给信托机构保管，而且同时向信托机构交付一定金额的财产，由信托机构管理运用，用所获得的收益支付保险费的信托形式。在信托过程中，信托机构以财产运用的收益，代委托人按时缴纳保险费。发生保险事故后，信托机构负责领取保险金，并将保险金连同原来的资金一起管理运用，将收益支付给受益人。信托到期时，信托机构将保险本金连同原来的资金一同交付给受益人。

（4）累积人寿保险信托

累积人寿保险信托，是指委托人在向信托机构转交保单的同时，还向信托机构转移一定的财产，其中除去缴纳的保险费，其余部分由信托机构管理运用的信托形式。在信托过程中，若委托人去世，则信托机构负责向保险公司领取保险金，连同上述超过保费部分的资金共同管理运用，将收益交付给受益人的信托期满时，信托机构将全部资金交付给受益人。

（四）监护信托

1.监护信托的含义

监护是指依法对某人的人身、财产以及其他一切合法权益加以监督和保护的一种法律行为。监护信托，是指利用信托方式由信托机构对未成年人或禁治产人的人身和财产以及其他一切合法权益给予监督、保护、照顾和管理的信托形式。这种信托的创设在于保护委托人遗嘱的利益。在监护信托关系中，受托人称为监护人或保护人，受益人则称为被监护人或被保护人，委托人可以是被监护人的父母或亲友，也可以是法院指派的，还可以是被监护人自己。监护信托最大的特点是，既对人进行保护，又对物进行管理，但对人的责任重于对物的责任。

监护信托确立的形式可以是遗嘱，未成年人和禁治产人的父母或亲属可以在遗嘱中指定信托机构作为监护人，也可以是法院的裁决书。这是由于无行为能力人的父母没有留下遗嘱，监护人无法确立或应当是监护人的人不愿或因故不能承担监护人的职责，只能由法院来指定监护人，或监护人因某种特殊原因想尽监护人的职责，但无能力和条件，也可通过签订信托契约，委托信托机构代行监护人的职责，从而确立监护信托关系。

除非另有约定，否则被监护人达到法定年龄、恢复身心健康或死亡，信托机构作为监护人均应结束监护信托。监护信托结束时，信托机构应将信托财产及相关事务转交给有关人士。如果信托的成立是由法院裁定的，则信托机构在将信托财产转交后，还应出具财产转移证明，由法院注销监护关系。

2.信托机构在监护信托中的职责

在监护信托中，信托机构的主要职责有两方面：

（1）承担对未成年人的养护责任，承担对禁治产人的护理责任

这是监护信托中监护人的首要职责，也是监护信托区别于其他信托的关键之处。

①未成年人监护信托。未成年人是指按法律规定不足"法定年龄"，无民事行为能力的人。未成年人监护信托，是指信托机构受托办理未成年人的监护事宜的信托。未成年人监护信托关系成立后，信托机构既是受托人，又是监护人；未成年人既是受益人，又是被监护人。

②禁治产人监护信托。禁治产人监护信托，是指为不能独立掌握和处理自己财产的无民事行为能力的人（如精神类疾病患者）所设定的信托。对禁治产人不能随意指定，以防止他人随意剥夺某人的财产所有权或管理权、使用权和收益权。禁治产人的确定一般由亲属向法院请求鉴定，由法院宣告才能确认。禁治产人监护信托关系成立后，信托机构既是受托人，又是监护人；禁治产人既是受益人，又是被监护人。

信托机构通常对于具体的养育、护理工作难以自己承担，往往要采用支付费用的方式，委托有关机构或人员来处理，如由信托机构从信托财产及其收益中，出资把未成年人送入全托的幼儿园、学校或把禁治产人送入福利院等。

（2）对未成年人或禁治产人的财产进行管理

对未成年人或禁治产人的财产进行管理，首先要保证其财产的安全，以保障他们应有的经济利益，同时应尽可能妥善管理信托财产，使其不断增值。在对财产进

行管理经营时，应将安全性放在首位，不能将未成年人或禁治产人的财产用于风险性投资，信托机构更不能利用未成年人或禁治产人的财产为自己谋取利益。在监护期间，信托机构负责从信托财产中向未成年人或禁治产人提供生活费用、教育费用和护理费用等，以保护未成年人健康成长，使病人早日康复。

对信托财产的管理运用，是信托机构的职责。信托机构要定期向委托人或法院提交关于信托财产运用的会计资料和报告。监护结束后，信托机构将财产转交给有关人士。信托机构可以获得正常的信托报酬，但不得从被监护人的财产中获取非法利益。

在财产管理上，未成年人监护信托和禁治产人监护信托的区别在于前者重在对被监护人的培养教育，后者重在依据被监护人的财产状况，看护并治疗被监护人的病症。

（五）特定赠与信托

1.特定赠与信托的含义

特定赠与信托，是指以保障重度身心残废者能稳定生活为目的而开办的信托业务。它以特别残废者为受益人，由个人将金钱和有价证券委托给信托银行，进行长期、安全的管理和运用，并根据受益人生活和医疗上的需要，定期以现金支付给受益人。

特定赠与信托是日本所特有的一种个人信托业务。它是根据1975年日本施行的《继承税法》创立的"对特定残废者免征赠与税制度"而开办的一种福利信托。

2.特定赠与信托的当事人

（1）委托人

任何个人均可以成为该信托的委托人，主要是亲属、抚养义务人以及急公好义者，但法人不得成为该信托的委托人。

（2）受托人

受托人在日本仅限于信托公司或兼营信托业务的银行。受托人必须妥善地运用信托财产，以确保取得稳定收益并定期根据实际需要进行支付。

（3）受益人

特别的重度残废者按规定可成为受益人，他们包括：重度的精神衰弱者、一级或二级身体残废者、原子弹炸伤者、常年卧床不起并需要复杂护理者、年龄在65岁以上的重度残废者以及符合有关规定的重度伤病者。

3.特定赠与信托的财产

特定赠与信托的财产必须是能够产生收益并易变卖的财产，故限定如下财产为其信托财产：金钱、有价证券、金钱债权、树木及其生长的土地、能继续得到相当代价的租出不动产、供特别残废者（受益人）居住用的不动产。在日本，信托财产在3 000万日元限度内的免征赠与税。

第二节　法人信托业务

一、法人信托的含义

法人信托，又称"公司信托"或"团体信托"，是指以公司、社团等法人作为委托人而设立的信托，或是以法人为服务对象的信托。

这里所说的"法人"是和自然人相对的一个概念，是指按照法定程序成立的、具有民事权利能力和民事行为能力并能够独立承担经济责任的社会组织。一般的经营企业、机关团体、慈善机构等都可被称为"法人"。法人信托业务建立在多种法人机构有了较大发展的基础之上，由受托人对法人财产事务进行管理和处理。随着法人机构的不断发展，法人信托业务的种类日益增多。目前，法人信托业务在整个信托业务中占相当大的比重。

二、法人信托的特点

与个人信托相比，法人信托具有以下几个鲜明的特点：

（一）委托人不同

法人信托的委托人是公司、社团等法人组织，而个人信托的委托人只能是自然人。这是法人信托与个人信托最基本的区别。

（二）信托财产数额不同

法人信托的信托财产的数额较大，因为法人的资金实力要远超过个人，所以在信托业务中涉及的信托财产数额也较大。而个人信托业务中的信托财产的数额有限，因为个人或家庭的资金实力有限，在信托业务中涉及的信托财产数额相对较小。

（三）受托人不同

法人信托的受托人只能由法人机构担任，因为法人信托的信托财产数额较大，并关系到法人组织的整体利益，个人由于受资金实力和经营管理能力的限制，无法对信托财产进行有效的管理。而个人信托的受托人可以是法人也可以是个人，这取决于委托人的意愿以及信托业务的种类。

（四）对受托人管理和运用信托财产的要求不同

法人信托的受托人对信托财产的管理和运用更为谨慎，因为法人信托关系到法人组织的生产经营活动或职工的直接利益，而且数额较大，一旦决策失误，影响要比个人信托大得多。而个人信托只涉及个人或家庭的财产，其数额相对较小，因此受托人在信托财产的管理和运用中具有更大的灵活性。

（五）与社会经济发展关系的表现不同

法人信托与社会经济的发展有密切关系，即法人信托对经济周期变化的敏感性较强。由于法人信托与法人组织的经营管理活动一般存在较大的联系，所以在经济繁荣时期，法人组织的经济效益普遍较好，法人信托的业务量也会相应增加；在经济萧条时期，法人组织的经济效益普遍不佳，法人信托业务量也会相应缩减。而个人信托与社会经济的发展密切度不高，即个人信托对经济周期变化的敏感性较弱，个人信托的业务量在社会经济发展的不同时期相对比较稳定。

三、法人信托的种类

（一）抵押公司债信托

1.抵押公司债信托的含义

抵押公司债信托是一种特殊的信托，又称发行公司债信托、担保公司债信托或附担保公司债信托，是指信托机构接受债券发行公司的委托，代替债券持有者行使抵押权或其他权利的信托业务，是信托机构协助发行公司发行债券，并为其提供发行便利和担保事务而设立的一种信托形式。它是法人信托业务的主要组成部分，在美国和日本，公司债信托一般就是指抵押公司债信托。

2.发行抵押公司债信托的意义

（1）为债券发行公司提供了举债便利

首先，发行公司在发行债券之前，必须使社会了解其经营及财务状况，以得到社会的信任，每家发行公司的实力都是有限的，而借助信托机构的信誉就能提高公众对债券的信任度，证明该公司债券发行的合法性和可靠性。其次，发行公司可以利用信托机构的销售渠道推销更多的债券，扩大发行量，为发行者节税，获得财务杠杆效应。最后，信托机构又可代办发行、还本付息等事务，从而节约了发行公司人员的时间和精力。

（2）有利于保护债权人的利益

由信托机构作为债券发行公司的受托人，使债券还本付息的保障性增强。另外，信托机构也可以为债券发行提供保证、代理还本付息事宜等，为广大的投资者提供有保障的理财工具。在抵押公司债信托业务中，债权人即投资者对所抵押的信托财产有相应的抵押权，即在发行公司不能按时还本付息时，可以要求将抵押物拍卖。由于公司债发行的总金额原则上不能超过抵押物的价值，所以在信托机构拍卖抵押物后，可以基本保障债券的偿还，这样投资人的风险就大大降低了。

3.抵押公司债信托的特点

（1）抵押公司债信托以物上抵押权为信托财产

在一般信托中，信托标的物是可以转让或处分的财产权，范围极其广泛，凡可以转让或处分的财产权都可以作为信托财产。而抵押公司债信托的标的物仅以物上抵押权为限，债券发行公司提供的抵押担保品在范围上一般都有严格的限制。

（2）抵押公司债信托实现了担保权人与债权人的分离

在一般信托中，若委托人移交受托人的信托财产是带有抵押性质的公司债，那么受托人在信托成立时就取得了法律上的债券债权和债券担保权，即公司债债权人和担保权人或抵押权人统一为受托人。而发行抵押公司债信托的抵押权归信托公司受托人所有，分散于社会的各债权人只掌握着与其持券额相应的债权，其抵押权已转移到信托公司的名下，债权和抵押权发生了分离，债权人为购券人或持券人，抵押权人为信托公司。

（3）抵押公司债信托中的受托人一般不具有财产的所有权

在一般信托中，委托人将信托财产交与受托人，受托人就拥有了财产的所有权。而发行抵押公司债信托则不同，一般情况下设立抵押权的担保品的所有权并不转移给受托人，受托人也不得处理这些发挥抵押担保作用的财产，只有在债券发行公司因违约而不能偿付债券本息时，受托人才具有这方面的权利。

（4）抵押公司债信托的受益人在设立信托时一般无法特别指定

在一般信托中，通常在设立信托之际委托人就特别指明了具体的受益人，且受益人均存在。而抵押公司债信托在设立之际，委托人无法指明具体的受益人，因为抵押公司债是依据委托人（债券发行公司）与受托人（信托公司）之间所订立的信托契约而发行的，在时间上信托的设立必然先于公司债的发行，所以不能事先确定具体的债权人，只能笼统地指明债权人为受益人。

（5）抵押公司债信托既是他益信托，又是私益信托

在抵押公司债信托中，委托人（债券发行公司）并非为自己，而是为他人（全体公司债债权人）的利益而设立信托，所以它属于他益信托。同时，抵押公司债信托也不是为增进社会之间的公共利益而设定的信托，所以它属于私益信托。

（6）抵押公司债信托的受托人办理两类信托业务，负有双重信托职责

在一般信托中，受托人只代表受益人的利益。同时，在一般情况下受托人承办的是同一人同时委托办理的业务，或是信托类业务，或是代理类业务。而发行抵押债的公司通常总是同时把发行公司债信托业务和代理发行公司债业务委托或交由同一信托公司办理。同时，抵押公司债信托中的受托人同时对债券发行公司和公司债债权人负有双重信托职责，对债权人负有保管抵押品、保存并实行抵押权的职责。

4.办理抵押公司债信托的基本程序

（1）发行公司向信托机构提出办理抵押公司债信托的申请

抵押公司债信托的建立首先要由委托人即发行公司提出申请。发行公司可以根据自身的业务情况和经营特点，选择一家经营信誉好、实力雄厚的信托机构作为受托人，委托后者代为办理发行债券事务。信托机构接到申请后，要求发行人提供必要的财务报表，如近几年的资产负债表、利润表和现金流量表等，以便信托机构进行核实。

（2）信托机构审查核实发行公司的相关情况

信托机构在接到申请后，必须对发行公司和发行公司债券的情况进行考察。由于信托机构要为委托人及受益人提供一系列的服务，所以在接受信托之前也必须对发行情况进行认真核实。这一环节主要考察以下三个方面的内容：

①公司的经营及资信状况。发行公司的经营及资信状况将直接关系到未来债券的还本付息，因此，信托机构要考察发行公司的职责执行情况、资信状况、管理经验、经营效益、未来的现金流动情况等，以判断债券发行的风险。

②审核债券发行情况。由于抵押公司债信托的基础是债券，所以信托机构要审核发行公司的债券发行是否符合有关法律及国家规定，是否经过相关部门的审批。信托机构也要对债券总额和面值、利率、偿还方法、偿还期限、发行价格以及已募公司债的偿还情况等进行认真考察和研究。

③核实抵押财产。信托机构要对抵押物品的真实情况进行认真考察，包括抵押品的种类、形态、现状和价值等。

（3）签订抵押公司债信托契约

信托机构在对债券发行的有关情况进行认真考察和研究后，认为可以接受这项信托业务，方可与发行公司签订抵押公司债信托契约。若信托机构和发行公司经过相互选择后，确定采用这一信托方式，双方就要进行与信托契约有关条款的磋商。抵押公司债信托契约的主要内容有：

①一般性条款。该条款与其他的信托契约相似，在契约的开头一般都是有关日期、双方名称、契约签字、盖章、债券所有人以及受托人关于证实自己已取得了抵押品一定权利的证明等内容。

②抵押物品条款。该条款是抵押公司债信托契约中十分关键的条款，它规定了抵押物品应转让给受托人代为保管。此处应详细列明抵押物品的种类、数量、价值和存放地点等。

③债券证实条款。发行公司的特定人员签发一个移交指示，证明信托机构取得了抵押品的一定权利。

④其他条款。此条款包括其他一些相关的债券及抵押品的处理事项的规定。双方在契约上签字后，信托关系正式成立。

（4）转移信托财产

在签订信托契约后，发行公司应立即办理有关抵押品的所有权转移手续，信托机构只有在完全掌握了公司债券的抵押物品之后，才能充分行使受托人职责。由于信托财产是发行公司债券所抵押物品的抵押权，所以债券发行人需要将抵押财产按照信托契约的规定转到受托人的名下，使其能够在发行公司违约时立即对抵押财产进行处理。

（5）协助发行公司债券

信托机构在办理完抵押品的相关手续后，可以协助债券发行公司发行债券。抵押公司债信托发行一般采用公募形式，即由信托机构或承销银团先将公司债券承销下来，再公开向社会公众销售并募集债款。在这一过程中，委托人要尽快交付债券，即将已证实的债券尽快从印钞公司提取，交给承销团。承销团通过包销、助销和代销三种方式向社会销售债券。信托机构也可以在销售中起辅助作用。

（6）发行公司偿还利息并到期支付本金

债务人授权受托人执行债券的利息支付和本金交付工作。受托人应严格按照信托合同与债务人的指示，在规定的时间向债券持有者支付本息。当本息结清后，信托宣告结束。

一旦债务人出现违约，信托机构就要行使抵押财产的抵押权，召开债权人大会，商讨债务处理的对策，并负责对财产进行拍卖，动用所得款项来偿还债权人的本息。

（二）商务管理信托

1.商务管理信托的含义

商务管理信托，又称表决权信托，是指由公司全体或多数股东将其所持股票作为信托财产转移给信托机构，由后者在信托期间行使表决权的信托。

收益权和表决权在正常情况下都是由股东本人来行使的，但有时由于股东精力有限或其他原因，股东可以推举某个信托公司为受托人，将其所有股票过户给信托公司，交由其保管，并代为行使表决权。信托机构一般要签发"商务管理信托证书"，并与原股东订立协议，声明原股东对公司仍享有除投票权以外的其他应有的股东权利。委托人即原股东持有的信托机构签发的"商务管理信托证书"（股份表决权信托收据）在信托期间可以像股票一样自由地流通转让。

2.设立商务管理信托的目的

（1）保护小股东利益

在股份公司中，单个股东参与公司经营管理的能力依赖于其所占有的股份，股份比重的高低决定了单个股东对公司经营管理决策的影响大小。大股东所占股份多，很有可能会利用其决策权侵占股份公司利益，从而损害小股东的利益。通过商务管理信托，小股东的股份得到集中，信托公司代表小股东选派董事或代表，从而有效地控制了大股东的不当行为，保护了小股东的利益。

（2）改善公司组织管理

一般来说，许多股东对管理并不在行，他们投资的主要目的是获得收益。因此，为了更好地实现对公司的有效经营，可以将股东的投票权利与享受股息的权利分割开来，将公司的管理权集中于熟悉商情、擅长行政管理的人手中。

（3）保证公司经营方针、作风的连贯性

股份公司的经营管理人员由股东大会选举产生的董事会招聘，都有一定的任期，任期满后进行改选，特别是在股东频繁变换的情况下，对公司的经营就缺乏控制，导致公司的管理层人员经常变动。而决策人员的变动，必然会影响公司的经营方针和管理方法，不利于公司长远规划的顺利实施。如果把选举权交给信托机构，就可以减少股东的变动，有利于公司的持续发展。

（4）防止其他公司对本公司的控制

现代公司竞争日益激烈，特别是中小公司，随时都面临被收购或兼并的威胁。如果引进商务管理信托，将多数股东权利集中给信托机构代为行使，就可以防止竞争者在市场上大量收购公司的股权而获得本公司的控股权。

（5）协助公司重整

在股份公司经营不善，面临倒闭风险时，更需要有专业人才和可靠的经营人员来改进经营管理，振兴业务。这时可以利用商务管理信托集中股权，为公司走出困境赢得一段宝贵的时间，从而改善经营，缓解危机。

（6）保障投资者的权益

信托机构在商务管理信托中要以股东权益的最大化为基本目标，尽职地为股东实现企业的合理经营，使财富增值，这样可以使股东获得更多的收益。

3.商务管理信托的特点

（1）收益权和表决权相分离

商务管理信托将股东的收益权和表决权分离，这是商务管理信托区别于其他信托的最为重要之处。公司全体或多数股东推举信托公司为受托人，将其持有的股票过户至受托人名下。在信托期内，所有权与受益权归原股东，经营权或表决权则由信托机构代为行使。

（2）信托机构能够独立行使表决权

在商务管理信托中，信托机构完全取得了股东的表决权，以自己的名义参加股东大会并行使投票表决权。受托人的行为只要不违背委托人的意愿、信托目的以及法律的规定，便可以"自由"行使投票权，委托人和受益人不得随意干涉受托人的活动。

（3）商务管理信托具有不可撤销性

由于商务管理信托的委托人是分散的，各人的意思表示可能会有不同，所以为了维护信托关系的稳定，一旦信托成立，在表决权信托期间，除非全体当事人同意，否则不允许一方当事人任意撤销。信托目的实现后，委托人才可依信托协议要求返还股票，并收回对公司的表决权。

4.商务管理信托的程序

（1）由分散的股东联合向信托机构提出申请

商务管理信托的特点在于分散的股东一起向信托机构提出申请，因为他们的目的就是要集体行使表决权，这是一种联合行动。一般信托的设立，委托人可以是单独的一个法人或自然人，但股票表决权信托的委托人至少是两个人。

（2）签订商务管理信托契约

由受托人与公司的相关股东（有时甚至要与所属的公司）共同签订商务管理信托契约，该信托契约除了具有一般信托契约的基本条款外，还必须明确：

①特定的信托目的，如公司重组、实现稳定经营、帮助公司渡过难关等；

②股份表决权转移条款，交付信托的股份需要列入受托人名下；

③受托人的权限与责任，以及"商务管理信托证书"持有人的权限；

④受托人的辞任、继任事项以及表决权信托的修正办法；

⑤商务管理信托的期限与终止事项。

（3）股东将股票表决权转移给受托人

委托人必须转移股票在法律上的权利，且将股票交付给受托人，将转移情况登记在股东名册上，并注明"商务管理信托"字样。

（4）受托人向原股东签发"商务管理信托证书"

当受托人向原股东签发了"商务管理信托证书"后，也就意味着商务管理信托关系已经合法成立了。"商务管理信托证书"的持有者可享有股东所享有的除表决权之外的其他一切权利，通常这种凭证以原股东的名义登记，并且可以与股票一样进行流通转让。

（5）受托人代为行使表决权

在信托关系存续期间，受托人代表股东参加股东大会，行使投票的权利。为了防止受托人因职权过大而操纵公司，许多国家的法律规定，商务管理信托的受托人在行使表决权时，必须遵照信托契约赋予的权限办理，如需对某些特定行为进行表决，则应首先征得原股东同意。受托人可以行使哪些权利，不能行使哪些权利，要根据各国的法律及商务管理信托契约的规定来办理。

（6）商务管理信托的终止

当信托到期或出现约定的事项时，受托人应该按照合同的规定向委托人（原股东）返还股票和表决权，而商务管理信托证书的持有者也要将证书交还受托人（信托公司）予以注销，信托关系终止。

5.商务管理信托的成立要件

商务管理信托的成立一般要符合三个要件，即采取书面形式、不能超期和进行登记与公示。

（1）采取书面形式

由于商务管理信托涉及公司股东的权益，较为重要，而信托的内容比较复杂，要求有确定性，所以一般法律规定必须采取书面形式加以确立。

（2）不能超期

商务管理信托的期限一般不超过10年。期限届满时，商务管理信托合同自然终止，但是可以办理延长手续，由当事人在约定的商务管理信托期限届满时续订合同，每次延长期限为10年。当然，所有同意延期的股东必须在合同书上签字，以表明其同意延长。延期合同的效力只对签字人产生作用。而反对延期的人有权在原定的商务管理信托期限届满之日收回其股份。

（3）进行登记与公示

根据规定，股东将股票交给受托人时要在公司股东名册上登记此事，并注明"商务管理信托"字样。而受托人在签发"商务管理信托证书"后要出具一份商务管理信托的受益人名单，连同信托协议副本送交上市公司备案。

商务管理信托的登记与公示具有重大的意义：第一，登记与公示为商务管理信托的变动提供法律基础，只有在登记时才发生商务管理信托变动的后果。第二，登记与公示为持续不断的权利交易提供客观公正的保障。公示所提供的信息具有公信力，以一种公开的方式让人们知道在该股份上有商务管理信托的存在，从而消除在该股份交易中的风险。

（三）动产信托

1.动产信托的含义

动产信托，又称设备信托，是指以管理和处理动产（主要是设备）为目的而设立的信托，即由设备的所有者或制造商作为委托人，与作为受托人的信托机构签订信托协议，将设备信托给信托机构，并同时将设备的所有权转移给受托人，由受托人将设备出租或以分期付款的方式出售给设备使用单位的一种信托方式。

在动产信托中，一般涉及四个参与者（即当事人）：设备生产商是委托人和最初受益人，他将设备委托信托机构进行管理和处理，同时通过在市场上转让"信托受益权证书"获得收益；设备用户是承租人，需要定期支付租金；信托机构是受托人，负有管理和处理动产设备的义务；社会投资者是第二受益人，通过购买有关的有价证券（含"信托受益权证书"）获取投资收益。

动产信托的标的物，通常是价格昂贵、资金需求量大的设备，如铁路车辆、船舶、飞机、大型电子计算机、炼钢厂的主要设备、建筑机械、医疗器械和机床等。通过动产信托，不仅给设备的生产者和销售者带来方便，还给设备的使用者带来许多好处，能为设备的生产和购买单位提供长期的资金融通。

2.动产信托的意义

动产信托的意义可以从设备生产商和用户两个角度进行分析。

从设备生产商角度看，运用动产信托的优点有：首先，设备生产商可以通过在市场上出售"信托受益权证书"，尽早收回动产的款项；其次，在客户资金不足的情况下，可以采用分期付款的方式增加客户对动产设备的需求，扩大动产设备的销售数量；最后，信托公司可以代委托人办理延期收款等事务，减轻了设备生产商自己销售动产设备的负担，降低了销售成本。

从动产设备用户的角度看，运用动产信托的优点有：首先，可以有效解决用户因自有资金不足而无法购买动产设备的困难，用户通过支付租金或分期付款的形式就能取得设备的使用权甚至所有权；其次，还款方式灵活，还款期限也较长（通常为5~10年），可以节省分期付款所需支付的利息和费用；最后，可以享受税收优惠政策，利用设备的投产创造价值并增加收益。

3.动产信托的种类

（1）根据所运用的信托财产的不同，动产信托可以分为运输设备信托和机械设备信托。

①运输设备信托

运输设备信托，是指以管理和处理运输设备为目的而设立的信托，即由信托机构从运输设备制造商处接收运输设备作为信托财产，然后租给运输设备用户并收取一定的租金的一种信托方式；用户交纳租金的期限一般在10年以上，并且在租金付清后，运输设备就归其所有。它包括车辆信托、船舶信托和飞机信托等。在运输设备信托中运用最早的是铁路车辆信托，其目的是方便铁路公司利用信托形式购买车辆；一般的做法是铁路公司在10~15年内分期付款交纳租金，到期时车辆归铁路公司所有。后来造船企业通过船舶信托的方式来销售船舶，及时收回资金。目前，船舶信托已成为动产信托中最主要的业务。

②机械设备信托

机械设备信托，是指以管理和处理机械设备为目的而设立的信托。作为信托财产的机械设备主要包括建筑机械、机床、医疗器械和计算机等可以独立使用、单位价值相对较高的设备，其中计算机信托成为动产信托中的第二大类业务。

（2）按照对动产的不同处理方法，动产信托可分为管理方式的动产信托、处理方式的动产信托和管理处理方式的动产信托。

①管理方式的动产信托

管理方式的动产信托，是指委托人将动产的所有权转移给信托机构，由信托机构按信托文件的约定对动产进行出租，并在出租过程中实施管理，所获收入扣除信托费用后作为信托收益支付给受益人的动产信托形式。管理方式的动产信托的信托事务处理行为是设备的出租及租赁管理，因此管理方式的动产信托又称出租方式的动产信托或出租方式的设备信托。在管理方式的动产信托中，受托人与设备租用方之间的关系与传统的设备租赁相同，租用方使用设备，支付租金，到期返还设备，只是管理方式的动产信托比传统设备租赁多了一项信托业务，受托人是按信托文件进行设备处理，并将信托收益支付给受益人的。

②处理方式的动产信托

处理方式的动产信托，是指信托机构接受设备所有者的委托，以分期付款等方式将设备出售给用户的一种动产信托形式。处理方式的动产信托与管理方式的动产信托的区别在于：一是两种信托事务处理行为不同，处理方式的动产信托是出售设备，及时收回货款，而管理方式的动产信托是出租设备；二是设备转让方式不同，处理方式的动产信托的设备所有权一开始就直接转移到使用者手中，而管理方式的动产信托的设备所有权转移到信托机构手中。

③管理处理方式的动产信托

管理处理方式的动产信托，是动产信托的最基本类型，它是指委托人将动产交由信托机构，信托机构将动产以租赁的方式经营，信托终了时由设备使用者购入的一种动产信托形式。管理处理方式的动产信托实际上是管理方式的动产信托和处理方式的动产信托的综合，信托机构不仅负责动产设备的出租及管理，还要负责动产设备的出售。在整个信托期间内，动产设备的使用者只有设备的使用权，设备的所有权一直属于信托机构，只有在信托期满，由设备使用者购入设备后才取得所有权，但此时一旦设备购买行为发生，管理处理方式的动产信托也就基本结束，信托机构只剩下信托收益的支付问题了。

根据融资方式不同，管理处理方式的动产信托又可分为两种方式：

①出让信托受益权证书方式。信托受益权证书是一种由信托机构根据设备厂商

转移的信托财产开立的有价证券，持有者可以在金融市场上转让，到期可凭此证书要求信托机构偿还本金并支付利息。

在出让信托受益权证书方式的动产信托中，信托机构在接受委托人的动产设备后，签发信托受益权证书给厂商，后者通过在市场上将信托受益权证书出售给社会投资者从而收回货款。

②发行信托证券方式。信托证券是由信托机构向社会投资者发行的一种有价证券，筹措的资金用于支付生产厂商的货款。

在发行信托证券方式的动产信托中，信托机构直接向社会公众发行信托证券筹集资金，先支付生产厂商的货款，再通过定期收回租金的方式向社会投资者支付证券的本息。与出让信托受益权证书方式相比，这种方式可以免去生产厂商在市场上寻找社会投资者的麻烦，从而保证货款快速回笼。

（四）雇员受益信托

1.雇员受益信托的含义

雇员受益信托是雇主为了雇员的利益而设立的信托。雇主设立该信托的目的是要通过实现真正有益于职工的行为来达到调动雇员积极性、更好地为雇主服务的目的。该信托的委托人一般是雇员所在的公司，公司为其雇员提供各种利益而设立信托，或设置基金并以基金设立信托。但在形成财产信托时，公司只起委托代理人的作用，而真正的委托人是雇员自己。雇员受益信托的受托人一般是信托机构，受托人必须通过正确管理投资事务来为雇员创造利益。雇员受益信托的受益人是雇员本人，且受益人并不是委托人所指定的少数几个人，而是根据公司规定的方式，获得受益人资格的多数员工。雇员受益信托的信托财产，主要是金钱和有价证券，信托财产与公司的资产完全分开，这才有利于公司的经营和维护雇员的利益。

雇员受益信托是适应经济发展的需要而产生的。一方面，西方国家经济发展迅速，市场竞争十分激烈，各大公司为了增强自身的竞争力，大力吸引优秀人才并使之安心为公司工作，积极强化员工的利益保障机制；另一方面，发达国家的人口老龄化问题越来越严重，需采取有效的措施解决。为了合理、稳定地储存和负担日益增多的退休金，养老金信托便产生了。雇员受益信托产生后，其自身的优点和各国政府的鼓励使其得到了长足的发展。各国政府制定了各种与雇员受益信托相关的法令和制度，并颁布实施，大大促进了该业务的发展，尤其是改革后的税法对雇员受益信托采取了一系列优惠的税收政策，为其提供了良好的发展环境。这些都成为促进雇员受益信托迅速发展的直接动力。

2.雇员受益信托的种类

雇员受益信托可根据设立的目的不同分为养老金信托、员工持股信托、储蓄计划信托、财产积累信托和利润分享信托。以下分别加以介绍：

（1）养老金信托

①养老金信托的含义

养老金信托又称年金信托或退休金制度，是指信托机构接受委托人定期缴纳的养老基金，负责基金财产的管理运用，并在雇员退休后定期向其支付退休金的一种信托业务。养老金信托以养老金制度的建立为基础。养老金制度是关于如何积累并分享退休金的一种制度，即由职工个人、企业、政府或三方共同定期积累一定数目的资金，等养老金制度参加者退休后，向其支付养老金。养老基金可以为每个雇员单独设立，也可以把所有雇员当作一个整体设立一个养老基金。许多国家的养老金制度是与其社会保险的发展密切相关的。

美国的养老金信托按受托人办理的方式分为三种：第一种，信托机构收到委托者的财产后立即购买保险公司的个人养老金契约，待雇员退休后再交给雇员。第二种，信托机构按照信托契约的规定将信托财产加以运用，到雇员退休后再为之购入保险公司的个人养老金契约。第三种，信托机构对信托财产进行投资运用和管理，当雇员退休或致残时，从信托财产中向雇员支付养老金，即"金额受托计划"。

日本的养老金主要分为两种：第一种，法定退休养老金信托。它是一种单独指定金钱信托，企业是委托者，信托机构是受托者，职工是受益者。委托者既不保留又不能取消受益者的变更权。该信托的信托契约必须规范化和格式化，要经过国税厅领导的确认并与养老金章程一致。该信托中的受益权禁止转让和质押。第二种，福利养老基金信托。它是由基金作为委托者与受益者的自益信托形式，福利养老基金是依法设立的公共法人，作为公共养老金的代行者被给予了必要的公共权力，具有独立的保险者的机能。该信托是一种单独指定金钱信托，在以管理运用基金的财产为目的的信托契约的基础上再加上业务委托契约，具有混合契约的性质。

②养老金信托的当事人

第一，养老金信托的委托人

养老金信托的委托人一般是雇员所在的企业。许多国家给予企业养老金计划全面的税收优惠，客观上提高了其本国企业为职工办理养老信托的积极性。如有的国家规定，企业缴纳的养老金部分是当年免税的，即企业可以从它的当年利润中抵减支付给信托机构的养老金部分，从而减少企业纳税的绝对水平；如果企业缴纳的养老金数额较大，那么还会降低企业的纳税等级，使适用的税率下降，也能减少企业的纳税总额。在养老金信托中如果有部分资金是职工缴纳的，那么职工缴纳部分也可以享受税收优惠，不计入当年的纳税范围，而是在职工退休后领取退休金时才对这部分收益支付所得税。另外，养老基金的投资收益也可以免缴公司所得税。据统计，美国每年为企业参加养老基金提供的税收优惠额高达500亿美元，英国每年的养老基金税收优惠额为150亿英镑。企业委托信托机构办理养老金信托，可以有效地运用资金并节约成本。

第二，养老金信托的受托人

养老金信托的受托人多为信托机构。作为受托人，它们主要办理信托财产的运用与投资管理，承担税款的缴纳和账务的处理以及加入者的事务管理及养老金的发放管理。许多国家（如美国、英国、荷兰等）的政府对养老基金的投资规定受托人要遵循"审慎管理原则"以确保养老金的安全。美国1974年颁布的《雇员退休收入保障法案》正式对私人养老金计划的管理作出了规定，要求受托人严格履行"审慎原则"，同时对受托人的职责及禁止行为作出了规定。对养老金资金信托的要求是：在退休计划的基金运作中必须满足多种要求，以保证计划参加者和受益人的利益为唯一宗旨，从而确保其安全性。

第三，养老金信托的受益人

养老金信托的受益人是雇员，一般在其退休后，便可按月领取相应的养老金，以满足自己的生活所需。

③养老金信托的业务流程

第一步，设立养老金信托

养老金信托的基础是养老金制度，因此，企业必须加入养老金计划，制定完整的养老金运作章程，明确企业和职工的权利与义务。企业的养老金计划也要上报政府有关部门，以享受税收优惠。有了章程之后，企业要执行养老金制度，选择一家信托机构作为受托人，并与其签订养老金信托契约。养老金信托一般不规定具体年限，只要企业存在，养老金信托就可以延续下去。当然，不同企业的信托资金要分开核算。

第二步，缴纳养老基金

企业与信托机构签订信托契约之后，必须定期向信托机构缴纳一定的资金作为养老金基金的来源。养老基金的资金来源一般包括三个方面：职工个人、企业和政府。在一些福利国家中，公共年金的比例较高，而且公共年金中政府贡献的比例也很高，但由于社会福利支出越来越成为国家财政的负担，所以企业与个人养老金信托占比上升。企业养老金雇主负担的费用比重一般远高于雇员，而不是雇主和雇员等比例负担。例如，德国企业在养老保险缴费中雇主支付的部分平均占89%，美国平均占87%，英国、加拿大以及荷兰平均占70%~75%，瑞士平均占58%，日本的企业养老保险完全由雇主缴纳。

企业养老金信托的资金来源比较灵活，企业可以从职工的工资或奖金收入中扣除相应部分代为缴纳，其资金缴纳比例可以是固定的，也可以是变化的，即根据企业各年的不同盈利状况确定应缴纳的资金。由于企业养老金信托的缴费往往可以享受税收优惠，所以为防止人为避税，有些国家规定了这种缴费率的上限，一般限制在15%左右。例如，英国规定企业养老金雇主、雇员的总缴费率不能超过17%，瑞典规定的缴费率上限为13%。

第三步，运用养老金信托资产

设立养老金信托的企业与信托机构签订契约后，就必须将养老金财产交付给信托机构。受托人根据信托契约的具体规定对信托财产进行管理与运用。

养老金信托基金的运用必须坚持的两项根本原则：一是投资安全性，二是高回报率。因此，如何在确保安全的前提下获取高额回报，是养老金信托基金投资者一直关注的焦点。

对于信托基金的投资，各国政府的管制做法有所不同。例如，美国、英国、荷兰等政府只对养老基金的投资作原则上的规定，即要遵循"审慎管理原则"，并且自身投资不能超过一定比例，如美国为10%，英国、荷兰为50%，但是对养老基金具体的资产结构不作规定。有一些国家对养老基金的投资有严格的限制，如日本规定，养老基金资产中股票或外国资产不能超过30%，对某一家公司的投资不能超过10%，债券投资至少为50%。

第四步，支付养老金

参加养老金信托的职工在退休以后可以按信托契约的规定向信托机构领取退休金。信托机构在向受益人支付养老金时，支付方式取决于信托契约的规定，可以一次性支付，也可以每年按一固定金额支付。

当然，参加养老金信托的职工要享受信托利益一般需要满足一定的条件，如美国规定职工至少在一个企业连续工作5~10年才有资格在退休之后享有收益权，但是如果工作未满规定的年限就离开原企业，那么就丧失了对养老金的收益权。

（2）员工持股信托

①员工持股信托的含义

员工持股信托，又称职工持股信托或职工持股计划，是指将员工买入的本公司股票委托给信托机构管理和运用，待员工退休后再享受信托收益的一种信托。交给信托机构的信托资金一部分来自员工的工资，另一部分来自企业以奖金形式资助员工购买的本公司股票。企业员工持股信托的观念与定期小额信托较为类似，其不同之处是企业员工持股信托的投资标的为所服务的公司的股票，且员工可额外享受公司所提供的奖励金。但是员工一旦加入持股会，除退休、离职或经持股会同意外，不得将所购入的股票领回。员工持股信托是以员工持股制度为基础，鼓励员工用工资和奖金定期地买入本公司的股票，并且设立"员工持股会"具体管理所有员工购入的股票，待员工退休或离开本企业时才能获取投资收益的一种制度。

职工持股信托按信托财产的形态可分为两种：一种是金钱信托以外（简称金外）的职工持股信托，即信托机构接受职工的资金和公司对职工的奖金，买进本公司的股票并代其进行管理，并于信托终了时将股票（股份）直接交还给职工。在该类信托中，信托资金包括职工的工资（出资）与奖金，委托人是公司的职工，但是委托人不直接将信托资金交付受托人，而是由职工持股会作为委托人的代理人，代交代收信托资金，代理信托契约的签订事务。信托机构作为受托人，购进公司股票，并遵照委托人的意志行使股票（股份）表决权。信托收益包括股票股利和运用收益两部分，受托人在获得股利和运用收益时将其加到本金中。另一种是管理有价证券信托方式的职工持股信托，即职工利用出资和奖金购入本公司的股票后将股票委托给信托机构进行管理，在信托终了时由信托机构将股票归还给职工。

②员工持股信托的作用

随着企业的快速发展，业界竞相争取业务熟练的员工，开办员工持股信托制度，这样做不仅增强了企业的竞争力，还可以减少外界对公司股价的炒作，稳定企业的经营方针，提高企业经营管理的效益，它对企业及员工都具有积极的作用：首先，奖励员工储蓄，做好理财规划。员工每个月自薪资所得中提取一小部分资金，交付受托人购买自己所在公司的股票，作为员工长期理财计划的形式，不但可以达到储蓄的目的，而且可以达到获取投资收益的目的，为员工提供一个稳健的理财规划。其次，提高员工对公司的热爱程度。通过取得、持有自己供职公司的股票，员工对于公司的经营会予以关心，同时提高劳动生产率。再次，降低人员流动率，减少对新人的培训成本。人力资源是企业经营最主要的资源，业务熟练的员工更是企业赖以生存、成长的主力军。企业实施员工持股信托制度，使员工福利得到更稳定的保障，使员工能安心工作，降低员工流动率，节省对新人的培训费用。最后，确保友好安定的股东层，以维护企业的健康经营。员工成为公司的股东，与其他股东相比，更有助于公司经营权的稳定。员工持股信托，可减少外力介入，保证企业既定的经营方针。

员工持股信托通过公司员工成立员工持股大会，充当员工的代理人。加入员工持股大会的员工与员工持股大会签订代理委托契约，员工按契约约定的金额出资。员工持股大会代员工与信托机构签订信托契约，并将员工出资加上公司发给员工的奖金，一并交存信托机构，作为购股储备金。由信托机构买进股票，代员工对公司行使表决权和代公司对员工支付收益金。当员工自愿解约或停止持股信托时，已购的股票和未购剩余金，要返归员工本人。这种方式也被称为金内方式的职工持股信托。此外，还有金外方式的员工持股信托，即信托机构接受员工的资金和公司给员工的奖金，买进本公司的股票并进行管理，待信托终了时，将股票交还给员工。

（3）储蓄计划信托

储蓄计划信托，是指公司将养老金计划和储蓄计划结合在一起设立的一种信托。委托者是公司，信托财产来自职工的储蓄和公司的捐款两部分。职工的储蓄数量不像养老金信托那样有强制性的规定，公司捐款部分也不固定，数额一般为职工储蓄额的25％～100％。这两部分款项由公司出面，一并交与金融信托机构管理和运用，在职工退休时支付收益。如果职工死亡，那么所有收益将一次性支付完毕。这种信托最大的好处是具有灵活性，它允许职工撤资。一旦职工撤资，公司的捐款就将撤回，职工在信托机构中的个人账户也将不复存在。

（4）财产积累信托

财产积累信托，是指把职工的财产积累储蓄委托给信托机构管理运用，以便将来能形成一项财产（如住房）的一种指定金钱信托业务。一些国家在经济高速发展的同时，国民收入没有同步增加，个人的财产积累有一定难度，这就会制约社会的总需求，使国内经济需求疲软。因此，许多国家开始以立法形式鼓励公民积累财产。如日本政府于1971年制定了《促进职工财产积累法》，该法确定财产积累制度是国家和雇主援助职工增加储蓄和房产的一项制度，具体包括职工财产积累制度、职工财产积累养老金制度、职工财产积累奖金制度、职工财产积累补助金制度和职工财产积累基金制度。在这些制度的基础上相应形成了财产积累信托、财产积累养老金信托、财产积累奖金信托、财产积累补助金信托和财产积累基金信托。

（5）利润分享信托

利润分享信托，是指为职工将来分享公司利润而设立的一种信托。公司作为该信托的委托人，每年将净利润的一定比例委托给金融信托机构管理和运用，并由其在一段时间后将信托本金及收益支付给公司的职工。利润分享信托的主要特点是：①信托本金和收益是不确定的。公司根据比例提取的盈利是变化的，因而信托本金不确定，信托收益也随之变动。②信托本金和收益与职工的年龄和工龄无关，职工出资额只按年补偿额的比例在雇员账户间进行分配。③职工可以较灵活地支取款项，即职工在退休、死亡、致残、辞职、被解雇等任何情况下都可要求支用信托本金和收益。④法律对该信托当事人的资格要求较为灵活。

第三节　通用信托业务

一、通用信托的含义

通用信托，是指那些既可以由个人（自然人）作为委托人，又可以由法人作为委托人的信托业务。它是介于个人信托与法人信托之间的一种信托方式。

通用信托的出现是经济发展的必然产物。早期的信托是为了帮助个人管理财产而设立的个人信托，后来随着公司的大量设立及业务的广泛开展，法人信托成为信托的主要业务，信托机构就承担了主要受托人的任务。信托机构为了扩大业务范围，要根据不同的社会需求创造各种信托方式。从委托人委托事项的内容看，有些信托业务局限于个人委托人，有些信托业务局限于法人委托人，另有一些信托事项则既涉及个人委托人的信托要求，又涉及法人委托人的信托要求。于是，同时适用于个人委托人与法人委托人信托要求的通用信托业务应运而生了。在全球资本证券化趋势加强的情况下，通用信托以其灵活的投资、融资手段发挥了越来越大的作用，也成为目前信托业务中所占比重最大的部分。

信托业务从个人信托、法人信托再到通用信托的发展体现了人类经济的不断发展与社会需求的日益多元化趋势。

二、通用信托的特点

（一）委托人可以是个人（自然人），也可以是法人

个人信托的委托人只能是个人（自然人），法人信托的委托人只能由法人担任。

（二）信托财产的多样性

通用信托是一种涵盖了多种财产的信托形式。凡是具有一定价值的且持续时间较长的物品理论上都可以成为通用信托的信托财产，包括土地、矿业、房产、公路、港口、交通工具、机械设备和知识产权等，但原材料、易耗品、易变质物品不包括在内。

（三）信托财产的管理难度较大

信托财产的多样性增加了信托公司财产管理的难度，这就要求信托公司勿贪大求全，要精心做好自己的特色项目，在开拓新业务时要循序渐进、控制规模、扎实推进。

三、通用信托的种类

通用信托有许多种，其中最主要的是不动产信托和基金信托。

（一）不动产信托

1.不动产信托的含义

不动产信托，也可称之为房地产信托，是以不动产作为信托财产的信托业务。委托人与信托机构签订不动产信托契约，委托后者对不动产进行管理和处理。这里所说的不动产是指房屋、土地（不含耕地）等不能移动或移动后性质与形状会发生改变的财产。凡是涉及房地产的建设开发、买卖租赁或其他有关房地产的业务，都可通过不动产信托进行有效管理。

2.不动产信托的构成要素

在不动产信托中，委托人是不动产的所有者，他们希望实现通过自己所拥有不动产的出售或出租获得收益的目的。委托人同时为受益人。

受托人一般是规模大、信誉卓著的信托机构。受托人处于中介地位，按照信托合同的有关规定，通过开发、管理、经营及处分等，提高不动产的附加价值，但它一般不承担债权、债务的经济责任。通常受托人主要办理一些间接性的业务，如不动产的买卖、租赁、收租、保险等的代管代营，代理不动产的登记、过户、纳税、代修房屋、代付水电费、代办法律手续，此外还受理土地的丈量、建筑物的设计和绘图、建筑工程的承包、不动产的鉴定与评价等业务。

不动产信托的信托财产是土地及地面固定物，不论出于保管目的还是管理目的，委托人均应把他们的产权在设立信托期间转移给信托机构。

3.不动产信托的好处

通过不动产信托对不动产进行管理与运用，有以下几方面的好处：

（1）为不动产处理提供资金便利

土地的所有者希望对部分土地进行开发利用，在其土地上新建或增建建筑物，但缺乏资金。此时，可将其原有土地或土地使用权，以抵押的方式，发行不动产债券，获得资金支持。这样，不仅有效利用了土地，而且能让土地所有者始终保有对土地的所有权。

（2）为不动产的经营提供专业服务

不动产作为一种特殊的财产，它的经营需要专业知识，如识图用图的知识、土地面积量算知识、土地经济评价与土地定等估价等知识，在出售土地时需要有平整地面和拆分土地的知识等。这些知识一般人难以掌握，而信托机构有专业人才，可以帮助业主完成不动产的经营。

（3）提供信用担保，促进不动产的销售

由于不动产的价值较大，所以在不动产的销售过程中，如果买方资金不足，而卖方对买方的信用又不够了解，就可能达不成交易。如果将财产所有权转移给受托人进行代管，等付清款项后再转给买方，或买方能从受托人处获得融资或信用担保，就能实现不动产的销售。另外，在租赁房屋、土地时，信托机构作为房东、出租人和承租人之间的中间人，可以公平地为双方制定价格。

（4）实现对不动产的妥善管理

不动产所有人可委托信托公司对其不动产进行妥善管理，对不动产本身进行有效维护、修缮、改良、保全及环境的改善，从而提高不动产标的的品质与价值，同时也可实现不动产标的的租赁、出售处分和重建，从而提高不动产的利用效率。

由此可见，不动产信托在国民经济中可以发挥重要作用，利用它可以大大促进房地产的生产、流通与消费。

4.不动产信托的种类

不动产信托可以按不同标准分成不同的种类。

（1）按信托目的不同，不动产信托可以分为不动产管理信托和不动产出售信托

①不动产管理信托

不动产管理信托，是指以收取地租或房租为主要目的的信托。信托机构接受委托后主要是对不动产进行管理，定期向承租人收取租金。同时，信托机构还要交付固定资产的相关税金，办理房屋保险，负责房屋的修缮。

②不动产出售信托

不动产出售信托，是指以出售土地或房屋为目的的信托。信托机构接受委托后要帮助土地所有者把大面积的土地分成数块出售，或实现不动产的租后出售。

（2）按信托财产不同，不动产信托可以分为房屋信托与土地信托

①房屋信托

房屋信托，又称建筑物信托，是指委托人（房屋的所有者）将房屋等转移给受托人（信托机构），由受托人代为出租或出售的信托业务。房屋信托是建筑业者将自己承包建造的房产委托给信托机构，领取信托收益权证书，房屋使用者从信托机构租赁房屋，并按期向信托机构交付租金，在房屋的总价款全部支付完毕后，房屋信托便告终结，房屋所有权即转移给使用者。房屋信托适用于那些想扩大生产经营或消费规模，又缺少资金，无力建设厂房和职工住宅的经济主体（委托人）。目前，房屋信托的财产范围逐渐扩大，厂房、仓库、商店建筑和加油站等均成为房屋租赁的对象。房屋信托更好地满足了人们的消费需求和生产经营。

②土地信托

土地信托，是指土地所有者为了有效利用土地，取得高额收益，将土地委托给信托机构，委托机构按照信托契约的规定，负责筹集建设资金、建设房屋、募集租户或买家、帮助使用者办理租赁、房屋的维护、管理或出售，再将收益交付给土地

所有者（受益人）的信托业务。土地信托的目的在于有效利用土地，土地使用者并没有放弃土地使用权，而是借助信托机构的管理获取更高的收益。土地信托适用于没有不动产开发和经营管理经验，或时间和精力不足的委托人。信托机构的业务较为复杂，对其要求较高。

（3）按是否提供融资服务分类，不动产信托可以分为融资性不动产信托和服务性不动产信托

①融资性不动产信托

融资性不动产信托，是指信托机构受托将委托人的不动产转让或出售给购买方时，为购买方垫付款项，购买方可以分期付款，定期归还信托机构的信托业务。信托机构为了保证垫款的收回，一般可要求购买方按照分期付款的期限及金额向其开户行申请开具相同期限与金额的银行承兑票据或要求购买方办理担保。

②服务性不动产信托

服务性不动产信托，是指信托机构为不动产购销双方在转让、出售过程中代为办理有关手续并监督付款，提供中介信用保证的信托业务。在服务性不动产信托中，受托人只负责不动产的管理、运用和处分，不为不动产的购买方或租赁方提供融资服务。

5.不动产信托的优点

（1）为小额投资者提供机会。为了筹措资金，不动产信托机构可出售不动产信托收益权证书，这种证书就相当于一种有价证券。小额投资者通过购买这种证书，可实现其投资不动产的愿望。

（2）由专家进行管理。信托机构拥有大量专业人才，这样可以发挥具有丰富经验和知识的专家的管理能力，向委托人或受益人提供更好的不动产管理服务，而委托手续费仅占不动产信托总费用的很小一部分，大部分收益都会到达直接投资者手中。

（3）信托收益权证书具有流动性。不动产信托的收益权证书是可以流通的，在各种交易所里都可以进行交易，这是不动产信托的最大优点。不动产信托使不动产投资证券化，从而使不动产投资的流动性大大增强。

（4）实现投资资产的多样化。大多数不动产信托机构的投资方针是实现投资资产的多样化，包括资产种类的多样化和区域分布的多样化。这就使信托机构可能以某些地区或种类的不动产价格的上扬所带来的收益补偿其他地区或种类的不动产价格的下跌所带来的损失。不动产投资的丰富多样性使得不动产信托不易遭受经济上的打击，降低了投资者的风险。

（5）可能享受税收上的特别优惠。美国联邦税法规定，在满足严格限定的某些

条件时，对不动产信托机构不征税，只在信托机构分配收益给各个投资者时，对投资者征收个人所得税。

6.不动产信托的运作程序

（1）信托机构要与委托人即土地所有人签订基本土地信托协议。受托人对将信托的土地进行详细调查（包括土地及周围的地域环境），同时对城市规划法、建筑法的有关限制条件、租赁业市场状况、土地最有效的利用方式进行深入研究，在此基础上按照委托人的意图作出详细计划。该项基本土地信托协议也可不经鉴定而直接签订土地信托契约。

（2）信托机构与委托人签订正式的土地信托契约。受托人就土地信托的内容及受托条件等与土地所有者进行充分协商，取得一致意见后，与土地所有者签订土地信托契约，并进行土地所有权的转移登记和信托登记。

（3）信托机构获取信托土地后，向土地受益人签发土地信托受益权证书。土地受益人即取得信托受益权，成为信托受益人。土地信托受益权可以让渡，它的让渡价格以不动产的价格为基准，具体说是从构成信托财产的积极财产（土地、建筑物等）的时价中扣除消极财产（借入款、保证金等）后剩余的部分。对于土地信托，作为受托人的信托机构既不对保本金作出保证，又不对红利分配作出保证。

（4）信托机构选定一家建筑公司，签订建筑承包合同。

（5）信托机构从金融机构借入资金，用于建造房屋。

（6）信托机构向建筑公司支付建造费用，待建筑完工后，建筑公司向信托机构交付房屋，同时还须办理建筑物的所有权保存登记和信托登记。

（7）信托机构募集房屋的使用人。可采取租赁的方式，也可采用出售的方式。

（8）受托人与管理公司签订关于建筑物维护和管理的契约，对建筑物进行管理。

（9）信托机构用租赁收取的租金或出售得到的款项，支付税金、利息、火灾保险费、管理费，并偿还金融机构的借款利息和本金。

（10）信托机构在支付各种费用和偿还银行借款之后，在信托契约规定的决算日进行决算，扣除信托酬金，剩余的部分作为信托红利交给土地所有人。

（11）受托人在信托终了时，在得到受益人认可后，把信托财产以现有状态交给受益人。此时，信托机构与承租人的租赁契约可以在受益人与承租人之间继续有效。土地、建筑物的信托登记取消后，所有权转移给受益人并进行登记。

（二）基金信托

1.基金信托的含义

基金信托，又称为投资基金或投资信托，是指一种利益共享、风险共担的集合投资方式，即通过发行基金证券（基金单位），集中具有共同目的的、不特定多数投资者的资金，由基金管理人管理和运用资金，在分散风险的同时满足投资者对资产保值增值要求的一种投资制度或信托方式。它是一种投资者通过购买基金单位进行投资的间接方式，投资对象包括各类有价证券、金融衍生产品及房地产、贵金属等。投资基金在不同的国家或地区有不同的称谓。在美国，人们通常称之为共同基金、互惠基金、基金会或投资公司；在英国和中国香港地区，人们把它称作单位信托基金；在欧洲一些国家，人们把它称为集合投资基金或集合投资计划；在日本和中国台湾地区，人们把它称为证券投资信托基金；在中国大陆地区，通常将它称为证券投资基金或投资基金。

根据投资基金的含义，我们可以看出其性质体现在以下四方面：

第一，投资基金是一种集合投资制度。证券投资基金是一种积少成多的整体组合投资方式，它从广大投资者处聚集巨额资金，组建投资管理公司，进行专业化管理和经营。在这种制度下，资金的运作受到多重监督。

第二，投资基金是一种信托投资方式。它与一般信托关系一样，主要有委托人、受托人和受益人，其中受托人与委托人之间订有信托契约。但投资基金作为信托业务的一种形式，又有自己的特点。如从事有价证券投资主要当事人中还有一个不可缺少的托管机构，它与受托人（基金管理公司）不能由同一机构担任，而且基金托管人一般是法人；基金管理人并不对每个投资者的资金分别加以运作，而是将其集合起来，形成一笔巨额资金加以运作。

第三，投资基金是一种金融中介机构。它存在于投资者与投资对象之间，它的作用是把投资者的资金转换成金融资产，通过专门机构在金融市场上再投资，从而使货币资产得到增值。投资基金的管理者对投资者所投入的资金负有经营、管理的职责，而且必须按照合同（或契约）的要求确定资金投向，保证投资者的资金安全和收益最大化。

第四，投资基金是一种证券投资工具。它发行的凭证即基金券（或受益凭证、基金单位、基金股份）与股票、债券一起构成有价证券的三大品种。投资者通过购买基金券完成投资行为，并凭借持有的基金券份额分享投资收益，承担投资风险。

2.基金信托的作用

（1）为中小投资者拓宽了投资渠道

对中小投资者来说，储蓄或购买债券较为稳妥，但收益率较低。投资于股票有可能获得较高收益，但对于手中资金有限、投资经验不足的中小投资者来说，直接进行股票投资有一定困难，而且风险较大。在资金量有限的情况下，很难做到组合投资、分散风险。此外，股票市场变幻莫测，中小投资者由于缺乏投资经验，再加上信息条件的限制，所以很难在股市中获得理想的投资收益。证券投资基金作为一种面向中小投资者设计的间接投资工具，把众多投资者的小额资金汇集起来进行组合投资，由专业投资机构进行管理和运作，从而为投资者提供了有效参与证券市场的投资渠道，因此已经成为广大民众普遍接受的一种理财方式。

（2）优化金融结构，促进经济增长

目前，我国金融结构存在直接融资和间接融资相对失衡的问题，通过证券市场的直接融资比重一直低于通过银行贷款的间接融资比重。证券投资基金将中小投资者的闲散资金汇集起来投资于证券市场，扩大了直接融资的比例，为企业在证券市场筹集资金创造了良好的融资环境，实际上起到了将储蓄资金转化为生产资金的作用。近年来，我国基金市场的迅速发展已充分说明，以基金和股票为代表的直接融资工具能够有效分流储蓄资金，在一定程度上降低金融行业的系统性风险，为产业发展和经济增长提供重要的资金来源，以利于生产力的提高和国民经济的发展。

（3）促进证券市场的稳定和健康发展

证券投资基金在投资组合管理过程中对所投资证券进行的深入研究与分析，有利于促进信息的有效利用和传播，有利于市场合理定价，有利于市场有效性的提高和资源的合理配置。证券投资基金发挥专业理财优势，推动市场价值判断体系的形成，倡导理性的投资文化，有助于防止市场过度投机。证券投资基金的发展有助于改善我国目前以个人投资者为主的不合理的投资者结构，充分发挥机构投资者对上市公司的监督和制约作用，推动上市公司完善治理结构。不同类型、不同投资对象、不同风险与收益的证券投资基金在给投资者提供广泛选择的同时，也成为资本市场不断变革和金融产品不断创新的源泉。

（4）完善金融体系和社会保障体系

通过为保险资金提供专业化的投资服务和投资于货币市场，证券投资基金行业的发展有利于促进保险市场和货币市场的发展壮大，增强证券市场与保险市场、货币市场之间的协同，改善宏观经济政策和金融政策的传导机制，完善金融体系。国际经验表明，证券投资基金的专业化服务，可为社保基金、企业年金等各类养老金提供保值、增值平台，促进社会保障体系的建立与完善。

（5）促进证券市场的国际化

许多发展中国家希望通过证券市场的国际化来引进外资，但又担心本国证券市场难以承受国际资本的冲击，因而对开放本国证券市场持谨慎的态度。在此种情况下，发展中国家可以先采用与外国投资者合作组建基金的方式，逐步、有序地引进外资并投资于本国证券市场。与直接向外国投资者开放本国证券市场相比，这种方式使本国监管部门能够控制利用外资的规模和证券市场开放的程度，有利于本国证券市场循序渐进地实现国际化。

3.基金信托的特点

基金作为专门为众多中小投资者设计的一种间接投资工具和集合投资信托制度，与其他投资方式相比较，具有如下主要特征：

（1）实行专业管理、专家操作

基金的运营和投资决策的制定都是由基金经理人或基金管理公司负责的。这些机构都聘有专业投资人士，他们具有丰富的证券投资经验，善于利用其与证券市场的密切联系，收集各种信息、资料和数据，运用各种先进的技术手段，系统地对国内外经济形势、行情动态和各行业、各公司的发展前景及经营业绩进行分析，在此基础上作出科学准确的投资决策，从而取得较高的投资收益，避免个人投资者因为时间、精力、信息及专业知识等方面的限制而作出盲目决策的现象。

（2）以组合投资、分散风险为基本原则

基金管理人把一定量的资金按不同比例分别投资于不同种类和不同行业的有价证券，构成组合的各种证券的相关性比较弱。在一定时期内，某些证券价格下跌的损失可由另一些证券价格上升的收益来抵补，从而在整体上把风险降到最低。个人投资者由于受资金量的限制，所以一般很难买得起足够多种类的证券，从而真正达到分散风险的目的。基金具有相当规模的资金，可以同时投资于数十种乃至数百种有价证券，甚至投资于不同种类的投资工具和不同类型、不同国别的金融市场，从而能够有效地分散投资风险。

（3）实行资产经营与保管相分离的管理制度

任何基金都必须委托基金保管人（或称基金托管人）负责保管基金资产，基金保管人与基金管理人各自有着明确的分工。基金管理人负责基金资产的投资运作，基金保管人负责保管基金资产，并对基金管理人进行监督。这种管理制度能够有效地保证基金资产的安全性。

（4）实行利益共享、风险共担的分配原则

基金运作取得的收益在扣除各种费用后，按投资者的出资比例进行分配。当然，投资中的各种风险也由投资者按出资比例共同承担。如果基金没有取得投资收益甚至基金的净资产值降低，投资者就分配不到收益并要承担基金券价格下降的损失。在基金的运作过程中，投资管理机构只作为基金的受托管理人获得固定比例的佣金，而不参与投资收益的分配。

（5）以纯粹投资为目的

基金的信托契约或各国法律法规一般都明确规定，基金买卖有价证券的目的是取得利息、股息、红利或买卖价差收益，绝无通过买入股票而控制特定企业的意图。

（6）证券投资基金的交易模式可降低交易成本

证券投资基金的资产规模庞大，是券商重点争取的机构投资者，可获得比一般投资者高很多的佣金；我国投资者来自证券投资基金红利的收入目前可以不缴纳个人所得税，但来自个人获得的股利、债券利息收入要缴纳个人所得税；证券投资基金管理者比个人投资者的信息更灵通，可降低交易中的信息不对称成本；个人投资者委托专业机构理财后，更有精力做好本职工作，有利于降低机会成本。

4.基金信托的类型

（1）按照法律基础和组织形态的不同，基金可以分为公司型和契约型

①公司型基金，是指具有共同投资目标的投资者依据《中华人民共和国公司法》（以下简称《公司法》）组成，以营利为目的、投资于有价证券的投资公司。基金本身就是投资公司，它是具有法人资格的经济实体。投资人即公司股东按照公司章程的规定，享有股东的各项权利，如表决控制权和受益权。股东大会选举产生董事会、监事会，再由董事会、监事会聘请公司的总经理管理公司，并向股东负责。投资公司成立后，通常委托特定的基金管理公司进行投资的经营、操作，基金资产委托另一金融机构保管，二者权职分明。经营机构只负责经营，保管机构只负责资产保管，即使受托的金融保管机构破产，受托保管的基金资产作为信托财产也不属于清算财产。这种类型的投资基金在英、美等国较为流行。

②契约型基金，又称信托型投资基金，是指根据一定的信托契约，由委托人、受托人和受益人三方订立信托投资契约而组建的投资基金。它是一种不具有法人资格的虚拟公司，直接表现为一种投资信托。基金管理公司（委托人）与基金保管机构（受托人）之间也订立契约，由前者负责基金的经营与管理操作，后者负责资金信托资产的保管和处分，投资成果由投资人（受益人）享受。这种基金以发行受益凭证的方式，向投资大众筹集资金。契约型基金还可以细分为单位型和基金型两种。单位型基金的设定以某一特定货币总额单位为限筹集资金，组成一个单独的投资基金管理公司。它往往规定一定的期限，期限终止，信托契约就解除，退回本金与收益。信托契约期限未满，不能解约或退回本金，也不得追加投资。基金型基金的规模和期限没有固定限制，基金设定时不以单位形式独立区分，而是综合成一个基金。受益证券价格由受益凭证的净值、管理费及手续费等因素构成。原投资者可以把受益凭证卖给代理投资机构，以解除信托契约，抽回资金，也可以从代理投资机构处买入受益凭证，进行投资，建立信托契约。日本、韩国及中国台湾地区的基金多是契约型基金。

公司型基金与契约型基金的区别主要表现在以下几个方面：

第一，立法基础不同。公司型基金依照《公司法》组建，契约型基金依照《中华人民共和国信托法》（以下简称《信托法》）组建和运作。

第二，法人资格不同。公司型基金具有法人资格，而契约型基金不具有法人资格。

第三，投资者的地位不同。公司型基金中的投资者是投资公司的股东，契约型基金中的投资者则为信托契约中规定的受益人。

第四，资本结构不同。公司型基金除向投资者发行普通股外，还可以发行公司债和优先股，而契约型基金只能面向投资者发行信托受益凭证。

第五，融资渠道不同。公司型基金在资金运用状况良好、业务开展顺利，又需要增加投资组合的总资产时，可以向银行借款，而契约型基金一般不向银行举债。

第六，投资顾问设置不同。公司型基金的投资顾问在多数情况下由本基金管理者自身担任，或不设投资顾问，自行操作运营，只有那些以海外投资为主的国际基金才设有投资顾问。契约型基金通常要设置投资顾问。

第七，基金资产的运作依据不同。公司型基金中筹集的资金作为公司的资产，按公司章程进行投资运用，收益以股利形式分配给投资者；契约型基金的资产是信托财产，按信托契约运用，按信托契约对受益人分配收益。

（2）按照基金规模是否固定，基金可以分为开放型和封闭型

①开放型基金，是指基金管理公司在设立基金时，发行的基金单位总份数不固定，基金总额也不封顶，可随时根据实际需要和经营策略增加或减少。这是开放型基金最显著的特点。投资者可以根据市场状况和自己的投资决策决定退回基金单位份额（要求公司购回自己持有的基金单位份额）或增加该公司的基金单位份额，基金经理人则随时准备按照招募说明书中的规定，以资产净值向投资人出售或向投资人赎回基金单位份额。购买或赎回基金单位的价格是以基金的净值来计算和确定的。

②封闭型基金，是指基金单位总额在基金合同期限内固定不变，基金单位可以在依法设立的证券交易场所交易，但基金单位持有人不得申请赎回的基金。基金单位总数不变是封闭型基金最显著的特征，在经持有人大会和监管部门同意扩募时除外。基金的流通采取在证券交易所挂牌上市的办法，在二级市场进行竞价交易。因此，封闭型基金也称为固定型基金。在封闭型基金的发起、设立阶段，投资者是以基金的面值购买的，当基金募集到规定的额度并上市后，投资者是以基金的市价交易的。因而，基金单位的价格在其资产净值的决定下，又受基金市场供求关系的影响，表现为两种形态：一是市价高于净值，即溢价；二是市价低于净值，即折价。封闭型基金的发行分为公募和私募两种形式。公募是指通过报纸登载招募说明书，

以公开方式向公众推销基金。私募是指基金发起人面向少数投资者发行基金的方式。

开放型基金与封闭型基金的区别主要表现在以下几方面：

第一，发行规模不同。开放型基金发行的基金单位或受益凭证数额不受限制，可增可减，而封闭型基金发行的基金单位或受益凭证数额是限定的。

第二，变现方式不同。开放型基金可以直接向基金发行机构赎回，主要依据基金资产净值来定价，不受时间限制；封闭型基金在规定的期限内只能向第三者转让和在证券市场上出售，买卖价格依据市场供需情况而定，只有满期后，投资者才能直接向基金公司赎回基金单位所代表的金额。

第三，交易价格计算的标准不同。这两种基金除首次发行计价（其售价都是按面值加5%左右的首次认购费）方式一样外，以后再交易时实行不同的计价方式。开放型基金的价格一定等于其资产净值，而封闭型基金的价格可能因市场状况而高于或低于其资产净值，出现溢价或折价交易的情形。

第四，投资策略不同。开放型基金因基金单位可随时赎回，基金资产不能全部用来投资，必须保持基金资产的流动性，在投资组合上需保留一部分现金及高流动性的金融产品。而封闭型基金由于在封闭期内没有赎回压力，所以基金资产可以全部用于长期投资，基金的投资组合能有效地在计划内进行。因此，开放型基金的投资管理难度比封闭型基金更大。

第五，存续期限不同。封闭型基金有固定的存续期限，《中华人民共和国基金法》（以下简称《基金法》）规定封闭型基金的存续期不得低于5年，在满足事先约定条件时也可以延长存续期限。开放型基金没有固定的存续期限，理论上可以无限期存在，但在特定条件下也必须终止，如《基金法》规定的持有人大会要求终止基金合同时。

（3）按照投资目标的不同，投资基金可以分为成长型、收益型和平衡型

①成长型基金，是指以追求资本的长期增值（而不是当期收益或短期收益最大化）为目标的基金，其投资对象主要为具成长性的普通股。成长性股票是指由销售额和利润迅速增长，并且其增长速度快于整个国家及其所处行业的企业（一般是中小型企业）发行的普通股，其股票价格预期上涨速度快于一般公司的股票或快于股价综合指数。由于成长性股票的价格波动幅度大，损失本金的可能性高，所以与收益型基金相比，成长型基金被认为是风险暴露程度较高的基金类型。

②收益型基金，是指以获取最大的当期收益为目标的基金，它不强调资本的长期利得和成长。该基金的经理人通常选择能够带来现金定息的投资对象，其投资组合主要包括利息较高的债券、优先股和普通股，以及某些货币市场上的证券。一般

来说，收益型基金包括两种特殊基金，即固定收入基金和股票收入基金。前者的投资对象多是传统上股息优厚的股票、可转换公司债券及信誉良好的公司债券；后者的投资对象主要是债券和优先股股票。二者比较起来，固定收入基金的收益率较高，但其长期成长的潜力不大；股票收入基金的成长潜力较大，也能够带来当期收入，但很容易受到股票价格波动的冲击。从总体上看，收益型基金安全性好，风险较低，适合较保守的投资者。

成长型基金与收益型基金的区别主要表现在以下几个方面：

第一，投资目标不同。成长型基金着重为投资者带来经常性收益，追求资本长期、稳定和积极的增长；收益型基金强调基金单位价格的增长，以使投资者获得稳定的、最多的当期收入为目标。

第二，投资对象不同。成长型基金投资于风险较大的金融工具，如股票市场中升值潜力较大的大型公司的股票，甚至未上市的股票；收益型基金投资于资产增值有限的金融工具，如生息证券、优先股、可转换债券、公司债券及政府债券等。

第三，投资策略不同。成长型基金保留较少现金，基金资产的大部分用来进行长期投资，牛市时，甚至向银行借贷投资，使投资额增大；收益型基金保留较多现金，资金投资项目也偏向投资工具或投资区域的多元化，以分散投资风险。

第四，派息情况不同。成长型基金为加速基金价格上涨，通常不会直接派息给投资者，而是将股息进行再投资，以提高投资回报率；收益型基金定期将股息派予投资者，股息、利息成为他们固定的收入来源。

第五，风险程度不同。成长型基金损失本金的可能性大，价格波动幅度大，被认为是风险暴露程度最高的基金；收益型基金安全系数高，风险较低，适合于较保守的投资者。

第六，包含的种类不同。成长型基金主要包括长期成长基金、积极成长基金、新兴成长基金、特殊型基金和成长—收益基金等；收益型基金则主要包括债券基金、货币市场基金、平衡基金和收益—成长基金等。

③平衡型基金，是指介于成长型基金和收益型基金之间且兼具两种基金特点的基金，是以净资产的稳定、可观的收益及适度的成长为目标的基金。其特点是具有双重投资目标，谋求收益和成长的平衡，因而风险适中，成长潜力也不是很大。

（4）按照投资国别和地域的不同，基金可以分为国内基金、国家基金、区域基金和国际基金

①国内基金，是指把资金只投资于国内有价证券，且投资者多为本国居民的一种基金。

②国家基金，是指在境外发行基金券或受益凭证筹集资金，然后投资于某一特

定国家或地区资本市场的基金。这种基金大都规定还款期限，并有一个发行总额限制，属于封闭型基金。

③区域基金，是指把资金分散投资于某一地区各个不同国家资本市场的基金。这种基金的风险较国内基金和国家基金小。

④国际基金，也称全球基金，是指不限定国家和地区，将资金分散投资于全世界各主要资本市场，从而能最大限度地分散风险的基金。

（5）按照投资标的的不同，基金可以分为股票基金、债券基金、货币市场基金、专门基金、衍生基金杠杆基金、对冲基金、套利基金、雨伞基金和基金中的基金。

①股票基金，是指以股票为主要投资对象的证券投资基金，它的投资目标偏重于资本增值和资本利得。这是最原始、最基本的基金品种之一。尽管股市波动性较大，但从长期来看，股票投资的收益率高于债券投资和货币市场工具投资。因此，股票基金一直是非常受投资者欢迎的基金类型。

②债券基金，是指以债券为主要投资对象的基金。这是基金市场上规模仅次于股票基金的另一重要品种。

③货币市场基金，是指投资于存款证、短期票据等货币市场工具的基金，属于货币市场的范畴。货币市场基金进行短期投资的性质决定了它具有较低的投资风险，与其他类型基金相比，其价格的波动要小很多。通货膨胀风险是其面临的主要风险。

④专门基金，是指从股票基金中发展出来的专门投资于单一行业股票的基金，也称次级股票基金。

⑤衍生基金和杠杆基金，是指投资于衍生金融工具，包括期货、期权、互换等，并利用其杠杆比率进行交易的基金。

⑥对冲基金，又称套期保值基金，是指在金融市场上进行套期保值交易，利用现货市场和衍生市场进行对冲交易的基金。这种基金能最大限度地避免和降低风险，因而也称避险基金。

⑦套利基金，是指在不同金融市场上利用其价格差异低买高卖进行套利的基金，属于风险低、回报稳定的基金。

⑧雨伞基金，是指在一个母基金之下，设立若干的子基金或成分基金，或是一个基金管理人设立一组子基金。雨伞基金有两大特点：第一，不同子基金的投资策略和投资活动相互独立，各子基金都有自己专注的投资领域和范围；第二，当市场环境发生变化，投资者想改变投资范围时，可以在不同的子基金之间转换。

⑨基金中的基金，是指以其他基金为投资对象的基金。一般认为，这种基金形

态通过双重的专业管理，会使基金的投资风险进一步降低，因而是一种非常稳健的投资工具。但是，基金中的基金的投资者要缴纳双重费用，因而基金的投资收益不会很高。

第四节 公益信托业务

一、公益信托的含义

公益信托，也称为慈善信托，是指委托人为了社会公共利益而设立的信托。所有有利于社会进步、提高社会公众福利的行为都可以称之为公益事业，如救济贫困户、救助灾民、扶助残疾人，发展教育、科技、文化、艺术、体育事业，发展医疗卫生事业，发展环境保护事业、维护生态平衡，以及发展其他社会公益事业等。公益信托通常由委托人提供一定的财产并将其作为信托财产委托受托人管理，信托机构将信托财产用于信托文件规定的公益项目。在英、美等国家，公益信托运用很广泛，在社会生活中，特别是在发展社会公益事业方面，发挥了非常重要的作用。英、美的许多著名大学、博物馆、美术馆、艺术馆和各种基金会都属于公益信托。

公益信托的名称是批准后专用的，不得随意运用公益信托的名义从事活动，因为用公益信托的名义进行活动具有很多便利条件，容易得到社会公众的理解、信任和支持。如果对公益信托的名称不加以控制，那么社会上的不法之徒就会利用公益信托的名义，欺世盗名，牟取私利。

二、公益信托的当事人

公益信托与其他信托相比，主体稍微复杂。一般来说，公益信托所涉及的当事人主要包括委托人、受益人、受托人、信托监察人和经营委员会。

（一）委托人

公益信托委托人包括自然人与法人两大类。凡出于公益目的，希望转让财产权或做其他处理的自然人都可成为公益信托的委托人，但法人则要视其性质而定，营利法人可以较为方便地成为公益信托的委托人，有些国家（如日本）规定公益法人只有在章程许可时才能成为公益信托的委托人。另外，各国对于国家或地区的公共团体能否成为委托人也有不同看法。

（二）受益人

与私益信托不同，公益信托的受益人为将来的、不特定的人，但在合同中事先规定了受益人的基本范围与选择条件，在收益分配时再确定应当得到信托收益的人选。当然，这些受益人对受益权的间接或直接享有，并非因对受益权的行使所致，而是因公益信托的社会功能所致。

也有例外的情况，如一些特殊的公益信托存在指定的受益人，当然必须有充分的理由证明其为公益信托，且这些信托多半是以国家、地方公共团体、公共法人等作为受益人。

（三）受托人

公益信托的受托人多为信托机构，如信托公司与基金会。从理论上讲，自然人、法人（包括信托公司与除这种公司以外的其他各种营利性或非营利性法人）与非法人团体，均可以成为公益信托的受托人。但实际上多是由信托机构作为公益信托的受托人，因为信托机构作为专业的资产管理机构，拥有精干的理财专家队伍、丰富的管理经验、良好的信誉以及政策法律环境的有力支持，能以较高的管理水平来运用信托财产，保障公益目的。信托投资公司作为受托人，通过管理、运用、处分信托财产，使这部分公益基金能够保值和获得较大幅度的增值。在收取佣金和管理费后，增值部分用于指定的公益目的，从而实现社会利益和组织利益的双赢。

一般来说，在公益信托中，受托人除完成信托财产的管理与日常经营等事务外，还要承担编制事业计划、收支预算和决算、募集赞助人、提供资助金、编制信托事务和财产状况的公告等，并要及时与信托管理人、经营委员会、管理机关进行联络。

（四）信托监察人

因为公益信托的受益人是尚不明确的非特定的人，所以为了实现信托目的并保护受益人的利益，需要设置信托监察人，负责监督信托财产的管理和运用。信托监察人一般是由委托人在信托行为中事先确定的，也可以由公益事业管理机关根据利害关系人的请求直接选任。

（五）经营委员会

公益信托的经营委员会由与信托目的有关领域的有识之士组成，相当于公益法人的理事会或评议委员会，主要负责公益信托目的的把关，向受托人提出最适当的受益人建议。经营委员会的名称、职务、委员人数一般根据公益信托的具体情况在信托契约中加以规定。

三、公益信托的意义

公益信托具有深远的意义，表现在以下几个方面：

（一）节约人力、物力，提高办事效率

为了促进公益事业的发展，一些有识之士及各社会团体希望通过捐助一部分财产，改善某些领域落后的状况，但委托人自身没有时间，又缺乏资金管理运用的能力，因此就需要委托信托机构代为管理运用，集中办理具有特定目的的公益事业，从而节省了人力、物力，提高了办事效率。

（二）保证公益信托资金的安全，并获得稳定的收益

信托机构在公益信托资金的投资运用中占有优势，它拥有先进的研究手段、完善的市场知识和充足的专业人员，这些条件都可以保证信托资金的安全使用和获取稳定收益。

（三）保证公益事业的持久稳健发展，促进社会进步

目前世界上很大一部分的公益信托在分配中不动用信托本金，只用信托收益去资助设定的公益事业，这样相当于扩大了公益信托的规模，可以使公益事业持久地发展下去，有利于促进社会的进步。

（四）便于接受社会公众的监督

信托机构作为受托人必须按照信托文件的规定，每年至少编制一次信托事务处理情况及财产状况报告，经信托监察人认可后，报公益事业管理机构核准，并由受托人予以公告，这样委托人就能够了解捐赠款物的管理运用情况，清楚公益信托目的的实现程度。信托机构的介入将更有利于公益信托接受公众的监督。

总之，开展公益信托业务直接推动了社会公益事业的发展，有利于提高社会整体福利水平。

四、公益信托的内容

我国《信托法》第六十条对公益信托的定义是："为了下列公共利益目的之一而设立的信托，属于公益信托。"该定义既说明了我国公益信托的目的，又指出了我国公益信托应该包括的内容。

（一）救济贫困

救济贫困是各国信托法公认的一项重要公益目的。通过公益信托帮助贫困的人，是维持社会稳定的一个重要手段。一般来说，下列行为都属于救济贫困：（1）对贫困者、孤寡老人和其他生活困难的人提供一般性经济资助，或资助其生活费、医疗费等费用，或给予其物质资助；（2）直接收养、照顾孤寡老人、孤儿、弃婴等；（3）为贫困者建立免费食物发放处、济贫院和护理所等。

（二）救助灾民

发生自然灾害或其他灾害时，直接向灾民提供资金、物质帮助，或者通过其他机构提供经济或物质资助，帮助灾民解决生活、生产困难。

（三）扶助残疾人

残疾人是社会的弱势群体，由于身体的障碍，生活一般比较困难。扶助残疾人

是整个社会的责任，因此，通过提供财物设立信托来扶助残疾人属于公益信托。

（四）发展教育、科技、文化、艺术、体育事业

发展教育、科技、文化、艺术、体育事业的范围比较广泛，只要提供财物设立信托的目的是发展这些事业，就都可以成为公益信托。例如，出资设立学校或维持现有学校的运行，设立奖学金、帮助贫困学生，设立或资助新学科、新课程等，出资设立或维护博物馆、美术馆、图书馆，资助公共艺术团体或组织，资助公共体育运动以及资助相关的科学研究等。

（五）发展医疗卫生事业

设立或维护公益性的医院、诊所，救助某种疾病的患者或资助医学研究等。

（六）发展环境保护事业，维护生态平衡

《中华人民共和国公益事业捐赠法》已经明确规定，发展环境保护事业、维护生态平衡属于公益事业。建立和维护公众休闲设施，保护动物，增强国家的防御能力，发展宗教等，也被看成公益事业。其目的在《信托法》中再次得以确认，一般来说，出资或捐物，用于防止或治理环境污染，植树造林，采取措施防止沙漠化危害，科学处理工业废料和生活垃圾等致污物，进行环境保护方面的科学研究等都属于此类信托。

（七）发展其他社会公益事业

由于公益事业的范围随着社会、经济的发展而变化，所以采用列举的办法确定公益事业的范围，显然难以适应这种变化。为此增加这项规定，以便今后增加相应的公益目的。在一些发达国家，有许多事业，如建立和维护公众休闲设施、保护动物、增强国家的防御能力、发展宗教等，也被看成公益事业。

五、公益信托的特点

公益信托的特点可以通过与私益信托、公益法人的对比加以理解。

1.公益信托与私益信托的区别

公益信托是相对于私益信托而言的，两者的区别十分明显。

（1）公益信托的目的是保障社会公共利益。这是区分公益信托与私益信托最重要的一个标志。私益信托是完全为委托人自己或其指定的受益人的利益而设立的，而公益信托则是为了公共利益而设立的。

（2）公益信托的受益人是不完全确定的。私益信托的受益人是在设立信托时就确定的，不管该受益人是个人还是社会团体。公益信托在设立时只是规定受益人的范围，而每一时期具体的受益人要根据公益信托契约规定的受益条件确定。如奖学金信托的受益人只限于成绩优秀的学生，助学金信托的受益人只限于家庭经济困难

的学生，但具体由谁获得奖学金或助学金，事先并不知道，只能在一段时间后才可获知，而且不同时期的受益人也是不一致的。

（3）公益信托设立时需要经过特别批准。私益信托的设立以信托行为为依据，只要有了契约或遗嘱等信托文件后，信托关系即可成立；而公益信托的设立除了必要的信托契约之外，还必须取得公益信托主管部门的批准，因此，公益信托设立时，受托人应向有关公益事业管理机构申请承办公益信托的许可，未经许可不允许私自设立公益信托。

（4）公益信托要接受更多的监督。一般来说，私益信托主要受法律监督，而公益信托除了受法律监督外，更重要的是接受社会公众和国家有关行政机关的监督，以保证其公益目的的实现。

（5）公益信托合同不得中途解除。这主要是怕影响到公共利益，信托终止时，如信托财产无归属权利者，受托人经有关管理机构批准后按照原先的信托目的继续运用，不能归委托人或其继承人。私益信托合同可以中途解除，信托财产归受益人所有，如信托财产无规定的归属权利者，则归受益人或其继承人。

（6）公益信托可以享受更多的税收优惠。一般来说，私益信托不能享受税收优惠，而公益信托因有利于国家、社会进步与发展，所以国家鼓励发展公益事业，主要体现在对公益信托的税收优惠上。在捐助阶段，公益信托享受税收减免，旨在鼓励委托人从事公益活动。例如，在英国，公益信托是在委托人生前设立的，委托人可以享受下列税收优惠：财产交易税、财产交易所得税以及所得税抵税权。在营运阶段，即公益信托设立后，信托财产已让渡给受托人。在此阶段，信托财产所产生的孳息，无论是利息收入、租金收入或投资所得都用在从事公益事业上，英、美等国都是免税的。我国由于刚引进公益信托制度，所以还没有配套的税收优惠政策，但相关税法中已经有对基金会等公益法人的公益活动的税收优惠规定。

2.公益信托与公益法人的区别

除了公益信托可以实现为公益事业服务的目的外，像基金会、福利院、敬老院等公益法人也有这一功能。那么公益信托与公益法人有何区别呢？其实，两者的区别是很大的，主要表现在以下方面：

（1）两者的设立方式不同。公益法人是法人，必须进行注册登记取得法人资格；而公益信托按信托方式成立，不是法人，设立时也不需要办理注册登记。

（2）两者的运作方式不同。公益法人作为一个机构，要设置专职人员以及执行机构，且要有固定的办公场所，因此，所需费用较高；而公益信托则不需要专门的人员及场所，它是通过受托人的执行来实现信托目的的，这有助于节省运营费用。

（3）两者的存续限制不同。公益法人是以永久存续为前提设立的，一旦成立，除非破产，否则不能解散；而公益信托则没有永续存在的规定。

（4）两者的财产运用方式不同。公益法人一般有最低财产额的限制，而且原则上不允许处分其基本财产，以运用财产的收益来维持营运；而公益信托的受托人对财产的运用弹性较大，可以对所有的信托财产进行处分。

（5）两者适用的法律基础不同。公益法人受《中华人民共和国民法典》的限制，而公益信托主要以《信托法》为基础。

由此可见，公益法人比较适合直接从事经营的公益活动；公益信托具有设立简单、费用较低、管理方便、监督严格、财产运用方式多样、孳息支出灵活等优点，可以较好地适应短期和长期公益事业。

六、公益信托的种类

美国是目前公益信托比较发达的国家，按照其受益对象不同，美国的公益信托可分为公众信托、公共机构信托和慈善性剩余信托。

（一）公众信托

公众信托，是指为某一特定范围内的社会公众的利益设立的信托。该特定范围的含义是很广泛的，它既可以是一个镇、一个县或一个市，也可以是一个州、一个国家，甚至是整个世界。该信托的委托人是捐献款项的人，而受益人可以是该特定范围内的所有人，因此，这一信托的实质是为某一特定范围内的社会公众服务。

公众信托的特点：①公众信托服务的内容很广，几乎包括了所有的慈善性或公益性服务。委托人的决议案、信托协定、信托通知书等文件都对公众信托所提供的服务有具体规定。除此之外，有时还有"普通福利条款"，用以补充制定各种信托文件时没有想到的和以后产生的种种福利需求。②在公众信托中，对捐款的运用具有一定的灵活性。虽然委托人对捐款的使用可能会有很多具体要求，但是在信托设立时，受托人和委托人通常达成一致意见，即随着时间的推移和环境的变化，如果委托人的要求不可能达到或变得不切合实际的话，那么对捐款的使用将根据公众信托的宗旨来决定。③公众信托设立专门的委员会，负责对信托资金进行合理的分配。对信托资金，不论本金还是本金运用所得的收益进行有利于受益人的分配，一般都由专门的分配委员会具体管理，尤其是要对分配政策进行制定。④公众信托的受托人可以是一家信托机构，也可以是多家信托机构。目前，越来越多的公众信托倾向于由多家信托公司共同承担，所有决策都由受托人共同制定。在过去设立的由单一信托机构管理的公众信托中，很多也吸收了其他信托机构，形成共同信托。利用共同信托形式，可以减少舞弊，增加基金的安全性。

公众信托的优点是：①不管慈善性捐款的数额多少，来源如何，都可以由公众信托的信托机构统一管理，从而可以使这些资金合理地用于公益性事业，更好地为社会服务。②公众信托不仅能够有效地使用这些慈善性捐款，而且还可以更好地将它用于投资，在保值的基础上使这项资金得到增值。③相对于捐款人自行运用资金，借助公众信托可以在合理分配和有效运用资金方面更加灵活便利，而且这样也便于政府进行管理。

（二）公共机构信托

公共机构信托，是指为了公共机构的利益而设立的信托。委托人通常是公共机构，主要有学校、医院和慈善组织等，有时也可以是个人。但无论是谁，只要其设立信托的目的是维护和发展宗教、科学、文化教育，以及保护儿童与大自然的协会、团体、基金和其他公共机构的利益，信托纯收益并不是为满足私人的利益诉求，那么，都可称为公共机构信托。

公共机构信托的优点是：①可以提高公共机构的工作效率，既可以使公共机构摆脱许多投资和管理方面的职责，节省大量开支，又可使工作人员的精力、时间、能力专注于公共机构业务的开展，提高公共机构的工作效率。②可以提高捐赠资金的经济、社会效益。信托机构扬其所长，灵活自主地运用和管理信托财产，并使之不断增值，源源不断地用于慈善事业，取得良好的社会经济效益。③可以吸引更多的人对公共机构捐赠。当拥有财富的人得知他们的捐赠被信托机构经营得十分得当时，会更加激发他们向公共机构捐赠的热情。

（三）慈善性剩余信托

慈善性剩余信托，是指一种由捐款者设立的、形式较特别的慈善性信托。捐款者在设立信托时要求获得一定比例的信托收益以维持自身和其家庭日常生活开支的需要，而将剩余部分全部转给某个特定的慈善机构。

慈善性剩余信托分为慈善性剩余年金信托、慈善性剩余单一信托和共同收入基金信托。

1.慈善性剩余年金信托

慈善性剩余年金信托，是指个人为了其生前自身的利益，或死后遗嘱中被指定人的利益而设立的一种慈善性剩余信托。这种信托的受益者称为年金受益者，是捐款者自己或遗嘱中被指定的人。年金受益者生前可获得以年金形式的不低于信托财产5%的信托收益。当年金受益人死后，剩余的所有信托财产归某一特定的慈善性机构。

2.慈善性剩余单一信托

慈善性剩余单一信托是慈善性剩余年金信托的特殊形式。与前者所不同的是：它规定年金受益者生前每年可以得到一定比例（不低于5%）、按当年市价计算的信托财产的净值，死后信托剩余全部划归协议中指定的慈善机构。

3.共同收入基金信托

共同收入基金信托，是指为小额捐款人提供的一种慈善性剩余信托。该慈善机构将小额捐款集中起来，构成共同收入基金，统一管理。每个捐款人生前得到一定比例的收益以维持生活，死后所有信托剩余将转给这一特定的慈善机构。共同收入基金信托的意义在于通过信托管理，避免了对小额捐款单独管理的不便和高额的费用。

七、公益信托业务的流程

（一）提出设立公益信托的申请

由于公益信托是为了一定公益目的设立的信托，所以委托人、受托人均可以向公益事业管理机构提出设立申请，目的是简化手续，方便当事人设立公益信托。当委托人只有一个或数人时，可以由委托人直接向公益事业管理机构提出设立公益信托的申请。当委托人人数众多或是不特定的社会公众时，最好由受托人提出申请。

（二）信托资产转移和信托设立

公益信托的设立申请经公益事业管理机构批准后，信托财产将由委托人转移给受托人，信托即宣告成立。

（三）信托财产管理与运用

基于对信托财产保值增值的目的，受托人管理运用信托财产时，每年应编制信托事务处理情况及财产状况报告。经信托监察人认可、公益事业管理机构批准后，予以公告。同时按照信托文件规定将信托资产或（和）收益交给受益人。

（四）信托监管

信托监管包括对信托财产运用的监管和对受托人的监管。公益事业管理机构有义务检查受托人处理公益信托事务的情况及财产状况。对公益信托受托人的监管包括：受托人未经公益事业管理机构批准不得辞任；受托人违反信托业务或无力履行职责时，应由公益事业管理机构变更受托人。

（五）信托终止

信托期满，公益信托即宣告终止，受托人应当及时将终止事由和终止日期报告给公益事业管理机构。公益信托终止后，受托人应当作出清算报告。

第五节 投资银行业务

由于信托机构具有独特的业务优势，所以信托机构是发挥投资银行职能的最佳选择。根据《信托公司管理办法》的规定，信托公司可以经营企业资产的重组、购并及项目融资、公司理财、财务顾问等业务，可以受托经营国务院有关部门批准的证券承销业务。本节主要介绍企业并购、项目融资和公司理财三项业务。

一、企业并购

（一）企业并购的含义

企业并购是兼并与收购的简称。

兼并又称合并，是指两家或更多独立的公司重新组合成一家公司的行为。我国《公司法》规定，合并可以分为吸收合并与新设合并两种类型。吸收合并，是指一家占优势的企业吸收了另一家或几家弱势企业，弱势企业解散使其法人地位消失，而优势企业作为存续公司申请变更登记的一种行为。这种方式一般发生在经营规模、经济实力相差悬殊的公司之间。新设合并，是指两家或两家以上的公司通过合并，同时解散原来的公司，另外成立一家新公司的行为，又称为创新合并或设立合并。这种方式一般发生在实力相当的公司之间。

收购，是指一家公司通过购买目标公司的资产或股权，以实现控制该目标公司的行为。根据交易标的物的不同，可以分为股权收购与资产收购两种类型。股权收购，是指直接或间接购买目标公司的部分或全部股份，使目标公司成为收购方所投资的企业。资产收购，是指收购方按自己的需求购买目标公司的部分或全部资产，属于一般的资产买卖行为。

兼并与收购的区别主要表现在：兼并是两个企业合并为一个企业，合并各方资产进行重新组合，一般只有一个法人，而收购是一个企业通过收购另一企业的资产或股权以实现对其的控制，收购后通常只进行业务整合而非资产重组，收购后两个企业仍为两个法人，只发生控制权转移。另外，收购大多发生在证券市场上，收购上市公司的股票，而兼并大多发生在非上市公司之间，兼并多数是善意的，而收购多数是恶意的。尽管如此，但人们通常将两者合称为"并购"或"购并"。

兼并与收购，是一项极为重要的投资银行业务。根据《信托公司管理办法》的规定，信托公司可以经营企业资产的重组、并购业务。随着资本市场的不断活跃，并购也将成为信托机构的一个富有活力的经营领域。

（二）企业并购的原因

企业并购的原因很多，主要包括：追求协同效应、实现多元化经营与高速扩张、提高竞争能力、实现上市目的、获取优惠政策以及实现企业家的自我价值等。

1.追求协同效应

（1）经营协同。经营协同效应是指两个或两个以上的企业合并后可利用互补性及规模经济提高生产经营活动的效率。例如，A公司在市场营销方面实力很强，但在研究开发方面较为薄弱；B公司在研究开发方面有很强的实力，但在市场营销方面能力不足，在这种情况下可通过并购实现优势互补。当然，企业会通过规模的有效扩张降低单位成本，实现规模经济，获取经营协同效应。

（2）管理协同。如果企业拥有一支高效率的管理队伍，其管理能力超过管理该企业的需要，企业不能解聘管理人员，就可以并购那些由于缺乏管理人才而经营效率低下的企业，利用这支管理队伍来提高整体经营效率。

（3）财务协同。企业并购不仅可以因经营效率提高而获利，还可以在财务方面给企业带来收益，主要表现在：一是通过并购优化企业资产负债结构，提高财务能力，有些上市公司通过并购影响财务数据以避免上市公司被摘牌或继续维持公司的上市融资和配股的资格；二是合理避税，盈利较高的企业通过并购其他企业冲抵利润，从而降低税基，合理避税往往成为某些企业并购的动机；三是充分利用宽裕的资金，提高资金使用效率。

2.实现多元化经营与高速扩张

通过经营相关程度较低的不同行业，企业可以分散风险，获得更为稳定的收入。并购为企业的多元化经营提供了更为有利的途径，当企业面临变化的环境而调整战略时，并购可以使企业低成本地迅速进入被并购企业所在的行业，并在很大程度上保持被并购企业的市场份额以及现有的各种资源，从而实现企业较快的扩张。

3.提高竞争能力

随着市场竞争的加剧，企业的生存环境往往也面临挑战。一些企业通过收购产品同质的竞争对手或是生产替代产品的企业，以消除潜在的竞争对手，实现战略性资源的整合及战略优势的实现，巩固和提高企业竞争能力，也避免被其他企业并购。

4.实现上市目的

上市是企业获取发展资金的一条有效途径。特别在许多发展中国家或地区，上市额度是稀缺资源，公司上市需要非常严格的条件，因此一些企业通过收购上市公司的壳资源进行整合，将优质资产注入壳公司，将不良资产剥离，以实现自身上市的目的。

5.获取优惠政策

政府为了鼓励企业并购，制定了一系列优惠政策，优势企业通过并购亏损企业可以获得某些优惠政策，如贷款优惠、减免税收和财政补贴等。

6.实现企业家的自我价值

这是管理者利益驱动的并购动机。当公司发展壮大时，公司管理层的威望也会随之提高，经营人员的报酬通常也得以增加，这样可以更好地满足管理人员对权力、收入与社会地位的需求。

（三）企业并购的种类

企业并购的形式多种多样，可以按照不同的标准进行分类。

1.按照并购双方产品与产业的联系不同，并购可以分为横向并购、纵向并购和混合并购

（1）横向并购，是指并购方与被并购方处于同一行业，生产经营同一产品，并购使资本在同一市场领域或部门发生进一步的集中。如两家汽车制造企业之间的并购就是这一类并购。这种并购的目的主要是扩大企业规模，巩固企业在行业内的优势地位。

（2）纵向并购，是指生产工艺或经营方式上有前后关联的企业之间的并购，一般是生产经营上互为上下游关系的企业之间为了实现产销一体化而进行的并购。如加工制造企业并购与其在原材料、运输、贸易方面有联系的企业。

（3）混合并购，是指处于不同产业领域、不同产品市场，且部门之间不存在特别的生产技术联系的企业之间进行的并购。这种并购的主要目的是分散投资，降低企业风险，达到资源互补、优化组合、扩大市场活动范围的目的。如钢铁企业并购石油企业形成多元化经营企业。

2.按照并购实现的方式不同，并购可以分为承担债务式并购、现金购买式并购和换股并购

（1）承担债务式并购，是指当目标公司资不抵债或资产债务相等时，并购公司以承担目标公司全部或部分债务为条件，取得目标公司的资产所有权和经营权。

（2）现金购买式并购，有两种情况：

①并购公司集足额的现金购买目标公司的全部资产，使目标公司除现金外没有持续经营的物质基础，不得不从法律意义上消失。

②并购公司集足额的现金通过市场、柜台和协商购买目标公司的股票或股权，一旦拥有其大部分或全部股本，就并购了目标公司。

（3）换股并购，也称为股份交易式并购，指以股票作为支付手段的并购。有两种情况：

①以股权换股权。这是指并购公司向目标公司的股东发行自己公司的股票，以换取目标公司的大部分或全部股票，达到控制目标公司的目的。目标公司或成为并购公司的分公司或子公司，或解散并入并购公司。

②以股权换资产。并购公司向目标公司发行并购公司自己的股票，以换取目标公司的资产，并购公司在有选择的情况下承担目标公司的全部或部分责任。目标公司也要把拥有的并购公司的股票分配给自己的股东。

3.按照并购双方的关系不同，并购可以分为善意并购和敌意并购

（1）善意并购，是指并购双方事先进行协商，通过谈判达成意见一致的收购条件而完成收购活动。目标公司主动向并购公司提供必要的资料，双方充分交流，沟通信息，并购公司避免了因目标公司的抗拒而带来的额外成本。但并购公司可能也要牺牲一些自身利益，以换取目标公司的合作。

（2）敌意并购，是指并购公司在未与目标公司进行协商的情况下直接向目标公司股东开价或发出收购要约，或在收购目标公司时虽然遭到目标公司的抗拒，但仍然强行收购的行为。在敌意并购中，并购公司完全处于主动地位，速度快，时间短，可有效控制并购成本，但通常无法从目标公司获取重要资料，估价偏高，还会招致目标公司设置的各种障碍。

4.按照并购交易是否通过证券交易所，并购可以分为要约收购和协议收购

（1）要约收购，是指并购公司通过证券交易所的证券交易，持有一个上市公司（目标公司）已发行股份的30%时，依法向该上市公司所有股东发出公开收购要约，按符合法律的价格以货币付款方式购买股票，获得目标公司股权。

要约收购分主动要约收购和强制要约收购。主动要约收购，是指并购公司自主决定发出收购要约以增持目标公司股份而进行的收购。强制要约收购，是指并购公司已经持有目标公司股份达到一定比例，并拟继续增持或在一定比例以下拟增持并超过该比例股份时，必须向目标公司全体股东发出购买其持有的股份的要约，以完成收购。

要约收购直接在股票市场中进行，受到市场规则的严格限制，风险较大，但自主性强，速战速决。敌意收购多采取要约收购的方式。

（2）协议收购，是指并购公司不通过证券交易所，直接与目标公司取得联系，通过谈判、协商达成共同协议收购的方式。这种并购容易取得目标公司的理解并达成合作，有利于降低收购的风险与成本，但谈判过程中的契约成本较高。

（四）并购目标企业的价值评估

在并购交易中，最为复杂的是如何对并购的标的（股权或资产）作出价值判断。

一般来说，对目标企业的价值评估可以使用以下方法：

1.基础法

基础法指通过对目标企业的资产进行评估从而确定其价值的方法。这一方法的关键是选择合适的资产评估价值标准。

目前，国际上通行的资产评估价值标准主要有以下三种：

（1）账面价值，是指会计核算中账面记载的资产价值。例如，资产负债表所揭

示的企业某时点所拥有的资产总额减去负债总额即为普通股股权的价值。这种估价方法不考虑现时资产市场价格的波动，也不考虑资产的收益状况，是一种静态的标准。账面价值的优点是取数方便，缺点是只考虑各种资产在入账时的价值而脱离现实的市场价值。

（2）市场价值，是指把并购资产视为一种商品在市场供求关系平衡状态下所确定的价值。当公司的各种证券在证券市场上进行交易时，其交易价格就是这种证券的市场价值，可能高于或低于账面价值。这种估价方法以企业资产和其市值之间的关系为基础对企业估值，托宾 Q 模型（一个企业的市值与其资产重置成本的比率）便是这一方法的运用。

（3）清算价值，是指在企业破产或歇业清算时，将企业的资产出售所得到的资产价值。对于股东来说，公司的清算价值是清算资产偿还债务以后的剩余价值。这一方法适用于已严重陷入财务困境、丧失增值能力的企业。

2.收益法

收益法，也称为市盈率模型，是根据目标企业的收益和市盈率确定其价值的方法。市盈率是指股价与每股盈利之比，它暗示着企业股票收益的未来水平、投资者投资于企业希望从股票中得到的收益、企业投资的预期回报、企业在其投资中获得的收益超过投资者要求收益的时间长短。

收益法以投资为出发点，着眼于未来经营收益，并在测算方面形成了一套较为完整有效的科学方法，尤其适用于通过证券二级市场进行并购的情况，但不同估价收益指标的选择具有一定的主观性。

3.贴现现金流量法

这一模型由美国西北大学阿尔弗雷德·拉巴波特创立，也称拉巴波特模型，它是用贴现现金流量的方法来确定最高可接受的并购价格的。它需要估计由并购引起的期望的增量现金流量和贴现率（或资本成本），即企业进行新投资，市场所要求的最低的可接受的报酬率。拉巴波特认为销售和销售增长率、销售利润、新增固定资产投资、新增营运资本、资本成本率是决定目标企业价值的五个重要因素。

贴现现金流量法以现金流量预测为基础，充分考虑了目标公司未来创造现金流量能力对其价值的影响。但是，这一方法的运用对决策条件与能力的要求较高，且易受预测人员主观意识（乐观或悲观）的影响。

当然，各种估价方法各有优劣，并购企业要根据并购的动机灵活选择，并可交叉使用，从多角度来评估目标企业的价值，以降低估价风险。

（五）企业并购的风险分析

企业并购是一种高风险的资本运作，根据有关统计，并购成功的概率只有

20%左右，大量并购失败的原因在于并购中有关当事人未能有效控制风险。因此，并购操作要十分重视可能出现的各种风险。

1.经营风险

经营风险，是指并购方在并购完成后，可能无法使整个企业产生经营协同效应，且发挥规模经济和风险共享互补的作用，从而产生的未能达到预期目的的风险。经营风险产生的原因主要是并购方前期的预测计划有误导致并购进来的新企业拖累整个企业集团的经营业绩，或是市场条件发生了意外的变化，使企业无法按原计划行动。

2.财务风险

财务风险，是指由于被并购企业财务报表的真实性以及并购后企业在资金融通、经营状况等方面出现问题可能带来的风险。财务报表是并购中进行评估和确定交易价格的重要依据，如果被并购企业美化财务、经营状况及提供虚假报表，甚至把濒临倒闭的企业包装得完美无缺，就会掩盖其真实价值，并购企业不但要花费高额成本，而且会使自身的财务状况恶化。

3.融资风险

融资风险，是指融资方式欠佳或融资失败可能导致融资成本上升或并购计划无法实施的风险。企业并购需要大量的资金支持，一般来说，并购方的自有资金不能满足并购需要，必须进行融资。在融资过程中，如果融资方式欠佳或融资失败，可能造成融资成本上升或并购计划无法实施。这种风险具体包括：资金是否可以在时间与数量上保证并购需要，融资方式是否适应并购动机，现金支付是否会影响企业正常的生产经营，以及杠杆收购的偿债风险大小等。

4.信息风险

信息风险，是指并购方及其所委托的信托机构掌握的信息不充分可能导致并购失败的风险。能否在并购中及时获得有用信息关系到并购的成败。真实与及时的信息可以大大提高并购的成功率。但实际并购中存在大量的"信息不对称"，并购方及其所委托的信托机构无法获取完全信息，就难以制订科学周密的行动方案，最终导致并购失败。尤其在敌意并购中，由于被收购方的敌对态度，信息收集变得更为困难。

5.法律风险

法律风险，是指法律的规定可能导致并购成本增加或难度提高的风险。各国关于并购、重组的法律法规，一般会增加并购成本，提高并购难度。如反垄断法案会导致并购方被指控违反公平竞争，进行行业垄断而受到法律制约的可能。再如我国目前的收购规则，要求收购方持有一家上市公司5%的股票后必须公告并暂停买卖

（针对上市企业而非发起人），以后每递增5%就要重复该过程。持有30%的股份后即被要求发出全面收购要约。这些规定都使收购成本增加，并购难度提高。

6.反收购风险

反收购风险，是指目标企业实施抵御或反抗策略可能导致并购交易失败的风险。并购方在发动敌意收购时，被收购的企业往往持不欢迎和不合作态度，不惜一切代价采取一系列反收购的行动，这无疑会导致收购方成本过高，甚至并购失败。

7.政府干预风险

政府干预风险又称体制风险，是指政府对并购活动的干预可能导致并购失败的风险。一些国家的政府可能对并购进行一定的干预，这也可能会使部分并购失败。如我国一些国有企业，并购行为是由政府部门强行撮合而实现的，这种并购可能会导致并购企业背上沉重的包袱，制约企业的财务状况与发展。所以这种非经济目的的并购偏离了资产优化组合的目标，从而使并购一开始就存在体制风险。

（六）信托机构在企业并购中的作用

企业并购是一个复杂的过程，要涉及多方面的关系，单凭并购方自身的努力还是较难达到并购目的的。在企业兼并、收购过程中，信托机构可以扮演重要的角色。具体来说，信托机构能提供的服务包括：

1.寻找并购对象

由于信托机构作为中介具有广泛的信息渠道与较高的资信，所以可以更方便地搜寻到并购企业或愿意被别的企业并购的对象。

2.提供信息咨询

信托机构有具有丰富知识与经验的专业人员，可以向并购企业提供有关买卖价格或非价格条款的咨询，从而帮助并购企业分析市场。

3.参与制定并购战略与并购方案

参与制定并购战略与并购方案包括融资方案的选择、评估并购目标企业、确定并购方式和预测并购影响等。

4.帮助筹集资金

由于并购需要大量资金，不可能都由并购企业出资，所以就需要信托机构帮助并购公司筹集必要的资金，以顺利实现并购计划。

5.完成并购操作

信托机构代表并购方与目标公司管理层或大股东洽谈并购条件，或在市场中出面竞价与标购，完成具体操作。

6.帮助目标公司策划"反收购"

在敌意收购中，信托机构估计并购企业可能采取的措施，设计反收购方案，增加对手的成本，迫使其最终放弃收购。另外，信托机构也可帮助并购企业制定对付"反收购"的对策。

信托机构对在并购中提供的服务应收取一定的报酬，报酬一般由并购金额大小、交易的复杂程度、提供的服务水平等决定。信托机构收取的报酬包括收购提议、融资安排费用、过桥贷款（即在永久性债务融资完成前的暂时资金借贷）安排费用及对估价提供"合理意见"而收取的其他咨询费用。

二、项目融资

项目融资起源于西方发达国家，在当前的国际资本运作市场中得到广泛的应用，并成为最重要、最灵活的一种融资方式。

（一）项目融资的含义

项目融资有广义和狭义之分。从广义上讲，项目融资，是指为了建设一个新项目或收购一个现有项目，或对已有项目进行债务重组所进行的一切融资活动。从狭义上讲，项目融资，是指以项目的资产、预期收益或权益做抵押取得的一种无追索权或有限追索权的融资或贷款活动。一般提到的项目融资仅指狭义上的概念。

这里所说的"项目"是指一项复杂的、具有相当规模和价值的、有明确目标的一次性任务或工作。项目融资一般应用于现金流量稳定的发电、道路、铁路、机场、桥梁等大规模的基础设施建设项目。

（二）项目融资的主体

项目融资是一项复杂的融资活动，它涉及的主体至少包括以下三方：

1.项目公司

项目公司一般由项目发起人成立，它直接参与项目的投资和项目的管理，承担项目债务责任和项目风险。项目公司有自己的资本，从事项目的经营活动，通过一定的组织管理活动来控制风险。

2.项目主办人

项目主办人是项目真正的投资方，它向项目投入一定的资本金，以股东身份组建项目公司，通过项目的投资和经营来盈利。在多数情况下，项目主办人还以直接担保或间接担保形式为项目公司提供一定的信用支持。

3.项目融资方

项目主办人一般只投入有限的自有资本，而余下的资金通过融资方式得到。为项目公司提供融资的主体便称为融资方。

（三）项目融资的方式

项目融资的方式分为以下两种：

1.无追索权的项目融资

无追索权的项目融资也称为纯粹的项目融资，是指项目公司融资得到的贷款的还本付息完全依靠项目的经营收益。即使该项目由于种种原因未能建成或经营失败，无法清偿全部贷款，融资方也无权向该项目的主办人追索。为了保障自身的利益，融资方必须从该项目拥有的资产中取得物权担保。

2.有追索权的项目融资

有追索权的项目融资，也称为有限追索权的项目融资，是指除了以贷款项目的经营收益作为还款来源和取得物权担保外，贷款银行还要求有项目公司以外的第三方提供担保。一旦项目公司无法清偿全部的贷款时，融资方就有权向担保人追索。当然，担保人承担债务的责任以他们各自提供的担保金额为限。

（四）项目融资的特点

与其他融资方式相比，项目融资的特点非常明显。

1.可以减轻项目发起人的责任，降低风险

项目融资需要由项目发起人出资组成一个单独的法人实体来筹建或经营该项目，发起人只按其投入项目的资本金承担有限责任，大大降低了风险。

2.融资贷款机构面临的风险较大

融资贷款的偿还主要依靠投资项目本身的资产和未来的现金流量，如果将来项目公司无力偿还贷款，贷款机构可能就会遭受损失。

3.项目融资的杠杆比例比较高

一般来说，项目发起人只投入20%~35%的资本金，余下的大部分资金要依靠融资解决。

4.项目融资的资金来源渠道较多

项目建设所需要的资金主要是通过间接融资的方式得以解决的。

（五）项目融资的步骤

1.投资决策

由于项目融资的基础是投资项目未来的收益，所以首先要做好项目决策。发起人要进行项目可行性研究与资源技术市场分析，分析项目风险因素，作出相关的投资决策，并初步确定项目投资规划。

2.融资决策

项目融资的融资来源是多样的，主要包括政府贷款、出口信贷、银行贷款、国际金融组织援助或贷款、发行债券、融资租赁等形式。发起人需要选择融资结构，确定项目融资方式，并任命项目融资顾问，明确融资的任务和具体目标。

3. 谈判

发出项目融资建议书，选择融资方并组织贷款银团。同时，需要建立项目融资法律框架，起草融资法律文件。各方当事人通过详细的融资谈判后，签署项目融资文件。

4. 融资执行

项目公司要执行项目投资计划以获得预期的收益。当然，贷款银团经理人可参与项目决策，对项目运作进行监督。各方也必须落实项目风险的控制与管理措施。

5. 融资的归还

贷款人的本息是要依靠项目本身的现金流来偿还的，当项目实现了稳定的收益后，应按照融资合同的规定支付贷款利息并归还贷款本金。

（六）信托机构在项目融资中的作用

在项目融资中，信托机构不仅能起到中介作用，还可以利用其信息优势和高度信誉，帮助企业在项目融资中创造业绩。具体来说，信托机构在项目融资的过程中，可以发挥以下作用：

1. 项目的可行性评价

项目的可行性评价是项目开发的前期准备工作。在此阶段，信托机构着重从项目的财务评价、技术论证、风险分析等几方面判断项目的可行性。其中财务评价工作包括项目的成本分析、现金流量分析、销售预测分析、盈亏平衡分析、灵敏度分析和投资回报率分析，并从回收期、年收益率、净现值和内部收益率等几方面衡量项目的经济效益。技术论证则是从项目的生产技术、原材料供应、市场分析、管理经验等方面判断项目的可行性。风险分析包括对项目的政治风险、法律风险、经济风险、经营维护风险和融资风险进行分析。

2. 项目投资结构设计

项目投资结构设计，是指在项目所在国家的法律、法规、会计、税务等外在客观因素的制约下，寻求一种能够最大限度地实现投资者目标的项目资产所有权结构。项目融资中，比较普遍的投资结构有公司型合资结构、有限合伙制结构、非公司型合资结构。投资者在决定项目投资结构时需要考虑的因素包括项目的产权形式、产品分配形式、决策程序、债务责任、现金流量控制、税务结构和会计处理等。作为项目融资顾问的信托机构需要根据项目的特点和合资各方的发展战略、利益追求、融资方式、资金来源以及其他限制条件决定选择何种投资结构，最大限度地满足各方对投资目标的要求。有时信托机构还需要为某一项目设定一种特定的、灵活的投资机构。投资结构的选择与项目融资结构和资金来源的选择是相互作用的。

3.项目融资模式设计

项目融资模式设计是项目融资整体结构组成中的核心部分。设计项目的融资模式，需要与项目投资结构的设计同时考虑，并在项目的投资结构确定之后，进一步细化完成融资模式的设计工作。信托机构在这一阶段的工作主要包括决定融资总额、制定资金到位的时间表、确定资金构成和落实资金来源。

4.帮助制定项目融资的担保措施

广义而言，项目融资有三种担保方式。

（1）契约性融资担保。其优点在于，不仅发起人而且第三方（或使用者）也可以作为项目的间接支持者，这种融资担保一般不列入资产负债表。常见的契约性融资担保有生产量协议、租用和使用合同、预付款融资合同等。

（2）信托计划。在此信托安排下，购买者付款给受托管理人，而非项目实体或发起人。受托管理人负责分配这些资金，一部分给贷款人以偿还到期贷款，通常加上一些备付今后债务的款项；一部分留作项目生产所需资金；最后剩余部分汇寄给项目发起人。

（3）保证书。保证书由股东或是发起人，也可由供货方或销售机构、使用人或买方、出口信贷机构、银行或东道国政府提供，主要包括直接保证、道义保证、财务运转保证、完工保证和产品支付保证等。

5.参与融资谈判

在初步确定了项目融资模式后，担任项目融资顾问的信托机构将有选择地向商业银行或其他一些金融机构发出参加项目融资的建议书，组织贷款银团，策划债券发行，着手起草有关文件。信托机构在与银行的谈判中会经过很多次的反复，这些反复可能是对相关法律文件进行修改，也可能是涉及融资结构或资金来源的调整，甚至可能是对项目的投资结构及相应的法律文件作出修改，来满足债权人的要求。在谈判中信托机构可以帮助巩固项目投资者的谈判地位，保护投资者利益，并在谈判陷入僵局时，及时、灵活地找出适当的变通办法，绕过难点解决问题。

6.执行项目融资

正式签署项目融资的法律文件之后，项目融资进入执行阶段。在这期间，信托机构协助债权人经常性地对项目的进展情况进行监督，根据融资文件的规定，参与部分项目的决策，管理和控制项目的贷款资金投入和部分现金流量。在项目建设期间，财务顾问将经常性地监督项目的建设进展，根据资金预算和建设日程，安排贷款的提取。在项目的正常运行期间，投资者的担保将获解除，贷款的偿还仍将依靠项目本身的现金流量。信托机构将根据融资文件管理部分或全部项目的现金流量，以确保债务的偿还。另外，投资顾问也会参与一部分项目生产经营决策以及其他一些重大决策。同时，在项目正常运行阶段，投资顾问还帮助项目投资者加强对项目风险的控制和管理。

三、公司理财

（一）公司理财的含义

公司理财，是指公司为实现经营目标而对经营过程中的资金运动进行预测、组织、协调、分析和控制的一种决策与管理活动。决策包括投资决策、融资决策、股利分配决策、营运资本管理决策和并购决策等；而管理主要是指对资金筹集和运用的管理。

（二）资金筹集

资金筹集是指公司通过不同的渠道、用不同的方式筹措生产经营过程中所需资金的活动。企业筹资的来源多种多样，但不同资金的筹集条件、成本和风险各不相同。公司理财就是寻找、比较和选择对公司资金筹集条件最有利、成本最低和风险最小的资金来源渠道。

1.筹资方式

筹资方式是指筹措资金的来源与采用的具体形式，体现资金的供应。目前，筹资方式主要有：

（1）国家财政资金投入；

（2）银行借款，企业在经营中，可向国内银行与非银行金融机构筹措信贷资金；

（3）发行证券，企业可以利用金融市场发行股票和债券，以筹措所需资金；

（4）内部融资，包括企业自留资金，母公司与子公司之间、子公司与子公司之间相互提供的资金；

（5）国际金融市场融资，企业通过在国际资本市场上发行股票或债券、借入外国银行贷款、开展出口信贷业务以及借入政府贷款和国际金融机构贷款等，获得融资。

2.筹资决策

信托机构可以帮助企业选择合适的筹资渠道与筹资方式，力求降低资金成本，优化资金结构，适度负债。

（1）资金成本。资金成本是指企业为取得和使用资金所付出的代价，它包括资金占用费和资金筹集费。资金占用费实际上就是投资者对特定投资项目所要求的收益率，它由无风险收益率和对特定投资项目所要求的风险补偿两部分组成。资金筹集费是指企业在筹资过程中所发生的费用。资金成本的计算公式为：

$$资金成本 = \frac{用资费用}{筹资金额 \times (1 - 筹资费率)}$$

由于融资方式多种多样，所以企业需要计算个别资金成本，包括负债成本、优先股成本和普通股成本和内部融资的成本等。个别资金成本为K_j，企业以各种资金在企业全部资本中所占的比重W_j为权数，对各种资金的成本加权平均计算出资金总成本K_w，用以确定具有平均风险投资项目所要求的收益率。其计算公式为：

$$K_w = \sum_{j=1}^{N} K_j \times W_j$$

资金成本是确定筹资方案的重要依据，也是评价投资项目的基础，并成为衡量企业经营成果的尺度。

（2）资金结构。资金结构是指企业各种资金的构成及其比例关系。狭义的资金结构是指长期资金结构（权益资金与负债资金）的比例关系；广义的资金结构是指全部资金（包括长期资金和短期资金）的比例关系。

研究资金结构的目的在于如何合理、有效地举借债务资金，以发挥财务杠杆作用，其主要回答企业应负债多少才是最优的。

（三）资金运用

资金运用是指公司将筹集到的资金以各种不同的方式进行投放。由于投放资金的手段和用途不一样，所以它们给公司带来的投资回报率及其他权益也不一样。因此，公司理财中对资金运用管理的目标就是寻找、比较和选择能够给公司带来最大投资回报率、风险又较小的资金用途。

1.资金运用的主要渠道

企业资金的运用可以分为直接投资与间接投资两大类。

（1）直接投资。直接投资包括出资购买工厂与设备、购并其他企业等投资活动。其主要目的是巩固、扩大和开辟市场。直接投资可采用合资经营企业、合作经营企业、独资经营企业、合作开发或其他方式。

（2）间接投资。间接投资主要是对有价证券（包括股票、债券及其他有价证券）的投资活动。其主要目的是利用闲置的资金，通过领取股息、债券利息等获得收益，也可以是通过买卖差价获得回报。

2.资金运用决策

资金运用决策主要是对投资项目的收益与风险进行分析与评价。

收益评价指标包括投资回收期、平均利润率、净现值、现值指数和内部收益率等指标。其中前面两种指标未考虑货币时间价值，后面三种指标则考虑了货币时间价值。

投资回收期应小于所要求的回收期，越短越好。投资回收期概念明确、使用简便，衡量了项目的变现快慢。但回收期没有考虑现金流所发生的时间，也忽视了回收期之后的现金流量，因此不应该用于决定项目的取舍。

平均利润率应高于企业所要求的目标平均利润率，且越高越好，它的数据易取得，但忽视了货币的时间价值，没有反映市场信息。

净现值（NPV）是投资所产生的未来现金流的折现值与投资成本之间的差值，它考虑了现金流发生的时间，并提供了一个与企业价值最大化目标相一致的客观决策标准。如果 NPV≥0，则项目是可行的；如果 NPV<O，则项目是不可行的。

现值指数（PI）类似于净现值，但计算的是投资所产生的未来现金流的折现值与投资成本之间的比值。如果 PI≥1，则项目是可行的；如果 PI<1，则项目是不可行的。

内部收益率（IRR）是能使项目的净现值等于0时的折现率，它是经过逐次测试计算得出的。如果超过客户所要求的报酬率 K，则项目是可行的；如果 IRR<K，则项目是不可行的。内部收益率指标的缺点是计算过程复杂，有可能导致多个内部收益率的出现。

如果采用净现值和内部收益率对独立项目进行决策，那么两者将得出相同的结论：净现值指标认为可行，内部收益率指标同样认为可行。在互斥项目评价中，净现值和内部收益率可能会得出不一致的结论。原因在于两种指标认定再投资收益率的观点存在差异。净现值指标隐含着早得到的现金流量是按投资者所要求的收益率进行再投资的假定，而内部收益率指标隐含着企业可以按项目本身内部收益率进行再投资的假定。

第六节　代理与咨询业务

一、代理业务

（一）代理业务的含义

代理业务，是指信托机构接受客户的委托，以代理人身份，在被代理人授权范围内，代为办理其指定事务的业务。代理业务是信托机构办理的一项传统业务。代理业务是代理人和被代理人（客户）之间产生的一种契约关系和法律行为，具有代客服务的性质。代理业务一般不要求委托人转移其财产所有权，信托公司在办理代理业务中不垫资、不承担风险，主要发挥财务管理的职能。

代理业务的当事人主要包括两个：代理人和被代理人。被代理人即委托人，是指由别人代其办理事务的人，被代理人按照代理合同规定拥有种种权利和义务。委托人最主要的权利是向代理人授权，最主要的义务是向代理人支付各种费用。代理业务的受托人就是代理人。代理人在代理关系中处于极为重要的地位，负有重要的职责，并享有权利。

（二）代理业务的特点

可以通过与信托业务的比较对代理业务的特点加以理解。

1.当事人不同

信托业务的当事人是多方的，至少有委托人、受托人和受益人三方；而代理业务的当事人是双方的，只有委托人（或被代理人）和受托人（或代理人）。

2.财产的所有权变化不同

在开展信托业务的过程中，信托财产的所有权要从委托人转移到受托人，由受托人代为管理、处理；而代理财产的所有权始终由委托人即被代理人享有，并不发生所有权的转移。

3.所受的监督不同

信托业务的受托人在执行过程中，一般不受委托人和受益人的监督，只受法律和行政上的监督；而在代理业务中，代理人则需要接受被代理人（本人）的监督。

4.掌控的权限不同

信托业务的受托人拥有为执行信托业务所必需的广泛权限，法律另有规定或委托人有所保留和限制的除外；而代理业务的代理人权限则比较狭窄，仅以被代理人的授权为限。

5.合同的稳定性不同

信托关系一经确立，原则上信托契约不能解除，即使委托人或受托人死亡，对信托的存续期限一般也没有影响，因而信托合同有较高的稳定性；而在委托代理业务中，被代理人可随时撤销代理关系，代理关系也会因代理人或被代理人任何一方的死亡而终止。因而，代理合同的解除比较容易，稳定性较低。

（三）代理业务的种类

1.按照代理权产生的原因不同，代理业务可以分为委托代理、法定代理和指定代理

（1）委托代理，是指代理人根据被代理人的委托，在被代理人的授权范围内，以被代理人的名义所进行的代理。委托代理也称授权代理，这种代理最主要的特征在于：它是以当事人的意思表示为前提的，即委托人的授权委托。在委托代理中，被代理人往往称为委托人或本人，代理人则称为受托人。委托代理是代理制度中最重要的一种。委托授权在委托代理中具有决定性的意义，委托代理要与法定代理、指定代理区别开来。后两种代理都不是基于当事人的授权而产生的，而是由法律的

直接规定或指定机关依职权进行指定而形成的。

（2）法定代理，是指根据法律特定当事人之间存在的社会关系而设立的代理。法定代理的产生依据是法律的直接规定。法定代理人的代理权限范围也是由法律规定的，而且一般都属于全权代理，没有权限范围的特殊限制。法定代理人与被代理人之间往往存在某种特定的血缘或亲缘关系，这种特定的血缘或亲缘关系正是法定代理产生的前提。法定代理的宗旨在于保证无行为能力和限制行为能力的公民能够通过代理行为顺利地参加民事活动，享有权利，履行义务。法定代理都是无偿的。

（3）指定代理，是指司法部门依照法律规定进行指定而产生的代理，大都是无偿的。指定代理与法定代理都适用于无民事行为能力人或限制民事行为能力人，但二者在许多方面有区别。①法定代理是由法律的直接规定而产生的，也就是说，法律对这种代理权和代理关系是有明确规定的。而指定代理是由指定机关的指定而产生的，没有指定行为便不会有指定代理。②法定代理和指定代理是前后衔接、互为补充的。法定代理人如果是已明确的，则不发生指定代理，只有在没有法定代理人或担任法定代理人有争议，或法定代理人有正当理由不能履行代理职责的情况下，才产生指定代理。③法定代理权的证明文件是能够证明代理人与被代理人之间身份关系的法律文件，如户口簿、结婚证等。指定代理权的证明文件是司法机关或其他指定机构出具的指定书。

2.按照代理权限范围的不同，代理业务可以分为一般代理和特别代理

（1）一般代理，是指代理人享有一般意义上的代理权，即其代理权没有范围限制，代理人可以代被代理人进行任何法律允许进行的民事活动。所以在一般代理的场合只存在滥用代理权的可能性，而不发生超越代理权范围的越权代理情形。因此，一般代理又称为全权代理或总括代理。

（2）特别代理，是指代理人的代理权限范围受到一定的限制，代理人只能在限定的权限范围内代被代理人进行民事活动，如超越限定的权限范围，就会发生越权代理，并引起相应的法律后果。故所谓特别，是指代理权限范围的特别限定。特别代理中的代理人不能像一般代理中的代理人那样，可以进行任何法律允许的民事活动，他们只能进行部分代理行为，所以也称为部分代理或特别代理。

3.信托机构的主要代理业务

（1）代理收付款业务，又称收付信托，是指信托机构接受单位或个人的委托，代为办理指定款项收付的业务。它包括代收款项与代付款项两大类。代收款项包括：代收货款、代收劳务费、代收管理费、代收股利、代收人寿保险赔款或抚恤金、公积金、代收私人欠款、代办海外遗产继承和代收其他费用，包括环保费、某项专用基金等。代付款项包括：代付货款、代付运费、代交租金、代公司支付股票

的股利以及债券的利息和本金。委托人向信托机构申请代理收付款项，要将发生应收、应付款项的合法依据及有关单据、证件提交信托机构审查，经信托机构同意受理后，订立代理收付款项的契约，信托公司负责按规定办理代收代付业务，并收取手续费。

（2）代理清理债权债务业务，是指信托公司受委托人之托，代为办理财务清算的业务。如代为催收欠款、协助单位解决贷款结算过程中形成的相互拖欠、代收债权、代偿债务、分派剩余财产以及执行其他各种财务清算事务等。

（3）代理有价证券业务，是指信托机构受企业的委托代为办理有价证券的发行、买卖、过户、登记、保管以及整合代理等事宜的业务。在代理有价证券业务中，信托机构作为债权人和债务人双方的代理人，既为发行单位提供服务和便利，又通过有价证券的审查和监督，维护认购单位和个人的合法权益，从而促进了有价证券业务的发展。

（4）代理保管业务，是指信托机构设置保管箱库，接受单位或个人委托代为保管各种贵重物品、有价证券及重要凭证的业务。信托机构代理保管业务需要承担的责任主要有：保持财产原形，防止财产被盗或丢失，防止财产损坏，防止财产被贪污等。

（5）代理不动产管理业务，信托机构提供的代理不动产管理业务主要包括土地和房屋等不动产的代理业务。在这类业务中，信托机构可以直接代理，也可以作为总代理人。其主要业务包括：①不动产中间保管代理业务。当不动产购买者款项不足时，可以先付部分价款给卖方，然后由信托机构暂代掌管不动产契约，待买方价款付清时，再将不动产过户到买方名下。信托机构在这类业务中起中间买卖作用。②发行不动产分割证代理业务。土地所有者建房时缺乏足够的钱款，将地产过户给信托机构，委托信托机构代理发行不动产分割证，让投资者拥有部分土地所有权。信托机构把原土地所有者定期交付的租金作为投资报酬，转给不动产分割证的持有者。③不动产的中介代理业务。它是指信托机构充当建筑物的媒介和代理，参与洽谈标的物的价格和交易条件，促使当事人之间签订契约，达成买卖。信托机构也可按照委托人的授权，代表委托人与对方签订契约。④不动产鉴定代理业务。它是指信托机构接受委托，对不动产进行鉴定与估价的业务。

（6）代理会计事务业务，是指信托机构受企事业单位的委托，代其处理有关会计事务方面的业务。其内容主要包括：受托帮助建账，制定财务会计的有关规章制度，编制报告，进行财务分析，提出财会建议，充当会计顾问，辅导和培训财会人员，以及代为办理受托的其他会计事务。

二、咨询业务

在现代社会，信息十分重要，而信托机构可以利用自身的优势，为客户提供咨询业务。

（一）咨询业务的含义

"咨询"从词义上讲，就是向他人征求意见和商量自己不了解或不太了解的事情。咨询业务，是指信托机构接受客户委托，利用专门的知识、技术、经验等，为委托人提供信息、数据、方案或可行性研究报告以协助其决策的业务。凡与企业经营管理、市场信息动态、财政金融制度、经济政策、法规、对外经济合作、国内经济联合等有关的情况，客户均可向信托机构咨询，信托机构在帮助调查情况、收集资料、进行综合分析后提供具有一定价值的信息。

咨询业务是一项专业性比较强的工作，信托机构在开展咨询业务时，除了配备必要的专门人才外，一般还会聘请有关方面的专家、教授、律师、工程师、经济师、会计师等组成咨询委员会，负责指导经济咨询工作，以便向客户提供更为真实、全面、合理的信息，促使企业取得更好的效益。

（二）信托咨询的特点

1.以信用咨询为主体

咨询业务的具体内容包括两个主要方面，即介绍客户与资信调查。在经济交往中，交易双方若互相不了解对方的情况，则商品交换的实现必定会遇到一定的困难。此时，交易双方可委托信托机构通过信托咨询的方式，穿针引线，对交易双方进行介绍，促成交易实现，也可委托信托机构对交易一方单独进行资信调查，这在信托机构的咨询服务中占主要地位。

2.以经济信息为产品

咨询业务的标的物是经济信息，经济信息是信托咨询的"产品"。当前，许多发达国家把经济信息视为社会发展的重要支柱之一，许多企业也把经济信息视作"无形的财富"。信托机构通过财务分析、信用调查、信用档案的存储与使用，形成各种报告或文件依据，为客户提供咨询服务，其所提供的报告或文件即是"咨询产品"。咨询产品是无形的，包括商誉、商标、专利权、著作权等经济信息。

3.以智力型服务为特色

咨询业务属于经济活动中的"头脑产业"部分，其特色是为客户进行智力型服务。信托机构拥有一批专业和技术水平高，了解相应政策的人才，可利用其咨询专家丰富的智力资源来分析委托人提出的各种问题，解决和满足委托人的咨询要求。

4.以双重服务为宗旨

对社会服务对象而言，咨询业务是一种双重服务。信托机构既可以为交易的购货方提供咨询服务，又可以为销货方服务；既可以为生产单位提供服务，又可以为消费单位服务；既可以为投资单位提供服务，又可以为被投资单位服务。但信托机构必须对咨询双方做到实事求是，不偏不倚。

（三）咨询业务的作用

咨询业务活动是商品经济条件下的产物，它的存在与发展有助于商品经济的繁荣。其作用有以下几个方面：

1.降低风险，保证投资安全

现代经济是急剧变化的经济，经济往来的区域不断扩大，各种经济关系越来越复杂，这些都增加了经济交往中的不确定因素，使得风险越来越高。信托机构利用自己的专业人员及其专业技能，可以获得全面、详细的信息，为企业提供可靠的决策依据，从而保证企业的投资安全。

2.提供信息来源

在现代社会中，企业很难依靠自己的能力去收集和获取某些领域较为全面、深入的信息。信托机构的咨询部门专门从事此项工作，有充足的信息来源，可以及时、全面地向企业提供有关信息，为企业抓住竞争时机创造基本条件。

3.为企业科学决策提供充足依据

随着咨询业务的发展，现代咨询不仅可以提供各种信息，而且还可以为企业提供分析、预测等服务。由于信托机构掌握丰富的信息资料，拥有高水平的专业人才，所以可以为企业进行分析、预测，并保证分析预测的科学性，从而为企业的经营决策提供了科学的依据，对提高企业的经济效益起到了积极的作用。

（四）咨询业务的种类

1.按咨询业务的层次不同进行划分

（1）提供信息。提供信息是一种最基本的咨询业务。这种业务是由咨询机构向客户直接提供收集到的基本材料和数据。如客户要求了解企业经营过程中需要涉及的法律法规及有关制度、税法的有关内容、国家的金融政策及金融机构的基本业务做法、客户的资信状况等，信托机构直接把其所获得的有关信息交给客户，由客户自己去分析研究。信托机构只对所提供信息的可靠性和真实性负责。

（2）总结分析。总结分析是信托机构高一层次的咨询业务，即信托机构根据客户提供的资料和信息，或利用自身掌握的资料和信息，对某一问题进行分析总结，找出原因，得出规律性的结论。如企业经营的某环节出现了问题，销售不畅，要求信托机构帮助分析其中原因，从而采取相应措施。信托机构的任务就是根据获得的资料进行分析总结。

（3）预测和决策。预测和决策是咨询业务的最高层次。信托机构在对客户提供的资料和自己掌握的资料进行分析研究后，作出预测和决策。如对投资效益进行预测，对是否进行投资进行决策。要进行这一层次的咨询业务，信托机构必须拥有高水平的专业人员，并掌握科学的预测和决策方法，从而保证预测和决策的正确性。

2.按咨询业务的具体内容不同进行划分

目前我国信托机构的咨询业务就是按照这种方法划分的，主要有以下几种：

（1）资信咨询，是指信托机构接受某企业的委托，对其指定业务对象的资信情况进行调查，以决定是否与其发展业务关系。如对委托人拟进行经济交往的对方（自然人、法人或其他经济组织）的资信情况，对项目开发者、贸易伙伴、房产销售者、房产中介、借款人的资信情况进行调查。

（2）信用等级评估，是指为企业评估信用等级，促进企业提高管理水平。国家市场监督管理总局根据企业的信用指标所反映的信用状况，将其分为绿牌企业（守信企业）、蓝牌企业（警示企业）、黄牌企业（失信企业）和黑牌企业（严重失信企业）。评估要以企业评估期之前三年的经营活动情况为基础，全面反映企业资金信用、经济效益、经营管理和发展前景四个方面的情况，最后提交评估报告。

（3）金融咨询，是指信托机构承办客户有关金融、财务方面的查询事项，主要有政策方面、市场方面和公司理财方面。例如，向客户提供有关金融方针、政策和法规制度（包括国内和国外）的咨询，介绍或选择资金的结算方式，介绍金融领域新开辟业务的基本理论和操作方法，受托分析和预测国外某种货币利率和金价的变化趋势及动态，了解国内金融市场的发展状况及其发展趋势等。

（4）投资咨询，是指信托机构接受客户委托，为投资者提供投资信息，介绍投资对象，对投资项目进行市场调查和可行性研究，提供可供选择的投资方案，草拟、修订投资项目的合同协议及其他文件。具体包括以下业务：产业分析、投资项目评估与可行性分析、工程顾问、商业及房地产开发咨询、项目融资咨询、合资合作计划与实施支持。

（5）商情咨询，是指信托机构受理的，对与信托项目有关的国内动态以及各国、各地贸易商品价格、贸易政策及做法等方面的咨询业务。如提供商品市场的有关信息，调查分析商品的销售情况和趋势等。

（6）介绍客户，是指信托机构利用自身业务联系广泛、信息灵通等优势，为国内外客户牵线搭桥，沟通双方合作意向，协助进行业务商谈，促进合作双方达成协议。

（7）管理咨询，包括两个方面：一是综合管理咨询，即对企业管理全过程的咨询或对企业经营方针的咨询，如企业的调查与诊断、企业的战略规划、机构的设置及它们之间的相互关系、人员的配备与人事管理、生产和业务的组织与管理、项目的可行性分析等。此项业务几乎覆盖企业管理的各个方面。二是专题管理咨询，是指对企业经营管理的一个方面、一个系统的咨询，如组织管理创新、业务流程改造、财务管理与成本管理的咨询。

咨询机构在进行分析预测和决策时，必须采用科学的态度和方法，不能主观臆断。否则，可能给客户造成重大损失。

（五）咨询业务的程序

1. 签订咨询合同，受理咨询业务

客户根据需要，向信托机构提出咨询申请，信托机构对客户的申请进行审查，主要审查项目内容是否符合法律规定，完成咨询的期限是否合适，咨询费用的收取是否合理等。若审查通过，信托机构就与客户签订咨询合同，正式受理咨询项目。

2. 按合同要求收集资料，分析预测

在正式进行咨询业务的各项工作时，信托机构必须严格按照信托机构的基本要求，保证咨询业务的质量。

3. 提交咨询报告

信托机构办理咨询业务的结果是向客户提供咨询报告。根据客户的不同要求，咨询报告的内容也各不相同。但是从一般意义上讲，咨询报告应有其基本的要求，主要表现在：

①咨询报告提供的信息和作出的结论必须公正客观、实事求是，这也是咨询业务基本要求的具体体现。

②咨询报告的行文表达必须清晰、流畅和充分。咨询报告的用词要规范，不能使用隐晦的、含糊不清或模棱两可的语言；同时，报告要充分表达最后的咨询结果，过分简练的语言容易造成客户认识上的偏差。

4. 收取咨询费用

信托机构向客户提交咨询报告，达到了预定的水平，得到客户的认可，就可以向客户收取咨询费用。咨询费用有的按咨询标的额的一定比例收取，有的按咨询业务的费用成本加上适当的盈利收取，有的按信托机构与客户的特殊约定收取。

———————————— 本章小结 ————————————

个人信托是指以个人（自然人）作为委托人而设立的信托，或是以个人为服务对象的信托。个人信托业务具有信托目的的多样性、受托人职责的多重性、信托财产管理的专业性，可以做到合法节税、可以使财产得到妥善存续、业务内容弹性大、隐秘性强等特点。个人信托包括生前信托、身后信托、人寿保险信托、监护信托和特定赠与信托等类型。

法人信托是指以公司、社团等法人作为委托人而设立的信托，或是以法人为服务对象的信托。与个人信托相比，法人信托在委托人、信托财产数额、受托人、对受托人管理和运用信托财产的要求、与社会经济发展关系等方面存在明显的区别，具有鲜明的特点。法人信托的主要类型有抵押公司债信托、商务管理信托、动产信托和雇员受益信托。

通用信托，是指那些既可以由个人（自然人）作为委托人，也可以由法人作为委托人而设定的信托业务。其特点为：委托人可以是个人（自然人），也可以是法人；它是一种涵盖了各种各样财产的信托形式；其信托财产具有多样性。通用信托有许多种，其中最主要的是不动产信托和基金信托。

公益信托是指委托人为了社会公共利益而设立的信托。一般来说，公益信托所涉及的当事人主要包括委托人、受益人、受托人、信托监察人和经营委员会。公益信托具有深远的意义：能够节约人力物力，提高办事效率；保证公益信托资金的安全，并获得稳定的收益；保证公益事业的持久稳健发展，促进社会进步；便于接受社会公众的监督。我国公益信托的内容包括：救济贫困，救助灾民，扶助残疾人，发展教育、科技、文化、艺术、体育事业，发展医疗卫生事业，发展环境保护事业、维护生态平衡，发展其他社会公益事业。公益信托主要有公众信托、公共机构信托和慈善性剩余信托三种类型。

信托机构具有独特的业务优势，是发挥投资银行职能的最佳选择。信托机构承办的主要投资银行业务有企业并购、项目融资和公司理财三类。企业并购是兼并与收购的简称，兼并是指两家或更多的独立公司重新组合成一家公司的行为，收购是指一家公司通过购买目标公司的资产或股权，以实现控制该目标公司的行为。广义的项目融资是指为了建设一个新项目或收购一个现有项目，或对已有项目进行债务重组所进行的一切融资活动。狭义的项目融资是指以项目的资产、预期收益或权益做抵押取得的一种无追索权或有限追索权的融资或贷款活动。公司理财，是指公司为实现经营目标而对经营过程中的资金运动进行预测、组织、协调、分析和控制的一种决策与管理活动。

代理业务是指信托机构接受客户委托，以代理人的身份在被代理人授权范围内代为办理其指定事务的业务。与信托业务相比，代理业务在当事人、财产的所有权变化、所受的监督、掌握的权限、合同的稳定性等方面存在明显的区别，具有鲜明的特点。信托机构的主要代理业务包括代理收付款、代理清理债权债务、代理有价证券、代理保管、代理不动产管理以及代理会计事务等。

咨询业务，是指信托机构接受客户委托，利用专门的知识、技术、经验和广泛的联系，为委托人提供信息、数据资料、方案或可行性研究报告以协助其决策的业务。咨询业务具有以信用咨询为主体、以经济信息为产品、以智力型服务为特色、以双重服务为宗旨的特点。咨询业务的作用为：降低风险，保证投资安全；提供信息来源；为企业科学决策提供充足依据。信托机构的主要咨询业务包括资信咨询、信用等级评估、金融咨询、投资咨询、商情咨询、介绍客户和管理咨询等。

关键概念

个人信托　法人信托　公司债信托　商务管理信托　动产信托　通用信托　不动产信托　基金信托　公益信托　企业并购　项目融资　公司理财　代理业务　咨询业务

思考与应用

1. 个人信托与法人信托各有哪些特点？

2. 人寿保险信托的优点有哪些？

3. 抵押公司债信托有什么特点？

4. 设立商务管理信托的目的是什么？

5. 基金信托的性质与作用表现在哪几个方面？

6. 公益信托与私益信托有哪些区别？

7. 我国的公益信托包括哪些内容？

8. 信托机构在企业并购与项目融资活动中具有哪些作用？

9. 代理业务与信托业务有哪些区别？

10. 咨询业务有哪些特点与作用？

【参考案例】　　　百瑞信托能源行业类REITs项目案例[①]

一、产品介绍

电力能源企业普遍具有资产负债率较高，偿债压力较大的问题。国家电投集团已将增加权益性融资规模、压降资产负债率作为一项重点工作。国家电投广东公司全面贯彻国家电投集团"2035一流战略"，深度对接粤港澳大湾区和广东省"一核一带一区"建设，依托国家电投集团与广东省政府等地方政府、南方电网等优秀企业、澳门大学等优秀学府签署的战略合作协议，聚焦新产业、新模式、新业态，着力推进清洁能源"产、学、研"一体化发展，助力广东构建"清洁低碳、安全高

---

① 资料来源：中国信托业协会. 绿色信托案例集［Z］. 北京：中国信托业协会，2023；REITs是不动产投资信托资金的英文缩写。

效"的清洁能源体系。国家电投集团广东电力有限公司（简称"国家电投广东公司"）业务涵盖气电、风电、光伏、综合智慧能源、氢能、储能及市场售电等领域，在粤港澳大湾区（广州、深圳、珠海、东莞、肇庆），粤东、粤西已形成产业布局，运营和核准在建项目100%是清洁能源。

2021年6月，我国推出首批基础设施公募REITs试点项目。国家电投集团紧抓REITs金融产品创新契机，组织国家电投集团资本控股有限公司、百瑞信托等机构，借鉴公募REITs设计思路，结合市场上各类资产证券化产品的特色和实践经验，研究了REITs业务创新方案。国家电投广东公司积极响应，主动以四会项目公司作为试点，最终实现了项目成功落地。在国家电投集团的指导下，项目各参与单位共同努力，对类REITs业务方案进行了反复论证、创新和优化。历时4个月，在银行间市场首次推出类REITs权益融资产品。2021年10月29日，国家电投广东公司成功簿记发行了银行间市场首单类REITs和能源行业首单类REITs，该产品也是银行间市场首单绿色类REITs。

本项目服务对象为国家电投广东公司，是国家电投集团全资子公司，统筹负责国家电投集团在粤资产管理、战略发展和区域协调。国家电投广东公司业务涵盖气电、风电、光伏、综合智慧能源、氢能、储能及市场售电等领域，在粤港澳大湾区（广州、深圳、珠海、东莞、肇庆），粤东、粤西已形成产业布局，运营和核准在建项目100%是清洁能源。

具体做法：

该单类REITs底层资产为国家电投集团广东公司下属的四会项目公司，由项目公司产生的现金流作为产品第一还款来源。在交易结构方面，百瑞信托创新提出了由信托计划直接持有项目公司股权和债权的模式，以项目公司全部资产所产生的现金流作为投资人收益的分配基础。投资人可通过项目公司分红，分享项目公司的经营业绩。在存续期管理方面，百瑞信托聘请国家电投广东公司担任资产服务机构，为项目公司的运营管理提供服务。条款设计既以资产服务机构的专业能力和市场声誉保障投资人的权益，又以资本市场的信息披露机制和声誉约束机制促进基础设施的规范、高效运营。

具体的交易步骤如下：

第一，发起机构与项目公司签署借款合同，并约定于资产支持票据信托成立日向项目公司发放借款，用于置换存量金融机构借款。通过该笔交易，发起机构持有项目公司全部资产。

第二，发起机构将其合法持有的项目公司股权和债权作为基础资产，以信托方式交付受托人百瑞信托，在银行间市场定向发行资产支持票据信托。受托人以募集资金向发起机构支付股权和债权的对价。资产支持票据信托设计结构化分层，优先级份额不超过95%面向市场化机构销售；次级份额不低于5%由发起机构全额认购。次级份额劣后于优先级份额，但享受项目公司的超额经营利润。

第三，发起机构通过合同条款设计在信托中行使决策权，根据《企业会计准则第33号—合并会计报表》所列的控制因素分析，发起机构/资产服务机构拥有对信托的权力，可以通过参与信托的相关活动享有重大可变回报，也有能力运用对被投资方的权利影响其可变回报金额。因此，发起机构对特殊目的信托具有控制权，应当将特殊目的信托纳入合并范围。最终，通过合并抵消，优先级份额计入净资产的权益。

国家电投广东公司2021年度第一期绿色定向资产支持票据交易结构如图2-1所示：

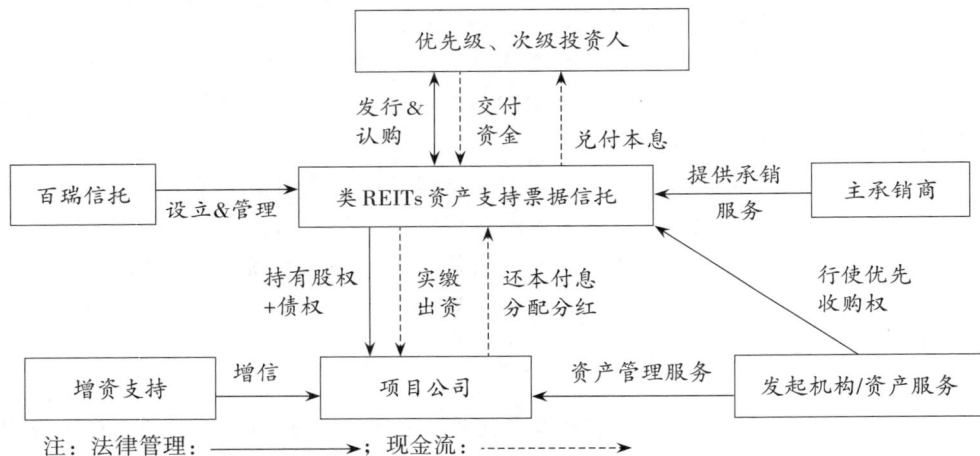

图2-1 国家电投广东公司2021年度第一期绿色定向资产支持票据交易结构

在退出机制方面，除采用常规优先收购权条款外，百瑞信托还综合设计了利率跳升机制、增资触发及流动性支持机制、资产处置机制，以及对接发行公募REITs的机制，为投资人的退出提供了多种解决方案。国家电投广东公司2021年度第一期绿色定向资产支持票据退出机制安排见表2-1：

表2-1 国家电投广东公司2021年度第一期绿色定向资产支持票据退出机制安排

相关安排	具体情况
票面利率调整	信托设置票面利率调整条款。每3年允许发起机构调整一次票面利率。投资人有权选择是否售回ABN（资产支持票据） 若选择售回，则在受托人处登记。若无售回，则项目继续存续 若存在售回，则发起机构有权行使优先收购权，收购售回的ABN或项目公司的股权、债权或资产

相关安排	具体情况
优先收购权	发起机构有权行使优先收购权，收购售回的ABN或项目公司的股权、债权或资产。若发起机构不行使优先收购权，则为保持项目公司的持续运营，发起机构须对项目公司进行增资。若发起机构主体评级低于AAA（信用评级），则当发起机构不对项目公司进行增资时，AAA主体评级的增资支持机构对项目公司进行增资。同时，若发起机构不行使优先收购权，则受托人有权对资产进行处置
增资触发事件	发起机构同时担任资产服务机构，有权根据项目公司的经营情况决定是否还本付息，以及分配分红。若决定不支付，则发起机构须对项目公司进行增资。若发起机构主体评级低于AAA，则当发起机构不对项目公司进行增资时，AAA主体评级的增资支持机构对项目公司进行增资。同时，若发起机构不行使优先收购权，则受托人有权对资产进行处置

二、实践效果

该单类REITs产品是银行间市场首单绿色类REITs，为国家电投广东公司引入权益资金25亿元，降低资产负债率超过10个百分点，通过标的资产的投产运营，每年可节约标准煤20.77万吨，减排二氧化碳、二氧化硫、氮氧化物、烟尘分别为113.50万吨、501.95吨、73.07吨和92.63吨。该产品还得到了牵头主承销商中国建设银行、联席主承销商平安银行和投资人的大力支持，产品得到市场广泛认可，认购倍数为2.12倍，参与的投资人涵盖银行理财子公司、城商行、券商资管、基金、信托等各类投资机构。

三、案例点评

REITs产品借鉴REITs交易设计理念，在银行间市场和交易所市场定向发行，在获取权益资金、释放投资空间、有效降低资产负债率等方面发挥重要作用。大湾区有良好的清洁能源基础设施背景，同时在风电、光伏、核电等基础设施项目方面也有较好的基础。这些清洁能源电力设施项目属于优质底层资产，项目股东背景实力雄厚，现金流稳定。在这一基础上，类REITs产品获取权益资金成本较低，作为底层资产的基础设施以其产生的现金流作为还款来源，起到了增信作用，同时类REITs一般被认定为标准化固定收益产品，因此发行成本有一定优势。类REITs产品既有利于盘活基础设施存量资产，回收资金用于新项目建设，也有利于促进资金"脱虚向实"，提高金融服务实体经济质量和效率。相较于其他债券品种来说，类REITs产品具有的长久期的特性，可以为项目提供稳定的资金来源。百瑞信托综合设计的利率跳升机制、增资触发及流动性支持机制及资产处置机制等多种退出方案为投资人提供了更多样化的选择。

该单类 REITs 产品的成功落地，是国家电投集团创新性地推动"2035一流战略"落地的积极实践；是"十四五"规划部署"未来牌"，以资本运作提升新价值、稳杠杆的有效手段；也是响应国家"碳达峰""碳中和"战略，以资本助推绿色发展，助力世界一流清洁能源企业建设的有益探索。该产品的成功发行为国家电投集团探索以较低成本引入权益资金，压降资产负债率，释放投资空间，增加清洁能源占比提供了新的渠道；为国家电投集团乃至整个能源基础设施行业盘活存量资产提供了新的解决方案，具有重大创新意义和示范效应。

第三章 | 中国信托业务与创新

学习目标

了解中华人民共和国成立前信托发展的历程和特点、成立后我国信托发展的过程以及清理整顿的情况，熟悉我国信托机构经营的传统信托业务，熟悉并掌握我国信托机构的创新型信托业务。

第一节　中国信托的产生与发展

一、中华人民共和国成立前信托的发展

（一）私营信托的发展

20世纪初，信托传入我国。1913年日本人在大连设立的"取引所信托株式会社"是我国出现得最早的信托机构。1914年美国人在上海成立了"普益信托公司"。

第一次世界大战期间，由于各帝国主义国家忙于欧洲战争，所以一方面放松了对中国的侵略和掠夺，另一方面各帝国主义国家还从中国进口大批军需物资，这样中国民族工商业就有了发展机会，因而积累了大量资金。在当时商品经济较为发达的上海，中国民族资本家开始接受并效仿欧美的经验和方法，创办了中国人自己的信托机构。1917年，上海商业储蓄银行成立了一家名为"保管部"的机构，主要业务是出租保管箱。1921年该机构更名为信托部，经营范围有所扩大。1918年，浙江兴业银行正式开办具有信托性质的出租保管箱业务，但此时并未专设信托部。1919年12月，重庆聚兴城银行上海分行成立了信托部，主要经营报关、运输、仓库和代客户买卖证券业务。这是中国信托史上最早经营信托业务的一家金融机构，

也是我国现代信托业创立的标志。由于信托业是一个新兴的行业，人们对它的了解非常有限，所以当时信托业务都是由银行兼营的。

第一次世界大战结束后，各主要资本主义国家又纷纷回到中国市场，对民族资本主义工商业进行更为残酷的掠夺，加上国内军阀连年混战，使民族工商业由繁荣转入萧条，呈现凋敝状态。第一次世界大战时民族工业积累的资金以及之后增加的国民所得因找不到出路而成为游资，于是，刚刚起步的信托业便受到这股游资的冲击，在上海等地刮起一股大设信托公司和交易所之风。1921年8月21日，中国通商信托公司在上海成立，这是中国第一家专业信托公司，在此后不到40天的时间里，另有11家信托公司在上海创立。12家信托公司的注册总资本达8 000多万元，大大超过当时民营银行的资本总额（5 000多万元）。这些信托公司多数从事以交易所股票为质押的证券投机业务，交易所和信托公司业务交织，互相利用，一方面，信托公司的股票上市充作交易对象；另一方面，交易所以其股票向信托公司抵押借款，以信托交易之名，行投机牟利之实，两者暗中联手，哄抬价格，牟取暴利。但是好景不长，该年冬季银根紧缩，股票价格纷纷下跌，二者的投机计划落空，导致大批信托公司和交易所倒闭，这就是中国历史上有名的"信交风潮"，因那年正是国民党的"民国十年"，所以又称为"民十信交风潮"。

"信交风潮"过后，仅存中央、通易两家信托公司。1928年信托业开始复苏，逐渐由低潮走向全面发展，进入鼎盛时期，主要表现为信托机构的数量和信托资金大量增加。

1937年全民族抗战开始后，信托机构向全国扩展，西南、西北等地区也相继设立了信托机构。抗日战争胜利后，由于国民党政府整顿抗战期间在上海成立的信托机构，所以信托机构的数量有所减少，在一定程度上限制了信托业的发展，如规定新设的信托机构不许兼营银行业务，而银行可以兼营信托业务等。

（二）官办信托的发展

旧中国的官办信托业是在私营信托业初步稳定的基础上创立的，主要是为满足国民党政府加强对金融和经济垄断的需要。1933年10月，上海兴业信托社成立，这是第一家地方性的专营官办信托机构，1935年10月，中央信托局成立，隶属于国民党官僚资本金融体系，是旧中国最大的官办信托机构。此外还有"四行二局一库"（指旧中国官僚资本金融体系的中央银行、中国银行、交通银行、中国农民银行、邮政储金汇业局、中央信托局和中央合作金库）的信托部，也经营信托业务。官办信托机构在创办初期，其公开的目的是办理公共事业信托业务，但从实际经营来看，也涉足私营信托机构的业务，办理特殊的信托业务。因此，官办信托业的实质是国民党政府利用官僚资本控制国家金融，维护自己的统治地位。

（三）旧中国信托业发展的特点

旧中国信托业发展的特点主要表现在：

1.发展迅速但不稳定

其原因：一是缺乏必要的经济和社会基础，因此其发展受到政治动荡、战乱和经济危机的直接影响；二是在业务经营上带有明显的投机性，证券和房地产等高风险的业务开展较多，致使信托机构数量两次骤减，给信托业的发展造成十分不利的影响。

2.发展区域不平衡

旧中国信托机构和业务主要集中在上海，其他地区很不发达，如1947年的15家信托公司中上海占13家，资本总额为86 000万法郎，占全国的94.5%。

3.信托业与银行业兼营

大部分银行设置信托部办理信托业务，同时信托公司附设银行部和储蓄部，兼办存、放、汇和储蓄，甚至一些信托公司把银行业务作为主业。

4.民营信托业受到官办信托业的控制和排斥

国民党政府通过各种金融管制条例和中央信托局的种种特权，对实力较弱的民营信托业进行排挤和打击。

二、中华人民共和国成立后信托的发展

（一）对旧中国信托业的接管和改造

中华人民共和国信托业的出现，是在我国银行实行社会主义国有化的过程中，在对旧中国信托业进行接管和改造的基础上建立的。国民党政府的"四行两局一库"是官僚资本进行金融垄断的核心，为了彻底摧毁它，根据当时实行的"没收官僚资本"政策，首先，对旧中国的官办信托业如中央信托局及其在各地的分支机构采取了坚决没收的政策，由人民政府接管并进行清理。其次，对旧中国银行和交通银行的信托部，则随同对官僚资本的接管进行改组和改造。民族资本主义信托业在性质上不同于官僚资本信托业，因此在对其改造中采取的是赎买政策，经过严格管理、联合经营、公私合营等步骤，实现了旧中国民族资本主义的社会主义改造和国有化，从而使其成为中华人民共和国金融信托业的组成部分。

（二）社会主义信托业的试办

在对旧中国信托业改造的同时，开始了对金融信托业的试办。当时试办信托业主要以旧中国有信托基础的城市为主，而试办信托业的机构则以银行信托部（如1949年11月1日成立的中国人民银行上海市分行信托部）和投资公司（如天津市投资公司、广东省华侨投资公司等）为主，但在做了试办后不久，就由于种种原因

陆续停办了。

（三）我国信托业的恢复

1978年12月党的十一届三中全会召开，为信托业在我国的恢复提供了基础和可能。

1979年10月，中国银行总行率先成立了信托咨询部，同月，中国国际信托投资公司在北京宣布成立，此后各地陆续开办了信托业务。我国停办了20多年的金融信托业开始得到恢复，并对经济发展产生了一定的积极作用，受到了社会各界的重视。

我国金融信托业的出现，虽然已有基本的基础，但并不是适应信托市场需求产生的，而是在当时的历史条件下政府作为改革的一种措施安排。其目的在于，一方面，以此打破传统计划体制下的单一银行信用，弥补银行信用的不足；另一方面，作为改革开放的窗口，吸引外资，同时为我国金融体制改革提供一块"试验田"。

（四）我国信托业的发展与整顿

我国的信托业在发展过程中，由于多种原因，在从恢复至今的40多年中，经历了七次大的清理整顿（或调整），每一次都对信托业的健康发展起到了积极作用。

第一次清理整顿（或调整）是1982年，国务院针对当时各地基建规模过大，影响了信贷收支的平衡，决定对我国信托业进行清理，规定除国务院批准和国务院授权单位批准的信托投资公司以外，各地区、部门均不得办理信托投资业务，已经办理的限期清理。这次整顿是针对变相的存贷款规模过大而进行的，其结果是通过整顿确定了业务范围。

第二次清理整顿（或调整）是1985年，国务院针对1984年全国信贷失控、货币发行量过多的情况，要求停止办理信托贷款和信托投资业务，已办理业务要加以清理收缩，次年又对信托业的资金来源加以限定。此次整顿的重点在于业务清理，虽然暂停了信托贷款和投资业务，但其他业务未受较大影响。通过这次整顿，各信托机构经过重新组建和调整，信托行为得到规范，业务得到清理，也明确了资金来源。

第三次清理整顿（或调整）是1988年，中共中央、国务院发出清理整顿信托投资公司的文件，同年10月，中国人民银行开始整顿信托投资公司。1989年，国务院针对各种信托投资公司发展过快（高峰时共有1 000多家），管理较乱的情况，对信托投资公司进行了进一步的清理整顿。通过这次整顿，1992年信托投资公司从原来的745家（加上没批准的达1 000多家）撤并为377家，信托投资机构发展过快、过多的现象得以改变，投资规模增长过快的倾向得到抑制，一些投资公司和地方违章经营、乱办信托的问题基本得到解决。

　　第四次清理整顿是 1993 年，国务院为治理金融系统存在的秩序混乱问题，开始全面清理各级人民银行越权批设的信托投资公司，主要内容是：限制银行向信托投资公司的资金拆借，并要求信托投资公司或重组改造、转让，或以关闭等形式全部脱离银行；1995 年，中国人民银行总行对全国非银行金融机构进行了重新审核登记，要求国有商业银行与所办的信托投资公司脱钩。通过商业银行法，禁止商业银行及非银行机构从事信托投资业务，以彻底解决资金从银行流向信托投资公司的问题。从此，中国开始实行银行业和信托业的分业经营、分业管理。

　　第五次清理整顿（或调整）是 1999 年，为防范和化解金融风险，中国人民银行总行决定对现有的 239 家信托投资公司进行全面的整顿撤并，按照"信托为本，分业管理，规模经营，严格监督"的原则，重新规范信托投资业务范围，把银行业和证券业从信托业中分离出去，同时制定出严格的信托投资公司设立条件。通过这次整顿，到 2002 年，重新登记发牌的信托投资公司不到 60 家，也真正实现了分业经营和分业管理。

　　第六次清理整顿（或调整）是 2007 年。为了进一步贯彻"分类监管，扶优限劣"的思想，银监会于 2006 年 12 月相继下发《信托公司管理办法》《信托公司集合资金信托计划管理办法》与《关于信托公司过渡期有关问题的通知》，这被视为"第六次清理整顿（或调整）"的开始。对信托业实施分类监管，信托公司或立即更换金融牌照，或进入过渡期。2007 年 3 月 1 日，信托新两规《信托公司管理办法》《信托公司集合资金信托计划管理办法》正式实施。据银监会的要求，凡能够按照新办法开展业务的信托公司，应当于新办法颁布后的 3 年过渡期内清理固有投资，申请换发新的金融牌照。新规下发之后，各大信托公司迅速开始实业清理，争取早日换发新牌照。银监会于 2010 年 4 月下发了《信托公司监管评级与分类监管指引》（修订），决定对已换领新的金融许可证的信托公司，逐步进行评级和分类。随着中国信托业的发展与信托公司业务的调整和创新，客观上需要建立一个有效的信托业务风险监管体系。2010 年 9 月，银监会发布《信托公司净资本管理办法》，要求信托公司净资本不得低于 2 亿元，不得低于各项风险资本之和的 100%，不得低于净资产的 40%。它将信托公司可管理的信托资产规模与净资本直接挂钩，有利于控制信托公司的总体风险，推动信托公司建立并完善内部风险预警和风险控制机制。为满足监管要求，促进业务发展，许多信托公司进行了增资扩股。2013 年全年，有 15 家信托公司增资规模达到了 82.42 亿元。经过几年的清理整顿（或调整）和规范化管理，信托业得到了快速发展，截至 2013 年年末，68 家信托公司信托资产总规模为 10.91 万亿元，同比增长 46.00%；全行业经营收入总额为 832.60 亿元，同比增长 30.42%；全行业实现利润总额为 568.61 亿元，同比增长 28.82%。在信托业快速发展的同时，信托公司也暴露出业务经营的混乱与管理的滞后，存在着较大的风险隐患，信托产品的兑付问题不断暴发：2012年信托行业到期清算时出现问题的信托项目大约有200亿元，2013年被媒体曝光的信托项目风险事件又发生了10余起。我国信托业的信托项目风险事件的频频发生，成为对信托业再一次进行清理整顿（或调整）的诱因。

第七次清理整顿（或调整）是2014年，主要目的是为了加强信托风险监管、信托业务规范的引导和信托业发展环境的创造。银监会以2014年又有近20款信托产品发生兑付危机的现实状况为契机，开始对信托业再一次进行清理整顿（或调整）。

本次清理整顿（或调整）主要以加强风险监管为核心。2014年4月，银监会出台了《关于信托公司风险监管的指导意见》，被信托业界称为"史上最全面"的信托公司风险监管文件。该指导意见明确了要健全信托项目风险责任制，建立市场化的风险处置机制，有效防范信托业风险。2016年3月，银监会发布了《进一步加强信托公司风险监管工作的意见》，从资产质量管理、重点领域风控、实质化解信托项目风险、资金池清理、结构化配资杠杆比例控制、加强监管联动等多方面明确加强风险监管的政策措施。2017年1月，银监会下发了《信托公司监管评级办法》，明确了定量和定性两部分监管评级要素。2018年9月，由中国信托业协会组织制定的《信托公司受托责任尽职指引》正式发布，进一步明确了信托公司在信托业务流程中的相应职责。2020年6月，银保监会下发了《关于信托公司风险资产处置相关工作的通知》，坚持"去通道"目标不变，继续压缩信托通道业务，逐步压缩违法违规的融资类信托业务。监管政策不会一刀切停止信托公司开展融资类信托业务，而是逐步压缩违规融资类业务规模，直至信托公司能够依靠本源业务支撑其经营发展。为化解信托业不良资产风险，推动信托业转型发展，2021年5月银保监会下发的《关于推进信托公司与专业机构合作处置风险资产的通知》指出，信托公司要探索多种模式处置信托业风险资产、构建信托业风险资产处置市场化机制、规范信托业风险资产转让业务、严格压实各方责任。

为了加强对信托业务规范的引导，银监会（现为国家金融监督管理总局）出台了一系列关于信托业务规范方面的文件。2017年12月，银监会发布了《关于规范银信类业务的通知》，对银信类业务定义及银信通道业务定义进行明确，并对银信类业务中商业银行和信托公司的行为进行规范。2018年4月，中国人民银行、银保监会、证券监会及国家外汇管理局联合发布了《关于规范金融机构资产管理业务的指导意见》（简称"资管新规"）；同年8月，银保监会信托监督管理部下发了《信托部关于加强规范资产管理业务过渡期内信托监管工作的通知》，对信托行业实施资管新规的细则进行了明确，落实资管新规出台后对于信托业务的相关实施细则要求。2019年5月，银保监会下发了《关于开展"巩固治乱象成果促进合规建设"工作的通知》，对信托公司开展房地产业务提出严格要求，重点关注以下几方面：向"四证"不全、开发商或其控股股东资质不达标、资本金未足额到位的房地产开发项目直接提供融资；直接或变相为房地产企业缴纳土地出让价款提供融资，直接或变相为房地产企业发放流动资金贷款等。为加强信托公司股权管理，规范信托公司股东行为，保护信托公司、信托当事人等合法权益，维护股东的合法利益，促进信托公司持续健康发展，2020年2月，银保监会颁布实施了《信托公司股权管理暂行办法》。2021年7月，银保监会发布的《关于清理规范信托公司非金融子公司业务的通知》指出，严禁信托公司通过非金融子公司进行监管套利、隐匿风险，严禁开展违规关联交易、进行不当利益输送。

为了给信托业发展创造一个更好的环境，2014年12月，银监会出台了《信托业保障基金管理办法》，要求建立信托业保障基金，以维护保护信托当事人的合法权益。2017年8月，银监会颁布了《信托登记管理办法》，奠定了我国信托登记的制度基础。2019年7月，银保监会发布了《信托受益权账户管理细则》，标志由中国信登集中管理的信托受益权账户体系建设正式启动，同年9月10日，全国集中管理的信托受益权账户系统当天正式在中国信登上线并对外提供账户业务办理服务。2019年10月，国家发改委、中国人民银行、银保监会、证监会和国家外汇局联合发布的《关于进一步明确规范金融机构资产管理产品投资创业投资基金和政府出资产业投资基金有关事项的通知》指出，存量基金募资不再受限，FOF多层嵌套也完全放开，已发布实施的"资管新规"迎来了最大的一次政策松绑。

2022年10月16日党的二十大胜利召开，党的二十大报告提出："深化金融体制改革，建设现代中央银行制度，加强和完善现代金融监管，强化金融稳定保障体系，依法将各类金融活动全部纳入监管，守住不发生系统性风险底线。"同时还指出："全面依法治国是国家治理的一场深刻革命，关系党执政兴国，关系人民幸福安康，关系党和国家长治久安。"为了深入贯彻党的二十大精神，促进信托业的持续稳定发展，保证信托公司依法依规开展信托业务，银保监会于2023年3月发布了《关于规范信托业务分类的通知》，该通知旨在促进信托业务回归本源、规范发展，切实防范风险，更高效服务实体经济发展和满足人民美好生活需要。2023年11月7日，国家金融监督管理总局（2023年5月18日成立）印发了《信托公司监管评级与分级分类监管暂行办法》，该暂行办法旨在为全面评估信托公司的经营稳健情况与系统性影响，有效实施分类监管，促进信托公司持续、健康运行和差异化发展。

经历了七次清理整顿（或调整）的信托业的发展正逐步回归本源，我国信托业进入了新的发展时期。截至2023年年末，全国共有68家信托公司，全行业信托资产规模为23.92万亿元，较上一年增加2.78万亿元，增长13.15%；全行业实现经营收入为863.61亿元，较上年增加23.82亿元，增长2.84%；全行业实现利润额为423.73亿元，较上年增加61.30亿元，增长16.91%；全行业固有资产总额为8 959.39亿元，较上一年增加217.07亿元，增长2.48%；全行业所有者权益总额为7 485.15亿元，较上一年增加306.49亿元，增长4.27%。

第二节　中国传统信托业务

传统信托业务是相对于信托公司创新业务而言的。根据我国信托业务发展的历史和实践来看，传统信托业务主要有资金信托、财产信托和权利信托、公益信托、投资银行业务、代理业务和咨询业务等。

一、资金信托

（一）资金信托的含义

资金信托业务是指委托人基于对信托机构的信任，将自己合法拥有的资金委托给信托机构，由信托机构按照委托人的意愿，以自己的名义，为受益人的利益或特定目的管理、运用和处分资金的行为。资金信托是现代信托的核心。

（二）资金信托的特点

1.以货币资金的转移为中心

资金信托关系一旦确立，委托人须将货币资金转移给受托人；受托人向受益人转移的营运收益或本金一般也都是货币形式。信托资金在运行过程中可以表现为除货币资金以外的形式，如投资于有价证券、动产、不动产、工程项目等，但在信托关系结束时，信托机构一般以货币资金形式支付给受益人。

2.反映三方当事人之间的信用关系

资金信托形成的是一种信托关系，即委托人出于一定目的，委托信托机构代为管理、运用货币资金，信托机构通过向委托人提供管理和运用货币资金的服务，来满足委托人的要求。其基本表现为委托人、受托人和受益人的三边信用关系。即使在特殊情况下，如委托人即受益人，其三者关系也仍然存在，只是关系人只有两方。

3.受托人承担的风险责任有限

由于信托资金的具体运用要遵循委托人的意愿，所以受托人不承担资金管理、运用的全部责任，仅对资金管理和运用风险承担有限责任。

（三）资金信托的分类

1.按照资金来源的不同，资金信托可以分为单一资金信托和集合资金信托

（1）单一资金信托是指信托机构接受单个委托人的委托，按照委托人确定的管理方式（指定用途）或由信托机构代为确定的管理方式（非指定用途）单独管理和运用货币资金的行为。按照资金运用的方式不同，单一资金信托又分为融资类资金信托和投资类资金信托。其中融资类资金信托以资金融通业务为主，包括贷款、融资租赁、经营租赁和回租等；投资类资金信托以股权投资信托为主，具体包括实业股权投资信托、创业投资信托、房地产投资信托和证券投资信托等。

（2）集合资金信托是指信托机构接受两个或两个以上委托人的委托，按照委托人确定的管理方式（指定用途）或由信托机构代为确定的管理方式（非指定用途）管理和运用货币资金的行为。

我国《信托公司集合资金信托计划管理办法》规定，信托公司设立信托计划，应当符合以下要求：①委托人为合格投资者；②参与信托计划的委托人为唯一受益人；③单个信托计划的自然人人数不得超过50，但单笔委托金额在300万元以上的自然人投资者和合格的机构投资者数量不受限制；④信托期限不少于1年；⑤信托资金有明确的投资方向和投资策略，且符合国家产业政策以及其他有关规定；⑥信托受益权划分为相等份额的信托单位；⑦信托合同应约定受托人报酬，除合理报酬外，信托公司不得以任何名义直接或间接以信托财产为自己或他人谋利；⑧银保监会规定的其他要求。

集合资金信托的管理、运用货币资金的方式主要有：①证券投资，包括国内发行上市的股票、国债、基金和债券；②融资业务，包括贷款、融资租赁、经营租赁和回租等；③直接投资，包括实业股权投资、创业股权投资及房地产项目投资等；④组合投资，根据客户需求，将资金按照事先确定的比例投资于上述三个方面。

2.按照受托人和委托人之间权利、义务的不同，资金信托可以分为特定资金信托、指定资金信托和非指定资金信托

（1）特定资金信托是指由委托人具体指定资金的运用方式和用途，受托人根据委托人指定的用途运用信托资金的一种信托。例如，委托人指定资金用于贷款时，必须详细规定贷款对象、利率、期限、金额和担保条件等；如果用于投资有价证券，则要详细规定有价证券的品种、价格和数量等。受托人完全按照委托人指定的用途运用信托资金，一旦出现损失，就由委托人和受益人负责。证券投资信托就是较为典型的特定资金信托。

（2）指定资金信托是委托人仅指定资金运用的主要方向，其具体方式则由受托人决定的一种信托。例如，委托人只说明资金要用于贷款，但不规定贷款的具体对

象、利率、期限，或要求进行有价证券投资，也不规定有价证券的种类、形式。采用这种信托方式，一般是因为委托人对受托人比较信任，充分相信受托人的能力和品德，认为受托人能够很好地实现自己的信托目的。

（3）非指定资金信托是指委托人对资金的运用方式、运用范围不做任何限定，完全由受托人自主决定的一种信托。对于这种信托形式，政府担心受托人权力过大，会产生社会不安定因素，因此一般都进行严格限制。例如，为了保护受益人利益，日本从法律上对非指定资金信托的资金运用范围进行了严格的限制，规定此项信托资金只能用于购买公债和用于以公债做担保的贷款。

3.按照资金运用的方式不同，资金信托可以分为贷款信托、投资信托和房地产资金信托等

（1）贷款信托是指以贷款方式运用信托资金的一种信托，是信托资金的主要运用形式。贷款信托以实际获利、分红为原则，不允许受托人承诺保证信托资金的本金和最低收益，是一种带有变动利息的金融产品。

贷款信托按其性质不同，可以分为固定资金贷款信托和流动资金贷款信托。根据我国现行的有关规定，固定资金贷款信托必须符合国家的固定资产贷款要求；流动资金贷款信托一般限于向投资企业发放，而对其他企业只可发放临时性周转贷款。

贷款信托具有独特的优势：①贷款信托在资金运用形式方面采取贷款方式，只要落实抵押或质押、担保手续，一般情况下风险是可控制的。贷款信托的资金运用大多是中长期的，其贷款利率远远高于商业银行的定期储蓄利率。因此，贷款信托收益对委托人（投资者）有一定的吸引力。②在贷款信托创设中，信托公司处于主动地位，只要安全性、收益性对投资者有足够吸引力，通常都会取得投资者的认可。③贷款信托作为一种能够为我国中长期项目建设融通巨额资金的信托品种，具有广阔的市场前景。

（2）投资信托是指信托机构以法人身份将信托资金和自有资金等自主地投资于企业项目或有价证券，以谋求预期收益为目的的一种信托。这里所说的投资信托不包括委托投资。投资信托是信托机构重要的传统业务。

按照投资对象的不同可以将投资信托分为直接投资信托（企业项目投资）和间接投资信托（有价证券投资）。①直接投资信托是指信托机构运用信托资金直接向企业或项目进行投资的信托方式，包括股权投资信托和权益投资信托。股权投资信托是信托机构以股权投资方式将信托资金运用于实业项目投资的资金信托。权益投资信托是指信托机构将信托资金投资于能够带来收益、权益的资金信托，这些权益包括基础设施收费权、公共交通营运权等。权益投资信托一般是集合资金信托。

②间接投资信托又称证券投资信托、投资信托或基金信托，是指信托机构接受不特定的多数投资者的委托，集合各投资者的小额资金形成信托基金，投资于安全有利的有价证券，共同分享证券投资收益的一种信托。（该信托的特点、作用和类型详见本书第二章第三节）

（3）房地产资金信托是指委托人将资金委托给信托机构，由信托机构按照委托人的要求对房地产公司发放贷款或投资，使投资者获取溢价收益的信托。房地产资金信托能够照顾到委托人、信托机构（受托人）和受益人等各方的利益，受到房地产公司的欢迎。我国信托机构开展房地产资金信托业务可以为房地产公司提供可靠的融资渠道，促进房地产企业的良性发展；能够丰富资本市场的投资品种，为投资人提供一条稳定获利的投资渠道；可以拓宽信托机构的业务范围，是信托业得以迅速发展的重要推动因素。

二、财产信托和权利信托

（一）财产信托

1.财产信托的含义

财产信托，又称为实物信托或物品信托，是指信托机构接受委托人的委托，进行有形财产的管理、运用和处分的一种信托业务。财产信托是信托公司基本的传统信托业务之一，《信托公司管理办法》第十六条规定，信托公司可以受托经营动产、不动产信托业务。在财产信托中，动产信托和不动产信托是最主要的信托形式，其中不动产信托非常普遍且历史悠久。财产信托的客体是有形财产，涉及财产所有权的转移，即在信托期间财产所有权转移给受托人，因此需要办理信托财产登记或产权过户手续。

2.财产信托的类型

按照信托财产的性质不同，财产信托可以分为动产信托和不动产信托。（有关动产与不动产信托的相关知识详见本书第二章第二节和第三节）

（1）动产信托又称设备信托，是指以管理和处理动产（主要是设备）为目的而设立的信托，即由设备所有者或制造商作为委托人，与作为受托人的信托机构签订信托协议，将设备信托给信托机构，并同时将设备的所有权转移给受托人，由受托人将设备出租或以分期付款的方式出售给设备使用单位的一种信托。

（2）不动产信托又称为房地产信托，是以不动产作为信托财产的信托业务。委托人与信托机构签订不动产信托契约，委托后者对不动产进行管理和处理。这里所说的不动产是指房屋、土地（不含耕地）等不能移动或移动后性质与性状会发生改变的财产。凡涉及房地产的建设开发、买卖租赁或其他有关房地产的业务，都可通过不动产信托进行有效管理。

（二）权利信托

1.权利信托的含义

权利信托，又称财产权信托，是指委托人将其已拥有或通过创设而拥有的权利委托给信托机构，由信托机构以自己的名义，为了受益人的利益行使权利的一种信托行为。《信托公司管理办法》第十六条规定，信托公司可以受托经营其他财产或财产权信托业务。权利信托与资金信托、财产信托最大的不同之处在于其信托标的物不同，权利信托的标的物是信托财产的权利，如债权、担保权、股权、专利权等，受托人受托行使权利，而不是处理财产。

2.权利信托的主要类型

常见的权利信托有：发行公司债信托、表决权信托、职工持股信托和管理层收购信托。发行公司债信托中受托人受托行使担保权，而表决权信托、职工持股信托和管理层收购信托三者的受托人受托行使股权。因此，发行公司债信托可称为债权信托，后三种信托可称为股权信托。其中最主要的是发行公司债信托和表决权信托。（有关发行公司债信托与表决权信托的相关知识详见本书第二章第二节）

（1）发行公司债信托是一种特殊的信托，又称抵押公司债信托、担保公司债信托或附担保公司债信托，是指信托机构接受债券发行公司的委托，代替债券持有者行使抵押权或其他权利的信托业务，是信托机构协助发行公司发行债券，并为其提供发行便利和担保事务而设立的一种信托形式。它是法人信托业务的主要组成部分，在美国和日本，公司债信托一般是指抵押公司债信托。

（2）表决权信托，又称商务管理信托，是指由公司全体或多数股东将其所持股票作为信托财产转移给信托机构，由后者在信托期间行使表决权的信托。

收益权和表决权在正常情况下都是由股东本人来行使的，但有时由于股东精力有限或其他原因，股东可以推举某个信托公司为受托人，将其所有股票过户给信托公司，交由其保管，并代为行使表决权。信托机构一般要签发"表决权信托证书"，并与原股东订立协议，声明原股东对公司仍享有除投票权以外的其他应有的股东权利。委托人即原股东持有的信托机构签发的"表决权信托证书"在信托期间可以像股票一样自由流通转让。

三、公益信托

公益信托，也称为慈善信托，是指委托人为了社会公共利益而设立的信托。所有有利于社会进步，提高社会公众福利的行为都可以称之为公益事业。我国《信托法》第六十条规定，为了下列公共利益目的之一而设立的信托，属于公益信托：

①救济贫困；②救助灾民；③扶助残疾人；④发展教育、科技、文化、艺术、体育事业；⑤发展医疗卫生事业；⑥发展环境保护事业、维护生态环境；⑦发展其他社会公益事业等。

公益信托通常由委托人提供一定的财产并将其作为信托财产委托信托机构管理，信托机构将信托财产用于信托文件规定的公益目的。在英美等国家，公益信托运用很广泛，在社会生活中，特别是在发展社会公益事业方面，发挥了非常重要的作用。英美等国家的许多著名大学、博物馆、美术馆、艺术馆和各种基金会都属于公益信托。

公益信托的名称是批准后专用的，不得随意运用公益信托的名义从事其他活动。因为用公益信托的名义举办活动具有很多便利条件，容易得到社会公众的理解、信任和支持。如果对公益信托的名称不加以控制，社会上的不法之徒就会利用公益信托的名义，欺世盗名，牟取私利。（有关公益信托的相关知识详见本书第二章第四节）

四、投资银行业务

我国《信托公司管理办法》第十六条规定，信托公司可以受托经营企业资产的重组、兼并及项目融资、公司理财、财务顾问等业务。实际上，我国信托公司目前承办的投资银行业务主要是企业并购、项目融资和公司理财。（有关企业并购、项目融资与公司理财的相关知识详见本书第二章第五节）

（一）企业并购

企业并购是兼并与收购的简称。

兼并又称合并，是指两家或更多的独立的公司重新组合成一家公司的行为。

收购，是指一家公司通过购买目标公司的资产或股权，以实现控制该目标公司的行为。

兼并与收购是一项极为重要的投资银行业务。

（二）项目融资

项目融资有广义和狭义之分。从广义上讲，项目融资，是指为了建设一个新项目或收购一个现有项目，或对已有项目进行债务重组所进行的一切融资活动。从狭义上讲，项目融资，是指以项目的资产、预期收益或权益做抵押取得的一种无追索权或有限追索权的融资或贷款活动。一般提到的项目融资仅指狭义上的概念。

这里所说的"项目"是指一项复杂的、具有相当规模和价值的、有明确目标的一次性任务或工作。项目融资一般应用于现金流量稳定的发电、道路、铁路、机场、桥梁等大规模的基础设施建设项目。

（三）公司理财

公司理财，是指公司为实现经营目标而对经营过程中的资金运动进行预测、组织、协调、分析和控制的一种决策与管理活动。决策包括投资决策、融资决策、股利分配决策、营运资本管理决策、并购决策等；而管理主要是指对资金筹集和运用的管理。

五、代理业务和咨询业务

我国《信托公司管理办法》第十六条规定，信托公司可以受托办理居间、咨询、资信调查、代保管及保管箱等业务。代理业务和咨询业务是信托公司办理的传统业务。它们虽然不是信托公司主要的利润来源，但它们对信托公司在构建多元化的盈利模式、培养客户资源、分散经营风险等方面具有重要的意义，也是信托公司不应忽视的业务。一方面，可以充分利用信托公司在这些领域服务的特有优势，为社会提供多元化的服务；另一方面，也可以稳定信托公司的经营。（有关代理业务与咨询业务的相关知识详见本书第二章第六节）

（一）代理业务

代理业务，是指信托机构接受客户的委托，以代理人身份，在被代理人授权范围内，代为办理其指定事务的业务。代理业务是信托机构办理的一项传统业务。代理业务是代理人和被代理人（客户）之间产生的一种契约关系和法律行为，具有代客服务的性质。代理业务一般不要求委托人转移其财产所有权，信托公司在办理代理业务时不垫资、不承担风险，主要发挥财务管理的职能。

代理业务的当事人主要包括两个：代理人和被代理人。被代理人即委托人，是指由别人代其办理事务的人，被代理人按照代理合同规定拥有种种权利和义务。委托人最主要的权利是向代理人授权，最主要的义务是向代理人支付各种费用。代理业务的受托人就是代理人。代理人在代理关系中处于极为重要的地位，负有重要的职责，并享有权利。

（二）咨询业务

"咨询"从词义上讲，就是向他人征求意见和商量自己不了解或不太了解的事情。咨询业务，是指信托机构接受客户委托，利用专门的知识、技术、经验等，为委托人提供信息、数据资料、方案或可行性研究报告以协助其决策的业务。凡与企业经营管理、市场信息动态、财政金融制度、经济政策、法规、对外经济合作、国内经济联合等方面有关的情况，客户均可向信托机构咨询，由信托机构帮助调查情况、收集资料，进行综合分析后提供具有一定价值的信息。

咨询业务是一项专业性比较强的工作，信托机构在开展咨询业务时，除了配备必要的专门人才，一般还会聘请有关方面的专家、教授、律师、工程师、经济师、会计师等组成咨询委员会，负责指导经济咨询工作，以便向客户提供更为真实、全面、合理的信息，促使企业取得更好的效益。

第三节　中国信托业务创新[1][2][3]

我国信托公司要改变信托产品雷同、对政府信用过分依赖、公司业务单一的局面，拓展公司盈利模式，提高公司竞争力，就必须按照信托原理和市场需求不断开拓新业务、设计新产品。目前，我国信托公司已经开发的、仍然在经营的新信托业务[4]主要有：

一、家族信托

根据我国现有的信托政策法规的规定家族信托是我国信托公司未来经营的主要创新业务之一。

（一）家族信托的含义

家族信托（Family Trust），又称家族财富管理信托或者家族财产信托，是指委托人按照自己的意愿将部分或全部财产委托给信托机构，由其代为管理、处置家庭财产，以实现财富规划及传承等目标的财产管理方式。

2018年8月17日，银保监会信托部下发了《信托部关于加强规范资产管理业务过渡期内信托监管工作的通知》（以下简称《信托监管工作通知》），其中对家族信托进行了定义：家族信托是指信托公司接受单一个人或者家庭的委托，以家庭财富的保护、传承和管理为主要信托目的，提供财产规划、风险隔离、资产配置、子女教育、家族治理、公益（慈善）事业等定制化事务管理和金融服务的信托业务。

可见，银保监会信托部下发的《信托监管工作通知》中对家族信托的定义要比我国《信托法》中的相关叙述更加严格，特别是更严地限定了受益人的范围。

（二）家族信托的特点

家族信托的特点十分鲜明，一般来说表现为以下几个方面：

1.家族信托的当事人较多

家族信托的当事人较多，主要包括委托人、受托人、受益人、保护人与信托保管人等。

---

① 叶伟春. 信托与租赁 [M]. 4版. 上海：上海财经大学出版社，2019.
② 王春满，徐立世. 金融信托理论与实务 [M]. 北京：中国金融出版社，2015.
③ 闵绥艳. 信托与租赁 [M]. 3版. 北京：科学出版社，2012.
④ 自2018年"资管新规"实施以来，一些原有的新业务正处在压降的过程中，但银保监会并没有采取一刀切的方式停止信托公司开展融资类信托业务，而是逐步压缩违规融资类业务规模，直至信托公司能够依靠本源业务支撑其经营发展。

家族信托的委托人通常是拥有雄厚资产的个人或家族，目前，也有一些富裕家庭设立此类信托；家族信托的受托人一般是信托公司或者商业银行；家族信托的受益人一般为家族成员，通常是家族财产的继承人，当然也可以由委托人指定的慈善机构或者其他个人或组织作为受益人。银保监会信托部下发的《信托监管工作通知》规定：受益人包括委托人在内的家庭成员，但委托人不得为唯一受益人。

一般情况下，家族信托中还有由机构或个人充当的保护人（也称监察人），在受托人作出针对信托财产的重大处置、决策等影响受益人利益的情形下尽可能保护受益人的利益。同时，还会有法律顾问、税务顾问等角色，私人银行也可在其中扮演财务顾问的角色。

此外，家族信托通常还设立信托保管人，一般由银行充当，负责保管信托财产。

2.家族信托作为事务管理类的民事信托，运营较为复杂

家族信托是一种典型的民事信托，信托关系主要涉及的法律依据属于民事法律范围之内，如民法、继承法、婚姻法、劳动法等；从信托功能来看，家族信托是典型的事务管理类信托，涉及个人财产的管理、抵押、变卖，遗产的继承和管理等诸多事项；从家族信托的信托财产来看，既有资金，又涉及股权、不动产财产权等，故信托财产的运营较为复杂。

3.家族信托主要实现家庭财富的保护、传承和管理功能

作为一项古老的财富管理制度，家族信托更贴近于传统的"受人之托、代人理财"的信托本源，它可以实现信托的多个功能，但其本质是实现家庭财富的保护、传承和管理功能，解决财产的跨代传承问题，使个人家庭或家族实现有效、平稳的财产转移和管理，而一般的投资理财则依附于这一目的。这也是家族信托区别于其他个人信托产品的重要内容。银保监会信托部下发的《信托监管工作通知》明确指出：单纯以追求信托财产保值增值为主要信托目的、具有专户理财性质和资产管理属性的信托业务不属于家族信托。

4.家族信托的私人定制特征明显

家族信托涉及的家庭财产种类较多，数量较大，处理的事项也较为繁杂，而每个家族的情况并不相同，故而家族信托要根据委托人的要求与信托财产及信托目的具体情况进行个性化、具体化的设计，比如投资方式、管理结构、期限、受益方式等均要量身定做。

5.家族信托的门槛较高

作为为高净值客户服务的信托业务，家族信托有较高的金额起点，许多委托人的资产规模在数亿元以上。银保监会信托部下发的《信托监管工作通知》明确规

定，家族信托财产的金额或价值不低于1 000万元，在现实操作中，许多银行与信托机构设立家族信托的财产金额或价值多为5 000万元以上，也有3 000万元的。另外，这类信托的期限也比其他信托业务要长，管理期一般在30年以上。

（三）家族信托的优势

相对于其他财产传承的做法，家族信托具有很大的优势。

1.保持家族财产的完整

信托财产在法律上具有独立性，通过信托，家族财产从委托人的其他财产中隔离出来，由信托机构以受托人的名义持有家族财产，并按照合同约定进行管理，从法律层面保证了财产的独立性，不受各种外部因素的侵害，从而避免因为少数家族成员的重大失误或者婚姻出现问题而造成家族财富的严重缩水，从而达到风险隔离的目的。

2.保证家族财富的代际传承

家族信托可以从财富管理层面保障家族事业和财富的世代传承。通过财富的隔离，可以避免家族成员离婚、法定继承等原因造成家族财富的流失；通过财产的所有权与经营管理分离，集中家族企业的股权，避免家族成员产生不和导致控股权分裂，保障家族企业长远发展；同时，也可让不擅长或不愿意继承家族企业经营的家族成员不受束缚，去追求自己的人生发展目标。

3.合理规划家族财产使用

在家族信托中，一般委托人在信托文件中要约定信托的受益人及信托收益在不同受益人之间的分配顺序等。这些收益的分配可以用作子女的教育经费或生活资助，以及用于公益（慈善）事业，保护信托财产免受子女因年幼无知、骄奢淫逸、挥霍无度等造成损失，同时又可维持家族成员正常的生活开支，并通过提供会计和簿记、报表和现金管理服务，协助家庭成员形成合理的财务管理理念。

4.实现家族财产的保密

在英、美的相关法律中，信托设立以后，受托人成为信托财产名义上的所有人，委托人可以合法地隐藏到信托的背后。如果家族信托的委托人是上市公司的大股东，那么家族信托的受托人需要披露谁是委托人及家族信托的存在。然而，如果信托是全权信托，那么一般来说，不必披露谁是受益人，因此，家族信托在一定程度上实现了财产传承的保密性。

5.发挥税收规划的优势

在西方发达国家，通过家族信托的方式进行收益分配可以起到节税的目的。这些国家遗产税的税率极高，因此如果被继承人将财产作为遗产传给后代，就要缴纳巨额的税收，而家族信托经过积极合理的税收规划，可以减少一定的遗产税，最大限度地保留家族财富。特别是一些家族信托通过运用信托设计、离岸公司等工具进行家族财产跨境投资的税务规划，实现了更好的财富传承的节税效果。

（四）家族信托的架构

典型的家族信托的架构如图3-1所示。

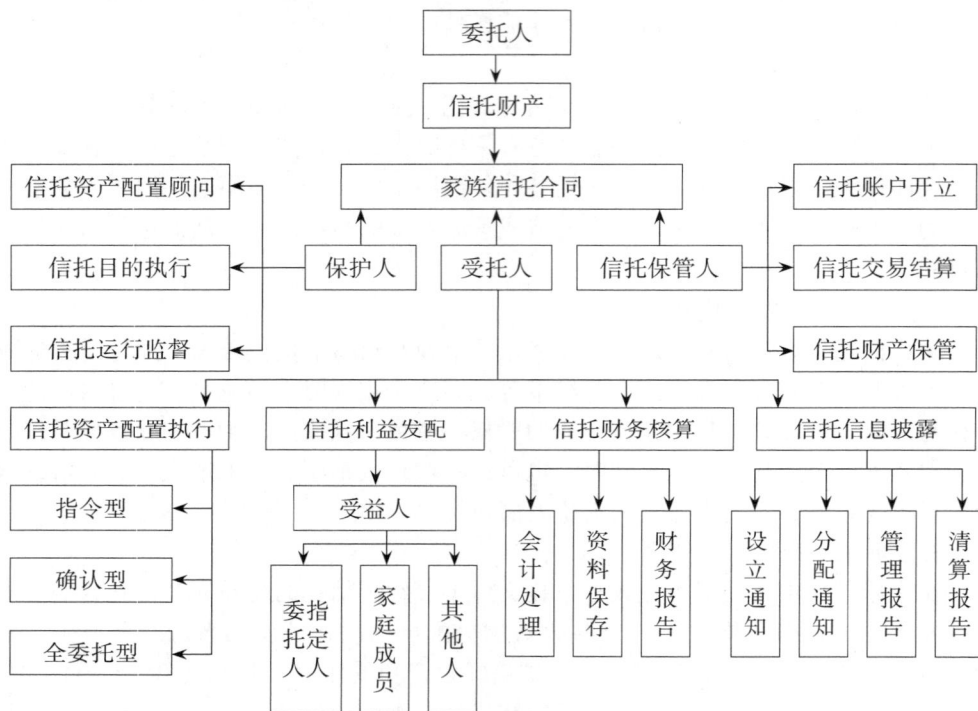

图3-1　家族信托的财富管理与传承架构

资料来源：[1]王小刚.富一代老了怎么办——财富规划与信托安排 [M].北京：法律出版社，2012. [2]中铁信托.家族财富管理体系与信托方案设计［EB/OL］.［2019-04-02］. https://www.sohu.com/a/305455370_739521.

委托人、受托人、保护人与信托保管人签订家族信托合同之后，由委托人转移信托财产给受托人。受托人根据不同的要求（可以为指令型、确认型或全权委托型）进行信托资产的配置，将实现的信托收益按要求分配给相关的受益人（如委托人本人或其指定人、家庭成员或其他人），同时要进行财务核算与信息披露。信托保护人充当信托资产配置顾问，监督信托资产的运用、保障信托财富管理与传承目的的实现；信托保管人负责信托账户的开立、信托交易的结算及信托财产的保管。

二、资产证券化信托

(一) 资产证券化的含义

资产证券化(ABS),是指将缺乏流动性,但能够产生稳定、可预见的现金流的资产,转换为金融市场上可以自由买卖的证券,使其具有流动性的行为。资产证券化是以特定资产组合或特定现金流为支持,发行可交易证券的一种融资形式。

(二) 资产证券化的分类

广义的资产证券化是指某一资产或资产组合采取证券资产这一价值形态的运营方式。它包括以下四类:

1.实体资产证券化

实体资产证券化即实体资产向证券资产的转换,是以实物资产和无形资产为基础发行证券并上市的过程。

2.信贷资产证券化

信贷资产证券化即将一组流动性较差的信贷资产,如银行贷款、企业应收账款,经过重组形成资产池,使这组资产所产生的现金流收益比较稳定并且预计今后现金流收益也将比较稳定,再配以相应的信用担保,在此基础上把这组资产所产生的未来现金流的收益权转变为可以在金融市场上流动、信用等级较高的债券型证券进行发行的过程。

3.证券资产证券化

证券资产证券化即证券资产的再证券化过程,就是将证券或证券组合作为基础资产,再以其产生的现金流或与现金流相关的变量为基础发行证券。

4.现金资产证券化

现金资产证券化即现金的持有者通过投资将现金转化为证券的过程。

目前我国的资产证券化主要是沿着三条路径发展的,即信贷资产证券化、企业资产证券化和信托公司准资产证券化。

(三) 资产证券化的过程

资产证券化的过程就是相关资产的原始权益人将资产打包出售给特殊目的公司(SPV),然后由特殊目的公司以其所购买的资产为基础发行资产证券,经过投资银行等证券承销商出售给投资者,并用发行收入购买基础资产,最终以基础资产所产生的现金流偿还投资者。

(四) 资产证券化信托的模式

信托模式的资产证券化就是由信托公司在资产证券化的过程中担任特殊目的公司,根据我国《信托法》《信托公司管理办法》《信托公司集合资金信托计划管理办法》等相关法律法规的规定，信托模式的资产证券化在我国主要有以下两种模式：

模式一，原始权益人与信托公司设立信托，将原始资产信托给信托公司，由信托公司作为证券发行人，发行代表对基础资产享有按份权利的信托产品。在该种模式中，委托人为基础资产的原始权益人，受托人为信托公司，信托财产为证券化资产的集合，受益人则为信托产品的投资者。

模式二，信托公司发行信托产品，向社会募集资金，以募集的资金购买原始权益人的资产。在该种模式中，信托关系的委托人即信托产品的投资者或其指定的其他受益人，受托人为信托公司，信托财产为募集的信托资金以及该资金产生的收益。

（五）信托模式资产证券化的特点

1.可以有效保证特殊目的载体的合法性和证券化资产的独立性

信托机构在证券化资产的原始权益人与特殊目的载体和投资者之间筑起一道防火墙。原始权益人将证券化资产委托给信托公司，则信托财产就脱离了原始委托人的控制，其经营风险不会殃及信托财产。

2.可以有效实现证券化资产的管理

特殊目的载体一般是为进行风险隔离，实现原始权益人资金融入、降低税费和优化资产负债表等目标而成立的特殊的法律实体。因此，在资产证券化过程中，证券化资产的管理和收益分配是两个重要的环节。而信托机制能够很好地处理证券化资产的管理和收益分配的环节，因此，对于管理证券化的资产，信托公司能够起到很好的作用。

3.可以有效保证证券化交易中参与方的利益

在资产证券化信托交易中，信托财产能够充分地体现委托人或受益人的意愿、利益和特殊目的。但是信托财产不记在委托人的所有者权益项下，它名义上为受托人所有，但实际上又不是受托人所有的财产。受托人的职责是根据信托合同文件的约定，最大限度地实现受益人的利益。证券化交易的各参与方在信托交易中承担有限的偿付责任。在信托关系内部，委托人的责任是按照信托文件的规定，向受托人交付原始资产，受托人以信托财产为限向受益人承担支付信托利益的义务。在信托关系外部，信托关系当事人对因处理信托事务向第三人所负的债务只以信托财产为限负有限清偿责任。这些信托制度安排，使证券化交易的各参与方的利益能够获得充分的安全保证。

4.能够节约融资成本，简化交易程序

从我国的现实情况来看，融资方以原始资产证券化信托的模式进行融资，能够节约融资成本，简化交易程序。另外，在税收方面，虽然我国《信托法》对信托收益的税收问题没有明确规定，但从国外的实践情况看，信托本身就具有一定的节税功能。

三、结构化证券信托

（一）结构化证券信托的含义

结构化证券信托，是指以信托公司作为受托人，将委托人的信托资金集合运用于证券市场投资，主要通过优先次级受益权的分层设计来运作，警戒线和止损线的设置保证了优先受益人的预期固定收益，杠杆效应使得次级受益人在承受较高风险的同时有机会获得较高的投资收益的信托产品。结构化证券信托实质上就是运用信托受益权可分割的特性，使具有不同风险承担能力和意愿的投资者通过投资不同层次的受益权获取不同的收益、承担相应的风险，从而为不同风险偏好的投资者提供不同类别的投资工具。

（二）结构化证券信托的特点

1.具有杠杆作用与信用增级功能

结构化证券信托通过"分层设置+风险分级+收益匹配"的运作原理，表现出两个基本功能：杠杆作用与信用增级。一方面表现出次级受益人通过信托结构化实现了投资杠杆的放大，另一方面表现出对于优先受益人的信用增级效果。次级受益人通过信托结构化实现了杠杆放大的同时，必然吸收了优先受益人的大部分风险。所以，信托结构化设计对于次级受益人而言就是发挥自己的杠杆作用。由于有了次级受益人的信托单位作为风险屏障与信用保障，所以对于优先受益人而言，这种设计就起到了风险隔离与信用增级的作用。

2.灵活性

灵活性是结构化证券信托的一个重要优点，因为它能同时满足不同风险偏好投资者的需要。目前，市场上部分机构或投资者认为存在投资股市的机会，但其资金量相对有限，因而希望能与其他资金一起投资以取得杠杆效应。同时，市场上有不少投资者希望在本金安全的前提下适当参与股市，在获得固定收益的同时，有机会分享股市走强的成果。结构化证券信托为这两类投资者提供了一个合适的渠道。

（三）结构化证券信托的结构分析

1.优先受益权与次级受益权的划分

结构化证券信托的信托受益权划分为优先受益权和次级受益权两类。选择购买优先受益权并签订信托合同的信托计划委托人称为信托计划的优先受益人，选择购买次级受益权并签订信托合同的信托计划委托人称为信托计划的次级受益人。

优先受益人按照信托文件的规定享有优先获得收益分配的权利，其所承担的投资风险在次级受益人之后，只有在极端市场情况下，优先受益人才会面临有限的投资风险。优先受益人及其资金通常由信托公司、商业银行等合法的金融机构进行推介和募集。

次级受益人是结构化证券信托中投资风险的主要承担者，其收益的实现次序在优先受益人之后，也是潜在超额收益的主要受益人。次级受益人主要由私募投资管理机构或其他高端投资者担任。

2. 次级受益人通常担任投资顾问

为了控制结构化证券信托的投资风险，信托公司一般严格规定信托产品中优先受益人和次级受益人的资金配比。按照目前行业的惯例，对以股票投资为主的信托计划，优先受益权信托资金与次级受益人信托资金的比例一般不高于3∶1，对以开放式基金为主的信托计划，优先受益权信托资金与次级受益权信托资金的比例一般不高于3∶1。

为了维护优先受益人的利益，保障信托产品的安全运作，次级受益人在信托公司申请发行信托计划前必须通过信托公司的尽职调查程序。在结构化证券信托中，选择次级受益人与阳光私募不同。由于次级受益人承担了伴随自己杠杆而存在的投资风险，所以对次级受益人的风险意识和风险控制能力有很高要求，信托公司特别看重那些资金雄厚、市场经验丰富、已经成功发行并运营过结构化证券信托产品的私募投资管理机构。

3. 设置了预警线和止损线

为了在受益权分层机制下维护优先受益人的本金和收益的安全，设置预警线和止损线一直是结构化证券信托最重要的风险控制手段。止损线的设置一般以优先受益人利益保障线（即信托计划财产能够保障优先受益人的本金与当年预期收益所需达到的信托单位净值）为基础上浮10%～20%。

同时，为了防止结构化证券信托产品触及止损线，结构化证券信托产品设计了预警线制度。预警线一般高于止损线4～5个百分点。当信托单位净值跌至预警线时，信托公司将及时通知次级受益人追加资金，以避免信托单位净值继续下跌。这种措施有助于提醒一般受益人及时控制投资风险，具有很明显的控制效果。

（四）结构化证券信托的风险控制和防范

1. 结构化证券信托的风险

（1）市场风险。结构化证券信托主要投资于证券市场。投资者购买信托产品，相对于购买股票而言，由于能有效地分散投资和利用专家优势，所以可能对控制风险有利。分散投资虽能在一定程度上消除个别公司的非系统性风险，但无法消除市场的系统性风险。因此，证券市场价格因经济、政治等各种因素的影响而产生波动时，将导致信托产品收益水平和净值发生变化，从而给投资者带来风险。

（2）管理能力风险。作为专业投资机构，虽然信托公司比普通投资者在风险管理方面具有优势，能较好地认识风险的性质、来源和种类，能较准确地预估风险，通常能够按照自己的投资目标和风险承受能力设计有效的证券组合，在市场变动的情况下，及时地对投资组合进行更新，从而将信托资产风险控制在预定的范围内等，但是不同的信托公司的投资管理水平、管理手段和管理技术存在差异，因此会对信托产品收益水平产生影响。

（3）技术风险。计算机、通信系统、交易网络等技术保障系统或信息网络出现异常情况，就会导致信托产品申购或赎回无法按正常时限完成、注册登记系统瘫痪、核算系统无法按正常时限显示净值、信托产品的投资交易指令无法及时传输等风险发生。

2.结构化证券信托的风险防范

信托公司开展结构化证券信托业务，应严格遵守国家法律、法规及各项监管要求，尊重委托人意愿，谨慎管理信托财产，遵守规范运作、谨慎决策、禁止利益输送、维护受益人利益的基本原则，从合规、制度、流程、信息技术系统、交易、信息披露和风险揭示等方面实施风险控制。

（1）合规风险控制。合规风险控制是风险控制的首要措施，包括信托文件合规性、发行管理合规性、交易风险控制合规性和信息披露合规性等方面。

（2）制度风险控制。制度风险控制是指从公司股东会和董事会、公司风险控制、业务操作风险等几个层次，建立较完善的证券信托业务制度体系。

（3）流程风险控制。流程风险控制主要是指建立完善、有效的内部业务流程体系，从证券信托计划的项目选择、方案设计、发行成立、估值清算、交易控制、投资顾问管理、信息披露等方面进行流程控制。为避免证券投资信托业务的操作风险及道德风险，应严格按照公司前台、中台、后台的部门业务职责设定，将证券投资信托业务的设立、管理与执行环节与职能进行划分，确保项目的良好运行及健康发展。

（4）信息技术系统风险控制。信息技术系统风险控制是指建立与证券信托业务相适应的信息技术系统。主要有集中交易系统、估值核算系统、客户关系管理系统、投资绩效评测系统、研究报告系统和办公自动化系统等。

（5）交易风险控制。交易风险控制主要是指利用集中交易系统，对交易的合规性、证券池管理、交易品种和仓位比例进行控制，并利用投资绩效评测系统对投资组合的绩效和波动进行动态跟踪与评测。

（6）信息披露和风险揭示风险控制。按照遵守信托文件规定和"实质重于形式"的原则，信息披露一般通过网站公告、信函、短信等手段进行。风险揭示是风险控制的重要手段之一，主要通过信托计划文件、信托合同、风险申明书、特别风险提示函、风险适应性调查、网站公告、电话回访、其他宣传资料等媒介和手段进行充分的风险披露和风险揭示，力求保证投资者的质量。

四、阳光私募证券投资信托

(一) 阳光私募证券投资信托的含义

阳光私募证券投资信托，是指由信托公司通过发行信托计划向特定投资者募集资金，经过监管机构备案，由托管银行托管，由专业的投资管理机构担任投资顾问，将信托资金主要投资于证券市场并定期向投资者披露投资业绩，投资者享受主要投资收益和承担主要投资风险的一种证券投资信托产品。阳光私募证券投资信托又称非结构化证券投资信托，以区别于结构化证券投资信托。

(二) 阳光私募证券投资信托的特点

1.投资灵活性

阳光私募证券投资信托的投资范围更为宽泛，而投资限制相比公募基金更为灵活。例如，股票型公募基金在任何市场情况下都有持仓不低于60%的要求，而阳光私募证券投资信托总体仓位为0～100%，即投资顾问可以根据市场情况和自身判断来决定是否进行投资。这一点便于投资顾问选择合适的时机进行投资，提高了回避系统性风险的概率。

2.利益一致性

阳光私募证券投资信托一般设计了投资顾问跟投机制，即投资顾问公司需要以一定金额的自有资金加入信托，与普通投资者共同承担风险。阳光私募证券投资信托中的投资顾问公司除收取固定管理费外，还可以在投资取得正收益时获取一定比例的业绩分成，而其主要利润来源，要靠提取产品业绩报酬获得。这在一定程度上促使投资顾问公司在主观上采取积极管理的态度，以追求绝对正收益为目标，为全体投资者获取投资收益。

3.财产安全独立性

阳光私募证券投资信托的日常运作由信托公司全面监管，由信托公司以信托计划的名义开立专用资金账户和证券账户，受托资金必须交付商业银行进行资金保管，信托公司对投资管理人的投资决策进行监管以保障资金的投资安全，并为投资者提供灵活的退出机制。这样的安排可以有效保证信托资金的安全。阳光私募证券投资信托的操作模式使私募变得"阳光化"，让投资顾问公司在一个合法合规的平台上为投资者提供服务，通过信托公司对投资管理人的投资决策以及由此产生的风险进行监管和把握，同时对产品的推介、成立和运作进行信息披露，使信托产品的投资业绩及管理运作更加规范化和公开、透明。

4.流动性安排

阳光私募证券投资信托产品的期限可以根据投资者或投资顾问的需要灵活设置，可以是封闭式、开放式或半开放式的。如果是开放式或半开放式的产品，那么其一般开放频率为每月一次。通过信托合同的专门约定（如设置申购、赎回机制）可实现投资者的灵活退出。与公募基金相比，相对稳定的开放频率，减少了频繁申购、赎回造成的投资效率损失。而且阳光私募证券投资信托可以根据市场情况及投资者需要，制订不同的投资方案，更容易满足客户的个性化需求。

5.止损设置

为了保护投资者的利益，防止产品亏损过多，并避免相关方在产品净值下跌后的道德风险，一些阳光私募证券投资信托产品设置了止损线。在产品净值触及或跌破止损线时，受托人将按照约定对产品实施强制平仓。

（三）阳光私募证券投资信托的结构分析

阳光私募证券投资信托架构如图3-2所示。

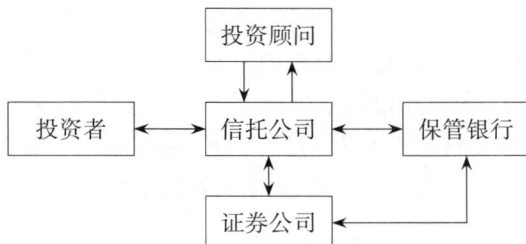

图3-2　阳光私募证券投资信托架构图

1.投资者

阳光私募证券投资信托主要面向具有一定风险承受能力的高端投资者，满足其理财需求。根据《信托公司集合资金信托计划管理办法》的规定，加入信托计划的投资者必须满足合格投资者的要求。信托公司应当对证券投资信托投资者进行风险适合性调查，了解投资者的需求和风险偏好，向其推介适宜的证券投资信托产品。由于阳光私募证券投资信托产品的收益水平与投资顾问的投资能力密切相关，所以一般要求投资者对所投资阳光私募证券投资信托产品的投资顾问有一定了解，并且由于阳光私募证券投资信托产品的风险主要由投资者承担，所以此类产品定位于具有一定风险承受能力的高端投资者。

2.信托公司

信托公司在阳光私募证券投资信托中担任受托人，以受益人利益最大化为原则，负责向投资者募集信托资金，为信托资金开设专用账户，根据信托文件的约定管理和运用信托财产。证券投资信托设立后，信托公司应当亲自处理信托事务，自主决策，并亲自履行向证券交易经纪机构下达交易指令的义务，不得将投资管理职责委托他人行使。信托公司可以聘请第三方为证券投资信托业务提供投资顾问服务，但投资顾问不得代为实施投资决策。信托公司负责调查投资顾问的资质，筛选出符合法律及监管要求、具备良好投资能力的投资顾问。信托公司还负责选择保管银行和证券经纪机构，并依据法律法规的规定和信托文件的约定，及时、准确、完整地进行信息披露。

3.投资顾问

信托公司可以聘请第三方为证券投资信托业务提供投资顾问服务。投资顾问一般由专业的投资管理机构担任，负责信托资金的投资运用。投资顾问对阳光私募证券投资信托的投资业绩起决定性的作用。

4.保管银行

信托公司发行证券投资类集合信托计划应选择经营稳健的商业银行担任保管人，具体可以包括中资商业银行、农村商业银行、外商独资银行、中外合资银行等。保管银行在阳光私募证券投资信托中主要负责资金的保管、划付及估值核算等。引入保管银行以后，保管银行对信托资金的运用起到了监督作用，阳光私募证券投资信托的资金安全得到更大的保障，资金划付、资产估值核算也得到了更专业化的运作。

5.证券公司

证券公司担任信托产品的证券经纪机构，提供证券交易经纪服务。部分证券公司开始将阳光私募证券投资信托产品推荐给其优质客户，以增加客户黏性，提高市场份额。

五、政信合作信托

（一）政信合作信托的含义

政信合作信托，是指信托公司与各级政府（或其设立的各级融资平台公司）在基础设施、民生工程等领域开展的合作业务。这类信托最大的特点是融资主体比较有实力，且地方政府对还款作出承诺或直接以地方政府的债权收益权作为融资标的。政府市政建设及基础设施建设主要包括但不限于各级政府的土地储备及开发、城市改造、交通建设、开发区建设、港口建设、名胜景区建设、水务和医疗等。

（二）政信合作信托的特点

1.安全性

政信合作信托的融资主体通常是地方城市建设投资公司或与当地政府关系密切的地方实力企业。这类项目的还款通常会由地方政府或地方财政局作出承诺，或直接以地方政府的债权收益权作为融资标的。在地方财政收入保持强劲增长，增量土地不断创造财政收入的大背景下，投资者通常会认为政信合作信托的信用违约风险较小。

2.收益性

目前政信合作信托产品的年化收益率约为9%，同期银行理财产品的年化收益率约为5%，地方投融资平台发行的城投债到期年化收益率为5.83%，政信合作信托产品收益率显著高于银行理财产品收益率和城投债到期收益率。

（三）政信合作信托的模式

1.贷款

信托公司以信托资金向政府融资平台公司发放贷款。在信托贷款期间，政府融资平台公司按照合同约定还本付息。在信托期限届满时，政府融资平台公司归还所有剩余信托贷款，完成信托资金的安全退出。

2.股权投资

信托公司以信托资金用于向政府已设立的平台公司增资扩股，或以信托资金与国有股东共同出资设立信托的项目公司，在信托期限届满时，由原平台公司或国有股东指定的其他投资主体溢价受让信托公司以信托资金所持有的项目公司股权，实现信托资金安全退出并获取信托收益。

3.应收账款收益权融资

信托公司以信托资金受让政府融资平台公司对地方政府的应收账款收益权。在信托期限届满时，由政府融资平台公司偿还信托公司所持有的应收账款收益权，实现信托资金安全退出。

4.财产权信托

政府融资平台公司将自己的动产、不动产以及股权、应收账款等非货币形式的财产、财产权委托给信托公司，设立财产权信托，并委托信托公司将财产权信托的受益权进行分拆转让，从而使自己获得财产权信托受益权拆分转让的资金。在信托期限届满时，由政府融资平台公司回购信托受益权，实现信托资金安全退出，并获得信托收益。

5.产业基金模式

信托公司与政府融资平台公司采用产业投资基金的方式进行融资，例如，采用

"信托计划+有效和活性"的方式将信托资金注入基础设施项目，在信托期限届满时通过基金赎回、信托受益权转让、有限合伙份额转让、退伙或清算等适宜的方式退出。

6."银信政"合作模式

"银信政"合作模式是指商业银行发行理财产品募集资金，将募集的资金用于购买信托公司的信托产品，投资于政府融资平台公司的股权、债权或特定资产收益权。在这种模式下，为了增强信托公司理财资金的安全性，政府多向信托公司和银行出具到期保证资金安全退出的承诺。

7.政信合作的交易模式

政信合作的交易模式如图3-3所示。

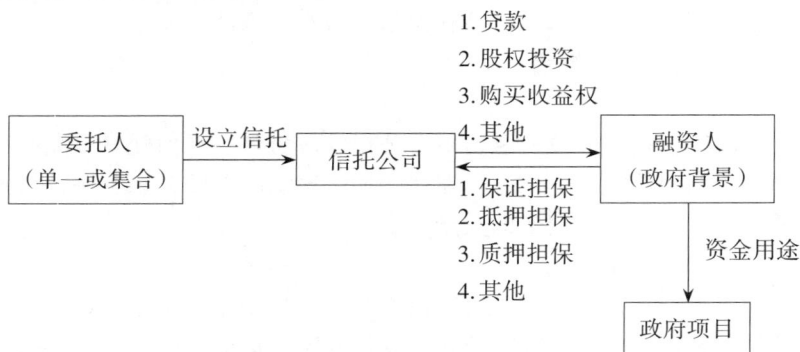

图3-3　政信合作的交易模式图

（四）政信合作信托的主要风险及防范

1.政信合作信托的主要风险

政信合作信托的最大风险是延期偿付风险，其次是法律合法、合规风险。

（1）延期偿付风险。首先税收、土地出让是政府偿债的第一来源，但部分边远地区政府税收收入有限，土地出让占财政收入比重不高。即使是像东部发达地区区县一级地方政府的税收、土地出让收入，相比地市级也要薄弱许多。投资者需重点考察欠债的地方政府当地的财政收支状况，选择财政收入较多、财务稳健的地方政府信用背书的信托项目。

（2）法律合法、合规风险。在政信合作业务的操作中涉及的法律、法规也越来越多，加之监管机构对政信合作的监管，使得政信合作的法律风险问题也日渐突出。例如，在股权合作的政信合作业务中，在目标公司股东股权比例变动过程中，大部分未履行相应的资产评估程序。而根据《企业国有资产评估管理暂行办法》第六条的规定，非上市公司国有股东股权比例发生变动，应当对相关资产进行评估。

未评估的增资扩股行为，可能被法院认为无效增资。

2.政信合作信托的风险防范

对于政信合作业务中出现的风险，信托公司在开展合作之前应充分认识，并做好风险防范工作。

（1）准确把握政信合作业务发展的方向，尽职做好调查工作，注重考察所合作的融资平台企业所在地政府的财政情况。同时，应根据当地各项经济指标、金融指标、收入指标和债务指标等综合分析、判断政府融资平台的还款能力，对选取的合作对象，要能够确保信托资金安全退出。

（2）信托公司在开展政信合作业务时，应建立有效的风险防控措施，注重第一还款来源，对抵押、质押物的价值进行审慎判断并跟踪其价值变化，以确保信托资金的安全性。

（3）针对法律合规风险，信托公司应严格按照国家相关法律、法规及监管机构出具的监管意见开展工作，不能钻法律空子或逃避监管。

六、融资类固定收益信托

（一）融资类固定收益信托的含义

融资类固定收益信托，是指有明确的融资方和融资项目，无论融资方是以何种方式发起融资，都能在信托计划募集完成后，成功地帮助融资主体解决资金问题。信托计划所募集的资金以债权人的角色参与到融资方的融资项目中，受托机构与融资方所产生的是债权债务关系，同时融资方把资产、股权抵押或质押给信托公司，加上第三方担保等措施，保证到期归还本金及收益，即成立一个固定收益信托。因为有了层层担保，所以收益得以固定。因此，从某种意义上说，融资类固定收益信托是一种基于特定项目的固定收益私募债券，弥补了中国债券市场功能的不足。

（二）融资类固定收益信托的特点

融资类固定收益信托，须满足以下几个要求：①收益固定。稳健型配置必选。②收益率较高。年收益率一般是银行同期定存利率的数倍。③运作期限明确。④门槛一般为100万元以上。认购额300万元（不含300万元）以下的自然人，人数名额不超过50。⑤不能通过大众媒体宣传。⑥信托财产独立。⑦专款专用。保管银行开设专户。⑧平台可靠。信托公司注册资本3亿元以上，业务牌照齐全。⑨需要精挑细选。不同项目资质不同，产品风险等级也各不相同。

（三）融资类固定收益信托的种类

常见的融资类信托包括银信理财类信托、委托贷款类信托、项目贷款类信托和股权质押贷款类信托等。

1.银信理财类信托

此种模式由合作银行确定融资主体、融资方案、理财产品发行等要素，借助信托渠道发行信托产品，最终实现企业融资的目的。

2.委托贷款类信托

此种模式由银行或其他机构作为委托人，信托公司作为受托人，将信托资金贷给融资企业。委托贷款类信托由委托人确定融资主体、贷款利率和期限等要素，信托公司作为受托人发放信托贷款。

3.项目贷款类信托

针对融资企业开发建设的项目，信托公司向融资主体发放贷款，要求将贷款用于项目建设上。在项目贷款类信托中，一般信托公司要求监控资金流向，确保信托贷款资金用于指定的项目。

4.股权质押贷款类信托

信托公司为融资企业发放信托贷款，作为担保措施，融资企业将其股权质押给信托公司。

七、投资类浮动收益信托

（一）投资类浮动收益信托的含义

投资类浮动收益信托，是指以信托资产提供方的资产管理需求为驱动因素和业务起点，以实现信托财产的保值增值为主要目的，信托公司作为受托人主要发挥投资管理人功能，对信托财产进行投资运用的信托业务，如私募股权投资信托（PE）、证券投资信托（含私募证券投资信托）等。投资类浮动收益信托是由信托公司自主发行的，信托计划募集完成后，由信托公司进行组合配置，投资对象可以是证券、银行间货币市场工具、信托产品等。信托产品到期后，信托公司根据投资业绩向投资者分配浮动收益。

（二）融资类信托和投资类信托区分的依据

在区分融资类信托和投资类信托上，主要判断依据有三点：

第一，资金用途。如果集合信托所募集的资金在参与到融资方的项目中时，能形成明确的债券债务关系，那么属于融资类信托。

第二，风险控制措施。如果信托产品的融资方有清晰的抵押担保物和质押率，那么属于融资类信托。

第三，还款来源。如果信托产品的还款来源与抵押物关联性不大，融资方以抵押物以外的其他来源进行还款，那么属于融资类信托。

八、债务融资信托

（一）债务融资信托的含义

企业融资的主要方式有股权融资和债务融资。债务融资信托，是指企业通过向信托公司筹集营运资金或资本开支，信托公司借出资金，成为借款企业的债权人，并获得该企业还本付息（或回购等）的承诺。

（二）债务融资信托的特点

1. 短期性

即债务融资信托筹集的资金使用时间有限制，须到期偿还。

2. 可逆性

即企业采用债务融资信托方式获取资金，负有到期还本付息的义务。

3. 负担性

即企业采用债务融资信托方式获取资金，需支付债务利息，从而形成企业的固定负担。

（三）债务融资信托的优缺点

1. 债务融资信托的优点

（1）减税。按照现行所得税法规的规定，债务筹资的成本可以抵减应纳税所得额，使企业少缴纳所得税。

（2）提高负债率，激励管理人员努力工作。企业只有经营状况好的时候，利润才会大幅上升；如果经营状况差，企业的损失就会成倍增加。因此，举债会激励管理人员加倍努力，创造更好的经营业绩。

（3）当企业经营状况较好时，实行股票回购，也就是减少权益资本，一般会相应地提高负债率，但它能产生积极的市场信息，增加公司税后利润及股东财富。

2. 债务融资信托的缺点

（1）债务融资信托方式对于创业者来说门槛较高。出于资金安全考虑，信托公司在贷款评估上非常严格。因为借款对企业获得的利润没有要求权，只是要求按期支付利息，到期归还本金，所以信托公司更追求资金的安全性。

（2）实力雄厚、收益或现金流稳定的企业是信托公司欢迎的贷款对象。对于创业者来说，由于经营风险较高，所以信托公司一般不愿冒太大的风险借款，即使企业未来的成长趋势可能很强劲。不仅如此，信托公司在向创业者提供贷款时往往要求创业者必须提供抵押或担保，贷款发放额度也要根据具体担保方式决定。这些抵押或担保方式都提高了创业者融资的门槛。

（3）出于对资金安全的考虑，信托公司往往会监督资金的使用。它不允许企业将资金投入到那些高风险的项目中，因此，即使成功贷款的企业在资金使用方面也常常受到掣肘。

九、夹层融资信托

(一) 夹层融资的含义

夹层融资，是指一种风险和回报介于风险较高的股权融资和风险较低的优先债务之间的融资方式。在公司资本结构中，夹层融资处于底层的股东权益资本和上层的优先债务之间。从本质上看，夹层融资是一种债务，同时这种债务附带有投资者对融资者的权益认购权。典型的权益认购权包括期权、认股证、转股权或股权投资参与权等，从而有机会通过资本升值而获利。一般来说，夹层利率越低，权益认购权就越多。在表现形式上，夹层融资通常采用含转股权的次级债、可转换债和可赎回优先股等形式。

(二) 夹层融资的特点

对于夹层融资的提供者或投资者而言，夹层融资具有债务融资和股权融资的双重特性，因此它往往具有如下特点：

1.收益较高

夹层融资结合了固定收益资本和股权资本的特点，通常可以获得现金和股权双重收益，其中现金收益通常按照高于银行贷款利率的固定利率计算。股权收益是指通过优先股赎回溢价，或投资者通过将部分融资金额转换为融资企业的股权，从而可能获得资本升值的收益。因此，相对于债券投资而言，夹层融资的收益较高，风险较大。

在欧美市场上，典型的夹层贷款的现金利息部分约12%，贷款期限5~7年，加上股权利息部分，夹层贷款投资者的总体平均年收益率在18%～20%。此外，与其他投资相比较，夹层资本基金在收益的波动方面有明显的优势，即风险较小，而股权资本和风险资本明显表现出较高的收益波动，对投资者则意味着更高的投资风险。

2.风险较低

夹层融资在法律意义上，是企业在破产情况下债务追索权排在贷款融资之后，但优先于股权融资的融资安排，因此风险较低。此外，夹层融资通过在融资协议中加入限制性条款，为投资者提供了更强的保护，包括对融资方财务比率的限制、对再融资的限制和其他法律条款，有时还与优先债务人拥有同顺序的破产清偿权，而且可以拥有董事会会议的出席权和否决权等更多的股权投资人所拥有的法律权利。

3.夹层融资交易违约率低

据统计，欧洲的550笔夹层融资交易的违约率仅为0.4%，而且发生违约后的本金回收比例也很高，平均在50%~60%。低违约率和高回收率使夹层资本表现良好。欧洲夹层资本基金在1988—2003年的平均复合年收益率高达18%。

4.退出的确定性较大

夹层融资的债务构成中通常会包含一个预先确定好的还款日程表，可以在一段时期内分期偿还债务，也可以一次还清。还款模式取决于夹层融资企业的现金流状况。因此，夹层投资提供的退出途径比股权投资更为明确。

（三）夹层融资的经济学分析

企业融资方式的选择主要是依据各种融资方式的成本与收益的比较。根据企业融资理论和发达国家企业融资实践，企业融资的顺序一般为内部融资、外部债务融资和股权融资。夹层融资作为一种介于债务融资和股权融资之间的融资创新形式，有其独特的优势，能够满足特定企业或项目的特殊融资需要，也能满足特定投资主体的收益和风险要求。下面分别从融资者的需求动因和投资者的供给动因予以分析。

1.夹层融资的需求动因

对于融资者而言，夹层融资通常提供形式非常灵活的较长期融资，这种融资对控制权的稀释程度要小于股权融资，并能根据特殊需求作出灵活设计。一般来讲，当企业不能通过债务融资满足投资需求或不愿意通过股权融资稀释控制权时，就会产生夹层融资的需求。通常，融资企业在下述情况下考虑夹层融资：

（1）需要长期融资。对于众多的中小企业而言，常常难以从银行获得中长期贷款，也难以通过发行债券筹集长期债务，而夹层融资通常提供还款期限长达3~5年的资金。

（2）不愿意通过股权融资方式筹集资金。当企业正处于成长期或企业已经具有稳定增长的历史，企业管理层预期企业在未来仍将有较大的发展，估计企业未来能够上市并实现较高的股票价格，但是目前股票市场状况难以支持企业实现较高的发行价格，企业将不愿意通过股权融资。该类企业通常会进行夹层融资，通过引入兼具债权和股权性质的资金，降低企业的总融资成本，促进企业的扩张和发展。

（3）特殊目的融资。传统的夹层融资主要应用于杠杆收购（LBO）和管理层收购（MBO）或企业购并交易（M&A）等业务。当企业需要进行上述活动时，常常缺乏足够的现金，融资时由于缺乏担保和足够的固定资产抵押，所以往往需要以收购对象的股权作抵押，而银行由于难以对收购对象的股权的价值和风险进行准确的评估而不愿意提供贷款。于是，收购方通常以夹层融资的方式加上自有资金的方式完成此类收购。目前，夹层融资也常常用于基础设施建设和房地产企业的融资。

（4）需要考虑融资的灵活性。夹层融资的最大优点是灵活性。夹层融资的提供者可以调整还款方式，使之符合借款者的现金流要求及其他特性。通过融合不同的债权及股权特征，夹层融资可以产生无数的组合，以满足投资人及借款者的各种需求。

（5）较少的财务限制。与银行贷款相比，夹层融资在公司控制和财务契约方面的限制较少。尽管夹层融资的提供者拥有观察权，但他们一般很少参与到借款者的日常经营中去，在董事会会议中也没有投票权。

2.夹层融资的供给动因

从投资者角度来看，夹层融资为其提供了一种新的投资方式，尤其对机构投资者来说就更是如此。夹层融资产品在欧美发达市场上具有良好的流动性和较低的波动性，风险与收益特征对机构投资者具有很强的吸引力，保险公司、商业银行、投资银行、养老基金和对冲基金等各类金融机构不断增加对夹层资本的投资。目前，投资者的构成从早期的以保险公司为主，逐渐转变为以基金和商业银行为主。夹层资本在欧美已经成为一个成熟的资产类别。

（四）信托公司夹层融资业务模式

夹层融资从根本上说是债务人在自有资产担保不足的情况下，通过创设债权保障制度（除债务人以自有资产作为担保措施外）来提高债务信用级别，或通过附有权益认购权等措施来补偿债权失败风险的融资方式。信托制度具有独特的风险隔离功能和权利重构功能，通过创造性的结构设计，转让为风险和收益各异的产品，以高度的灵活性和弹性满足市场主体多样化的需求。因此，信托的制度特征和夹层融资的交易结构具有良好的对接性。根据信托方式采用股权和贷款的分类标准，信托夹层融资大致可分为股权型模式和贷款型模式。

1.股权型模式

信托公司通过设立信托计划将募集到的信托资金以股权方式进入具有良好破产隔离的特殊目的公司（SPV）。特殊目的公司负责项目运作，并最终获取投资收益。

（1）信托资金进入方式：①与融资方共同设立SPV；②对已经设立的SPV进行增资扩股；③以信托受益权置换融资方所持SPV股权并增资扩股。

（2）退出渠道：①第三方溢价收购信托计划所持特殊目的公司股权，第三方包括特殊目的公司的母公司、关联公司等；②第三方溢价收购夹层投资者所持信托受益权；③以"类优先股"方式分配投资收益。

（3）风险分析：①项目运作的失败风险；②融资人的道德风险，可能发生承诺事项不能如期如约履行的情况。

（4）风险控制措施：①担保措施。由于债务人抵押不足，所以可请求第三方提供物的担保或连带责任保证。第三方可以是债务人的控股公司、关联公司或担保公司。②信托机制。在信托受益权上设置优先劣后的结构，融资方或愿意承担更高风险的第三方购买劣后受益权，优先保障优先受益权投资人的本金及收益。③治理机制。主要从公司日常管理、资金使用及项目管理等方面保障投资人的利益，避免融资方的道德风险。具体措施包括：执行股东会的一票否决权，执行董事会成员、财务总监等公司核心管理人员的委任权，执行资金使用审批权，以及执行资金账户、使用方向的监督权等。

2.贷款型模式

信托公司通过设立信托计划将募集到的信托资金以债权方式发放给具有良好破产隔离的特殊目的公司（SPV），特殊目的公司负责项目运作，并最终获取投资收益，到期依照借贷合同还本付息。

（1）资金进入方式：以贷款方式发放给SPV。

（2）退出渠道：①借款人依照借贷合同还本付息；②第三方溢价收购夹层投资者所持信托受益权。

（3）风险分析：①项目运作的失败风险；②融资人的道德风险，可能发生承诺事项不能如期如约的情况。

十、私募股权投资基金

（一）私募股权投资基金的含义

私募股权投资基金（PE），是指通过私募形式获得资金，对非上市企业进行权益性投资，然后通过各种方法促使被投资企业快速发展，实现股权快速成倍增值，并在交易实施过程中考虑了将来的退出机制，即通过上市、并购或管理层回购等方式，最终出售所持股份获利。

（二）私募股权投资基金的特点

1.投资运作期限较长，收益丰厚

首先，PE属中长期投资，一般可达3~5年或更久，非上市公司的股权投资，因流动性差被视为长期投资，所以投资者会要求高于公开市场的回报；对引入私募股权基金的企业来说，私募股权融资不仅有投资期长、补充资本金等优点，还可能给企业带来管理、技术、市场和其他企业所急需的专业技能和经验。如果投资者是大型知名企业或著名金融机构，那么它们的名望和资源在企业未来上市时还有利于提高上市的股价、改善二级市场的表现。其次，相对于波动大、难以预测的公开市场而言，私募股权资本市场是更稳定的融资来源。最后，在引进私募股权投资的过程中，可以对竞争者保密，因为信息披露仅限于投资者而不必像上市那样公之于众，这是非常重要的。

2.筹资与投资活动无须披露交易细节

在资金募集上，主要通过非公开方式面向少数机构投资者或个人募集，它的销售和赎回都是基金管理人通过私下与投资者协商进行的。另外在投资方式上也是以私下协商形式进行的，极少涉及公开市场的操作，一般无须披露交易细节。私募股权投资基金资金来源广泛，如富有的个人、风险基金、杠杆收购基金、战略投资者、养老基金和保险公司等。

3.多采取权益型投资方式，极少涉及债权投资

反映在投资工具上，多采用普通股、可转让优先股，以及可转债的工具形式。PE投资机构也因此对被投资企业的决策管理享有一定的表决权。

4.组织形式以有限合伙型为主

这种企业组织形式有很高的投资管理效率，并避免了双重征税的弊端。

5.投资退出渠道多样化

投资退出有IPO、售出、兼并收购、管理层回购等渠道。投资回报方式主要有三种：公开发行上市、售出或购并和公司资本结构重组。在国外，私募股权基金大多以优先股（或可转债）入股，通过事先约定的固定分红来保障最低的投资回报，并且在企业清算时有优先于普通股的分配权。另外，国外私募股权融资的常见条款还包括"卖出选择权"和转股条款等。卖出选择权要求被投资企业如果未在约定的时间上市，就必须以约定价格回购私募股权基金的那部分股权，否则私募股权基金有权自由出售所持公司股权，这将迫使经营者为上市而努力。转股条款是指投资者可以在上市时将优先股按一定比率转换成普通股，同享上市的成果。

（三）私募股权投资基金的组织形式

私募股权投资基金必须以法律所认可的某种法律主体的形式从事活动。成立一个公司，成立有限合伙企业，也可以是一种信托关系。目前，国际上私募股权基金通常采取的组织形式有：有限合伙型、公司型和信托型。

1.有限合伙型

典型的私募股权投资基金是一个有限合伙企业，包括有限合伙人（LP）和普通合伙人（GP）。有限合伙人是指为基金提供资本的机构或个人投资者，其责任以其出资额为限；有限合伙人，是某些合格投资者，如养老基金、金融机构和富有的个人投资者；有限合伙人通过基金管理人投资于企业而不是直接投资。普通合伙人通常是私募股权投资基金的管理人；普通合伙人对外承担无限责任，具有专业投资经验和股权增值管理能力；普通合伙人认缴基金为总股本的1%~2%，负责基金的

投资管理，对有限合伙企业的负债承担无限责任；普通合伙人获取基金最终收益的20%～30%。普通合伙人要具备下列条件：国际化的视野和海外资源，政府的资源和人脉，各类基金、行业协会和企业资源，丰富的投资经验，企业运行的专业能力，以及投行、法律、会计的专业能力。

有限合伙型私募股权投资基金的实质是一种信托关系。有限合伙人作为合格投资者，可以理解为委托人。普通合伙人一般为专业的投资公司或具有丰富投资经验的自然人，接受有限合伙人的委托，负责基金的投资决策和投资项目管理。

有限合伙型私募股权投资基金一般不设立股东大会、董事会、监事会，只设立合伙人大会，对有限合伙型私募股权投资基金行使权力。这种形式具有反应迅速、责权清晰和避免重复征税等优势。

2.公司型

公司型私募股权投资基金是以公司的形式组织，以发行股份的方式募集资金。投资者以"购买基金股份"的方式认购基金，成为基金公司的股东。它的设立程序，类似于一般的股份公司，是法人实体，在治理结构上设有股东会、董事会、监事会等，但是基金公司不设经营管理组织，而是委托投资管理机构或外部管理团队管理运营，资金也委托专业的保管人保管，以便于对资金进出的监管。

公司型股权投资基金的最大优势在于：公司型基金本身是法人主体，能够建立完善的法人治理结构，股东承担的是有限责任。最大的弊端在于，它在个别方面有悖于私募股权基金存在的依据和基本运作规律。私募股权基金的价值就在于专业分工和专家理财，其本质要求是在投资人和管理人之间应当存在一个关于管理权划分的屏障，充分保障管理人的投资自主权，这样才能实现专业化投资。而公司型股权投资基金的投资人是股东，股东很容易介入投资决策，使基金又回到投资人自己管钱的传统模式里，而且极有可能陷入股东意见不一致时的决策僵局。

3.信托型

信托型私募股权投资基金是依据我国《信托法》《信托公司集合资金信托计划管理办法》等相关法规设立的投资基金。信托型基金是指不具有实体的、以契约为基础和载体的集合资金形式。基金是相关方（主要包括发起人、投资人、管理人和托管人等）根据一定的信托契约关系建立起来的代理投资制度，基金由一定的组织者发起，对外募集资金后，通过信托关系，将基金委托给专业的风险投资基金管理公司管理，基金管理公司收取一定的管理费或收益分成，其余的收益分配给基金所有人。

信托型私募股权投资基金的特点是基金所有人以出资额承担有限责任，基金管理公司依照信托协议负责基金的管理。可以说信托型是介于公司型和有限合伙型之间的一种组织形式，相对于公司型，信托型能够更好地隔离投资人和管理人，而且运作更加灵活。但相对于有限合伙型，信托型的隔离效果较差，不过信托型私募股权投资基金具有管理更专业化、运作成本更低和灵活性更大的优点。

（四）私募股权投资基金的募集、投资模式及退出

在组织形式确定以后，私募股权投资基金就开始面临筹资问题。

1.私募股权投资基金的募集

私募股权基金的本金是由投资者提供的。投资者包括个人投资者和机构投资者。当承诺的出资者达到基金设立的要求时，再按照统一的方式签约、注册、入资和成立机构等，一只新的私募股权投资基金就诞生了。

2.私募股权投资基金的投资模式

基金成立后，对投资项目进行市场调查、筛选和评估，当作出参股决策后，就会派驻董事等高级管理人员，提供技术咨询和技术服务等战略支持，参与目标企业决策等投资管理行为。私募股权决策投资于某一项目或企业时，其投资模式主要有以下几种。

（1）增资扩股。私募股权投资中的增资扩股与一般的企业内部增资扩股有所不同，后者主要是简单地增加企业注册的资本，改变股权结构。私募股权投资中的增资扩股实质上是对拟投资企业进行资产评估，以现有的资产和私募股权基金的出资资本成立一个新公司，私募股权投资基金在新公司以其出资额多少拥有相应的股份，而企业不能以原始出资额作为增资扩股的依据。

（2）股权转让。股权转让是指公司股东依法将自己的股份让渡给他人，使他人成为公司股东的民事法律行为。在股权转让中，程序的合法性对转让的效力产生重要影响，有关法律的强制性规定必须遵守，如果不符合法定程序要求，则股份转让行为对公司不产生效力。

（3）增资扩股和股权转让相结合。一般来说是购买企业原有股东的股份，形成新的股东结构，再按照新的股东构成进行增资扩股，增加企业的资本，改变企业股东持股比例，形成新的股权结构。实践中，私募股权投资基金参与增资扩股和股权转让相结合的投资事例并不少见，这种投资方式有利于新公司符合未来首次公开发行股票时适当的注册资金要求和合理的股权结构要求。

3.私募股权投资的退出

私募股权投资的退出是PE在筛选项目时就十分注意的因素，在对项目作出投资决策之前就必须对退出的方式和时机做好安排，并落实到合作协议中去。一般来说，退出的方式包括公开上市、协议转让、产权交易所挂牌上市、回购和清算等。公开上市是投资回报最高的退出方式，通过这一方式，企业也可以摆脱投资者的控

制，获得独立的决策权。同时由于公开上市是金融市场对公司的一种认可，所以有助于树立企业形象及保持畅通的融资渠道等。

（1）公开上市

公开上市包括境外上市和境内上市：

①境外上市，是指直接以国内公司的名义向境外主管部门提出登记注册、发行股票（或其他有价证券）的申请，并向当地的证券交易所申请挂牌上市。我们通常所说的H股是中国内地的企业法人在中国香港首次发行的股票，N股是指在纽约首次发行的股票，在新加坡首次发行的股票称为S股。

红筹模式。红筹最初是指在中国香港的国有中资企业，红筹上市即在中国香港上市；后来演变成国内企业利用海外离岸公司上市的模式。国内企业都会在海外注册一家公司，并通过这家境外公司来控股境内公司，通过红筹模式，以境外注册的公司作为主体在境外上市。

境外买壳上市，指非上市公司通过购买一家境外上市公司一定比例的股权来取得上市地位，然后开展自己的业务，注入自己的资产，实现间接在境外上市的目的。反向兼并上市是在"反兼并"上市交易中，境外壳公司以增发新股的形式将控股权出让给希望上市的中国企业。它是中国企业境外上市融资的最快、最直接途径。

②境内上市。私募股权投资的企业境内上市主要有主板、中小板、创业板和借壳上市。主板，指在我国的上海和深圳证券交易所交易的市场。有些企业的条件达不到主板市场的要求，只能在中小板市场上市，中小板是创业板的一种过渡形式。创业板主要服务于中小型民营企业，是为中小型民营企业提供直接融资的平台，我国于2009年10月23日最终推出。创业板的推出，是私募股权投资基金实现投资的重要通道。

借壳上市，指未上市公司把资产注入一家市值较低的已上市公司，得到该公司的一定控股权，利用其上市公司的地位，使注入资产的公司上市。广义的借壳上市还包括买壳上市。实践中，私募股权投资通过借壳上市实现资本退出是一种行之有效的方法。

（2）股权转让

股权转让也是私募股权资本退出最常用的方法。当私募股权基金觉得公开上市没有可能时，会选择以股权转让的方式退出。常见的股权转让方式包括协议转让、产权交易所挂牌上市和柜台交易、购并等。协议转让是指股权转让由交易双方通过洽谈、协商后签订交易协议，一方支付价款，另一方转移股权的交易方式。股权的转移需要很多手续，如要征得股东同意，对企业进行包装、办理股东变更登记手续，有的还要经过有关部门的批准。产权交易所挂牌上市实质上就是拍卖，静待第三方询价转让。目前，我国多数省、自治区和市都有产权交易所。柜台交易是指在证券交易所以外的市场所进行的股权交易，它具有零散、规模小、上市程序简单以及操作费用低等特征。柜台交易也为私募股权投资提供了股权退出的另一渠道。

总体来说，无论是在产权交易所挂牌交易，还是柜台交易，股权交易的价格比较低，流动性也比较差，对于私募股权投资来说，并不是十分理想的退出方式。

私募股权投资通过购并的方式实现资本的退出，是指项目公司作为整体被其他企业收购兼并，私募股权投资基金按照持有的股份取得收益及权益。购并是私募股权投资最终退出的一个不错的方式，它是私募股权投资基金和目标公司的管理者将企业做大后，整体出售了。

（3）回购

回购是指私募股权投资人所持有的股份由被投资企业购回。在我国指由管理层或原股东回购，而企业回购违反了现行的《公司法》。要注意的是原股东或管理层回购与企业回购是性质截然不同的两种交易。原股东或管理层回购只是私募股权投资人将股权转让给企业的创业股东或企业的管理层，而企业回购则是目标公司收回私募股权投资人持有的股份，退回其出资，企业的注册资本要减少。

通过股份回购实现私募股权投资基金的资本退出，投资收益不高，回购的股权价格一般略高于私募股权基金进入时的价格。

（4）企业清算等其他退出方式

对于私募股权基金投资不成功的项目，应及早进行清算，有助于私募股权投资方收回全部或部分投资本金。私募股权基金必须在既定的时间内清算投资，并把所得分配给投资者。所以，在一只基金建立4~5年后，就不再进行新投资。

十一、房地产投资信托基金

（一）房地产投资信托基金的含义

房地产投资信托基金（REITs）是一种按信托原理设计，以发行收益凭证的方式公开或非公开汇集多数投资者的资金，交由专门投资机构进行投资经营管理，并将投资综合收益按比例分配给投资者的投资工具。

（二）房地产投资信托基金的运作模式

REITs通过在股票市场发行股票募集资金后，持有和管理房地产资金，投资者通过购买REITs股票间接投资于房地产，并可以在股票市场上交易，获得资本利得和流动性，其收入主要来源于出租房地产的租金、投资于其他REITs股票所得的股利、投资于房地产抵押贷款和短期债务工具的利息收入。REITs的运作模式如图3-4所示。

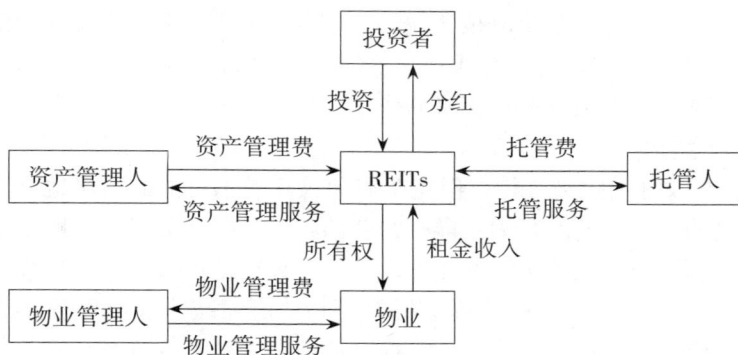

图3-4 REITs的基本运作模式

（三）房地产投资信托基金的基本特征

1.以收益稳定的物业项目为投资对象

在投资方向上，REITs主要投资于可产生稳定收益的成熟物业，如写字楼、商场、酒店、物流中心、厂房、公寓和停车场等，不投资于房地产项目的开发。新加坡和韩国要求REITs总资产的70%以上必须投资于房地产及有关的项目。日本不但明确要求REITs管理的房地产资产占总资产的比例不得低于75%，而且规定REITs资产仅限于房地产、现金或具有高度流动性的现金等价物，至少50%的资产必须产生收益，且在一年内不会出售。

2.主要以红利形式分配收益

在收益分配上，REITs通常要求将税后收益的绝大部分以红利形式分配给投资者。美国、日本、韩国、新加坡及中国香港都规定REITs每年将不低于90%的税后净利润以分红的形式分配给投资者。

REITs的收益来源于从房地产的采购、发展、管理维护、销售过程中取得的租金、销售收入或为个人和机构提供房地产抵押贷款取得的利息收入。其构成有：利息收益、股利和资本利得。REITs投资人的收益来源于：REITs的分红、资本增值和REITs管理公司赠送的REITs单位。

3.采用公募的形式募集资金

在资金的募集上，国际意义上的REITs采用公募形式，基金形式即发行信托单位，公司形式即发行股票，并在交易所公开交易，故较私募而言流动性很好。它与我国房地产信托纯粹属于私募性质完全不同。

4.抵御通货膨胀影响的能力较强

从资产价值来看，REITs能够抵御通货膨胀。作为REITs价值基础的房地产，不会因为通货膨胀而受到影响，具有很强的保值功能。一方面，通货膨胀来临时，物价上涨，房地产物业的价值升值更快，以房地产物业为资产基础的REITs股票价值也会随之上升；另一方面，在通货膨胀时期，REITs的收益水平也会比平时高，能够在一定程度上起到抵御通货膨胀的作用。

5.投资风险较低

REITs能有效分散投资风险，但完全避免风险是不可能的。房地产所有权和管理与其他类型的业务或商业行为一样，都会面临各种各样的风险。购物中心房地产投资信托要面临消费者生活情调变化的风险；公寓房地产投资信托要面临公寓供给过多的问题；医疗卫生房地产投资信托要面临政府缩减医疗卫生补贴的政策风险等。但尽管这样，如果投资者能够使其拥有的商业房地产投资在行业、地理区位和承租人选择方面实现足够的多元化，就可以减少风险，包括承租人因破产带来的相应风险。

（四）房地产投资信托基金的基本组织形式

1.契约型REITs

契约型REITs是以信托契约为基础形成的投资行为，本身不具有法人资格。基本结构由投资人（委托人、受益人）、受托人和基金托管公司三方构成。其中三方当事人之间的关系是受托人依照契约负责REITs基金的经营和管理操作，同时又委托基金托管公司负责保管基金资产。受益人则依照契约享受投资收益。

2.公司型REITs

公司型REITs设立一个具有独立法人资格的投资公司进行管理。其基本结构由投资人、REITs投资公司（委托人、受益人）、基金保管公司构成。投资公司发起人通过向社会公开发行股票从广大投资者手中募集资金成立专门从事投资的股份有限公司，从事与房地产相关的各类投资，并将由此获得的收益以股份或红利的形式返还给股东投资者。既可向房地产开发企业发放贷款获得利息收益，又可通过直接参与管理物业取得租金收益和资本利得，各种收益的组合以分红的形式返还给投资者或指定的受益人。

契约型REITs与公司型REITs的比较见表3-1。

（五）房地产投资信托基金的分类

1.按照资金投向的不同，房地产投资信托基金可以分为权益型REITs、抵押型REITs和混合型REITs

（1）权益型REITs直接投资并拥有房地产，以购买、管理、更新、维护和出租、出售房地产物业为主营业务，主要收入来源是物业的租金收入和房地产项目的增值收益。权益型REITs通常选择投资于能持续增值的物业，其租金或房价有不断

表3-1 　　　　　　　　　　契约型REITs与公司型REITs的比较

区　别	契约型REITs	公司型REITs
法律依据	信托法	公司法
法人资格	不具有法人资格	法人
资金属性	信托财产	公司资产
资金的使用	按信托契约规定	按公司章程规定
与投资人的关系	信托契约关系	股东与公司的关系
与受托人的关系	以受托人存在为前提	本身即受托人
利益分配	分配信托利益	分配股利
组织存续	契约期满，即宣告终止	除资不抵债外，可永久存续

上涨的趋势。权益型REITs的最大优点是通过资金的"集合"，为中小投资者提供了投资于利润丰厚的房地产业的机会；专业的管理人员将募集的资金用于房地产投资组合，分散了房地产投资的风险；投资人拥有的股权可以转让，具有较好的变现性。

（2）抵押型REITs担任金融中介的角色，将所募集的资金用于向房地产项目持有人及经营者提供各种房地产抵押贷款，或房地产抵押支持证券（MBS），主要收入来自按揭组合所赚取的利益。通常抵押型REITs的股息收益率比权益型REITs高。抵押型REITs的最大优点是为中小投资者提供了介入房地产抵押贷款市场、获得较高借贷利差的机会；专业化的管理人员将募集的资金用于多个房地产项目的抵押贷款，分散了房地产借贷风险；投资人拥有的资产可以转让，具有较强的变现能力。

（3）混合型REITs既可以投资于房地产资产，又可以投资房地产抵押贷款；既拥有部分物业资产，又有各种抵押贷款债权。也就是说，混合型REITs在向股东提供物业增值空间的同时，也能获得稳定的贷款利息。

2.按照投资期限的不同，房地产投资信托基金可以分为有期限REITs和无期限REITs

（1）有期限REITs是指那些在一定时期后（通常是创立10年）可以变现的REITs，有很强的流动性。

（2）无期限REITs是投资者成为公司的股东，持有的REITs股份除非在二级市场流通，否则不可以提前变现。

3.按照信托性质不同，房地产投资信托基金可以分为伞形合伙REITs和多重合伙REITs

（1）伞形合伙REITs是指房地产公司和私人业主将自己的物业以股份兑换而不

是出售的方式纳入REITs，从而避免支付因出售物业获得资本收益的所得税。

（2）多重合伙REITs与伞形合伙REITs相似，只是要求REITs必须是上市公司。

本章小结

我国信托业务经历了中华人民共和国成立前和成立后（其中包括接管、改造、试办和停办过程）两个发展阶段，每个阶段都呈现出不同的特点。

传统信托业务是相对于信托公司创新业务而言的。从我国信托业务发展的历史和实践来看，传统信托业务主要有资金信托、财产信托和权利信托、公益信托、投资银行业务、代理业务和咨询业务等。其中，资金信托业务是指委托人基于对信托机构的信任，将自己合法拥有的资金委托给信托机构，由信托机构按照委托人的意愿以自己的名义，为受益人的利益或特定目的管理、运用和处分委托人资金的行为。权利信托又称财产权信托，是指委托人将其已拥有或通过创设而拥有的权利委托给受托人，由受托人以自己的名义，为了受益人的利益行使委托权利的一种信托行为。

目前，我国信托公司开发的、仍然在经营的新信托业务主要有：家族信托、资产证券化信托、结构化证券信托、阳光私募证券信托、政信合作信托、融资类固定收益信托、投资类浮动收益信托、债务融资信托、夹层融资信托、私募股权投资基金和房地产投资信托基金等。

关键概念

资金信托　单一资金信托　集合资金信托　权利信托　家族信托　资产证券化信托　结构化证券信托　阳光私募证券信托　政信合作信托　投资类浮动收益信托　债务融资信托　私募股权投资基金　房地产投资信托基金

思考与应用

1.资金信托的特点有哪些？

2.银信合作信托的合作形式及面临的风险有哪些？

3.资产证券化信托有什么特点？

4.结构化证券信托有哪些风险？其控制方式是什么？

5.政信合作信托可以采取哪些模式？

6.家族信托的特点和优势有哪些？

【参考案例】 保险金信托案例①

案例一：家庭与企业的防火墙案

夏先生白手起家创立了自己的企业，他的妻子在他创业的过程中也给了他很大的帮助。然而虽已有所成，夏先生却十分忧虑。因为他的家庭财产与公司财产联系密切，商场风云莫测，一旦企业出了问题，他的家庭财产很可能就要承担连带责任。

由于中国的创业现实，家企不分在企业家中十分常见。然而，家企不分的后果是，一旦企业家被判对公司债务承担连带责任，多年心血就可能一朝破灭，甚至影响到自己的家庭。为了避免这种风险，客户可以选择设立保险金信托。

在保险金信托下，案例中的夏先生可以将资金给到信托公司，由信托公司来进行投保。由于信托财产是独立的，所以只要夏先生不是唯一的信托受益人，客户的债权人便无法就保单利益进行受偿。而当保险赔付以后，保险赔付款直接进入信托账户，债权人同样不能要求强制执行。

案例二：专业财富管理规划

涂先生在商场打拼多年，现在不仅财务自由，子女也均已成家立业。如今，涂先生觉得自己应该好好享受生活，于是希望辞掉工作，找个专业机构为他打理财富、照顾家人，而自己则可以省心省事地安度晚年。

设立保险金信托除了能达到资产灵活传承的目的，还可以凭借信托公司的专业能力实现财富的安全保值和增值。案例中的涂先生用一份保险金信托来设计退休计划是再合适不过了。

一方面，涂先生把现金资产放进信托账户，能够实现保值增值；另一方面保险的理赔资金也能够得到信托公司专业化的资产管理服务。

信托公司每月会将约定数目的生活费发放给涂先生的家人，为他们提供一个高品质的生活。涂先生同时可以设立一个监督者，对信托财产的运用和分配情况进行管理和监督。

案例三：利用保险杠杆，实现财富传承

作为银行高管，惠先生有着较高的财富管理和传承意识。他一直非常看好家族信托，但家族信托动辄3 000万的设立门槛却让他望而却步。

保险金信托将保单和信托的优势相结合，利用保险的杠杆功能，为自己的家族实现财富传承规划。家族信托的设立门槛通常在3 000万以上，而保险金信托可以

---

① 资料来源：中融信托.一文读懂保险金信托，11个案例说清强大功能［EB/OL］.［2019-06-03］.
https://www.sohu.com/a/318277943_679112.

利用保险的杠杆作用或期缴的缴费方式有效降低信托门槛，在达到资产传承目的的同时减轻资金压力。

经过信托专家的推荐，惠先生订立了一份具备家族信托功能的保险金信托。惠先生年缴30万，缴费10年，就可以保有800万保额的身故保险，一旦风险发生，800万的赔付金就即刻进入家族信托，按照他预先的约定进行管理。通过保险较高的杠杆，惠先生使用较少的保费实现了较高的保额，妥善保障了亲人的后续生活。

案例四：实现跨代继承

曲先生工作繁忙，对儿子小曲疏于管教。小曲日常挥霍无度，还染上了赌博的恶习。小曲年已30岁，却不愿结婚，现有一子。曲先生的孙子机灵可爱，平时由曲先生和曲太太照料，二老对孙子十分疼爱。曲先生希望能将自己的基业交到孙子的手里，同时让自己不成器的儿子的生活也能有所保障。

保险金信托可以避免受益人一次性获得大额现金后管理不当或挥霍，可以对受益人基本生活给予长期保障。同时还可以设置分配条件，对受益人特定时期的正向行为，如留学、结婚和创业等予以鼓励。

案例中的曲先生常年忙于工作疏于对儿子的管教，并因此而将家族的未来与希望寄托在自己孙子的身上，希望孙子在自己的照料下能够继承家族优良血统。为此，曲先生可以通过设立保险金信托来实现对孙子的管教与激励，同时，曲先生可以将儿子设立为信托的受益人之一，但仅为其准备定期生活费，让儿子可以衣食无忧地生活，但不能够花费无度。

由上述案例可见，保险金信托其实就是通过保险和信托制度，无争议地把钱善意地加倍地给到想给的人。大多数高净值人群的共同诉求是保证资金最大程度地完整传递，为后代的生活提供无忧之保障。保险的不足正好是信托的优势，信托的不足正好是保险的优势，所以保险和信托两种工具结合使用，可以实现较好的互补。可以说，保险金信托是保险与信托的强强联合，结合了保险与家族信托的双重优势，能够充分满足客户生前及身后对家族财富的管理和安排。

信托公司管理

理解信托机构的含义、性质和特点，掌握信托机构管理的意义、形式与原则，了解信托机构组织、业务、财务及风险管理的内容。

信托机构既是经营信托业务、充当受托人的法人机构，又属于金融机构，对其的管理包括金融监管当局的外部监管和信托机构的内部管理两种形式；管理的内容包括组织管理、业务管理、财务管理和风险管理四个方面。加强对信托机构的管理有助于维护委托人与受益人的合法利益，提高信托机构的经营能力并实现稳健经营，可以防范信托机构经营管理活动中可能出现的各种风险，有效维护信托业乃至整个金融体系的稳定。党的二十大报告提出："深化金融体制改革，建设现代中央银行制度，加强和完善现代金融监管，强化金融稳定保障体系，依法将各类金融活动全部纳入监管，守住不发生系统性风险底线。"

第一节　信托公司管理概述

一、信托机构的产生与发展

英国虽然是现代信托的发源地，但是英国的信托是以个人信托为基础逐渐发展起来的，而把信托作为一种事业来经营并建立机构反而比美国晚了80年。现代意义的信托即法人经营信托业务，公认始于19世纪30年代的美国。当时正是资本主义由自由竞争向垄断发展的时期。法人信托的发展，是在银行由简单的中介变成万能的垄断者的过程中实现的。在资本主义的这一历史发展进程中，信托机构是金融寡头参与控制资本的习惯做法，尤其是美国的商业银行，法律禁止它们对工业企业进行直接投资，于是大的商业银行广泛设立信托部作为控制企业股票的手段。在信托业务中，信托机构受托办理投资，在形式上虽然只是中介人，但是实际上由于受托人权利的存在，它们执行着股东的全部职能，比如参加投票、派出自己的代表等。第二次世界大战结束后，美国经济迅速发展，信托机构也得到相应的发展，已经成为银行控制工商企业的主要方式之一。信托机构这种与资本主义发展相伴随的现象，从历史发展过程中证明了其客观必然性。

信托机构的发展也适应了社会经济发展的要求。在商品经济不断发展、社会化大生产规模不断扩大的情况下，个人与个人之间、个人与法人之间、法人与法人之间的各种经济联系日趋频繁与复杂，以自然人（个人）资格担任受托人办理各种信托业务已经远远不能适应大多数委托人的要求。其主要原因是：第一，由于委托人办理信托业务目的的多样性，决定了受托人必须具备广泛的专业知识和技能，而个人作为受托人无法满足此种要求，只有集中了各种专业人才的法人组织才能承担这种责任。第二，经济的发展使信托业务本身日趋复杂，它要求受托人有广泛的社会联系才能完成，而个人与社会各部门的交往和联系是有限的，也只有法人组织利用自己的各种分支机构才能与社会建立广泛的联系。第三，个人担任受托人是建立在委托人对其充分信任的基础上的，同时担任受托人的个人还需要具备一定的专业知识和办事经验，这就造成了委托人选择个人受托人的困难，而法人担任受托人，其信用状况、办事效率比较好判断，委托人也容易与之建立关系。第四，信托机构有较强的经济实力，同时，它超越了个人生命周期的限制。另外，信托机构受到各方面的监督和制约，信托受益人的利益能够得到切实的保障。因此，随着商品经济的不断发展，人们对信托机构的要求也不断增加，信托机构来承办信托业务逐渐成为主流趋势，信托机构本身也在这种客观需求下得到迅速发展。

二、信托机构的含义、性质和特点

（一）信托机构的含义

一般来讲，信托机构是指依照法律的授权并以受托人资格从事信托业务的法人机构组织，泛称为信托业。由于法人在处理信托业务的经验和能力上要比自然人有更高的可靠性和安全性，所以各国一般都把受托人明确为法人机构。

我国对信托机构也有明确的定义。《信托公司管理办法》第二条规定："本办法所称信托公司，是指依照《公司法》和本办法设立的主要经营信托业务的金融机构。本办法所称信托业务，是指信托公司以营业和收取报酬为目的，以受托人身份承诺信托和处理信托事务的经营行为。"可见，在我国不存在自然人个人作为受托人从事信托业务经营的行为。

另外，我国也对信托公司名称的使用作出了相应的法律规定。根据《信托公司管理办法》的规定：设立信托公司，应当经银保监会（现为国家金融监督管理总局，2023年5月18日挂牌成立）批准，并领取金融许可证。未经银保监会批准，任何单位和个人不得经营信托业务，任何经营单位不得在其名称中使用"信托公司"字样。法律法规另有规定的除外。

（二）信托机构的性质

信托机构是从事信托业务，充当受托人的法人机构。它具有如下性质：

1.信托机构属于法人机构

在信托业务中，涉及委托人、受益人和受托人三方当事人，而信托机构一般充当受托人的角色，按照与委托人约定的信托条件，严格遵守信托目的，本着对受益人利益高度负责的精神，受托对信托财产进行管理或处分。由于法人在处理信托业务的经验和能力、信息资料的来源、完成委托人预定目标的及时性上均比个人有更高的可靠性、安全性和效益性，所以为保证信托业的健康发展，各国一般都规定营业性的信托机构必须由法人担任。

2.信托机构属于金融机构

信托机构主要经营资金信托、不动产与动产信托，办理基金管理、兼并收购、风险投资等投资银行业务，并开展代为融通资金、代理保管、经济咨询等业务。在这些业务中一般都会涉及资金融通与运用等金融范畴的业务，因此各国一般都把信托机构定位为金融机构，由金融监管机构负责监督与管理。

（三）信托机构的特点

信托机构不同于其他的金融机构，它具有以下特点：

1.从事信托业务，充当受托人

在信托业务中，信托机构作为受托人，要严格按照信托合同的约定对信托财产进行管理或处分，通过它的活动实现为受益人谋利的目的，不能挪用信托财产谋取私利。由信托机构的不当行为而造成损失的，受托人应负责赔偿。

2.主要发挥财产管理职能

信托机构通过灵活多样的信托业务，为委托人提供有效的财产管理、运用与处分服务，发挥财务管理的职能，这也是信托的基本职能。

3.利润主要来源于信托报酬

信托机构的主营业务是信托业务。在信托关系中，作为受托人的信托机构不能分享信托收益，因为信托收益是归受益人所有的。因此，信托机构的利润来源主要依靠信托报酬或佣金收入。

4.业务经营遵循信托财产独立性要求

信托业务的客体（对象或标的物）是信托财产，而信托机构只拥有信托财产法律意义上的所有权。作为管理与处分信托财产的受托人，信托机构必须严格遵循信托财产独立性的要求，既要将信托财产与自身的固有财产分别管理，又要将不同委托人的信托财产分别管理、分别核算，这样才能对信托财产进行有效的管理和运用，更好地保护委托人和受益人的利益。

三、信托机构管理的意义、形式和原则

（一）信托机构管理的意义

1.保障委托人与受益人的合法利益

在信托业务中，信托财产的真实所有权并不掌握在信托机构手中，信托收益也不归受托人所有。为了使相关人员的合法利益不受损害，必须对受托人进行一定的监管。通过对信托机构业务的监督，可以保障信托财产的独立性，避免受托人滥用或挪用信托财产为自己谋利，从而损害受益人的利益；通过对信托机构经营行为的规范，可以使受托人严格按照信托合同运用信托财产，尽职地为受益人提供服务。

2.提高信托机构的经营能力

信托机构作为经营信托业务的主体，它的经营成败直接关系到信托收益的实现。通过对信托机构设立条件的管理，可以保证信托机构具有完备的组织结构、充足的资本金和满足信托业务要求的专业管理人员，从而实现稳健经营。同时，通过加强信托机构的内部管理，抓好人才考核、培训等环节，严格执行财务管理制度，提高从业人员的道德水平和业务素质。

3.维护金融体系的稳定

信托机构属于金融机构，其运行也会影响到整个金融体系的稳定。金融监管当局通过信托业务准入规则的制定，避免不合格的机构开展信托业务，扰乱信托业的健康发展；通过业务经营范围的规定，可以避免信托机构与其他金融机构之间进行恶性竞争；通过对信托机构日常经营的监管，可以防范经营中可能出现的各种风险。这样，就可以有效地维护信托业乃至整个金融体系的稳定。

（二）信托机构管理的形式

信托机构管理的形式有两种：一是外部监管，由金融监管部门组织实施；二是内部管理，由信托机构自己开展或组织。两者互为补充，相辅相成。

1.外部监管

为了保障受益人的合法利益，使信托成为一种真正的财产管理制度，各国政府都会采取一定的措施对信托机构的活动进行监督与管理，以促进信托业的持续稳定

与健康发展。

我国信托业务的经营机构主要是信托公司，由银保监会负责监督与管理。根据《信托公司管理办法》的规定，银保监会对信托公司及其业务活动实施监督管理。在《信托公司管理办法》的规定中，银保监会对信托机构监管的主要内容有：

（1）设立信托公司应当经银保监会批准，并领取金融许可证。未经银保监会批准，任何单位和个人不得经营信托业务，任何经营单位不得在其名称中使用"信托公司"字样。法律法规另有规定的除外。

（2）银保监会依照法律法规和审慎监管原则对信托公司的设立申请进行审查，作出批准或不予批准的决定；不予批准的，应说明理由。

（3）未经银保监会批准，信托公司不得设立或变相设立分支机构。

（4）信托公司出现分立、合并或公司章程规定的解散事由，申请解散的，经银保监会批准后解散，并依法组织清算组进行清算。

（5）信托公司不能清偿到期债务，且资产不足以清偿债务或明显缺乏清偿能力的，经银保监会同意，可向人民法院提出破产申请。银保监会可以向人民法院直接提出对该信托公司进行重整或破产清算的申请。

（6）银保监会可以定期或不定期对信托公司的经营活动进行检查；必要时，可以要求信托公司提供由具有良好资质的中介机构出具的相关审计报告。信托公司应当按照银保监会的要求提供有关业务、财务等报表和资料，并如实介绍有关业务情况。

（7）银保监会对信托公司实行净资本管理。银保监会根据信托公司行业发展的需要，可以调整信托公司注册资本最低限额。

（8）银保监会对信托公司的董事、高级管理人员实行任职资格审查制度。未经银保监会任职资格审查或审查不合格的，不得任职。信托公司对拟离任的董事、高级管理人员，应当进行离任审计，并将审计结果报银保监会备案。信托公司的法定代表人变更时，在新的法定代表人经银保监会核准任职资格前，原法定代表人不得离任。

（9）银保监会对信托公司的信托从业人员实行信托业务资格管理制度。对符合条件的，颁发信托从业人员资格证书；未取得信托从业人员资格证书的，不得经办信托业务。

（10）信托公司的董事、高级管理人员和信托从业人员违反法律、行政法规或银保监会有关规定的，银保监会有权取消其任职资格或从业资格。

（11）银保监会根据履行职责的需要，可以与信托公司董事、高级管理人员进行监督管理谈话，要求信托公司董事、高级管理人员就信托公司的业务活动和风险管理的重大事项作出说明。

（12）信托公司违反审慎经营规则的，银保监会责令限期改正。逾期未改正，或其行为严重危及信托公司稳健运行、损害受益人合法权益的，银保监会可以区别情形，依据《中华人民共和国银行业监督管理法》等法律法规的规定，采取暂停业务、限制股东权利等监管措施。

（13）信托公司已经或可能发生信用危机，严重影响受益人合法权益的，银保监会可以依法对该信托公司实行接管或督促机构重组。

（14）银保监会在批准信托公司设立、变更、终止后，发现原申请材料有隐瞒、虚假的情形，可以责令其补正或撤销批准。

从上述监管内容来看，银保监会对信托公司实施监管的主要内容可以概括为以下三个方面：

第一，合法性监管。包括银保监会对信托公司设立的法律条件进行审批，对信托机构基本事项变更的审核，对信托机构的重整或破产清算进行管理。

第二，合规性监管。银保监会可以定期或不定期地对信托公司经营活动进行检查，了解信托公司的各项业务是否符合法律的规定。

第三，经营安全性监管。银保监会可以对信托公司高级管理人员的任职资格进行审查，对从业人员实行信托业务资格的管理以及有关业务、财务等报表和资料的审查，以防范经营中出现的各种风险。

银保监会对信托公司实施监管的方式和手段主要包括：

第一，对信托公司的业务及财务状况进行检查。

第二，要求信托公司提供有关业务资料、财务报表。

第三，与信托公司董事、高级管理人员进行监督管理谈话，要求后者就信托公司的业务活动和风险管理的重大事项作出说明。

第四，对于违反监管规则的行为，银保监会拥有各种形式的处罚权，如依法取缔、没收非法所得、罚款、停业整顿、吊销其金融许可证、取消任职资格或从业资格；对构成犯罪的，依法追究其刑事责任。

2.内部管理

银保监会的监管是从外部对信托公司的运行加以约束，而信托公司为了各项经营活动的稳定开展，还要加强其内部管理，不断提高抵御风险的能力。

信托公司的内部管理主要包括以下几方面内容：

第一，应当建立符合现代企业制度要求的、健全的组织机构。信托公司应当按照现代企业制度的基本原则，合理建立内部组织机构，吸收符合入股资格规定的股东，提供充足的资本，完善董事会、监事会及内部职能机构的建设，为信托公司创造一个良好的运行机制。

第二，应当建立规范的信托业务操作规程。信托公司应当设立符合要求的营业场所，完善各种符合法律要求的信托业务操作规范与风险控制措施，以规范信托人员的行为，防范经营风险，保护委托人和受益人的利益，维护信托公司的信誉。

第三，应当完善信托从业人员管理制度。信托公司作为经营信托业务的主体，发挥了财产管理的职能作用，其业务活动具有较强的专业性，信托公司是承办信托业务的受托人，这就要求其从业人员应具有丰富的财产管理经验、专门的技术和知识水平以及高度的责任心。因此，为促进信托业的健康发展，信托公司必须建立从业人员管理制度，包括对董事、高级管理人员任职资格的审查制度；建立从业人员资格考试制度，未取得信托从业人员资格证书的，不得经办信托业务；建立业务档案制度，经营人员经营业绩不佳，未达到一定程度和一定要求，应取消其从业资格；建立违法查处制度，对在从业时发生违规或违法行为的员工，不仅应追究其经济责任，还应取消其从业资格。

（三）信托机构管理的原则

1.有效管理和最大利益原则

信托机构应当认真履行受托职责，遵循诚实、守信、谨慎和有效管理的原则，恪尽职守，为了使受益人能获取最大利益而处理信托事务。

2.权责明确原则

信托机构应当明确股东、董事、监事、高级管理人员的职责和权利、义务，完善股东（大）会、董事会、监事会、高级管理层的议事制度和决策程序。

3.效益优先原则

信托机构应当建立完备的内部控制、风险管理和信息披露体系以及合理的绩效评估和薪酬制度。

4.全面风险管理原则

信托机构应当树立风险管理理念，制定有效的风险管理政策和翔实的风险管理制度，建立全面的风险管理程序，及时识别、计量、监测和控制各类风险。

5.结构优化原则

信托机构应当积极鼓励引进合格的战略投资者、优秀的管理团队和专业管理人才，优化治理结构。

第二节　信托公司组织管理

信托机构是开展信托业务的基础，构建一个科学合理的组织体系有利于信托机构更好地开展信托活动，降低经营风险。

一、信托机构的组织形式

各国信托业的发展情况不同，因此，信托业务也由不同形式的信托机构经营。各国信托机构在其不断发展和完善的过程中形成了不同的信托管理模式。纵观各国的信托市场，信托机构的组织形式主要分为以下两大类：

（一）单一信托机构

单一信托机构，也称专业信托机构，一般是指具有完全独立法人资格、专门办理信托业务的经济组织。它属于非银行组织，一般不经营银行业务。如早期英国的信托机构就只办理居民的民事信托。现在，这种纯粹的专业信托机构已经比较少见了。目前，我国的单一的信托机构主要有两种：一种是国家投资创办的信托机构，如中国对外经济贸易信托公司；另一种是地方或主管部门投资创办的信托公司。

（二）附属信托机构

附属信托机构，也称兼营信托机构，是指既从事信托业务，又从事银行业务的金融机构。兼营信托机构按照其从事银行业务和信托业务的侧重点不同，又可以分为以下两种形式：

1.以信托业务为主，银行业务为辅的信托机构

日本的信托银行就属于这种类型。第二次世界大战之后，日本出现了严重的通货膨胀，国民私有财产很少，长期资金又无法吸收，财产信托难以开展，且政府的证券交易法又限制了信托公司的证券业务，使信托公司的经营陷入困境。按照日本当时的法律规定，信托机构不能经营银行业务，而日本的《兼营法》规定，准许普通银行兼营信托业务。于是，日本政府通过《银行法》将信托公司改组为信托银行，又通过《兼营法》使信托公司得以经营银行业务，形式上似乎是银行兼营信托业务，实际上是以信托公司的身份，专门经营信托并兼营银行业务，从而使信托公司摆脱了困境，不断开发新业务。1953年6月以后，日本实行了长短期金融相分离的政策，使信托银行承担长期信贷业务，于是一部分兼营信托业务的银行，不再经营信托业务，这样，日本的信托业务就集中到信托银行的手中。

2.以银行业务为主，信托业务为辅的银行信托部

一般情况下，银行信托部本身不具有独立的法人资格或本身虽具有独立的法人资格但受到另一机构的控制。这种组织形式的信托机构也比较普遍。美国绝大部分的信托业务都是由商业银行设立的信托部门经营的。我国以前银行系统所属的信托机构也属于这种类型，但早已与银行脱钩。

上述两种类型的信托机构各有利弊，在金融市场不够发达、金融法律制度尚不健全的情况下，混业经营的金融体制容易引起各种形式的违规经营、管理混乱、市

场失序等问题，并容易引发金融风险。而采取完全的分业制，可能又会由于市场狭窄、业务较少或业务经营手段较单一而制约信托业的发展。日本的信托业在第二次世界大战后之所以由分业制改为兼业制，就与当时日本的信托市场狭窄、信托公司无法维系生存有关。

二、信托机构的设立、变更与终止管理

信托机构属于金融机构，而金融又是经济的核心，因此，为保证金融市场的稳定和信托业的健康发展，每一个国家对信托机构的设立都有一定的法律规定。但由于各个国家的法律和文化背景不同，经济发展情况也千差万别，所以每个国家对信托机构设立条件的规定也不尽相同。

依据《信托公司管理办法》的规定，信托公司的设立、变更与终止应当具备下列条件：

（一）信托机构的设立管理

1.设立的形式

（1）设立信托公司，应当采取有限责任公司或股份有限公司的形式。（2）设立信托公司，应当由银保监会批准，并领取金融许可。未经银保监会批准，任何单位和个人不得经营信托业务，任何经营单位不得在其名称中使用"信托公司"字样。法律法规另有规定的除外。

2.设立的条件

（1）有符合我国《公司法》和银保监会规定的公司章程；（2）有具备银保监会规定的入股资格的股东；（3）具有《信托公司管理办法》规定的最低限额的注册资本；（4）有具备银保监会规定任职资格的董事、高级管理人员和与其业务相适应的信托从业人员；（5）具有健全的组织机构、信托业务操作规程和风险控制制度；（6）有符合要求的营业场所、安全防范措施和与业务有关的其他设施；（7）银保监会规定的其他条件。

3.设立的程序

信托机构的设立，必须经过一定的程序。世界各国多采用"许可""登记"制度，因此，信托机构除具备设立的实质要件外，一般还须经过申请、批准许可、登记三个步骤才能开业经营。

（1）申请。即由拟设立信托机构的发起人向主管机关提出申请并提交有关文件、资料。

（2）批准许可。即主管机关审查信托机构的发起人提交的申请书及附列的申请文件、材料，对符合条件的，批准其成立。审查内容一般侧重于信托机构是否有足

够的资本，是否有具备信托经验的高级职员；其经营管理的特点、能力以及社会对信托业务的需求情况；该机构所占份额等。其组织章程的真实性和货币资本的充足与否，直接影响到信托机构的信誉，必须予以认真核实。

（3）登记。经主管机关批准许可后，信托机构还须向有关部门登记注册才可取得合法的经营权，开展营业活动。在有些国家审批和颁发执照是由同一机构执行的，在有些国家却分属两个机构。

（二）信托机构的变更管理

信托公司有下列情形之一的，应当由银保监会批准：（1）变更名称；（2）变更注册资本；（3）变更公司住所；（4）改变组织形式；（5）调整业务范围；（6）更换董事或高级管理人员；（7）变更股东或调整股权结构，但持有上市公司流通股份未达到公司总股份5%的除外；（8）修改公司章程；（9）合并或分立；（10）银保监会规定的其他情形。

（三）信托机构的终止管理

信托公司终止是指信托机构的法律主体资格消失，组织上解散并终止经营活动的行为或事实。信托机构的终止可分为任意终止和强制终止两类。任意终止是指信托公司基于其自身的意愿而终止。任意终止的事由一般包括：公司章程规定的公司经营期限届满，公司章程规定的解散事由出现，以及公司因合并或分立而终止。强制终止是指基于法律或有关机关的决定或裁判而终止，如被依法撤销、依法宣告破产等。

《信托公司管理办法》对两种终止事由分别作出了规定。

（1）信托公司被依法解散。信托公司出现分立、合并或公司章程规定的解散事由，申请解散的，经银保监会批准后解散，并依法组织清算组对其进行清算。

（2）信托公司被依法宣告破产。信托公司不能清偿到期债务，且资产不足以清偿债务或明显缺乏清偿能力的，经银保监会同意，可向人民法院提出破产申请。银保监会可以向人民法院直接提出对该信托公司进行重整或破产清算的申请。

信托公司终止时，其管理信托事务的职责同时终止。清算组应当妥善保管信托财产，作出处理信托事务的报告并向新受托人办理信托财产的移交。信托文件另有约定的，从其约定。

三、信托公司的内部组织机构

信托公司应当建立以股东（大）会、董事会、监事会、高级管理层等为主体的组织架构，明确各自的职责范围，保证相互之间独立运行、有效制衡，形成科学高效的决策、激励与约束机制。目前，我国各家信托公司的内部组织机构的设置模式不完全相同。有的信托公司按照职能分工模式设置内部组织机构,有的信托公司按照服务对象分工模式设置内部组织机构,还有的信托公司将不同设置模式相互融合,创造出综合型的内部组织机构设置模式。虽然我国各家信托公司内部组织机构的设置模式不完全相同,但一般都设有如下组织机构:

(一)股东(大)会

股东(大)会是股东行使所有权的最高权力机构。信托公司股东(大)会的召集、表决方式和程序、职权范围等内容,应在公司章程中明确规定。

信托公司股东单独或与关联方合并持有公司50%以上股权的,股东(大)会选举董事、监事应当实行累积投票制。

股东(大)会会议记录应做到真实、完整,并自作出之日起至少保存15年。

(二)董事会

董事会是信托公司的常设权力机构。董事会对股东(大)会负责,并依据我国《公司法》等法律法规的规定和公司章程行使职权。

董事会设董事长、副董事长、常务董事、董事若干人。董事会的主要职责是:(1)制定信托公司的战略发展目标和相应的发展规划,了解信托公司的风险状况,明确信托公司的风险管理政策和管理规章;(2)聘请总经理,并审批任用总经理提名的副总经理;(3)决定公司业务方针和计划,并检查执行情况;(4)听取、审查总经理的工作报告;(5)审查总经理提出的公司年终财务决算报告。

出席董事会会议的董事和记录人应当在会议记录上签字。董事会决议应当经董事会一半以上董事通过方为有效,但表决重大投资、重大资产处置、变更高级管理人员和利润分配方案等事项,须经董事会2/3以上董事通过。

董事会应当设董事会秘书或专门机构,负责股东(大)会、董事会的筹备,会议记录和会议文件的保管,信息披露及其他日常事务,并负责将股东(大)会、董事会等会议文件报银保监会或其派出机构备案。

(三)监事会

监事会负责监督董事会及其他有关部门的活动,监事会应当制定规范的议事规则,经股东(大)会审议通过后执行,并报银保监会或其派出机构备案。

监事会由监事会主席负责召集,下设专门机构,负责监事会会议的筹备、会议记录和会议文件保管等事项,为监事依法履行职责提供服务。

监事会每年至少召开两次会议。监事会会议记录应当真实、完整,并自作出之日起至少保存15年。出席会议的监事和记录人应当在会议记录上签字。

监事会可以要求公司董事或高级管理人员出席监事会会议,回答监事会所关注的问题。公司应将其内部稽核报告、合规检查报告、财务会计报告及其他重大事项及时报监事会。

基于履行职责的需要，监事会经协商一致，可以聘请外部审计机构或咨询机构，费用由信托公司承担。

（四）总经理

总经理全面负责公司的经营管理工作，副总经理协助总经理工作。公司总经理和董事长不得为同一人。总经理向董事会负责，未担任董事职务的总经理可以列席董事会会议。

总经理的主要职责是：（1）组织实施董事会确定的业务方针和计划；（2）组织公司内部职能部门开展业务，选用工作人员；（3）审定投资项目，负责重大经营业务活动的决策；（4）代表公司或授权公司有关人员对外签订业务合同和文件；（5）向董事会或监事会报告公司重大合同的签订与执行情况、资金运用情况和盈亏情况。总经理必须保证该报告的真实性。

（五）职能部门

根据业务工作需要，本着效益的原则，信托公司内部设立若干职能部门，办理各自的业务。一般的职能部门包括办公室、计划财务部、金融部、房地产部、外汇部、证券部、信托部、咨询部、投资部、租赁部和人事部等。信托公司的信托业务部门应当在业务上独立于公司的其他部门，其人员不得与公司其他部门的人员相互兼职，具体业务信息不得与公司的其他部门共享。

第三节　信托公司业务管理

信托业的外部环境存在着很大的风险和不确定性，为了更好地把握未来的发展方向，信托机构必须做好业务管理工作，按照有关法律法规确定的业务范围与经营原则开展信托业务经营活动。

一、信托机构的业务经营范围

根据《信托公司管理办法》的规定，信托公司可以申请经营下列部分或全部本外币业务：（1）资金信托；（2）动产信托；（3）不动产信托；（4）有价证券信托；（5）其他财产或财产权信托；（6）作为投资基金或基金管理公司的发起人从事投资基金业务；（7）经营企业资产的重组、购并及项目融资、公司理财、财务顾问等业务；（8）受托经营国务院有关部门批准的证券承销业务；（9）办理居间、咨询、资信调查等业务；（10）代保管及保管箱业务；（11）法律法规规定或银保监会批准的其他业务。

另外，信托公司可以根据我国《信托法》《中华人民共和国慈善法》（2024年9

月5日起施行）等法律法规的有关规定开展公益慈善信托业务。

根据上述有关规定，可以将信托公司的经营业务归纳为两大类：信托主营业务和信托兼营业务。

信托主营业务，又称资产管理类业务，它包括：①信托业务（资金信托、动产信托、不动产信托、其他财产或财产权信托和公益信托等）、投资基金业务；②有价证券信托。

信托兼营业务，是指信托主营业务之外的业务。它又可以分为两类：①投资银行业务，包括企业资产重组、购并及项目融资、公司理财、财务顾问等中介业务，证券承销业务；②中间业务，包括居间业务、咨询业务、资信调查、代保管及保管箱业务。

在这里，居间是指居间人向委托人报告订立合同的机会或提供订立合同的媒介服务，是委托人支付报酬的一种制度。居间人是为委托人与第三人进行民事法律行为，报告信息机会或提供媒介联系的中间人。居间人并不代委托人进行民事法律行为，仅为委托人报告订约机会或作为订约媒介，并不参与委托人与第三人之间的关系。另外，居间通常为有偿行为。

根据上述业务范围第（11）项的规定，信托公司可以经营法律法规规定或银保监会批准的其他业务。由此可知，我国信托公司业务范围有一定的发展空间。这就要求信托公司根据市场需要，按照信托目的、信托财产的种类或对信托财产管理方式的不同设置信托业务品种。

二、信托机构的业务经营方式

信托业务的经营方式是指在业务范围确定的情况下，信托公司可以运用信托财产及固有财产开展经营活动的各种方式。它与其经营范围是完全不同的两个概念。对此，《信托公司管理办法》对信托公司不同性质的财产具体规定了不同的经营方式和经营限制。

（一）信托财产的经营方式

信托公司管理运用或处分信托财产时，可以依照信托文件的约定，采取投资、出售、存放同业、买入返售、租赁和贷款等方式。银保监会另有规定的，从其规定。信托公司不得以卖出回购方式管理运用信托财产。

买入返售，是指受让银行信贷资产的同时约定由转让方于信托到期日进行回购的一种资产经营方式。卖出回购是买入返售的逆操作。卖出回购是一种以资产进行融资的行为。例如，委托人以某一自有物业设立信托，要求受托人以卖出回购的方式为其融资。信托公司将上述物业卖给了投资人，同时约定回购的时间与价格。回购到期日，若委托人无力回购，则信托公司作为回购合同的执行主体，便陷入违约的被动地位。所以，在卖出回购操作中信托公司承担了委托人的信用风险和合同主体的法律风险。因此，禁止卖出回购业务具有降低信托公司经营风险、保障其稳健经营的深远意义。

（二）信托公司固有财产的经营方式

信托公司固有业务项下可以开展存放同业、拆放同业、贷款、租赁、投资等业务。投资业务限定为金融类公司股权投资、金融产品投资和自用固定资产投资。信托公司不得以固有财产进行实业投资，但银保监会另有规定的除外。

为了降低信托公司业务的经营风险，《信托公司管理办法》对信托公司固有财产的经营方式作出了一些较为严格的限制：第一，信托公司不得开展除同业拆入业务以外的其他负债业务，且同业拆入余额不得超过其净资产的20%。银保监会另有规定的除外。第二，信托公司可以开展对外担保业务，但对外担保余额不得超过其净资产的50%。第三，信托公司经营外汇信托业务，应当遵守国家外汇管理的有关规定，并接受外汇主管部门的检查、监督。

（三）信托机构的业务经营原则

为了保障委托人和受益人的利益，信托公司开展信托业务时应遵循一定的经营规则。《信托公司管理办法》立足于信托的本质和特点，确定了信托业务的一些基本经营规则。这些规则主要有：

1.忠诚于受益人的原则

作为受托人，信托机构应该忠诚、尽力和谨慎地管理信托财产。不得利用受托人地位谋取不正当利益，也不得将信托财产挪用于非信托目的的用途。根据《信托公司管理办法》的规定：信托公司管理运用或处分信托财产，必须恪尽职守，履行诚实、守信、谨慎、有效管理的义务，维护受益人的最大利益。

2.防范利益冲突的原则

信托机构应避免因自己与关系人的利益而产生的一些行为，主要包括：

（1）信托公司开展固有业务不得出现的行为：①向关联方融出资金或转移财产；②为关联方提供担保；③以股东持有的本公司股权作为质押进行融资。

信托公司的关联方按照我国《公司法》和《企业会计准则》的有关标准界定。

（2）信托公司开展信托业务不得出现的行为：①利用受托人地位谋取不当利益；②将信托财产挪用于非信托目的的用途；③承诺信托财产不受损失或保证最低收益；④以信托财产提供担保；⑤法律法规和银保监会禁止的其他行为。

信托公司开展关联交易，应以公平的市场价格进行，逐笔向银保监会事前报告，并按照有关规定进行信息披露。

3.亲自执行的原则

信托公司应当亲自处理信托事务。信托文件另有约定或有不得已事由时，可委托他人代为处理，但信托公司应尽足够的监督义务，并对他人处理信托事务的行为承担责任。

4.保密原则

信托公司对委托人、受益人以及所处理信托事务的情况和资料负有依法保密的义务，禁止从业人员议论和泄露信托业务及其他有关客户的情况，但法律法规另有规定或信托文件另有约定的除外。

5.妥善管理的原则

信托公司应当妥善保存、处理信托事务的完整记录，定期向委托人、受益人报告信托财产及其管理运用、处分及收支的情况。委托人、受益人有权向信托公司了解对其信托财产的管理运用、处分及收支情况，并要求信托公司作出说明。

6.分别管理的原则

信托财产具有独立性特征，信托一旦成立，信托财产即从委托人、受托人及受益人的自有财产中分离出来，成为一项独立运作的财产。

信托公司应当将信托财产与其固有财产分别管理、分别记账，并将不同委托人的信托财产分别管理、分别记账。信托公司应当依法建账，对信托业务与非信托业务分别核算，并对每项信托业务单独核算。

信托公司的信托业务部门应当独立于公司的其他部门，其人员不得与公司其他部门的人员相互兼职，业务信息不得与公司的其他部门共享。这样才能更好地保障信托财产的独立性。

7.赔偿原则

信托公司违反信托目的处分信托财产，或因违背管理职责、处理信托事务不当致使信托财产受到损失的，在恢复信托财产的原状或予以赔偿前，信托公司不得请求给付报酬。因信托公司违背管理职责或管理信托事务不当所负债务及所受到的损失，以其固有财产承担。

8.信托管理的延续性原则

延续性是指信托不因受托人而终止，除信托文件另有规定外，信托公司解散、破产、被撤销或解除受托人职务，信托不终止，信托财产及信托事务应当移交给其他信托公司继续处理。

（四）对信托公司业务的风险控制

为了有效控制风险，信托机构在开展业务时应遵守一些限制。

1.自有资金及有关兼营业务的比例限制

《信托公司管理办法》规定，信托公司在固有业务方面不得开展除同业拆入业务以外的其他负债业务，且同业拆入余额不得超过其净资产的20%。银保监会另有规定的除外。

信托公司可以开展对外担保业务，但对外担保余额不得超过其净资产的50%。

信托公司经营外汇信托业务，应当遵守国家外汇管理的有关规定，并接受外汇主管部门的检查、监督。

2.设立集合资金信托计划的要求

信托公司设立集合资金信托计划，应当符合以下要求：（1）委托人为合格投资者；（2）参与信托计划的委托人为唯一受益人；（3）单个信托计划的自然人人数不得超过50，但单笔委托金额在300万元以上的自然人投资者和合格的机构投资者数量不受限制；（4）信托期限不少于1年；（5）信托资金有明确的投资方向和投资策略，且符合国家产业政策以及其他有关规定；（6）信托受益权划分为相等份额的信托单位；（7）信托合同应约定受托人报酬，除合理报酬外，信托公司不得以任何名义直接或间接以信托财产为自己或他人牟利；（8）银保监会规定的其他要求。

3.建立赔偿准备金制度

《信托公司管理办法》规定：信托公司每年应当从税后利润中提取5%作为信托赔偿准备金，但该赔偿准备金累计总额达到公司注册资本的20%时，可不再提取。信托公司的赔偿准备金应存放于经营稳健、具有一定实力的境内商业银行，或用于购买国债等低风险高流动性的证券。

第四节　信托公司财务管理

财务管理是指信托监管机构对信托公司的财务会计工作行使监督管理权的活动。可见，本节所研究的财务管理并不是传统财务会计制度上所说的财务管理。财务管理是信托公司经营管理的重要组成部分，也是信托公司整个运行机制的一个重要环节。它贯穿于信托经营全过程。财务管理对提高信托机构的经济效益，促进信托业的稳健发展具有十分重要的意义。信托公司的财务管理可以分为资金的管理、集合资金信托计划管理、财产管理和财务风险管理。

一、信托公司的资金管理

（一）资本金的管理

根据《信托公司管理办法》的规定，信托公司注册资本最低限额为3亿元人民币或等值的可自由兑换货币，注册资本为实缴货币资本。对经营不同业务的信托公司的注册资本有不同规定，信托公司申请经营企业年金基金、证券承销、资产证券化等业务，其注册资本应当符合法律法规相关规定的最低注册资本要求。此外，银保监会可以根据信托公司行业发展的需要，调整信托公司注册资本最低限额，使信托公司注册资本管理更加符合我国《公司法》中关于注册资本管理的规定。

（二）资金来源的管理

根据《信托公司管理办法》的规定，信托公司不得开展除同业拆入业务以外的其他负债业务，且同业拆入的资金余额不得超过其净资产的20%。该项规定关闭了信托公司向金融机构借款、以卖出回购方式进行融资的渠道。信托监管机构限制信托公司负债的目的是引导信托公司"回归"主业。

《信托公司集合资金信托计划管理办法》规定，信托公司推介信托计划时，不得有以下行为：（1）以任何方式承诺信托资金不受损失，或以任何方式承诺信托资金的最低收益；（2）进行公开营销宣传；（3）委托非金融机构进行推介；（4）推介材料含有与信托文件不符的内容，或存在虚假记载、误导性陈述或重大遗漏等情况；（5）对公司过去的经营业绩作夸大介绍，或恶意贬低同行；（6）银保监会禁止的其他行为。这些规定，使信托公司资金积累的来源受到很大的限制。

（三）资金运用的管理

按照资金用途确定方式的不同，信托资金的运用一般可以分为委托人指定用途的信托资金运用和由信托机构代为确定用途的信托资金运用。前者要求信托机构必须按委托人指示进行资金运用，不得擅自做主，但也不必对运用后果承担责任。后者给予信托机构相当的自由裁量权，各国信托监管机构均通过立法对其资金运用提出了明确具体的要求，以便进行约束。

《信托公司集合资金信托计划管理办法》规定：

（1）信托资金可以进行组合运用，组合运用应有明确的运用范围和投资比例。

（2）信托公司运用信托资金进行证券投资，应当采用资产组合的方式，事先制定投资比例和投资策略，采取有效措施防范风险。

（3）信托公司可以运用债权、股权、物权及其他可行方式运用信托资金。信托公司运用信托资金，应当与信托计划文件约定的投资方向和投资策略一致。

（4）信托公司管理信托计划，应当遵守以下规定：①不得向他人提供担保；②向他人提供贷款不得超过其管理的所有信托计划实收余额的30%，但银保监会另有规定的除外；③不得将信托资金直接或间接运用于信托公司的股东及其关联人，但信托资金全部来源于股东或其关联人的除外；④不得以固有财产与信托财产进行交易；⑤不得将不同信托财产进行相互交易；⑥不得将同一公司管理的不同信托计划投资于同一项目。

《信托公司管理办法》规定：

（1）信托公司不得以卖出回购方式管理运用信托财产。

（2）信托公司不得以固有财产进行实业投资，但银保监会另有规定的除外。

（3）信托公司可以开展对外担保业务，但对外担保余额不得超过其净资产的50%。

（4）信托公司固有业务项下的投资业务限定为金融类公司股权投资、金融产品投资和自用固定资产投资。

（四）信托赔偿准备金的管理

信托公司每年应将税后利润的5%，作为信托赔偿准备金，若此金额达到公司注册资本的20%，则可不再提取。信托公司的赔偿准备金应存放于实力雄厚、经营稳定的境内商业银行，或购买国债等风险较低、流动性较高的证券。

二、信托公司集合资金信托计划管理

（一）集合资金信托计划的类型

按照接受委托的方式不同，集合资金信托业务可以分为两种类型：一种是社会公众或社会不特定人群作为委托人，以购买标准的、可流通的、证券化的合同作为委托方式，由受托人集合管理信托资金的业务；另一种是具有风险识别能力、能自我保护并有一定风险承受能力的特定人群或机构作为委托人，以签订信托合同的方式作为委托方式，由受托人集合管理信托资金的业务。

目前，由于受各种条件的制约，我国的信托公司还没有开展第一种资金信托业务，主要开展的是第二种资金信托业务。第一种资金信托业务对委托人的准入门槛要求相对要高一些。如美国规定，拥有500万美元资产的个人或机构有资格参加，且委托人人数不超过100。这样规定的目的，是避免把风险识别能力和损失承受能力较弱的普通投资者引入此类业务。

（二）对集合资金信托计划委托人的管理

《信托公司集合资金信托计划管理办法》提出了合格投资者的定义和应具备的条件，从而对委托人作出了限制。合格投资者，是指符合下列条件之一，能够识别、判断和承担信托计划相应风险的人：

（1）投资一个信托计划的最低金额不少于100万元人民币的自然人、法人或依法成立的其他组织；

（2）个人或家庭金融资产总计在其认购时超过100万元人民币，且能提供相关财产证明的自然人；

（3）个人在最近三年内每年收入超过20万元人民币或夫妻双方在最近三年内

每年的收入超过30万元人民币，且能提供相关收入证明的自然人。

同时还规定，单个信托计划的自然人人数不得超过50，但单笔委托金额在300万元以上的自然人投资者和合格的机构投资者数量不受限制。

上述规定的目的是树立集合资金信托计划是信托公司为富人理财的产品意识，同时避免因委托人过低的风险意识而引发信托行业危机。提高理财起点金额的同时，除限制自然人人数外，对机构投资者不设限的规定，完全保障了信托公司在从事集合资金信托计划时对信托资金金额的需求，真正起到了既能满足合格投资者，又能限制自然人人数，同时保证信托资金需求的多重作用。

（三）集合信托计划的风险管理

《信托公司集合资金信托计划管理办法》强调风险揭示，强调投资者风险自担原则。按照《信托公司集合资金信托计划管理办法》第十一条的规定，认购风险申明书至少应当包含以下内容：

（1）信托计划不承诺保本和最低收益，具有一定的投资风险，适合风险识别、评估、承受能力较强的合格投资者。

（2）委托人应当以自己合法所有的资金认购信托单位，不得非法汇集他人资金参与信托计划。

（3）信托公司依据信托计划文件管理信托财产所产生的风险，由信托财产承担。信托公司因违背信托计划文件、处理信托事务不当而造成信托财产损失的，由信托公司以固有财产赔偿；不足赔偿时，由投资者自担。

（4）委托人在认购风险申明书上签字，即表明已认真阅读并理解所有的信托计划文件，并愿意依法承担相应的信托投资风险。

三、信托公司的财产管理

（一）财产管理的范围

财产管理的范围包括自有财产和信托财产。其中自有财产包括固定资产、无形资产和低值易耗品等。信托财产分为资金、有价证券、动产、不动产和其他财产及财产权。由于资金和有价证券已划入资金管理的范畴，所以财产管理中所涉及的信托财产仅包括动产、不动产和其他财产及财产权利。

（二）财产管理的规定

我国《信托法》和《信托公司管理办法》对信托财产的内涵、信托财产与委托人未设立信托的财产以及与受托人的固有财产的区别、信托财产的不得强制执行、受托人管理运用信托财产等方面均作了具体的规定。

1.信托财产的内涵

信托财产是指信托公司因承诺信托而取得的财产。信托公司因信托财产的管理、运用、处分或其他情形而取得的财产，也归入信托财产。法律、行政法规禁止流通的财产，不得作为信托财产；法律、行政法规限制流通的财产，依法经有关主管部门批准后，可以作为信托财产。信托财产不属于信托公司的固有财产，也不属于信托公司对受益人的负债。信托公司终止时，信托财产不属于其清算财产。

2.信托财产与委托人未设立信托的财产以及与受托人的固有财产的区别

（1）信托财产与委托人未设立信托的其他财产的区别。设立信托后，委托人死亡或依法解散、被依法撤销、被宣告破产时，委托人是唯一受益人的，信托终止，信托财产作为其遗产或清算财产；委托人不是唯一受益人的，信托存续，信托财产不作为其遗产或清算财产；当作为共同受益人的委托人死亡或依法解散、被依法撤销、被宣告破产时，其信托受益权作为其遗产或清算财产。

（2）信托财产与受托人的固有财产的区别。信托财产不得归入受托人的固有财产或成为固有财产的一部分。受托人死亡或依法解散、被依法撤销、被宣告破产而终止，信托财产不属于其遗产或清算财产。

3.信托财产的不得强制执行

除因下列情形之一外，对信托财产不得强制执行：（1）设立信托前债权人已对该信托财产享有优先受偿的权利，并依法行使该权利的；（2）受托人因处理信托事务而产生债务，债权人要求清偿该债务的；（3）信托财产本身应担负的税款；（4）法律规定的其他情形。因违反上述规定而被强制执行信托财产时，委托人、受托人或受益人有权向人民法院提出异议。

4.受托人管理运用信托财产

我国《信托法》规定：受托人管理运用、处分信托财产所产生的债权，不得与其固有财产产生的债务相抵销。受托人管理运用、处分不同委托人的信托财产所产生的债权债务，不得相互抵销。

《信托公司管理办法》规定：（1）信托公司应当妥善保存处理信托事务的完整记录，定期向委托人、受益人报告信托财产及其管理运用、处分及收支的情况。委托人、受益人有权向信托公司了解其信托财产的管理运用、处分及收支情况，并要求信托公司作出说明。（2）信托公司应当将信托财产与其固有财产分别管理、分别记账，并将不同委托人的信托财产分别管理、分别记账。（3）信托公司开展固有业务，不得向关联方融出资金或转移财产、为关联方提供担保、以股东持有的本公司股权作为质押进行融资。（4）信托公司开展信托业务，不得利用受托人地位谋取不当利益、将信托财产挪用于非信托目的的用途、承诺信托财产不受损失或保证最低收益、以信托财产提供担保。（5）信托公司违反信托目的处分信托财产，或因违背管理职责、处理信托事务不当致使信托财产受到损失的，在恢复信托财产的原状或予以赔偿前，信托公司不得请求给付报酬。（6）信托公司因处理信托事务而支出的费用、负担的债务，以信托财产承担，但应在信托合同中列明或明确告知受益人。信托公司以其固有财产先行支付的，对信托财产享有优先受偿的权利。因信托公司违背管理职责或管理信托事务不当所负债务及所受到的损害，以其固有财产承担。

四、财务风险管理

财务风险管理是风险管理的一个分支，是一种特殊的管理功能。信托公司财务风险管理是指信托公司对其理财过程中存在的各种风险进行识别、度量和分析、评价，并适时采取及时、有效的方法进行防范和控制，以经济、合理、可行的方法进行处理，以保障理财活动安全、正常开展，保证其经济利益免受损失的管理过程。

信托公司财务风险管理是由风险识别、风险度量和风险控制等环节组成的，其中核心是风险度量。财务风险管理的目标是降低财务风险，减少风险损失。因此，在进行财务风险管理决策时要处理好成本和效率的关系，应该从最经济、合理的角度来处置风险，制定财务风险管理策略。风险的动态性决定了财务风险管理是一个动态的过程。信托公司内外环境不断变化，在财务风险管理计划的实施过程中，应该根据财务风险状态的变化，及时调整财务风险管理方案，对偏离财务风险管理目标的行为进行修正。

第五节　信托公司风险管理

信托业是当代金融领域的四大支柱之一，加之信托业务横跨货币、资本和实业三大领域，其风险管理的复杂性、多样性等特点日益突出，近年来随着一些信托项目（或产品）风险事件的不断出现，加强对信托公司的风险管理变得越来越重要。2023年中央金融工作会议指出："坚持把防控风险作为金融工作的永恒主题。"

一、信托风险的含义

信托风险是指信托公司在经营信托业务过程中，由于不确定因素使信托财产遭受损失、对信托当事人产生不利影响的可能性。

风险是市场经济活动中普遍存在的客观经济现象，信托业风险是信托业自身特点因素、信托机构经营管理因素和信托业赖以生存发展的外部环境因素共同作用的结果。

二、信托风险的类型

信托公司在具体业务中面临的风险非常多，主要有以下几种：

（一）信用风险

信用风险，是指由于租赁信用活动中存在的不确定性使当事人遭受损失的风险。信托财产在管理运用过程中产生了信托财产运作当事人，形成新的委托代理关系，从而形成新的信用风险。信用风险产生的原因主要有以下几个方面：第一，在业务运作前，信托财产的实际使用方（融资方）向信托公司提供虚假的融资方案与资信证明材料、提供虚假担保等，骗取信托财产，最终造成信托财产损失。第二，在运作过程中，信托财产的实际使用方或控制方为了自身利益的最大化，未严格按合同约定使用信托资金，或将信托资金投向其他风险较高的项目，造成信托财产损失。第三，在信托业务项目结束后，信托财产的实际使用方或控制方不按照合同约定，向信托公司及时、足额返还信托财产及收益，或担保方不承担担保责任等，造成信托财产损失。

（二）操作风险

操作风险，是指由于信托公司内部控制程序、人员、系统的不完善或失误及外部事件使当事人遭受损失的风险。操作风险产生的原因主要有以下几个方面：第一，执行人员对有关条款、高管人员的意图理解不当或有意误操作等；第二，业务运作过程的效率低下；第三，信息在公司内部或公司外部产生、接受、处理、存储、转移等环节出现故障；第四，缺乏能力合格的员工、不恰当地评估员工业绩、员工欺诈等；第五，公司信息系统出现故障等。

操作风险在信托公司的每笔业务中都会存在，且单个操作风险因素与风险损失之间不存在清晰的数量关系。对业务延伸领域相当广泛的信托公司来说，最容易受到操作风险的冲击。

（三）政策风险

政策风险，是指因财政政策、货币政策、产业政策、地区发展政策等发生变化使当事人遭受损失的风险。财政政策、货币政策对资本市场、货币市场影响显著，产业政策则对实业投资领域有明显作用。政策因素可能直接作用于信托公司，也可以通过信托业务涉及的其他当事人，间接作用于信托公司。

（四）法律风险

法律风险，是指信托法律及其配套制度的不完善或修订使当事人遭受损失的风险。我国属于大陆法系的国家，而现行的信托法律法规体系与以衡平法为基础的信托法之间存在一定的冲突，且信托登记制度、信托税收制度、信息披露制度等法规或尚未颁布实施或缺少实施细则、可操作性不强。在这种情况下，信托业务的法律风险就显得较为明显。

（五）流动性风险

流动性风险，是指信托财产、信托受益权或以信托财产为基础开发的具体信托产品的流动性不足，使当事人遭受损失的风险。流动性要求信托财产、信托受益权或信托业务产品可以随时得到偿付，能以合理的价格在市场上变现出售，或能以合理的利率比较方便地进行融资。目前，我国信托公司主要将募集的资金以贷款的方式投入资金需求方，信托财产的流动性主要由资金的需求方控制，信托公司不能对其流动性进行主动设计，加之现行政策法规中对信托产品的流动性制度安排本来就存在缺陷，因而流动性风险在当前的信托业务中普遍存在。

（六）利率风险

利率风险，是指市场利率的变化导致信托公司资产和负债利率变动不一致使当事人遭受损失的风险。在信托业务经营中，利率风险主要表现在市场利率的非预期性波动给信托投资经营造成的影响方面，如果市场利率发生了与预期方向相反的变化，就一定会给信托贷款业务带来不利的影响，会降低信托公司的净利润，减少投资收益。在市场利率变动的情况下，信托投资标的物的价值会随之变化，即使是市场利率的微小变动，也会使其发生波动，这种价格的波动会给信托当事人带来风险。

（七）汇率风险

汇率风险，是指信托公司的外汇负债因汇率上浮即升值，增加了融资成本和付息还本的负担，从而使当事人遭受损失的风险。由于国际外汇市场上某种外汇汇率波动，用外汇作为负债的信托公司的风险增大，所以汇率风险在信托公司中是比较常见的。

（八）投资风险

投资风险，是指投资收益的不确定性变化使信托当事人遭受损失的风险。信托公司在投资中往往追求高回报，管理又缺乏风险控制，致使投资项目和合作对象选择不当而使投资的实际收益低于投资成本，或没有达到预期收益，以及由于资金运用不当而形成风险。例如，资金来源利率高于资金运用利率，短期资金来源作长期运用等。这种风险在信托公司的自营投资和委托投资中比较常见，是造成信托公司资产质量下降的主要原因。

三、信托风险管理的原则

风险管理的原则各异，但总体来看，可归结为以下几点：

（一）全面性原则

全面性原则即风险管理应当涵盖公司各项业务管理的各个环节和各当事人。

（二）制衡性原则

制衡性原则即明确划分相关部门之间、岗位之间、上下级机构之间的职责，建立职责分离、横向与纵向相互监督制约的机制。

（三）程序性原则

程序性原则即公司的风险管理过程尽可能落实到公司的制度、工作流程中，使风险管理工作程序化。

（四）独立性原则

独立性原则即风险管理职能与日常业务管理职能相对分离，不受业务活动的干扰。

（五）适时有效性原则

适时有效性原则即公司风险管理制度应随着公司经营战略、经营方针、经营理念等内部环境和国家法律法规、市场变化等外部环境的改变及时进行相应的修改和完善。

四、信托风险管理的策略

（一）加强信托公司的内部监督

有效的内部控制必须覆盖机构所有的部门和岗位，渗透到各项业务过程和各个操作环节，不能留有任何死角。一般来说，内部控制的基本内容包括四个方面，一是恰当的职能分离，对容易发生风险的业务环节实行有关职能的分离。如业务经营与账务处理相分离，信用的受理发放与审查相分离，有价证券和重要空白凭证的保管与使用相分离，信托业务经营与自营业务经营相分离等。二是双人原则，对重要岗位如资金交易、信贷管理、财务会计等，要实行双人、双职、双责机制，对相关活动进行交叉核对并由双人签字。三是独立审计，对公司全部业务活动的合规性、风险性和安全性以及对内部控制系统的完善程度、有效性和效率进行独立的检查和评价。四是建设完善的组织结构及运作机制，显然，信托公司在设计和调整自己组织结构的时候必须界定相应的职能，设置相应部门，配备相应人员并建立相应运作机制，这样才能满足信托机构内部控制的基本要求。

信托公司必须充分发挥计划、财务、审计、项目评审、法律等部门的职能，加强监督和约束机制，加强对日常经营活动的风险控制和风险管理。审计部门要加强审计监督力度，通过日常审计监督和专项审计稽核，及时发现并化解风险，把风险降到最低。行为监督是加强内部控制机制的核心，对从业人员执行金融法规、规章制度和操作规程的情况，要建立有效的监督检查制度。对重要的岗位要实行定期轮换和定期审计制度，严格控制其操作程序和操作权限，做到决策、经营、监督相互分离、相互制约，明确各自的职责权限。

（二）建立科学、严密的决策机制

防范信托风险要把工作重点放在对风险的研究、分析和控制上，要重视做好事前防范工作。必须按照决策权、经营权、监督权分离的原则，理顺决策程序、限定操作权限、加强监督力度，使三者相互独立，努力将风险牢牢控制在决策层手中。为保证科学决策，必须成立专门的决策评审委员会，对固定资产贷款、大额流动资金贷款及大额投资项目进行评委会人员集体评审，遵守评委会建立的议事规则和否决制度，使评估决策建立在民主、科学的基础上。

（三）完善风险预测预警制度

建立预测预警机制是防范风险的重要手段，这种机制可以使信托公司能够科学、准确地预测风险，及时、灵敏地发出风险信号，达到化解风险的目的。为建立风险预测预警机制，必须首先确立一系列的指标体系，对风险程度进行定量分析。指标体系一般划分为两类，一类是由公司的监管部门重点掌握的综合指标，包括资产规模、资本充足率、委托与自营存贷比例、担保限额比例、资产流动比率和资产变现比率等。另一类是由业务部门控制的单项指标，包括投资项目进展情况、信贷业务中的逾期贷款比例和催收贷款比例等。

（四）规范业务操作流程

业务操作流程虽然是程序问题，却是信托业风险控制的关键环节。信托公司必须采用规章制度的形式使业务操作流程明确化、制度化，以减少操作失误带来的风险。业务操作规程必须通过不同岗位、不同人员共同参与业务操作，将业务置于双线核算、双重控制、交叉核对、相互制约的状态，以达到风险防范的目的。业务操作规程的高效性、严格性不仅体现在相关岗位的操作方法和控制步骤准确衔接、协调配合以及业务流程的连贯顺畅上，还体现在相关环节之间合理的监督制约关系上。

本章小结

一般来讲，信托机构是指依照法律的授权并以受托人资格从事信托业务的法人机构组织，泛称为信托业。从性质上来看，信托机构属于法人机构、金融机构。其特点为：从事信托业务，充当受托人；主要发挥财产管理职能；利润主要来源于信托报酬；业务经营要遵循信托财产独立性要求。加强信托机构管理有利于保障委托人与受益人的合法利益、提高信托机构的经营能力、维护金融体系的稳定。信托机构管理有外部监管和内部管理两种形式。信托机构管理应当遵循有效管理和最大利益原则、权责明确原则、效益优先原则、全面风险管理原则和结构优化原则。

信托机构组织管理包括信托机构组织形式设立、变更、终止以及内部组织机构设置管理等内容。

信托机构业务管理的内容包括规定业务经营范围、经营方式和经营原则。

信托机构财务管理的内容包括资金管理、集合资金信托计划管理、财产管理和财务风险管理。

信托机构风险管理的内容包括界定信托风险含义、划分信托风险类型、确定信托风险管理原则以及防范信托风险的策略。

―――――――――――――― 关键概念 ――――――――――――――

信托机构　单一信托机构　附属信托机构　财务风险管理　信托风险

―――――――――――――― 思考与应用 ――――――――――――――

1.信托机构的性质与特点表现在哪些方面？

2.信托机构管理有什么意义？应遵循哪些原则？

3.信托机构业务经营的原则有哪些？

4.信托机构面临的风险有哪些？

5.信托机构风险管理的原则与防范风险的策略有哪些？

第|五|章

租赁概述

──────── 学习目标 ────────

理解租赁的含义、特征和构成要素，了解各种不同类型的租赁形式及其相关知识，理解并掌握租赁的职能与作用，了解租赁的发展阶段、世界租赁业的现状及中国租赁业的产生和发展阶段。

第一节　租赁的含义、特征与构成要素

一、租赁的含义

租赁作为古老的经济业务具有悠久的历史，它在我们的日常生活和经济活动中普遍存在。大多数社会成员对"租赁"二字并不陌生，我们经常在报刊、广播、电视等媒体中看到房屋租赁、汽车租赁、船舶租赁、机械设备租赁、照相机租赁、服装租赁等方面的广告。

租赁从字义上来理解，"租"是指物件的所有者把物件借给他人使用而获取报酬；"赁"是指物件的使用者借他人物件使用而支付费用。因此，租赁归纳起来，是指以特定物件为标的，物件的所有者以收取报酬（租金）为条件，在一定时期内让渡物件使用权；或者说，物件的使用者在不拥有物件所有权的情况下，通过支付一定的费用（租金）而取得该物件一定时期的使用权。可见，租赁就是一种以收取或支付租金、融通租赁资产（设备）使用权为目的的交易方式。

二、租赁的特征

租赁从早期的实物租赁发展到以融资租赁为代表的现代租赁，已成为一种以融

资为目的而进行的经营活动。租赁作为一种信用形式，同银行信用、商业信用一样，具备了信用的基本特征。这个基本特征就是价值的单方面转移，是所有权与使用权的分离，是物品的所有者以收取报酬为条件，转让使用权的一种方式。从另一个角度来说，是人们在不拥有物品所有权的情况下，通过支付费用在一定的期限内获得物品的使用权。

然而，租赁作为一种独立的信用形式，它又与银行信用、商业信用存在着显著的差异，具有截然不同的特性，这可以通过对它们比较加以理解和认识。

（一）租赁与银行贷款的区别

租赁作为一种融资方式，实现了融资与融物的结合，一方面，其发挥了与银行贷款（银行信用）相似的作用；另一方面，两者之间也存在着明显的不同。它们的区别表现在以下几方面：

1.性质不同

租赁是租赁信用，银行贷款是银行信用。

2.标的不同

租赁的标的是具有各种不同使用价值的租赁物件，银行贷款的标的是使用价值单一的资金。

3.涉及的合同不同

租赁是以融物形式实现融资的目的，涉及租赁合同与购买合同（买卖合同）；银行贷款反映了借贷双方之间的借贷关系，只涉及借款合同。

租赁合同是出租人（租赁公司）与承租人（承租企业）之间签订的书面文件，购买合同是出租人与供货人（出卖人）之间签订的书面文件，而贷款合同是贷款人与借款人之间签订的书面文件。

4.融资方式不同

租赁是一种完全的融资方式（百分百融资方式），银行贷款是一种不完全的融资方式。

承租人通过租赁的方式，既获得了租赁物件的使用权，又满足了购买租赁物件的融资需求；而借款人在向银行贷款时，银行往往按一定的抵押率给予贷款，贷款的金额必然低于抵押资产的实际价值，同时，银行还会要求借款人在银行保留一部分贷款作为强制性存款，这就在一定程度上限制了借款人的融资比例。

5.财务处理方式不同

一般来说，租赁不是承租人的负债，租赁物不需要计入承租人的资产负债表；银行贷款是借款人的负债，需要计入借款人的资产负债表。

（二）租赁与分期付款购买的区别

租赁与分期付款购买在还款形式上十分相似。在租赁业务中，承租人分期向出租人支付租金；在分期付款购买中，买方向卖方分期支付货款。两者都涉及资金的分期支付。租赁是租赁信用，分期付款购买是商业信用，两者之间存在着根本区别。

1.转让的权利不同

租赁的出租人在租期内只转让租赁物件的使用权而不转让所有权，承租人在租期内不能对租赁物件进行任意处理；分期付款购买则转让物品（商品）的全部所有权，买方在支付第一笔货款后就获得了物品的所有权，买方可以对所购物品进行自主处理。

2.涉及的合同不同

租赁是以融物形式实现融资的目的，涉及租赁合同与购买合同；分期付款购买由卖方向买方提供商业信用，只涉及购货合同（买卖合同）。

3.当事人不同

租赁通常有两个最基本的当事人，即出租人和承租人。在复杂的现代租赁中，当事人还包括供货人、物主受托人、贷款人、合同受托人和经纪人；分期付款购买业务只有两个当事人，即买方和卖方。

4.税收政策不同

租赁作为一种融资与融物相结合的信用方式，当事人可以享受税收优惠待遇；分期付款作为一种一般的买卖交易（贸易方式），当事人不能享受税收优惠待遇。

5.会计处理不同

在会计处理上，租赁因业务性质不同而有所差异：经营租赁的承租人无须设置资产账户，无须提取折旧；而融资租赁的承租人需要设置"融资租入固定资产"项目，需要提取折旧。分期付款购买需要设置相应的资产账户，并提取折旧。

此外，租赁业务的租赁物件大多保留一定金额的残值，分期付款购买不存在残值的问题。

三、租赁的构成要素

（一）租赁当事人

租赁通常有两个最基本的当事人，一方是出租人，另一方是承租人。出租人是租赁物件的所有者，拥有租赁物件的所有权，在一定时期内通过将租赁物件租给承租人使用而获取报酬；承租人是租赁物件的使用者，在租赁期间拥有租赁物件的使用权，并向出租人支付一定的费用。在复杂的现代租赁业务中，当事人不仅有出租人和承租人，还有其他当事人，如融资租赁业务的当事人还包括供货人；杠杆租赁业务的当事人还包括物主受托人、贷款人、合同受托人和经纪人。

在现代租赁（融资租赁）业务中，就租赁当事人的法律资格来看，出租人一般为法人，而对承租人几乎没有限制，既可以是法人，又可以是自然人，以法人居多。在数额较大的租赁交易中，出租人与承租人通常都是法人，因为自然人很难承担与巨额财产相对应的巨额风险。

（二）租赁标的

标的是指经济活动中当事人交易的对象。租赁标的也称为租赁物件（简称为租赁物），是指在租赁业务中，出租人和承租人所交易的对象，是出租人租赁给承租人使用的物件。

在现代租赁业务中，由于出租的是某种物件的使用权，所以从理论上来讲，凡是能够合法转让使用权的物件都可以作为租赁标的。但是，在实际操作中，各个国家或地区乃至有关国际组织都对租赁标的作出一些限制。如《国际融资租赁公约》规定，租赁标的指的是不动产、场地或某种设备；《国际会计准则第17号——租赁》规定：租赁标的不包括石油、天然气、木材、金属和其他自然资源的开采权，以及电影、录像、剧本、文稿、专利和版权；我国《金融租赁公司管理办法》（2024年11月1日起施行）第五条规定：金融租赁公司开展融资租赁业务的租赁物类型，包括设备资产、生产性生物资产以及国家金融监督管理总局认可的其他资产。综上所述，租赁标的具有以下性质：一是租赁标的必须是有形的实物资产，无形资产不能作为租赁标的；二是租赁标的使用后仍能保持其原有的形态；三是租赁标的必须能够相对独立地发挥效用而不必依附其他物品；四是租赁标的要具有一定的经济寿命。

（三）租赁合同

租赁关系是通过订立租赁合同来确立的，因而租赁合同成为租赁活动不可或缺的一个要素。租赁合同是规范当事人权利和义务的契约。融资租赁合同包括两个紧密相连的合同：一是出租人与承租人签订的租赁合同，二是出租人与供货人签订的购买合同。

（四）租赁期限

租赁期限简称"租期"，是指出租人将租赁物件租给承租人使用的时间。租期的长短与租赁类型相关联，一般来看，经营租赁的租期比融资租赁的租期短；经营租赁的租期以不超过1年居多；融资租赁的租期一般在3~5年，最长可达20年。租期的长短还要根据承租人的使用要求和偿还能力、租赁物的成本和经济寿命等来确定。

（五）租金

租金是承租人在租期内为获得租赁物件的使用权而支付给出租人的费用，或者说是出租人在租期内转让租赁物件的使用权而向承租人收取的报酬。它体现了出租人与承租人之间的信用关系。出租人通过收取租金不仅要收回购买租赁物件的购置原价（成本）、融资利息以及为购置租赁物件所花费的各项开支，还要在此基础上获取必要的利润。租期越长，出租人在租赁物件上所花费的成本越高，则租金就越高。按照租赁合同规定定期支付租金，是承租人必须履行的合同义务。

第二节　租赁的种类

租赁业务按照不同的标准分为各种不同类型。国际上目前还没有统一的分类标准。

一、按照是否享受税收优惠，可以分为节税租赁和非节税租赁

（一）节税租赁

节税租赁也称真实租赁，是指由出租人享受税收优惠的租赁。具体地说，在符合税法所规定的各项条件的情况下，出租人可获得对租赁物件的加速折旧、投资减税等优惠政策，并且出租人可以通过采用降低租金的形式向承租人转让部分税收优惠，而承租人可以将其所支付的租金从应纳所得税中扣除。由于节税的好处，承租人用于租赁设备的成本支出就低于贷款购买设备的成本支出，从而使租赁更具有吸引力。

（二）非节税租赁

非节税租赁，是指出租人不能享受税收优惠的租赁。非节税租赁在英国称为租购，在美国称为有条件的销售式租赁。非节税租赁在税收上被作为买卖交易的分期付款交易来对待，享有与买卖交易相同的税收待遇。在此租赁中，由承租人而不是出租人作为租赁物件的所有者，享受税收折旧优惠和期末残值，但其所付的租金不能当作费用从成本中扣除。

二、按照业务性质不同，可以分为经营租赁和融资租赁

现代租赁有两种形式，即经营租赁和融资租赁，其中融资租赁是现代租赁的典型形式。无论哪种形式的租赁，都是以各种设备（租赁资产）为主要标的的，所以又称设备租赁。

（一）经营租赁

1.经营租赁的含义

经营租赁，是指由出租人向承租人提供租赁物件的使用权，并且负责租赁物件的维修、保养及其他专门性技术服务的一种租赁形式。或者说，经营租赁是指融资租赁以外的所有租赁形式。经营租赁的租赁物一般是通用设备，同租赁物的经济寿命相比，承租人对租赁物的租期较短，经营租赁的承租人由不固定的多数人所构成。在合理的限制条件下，可以解除租赁契约。

2.经营租赁的优点

（1）有利于承租人获得使用租赁设备的经验。承租人通过短期租赁一般设备来使用，以此了解设备的性能以及是否满足自身生产经营的需要，从而取得使用设备的经验。如果确实需要，就要决定是采用购买的方式还是长期租赁的方式；如果设备不符合自身生产经营的要求，则承租人只花费很小的代价就取得了使用设备的宝贵经验。

（2）可以降低承租人在租赁设备上面临的无形损失风险。由于经营性租赁不是全额偿付设备价款，而且租赁期限的长短完全由承租人确定，所以因技术进步而造成的设备过时、陈旧等无形损失的风险，就不会由承租人承担。当然，为了弥补出租人所承担的风险，承租人应该支付一笔高于融资租赁正常收益的租赁费。

（3）有利于承租人节约人力、物力、时间和费用。经营租赁的出租人不仅向承租人提供租赁设备的使用权，还通过其拥有的许多专业技术人员以及有关的维护器材向承租人提供租赁设备的维护、保养等服务，这样既方便承租人对租赁设备的使用，又为承租人节约了人力、物力、时间和费用。

3.经营租赁的特点

（1）租赁关系简单。经营租赁主要涉及出租人和承租人两个当事人，只签订一个合同，即租赁合同，承租人既有法人，又有个人。

（2）具有服务业务性质。经营租赁的出租人不仅向承租人提供租赁设备，在租期内还提供设备的维修、保养和人员培训等方面的服务，所以又称服务租赁。

（3）以获得租赁设备短期使用权为目的。经营租赁的承租人租入设备的目的在于获得短期内的使用权和享受出租人提供的专门技术服务，不在于通过租赁追求融资。因此，经营租赁又称操作租赁。

（4）属于短期筹资方式。经营租赁虽然以获取出租人提供服务为主要目的，但从承租人不必先付款购买设备即可享有设备使用权这个角度来看，也具有一定的短期筹资作用。

（5）租赁期限较短。经营租赁的租期一般在一年或一年以下，是一种临时性、短期的租赁。经营租赁的标的是由出租人选定的通用设备，可以反复出租，满足不同承租人的需求。由于租赁设备的有效使用寿命被分成多个租赁期，每个租赁期相对较短，出租人出租一次只能收回购买租赁设备的一部分投资，只有多次出租才能收回投资并盈利，所以经营租赁是一种不完全支付的租赁（非全额清偿租赁）。

（6）租金数额较小，构成简单，支付方式较少。由于经营性租赁的租期短，所以租金数额较小。其租金由两个要素构成：出租设备的使用费（租金）和提供维修、保养等方面的服务费。其租金的支付方式主要是期初支付或期末一次性支付或租赁期内分次支付，支付方式较少。

（7）租赁设备不纳入承租人的资产负债表。在经营租赁中，承租人租入的租赁设备不作自有的固定资产处理，因而不需要纳入承租人的资产负债表。在租期内，承租人需要将租入的租赁设备在"租入固定资产登记表"备查账簿中登记，支付的租金计入有关的成本费用之中。

（8）合同的稳定性较差。在经营租赁中，由于租期短、租赁设备具有通用性，可多次租给不同的承租人，所以承租人按照协议有权发出书面通知取消合同（退租或解约）。因此，其合同的稳定性较差。

（9）租赁期满后租赁设备的处理方式单一。当经营租赁的租期期满后，承租人如果不续租，则需要将租赁设备完好地退还给出租人（即退租）。

4.经营租赁的形式

经营租赁可以进一步细分为短期租赁、专业设备租赁和维修租赁等不同形式。

（1）短期租赁。这是指出租人将租赁设备租给承租人短期使用的一种租赁形式。租赁标的是由出租人选定的通用设备，可以反复出租，满足不同承租人的需求。

（2）专业设备租赁。这又称专用设备租赁，是指出租人将专用设备租给特定承租人使用的一种租赁形式。专业设备租赁又可分为干租和湿租两种形式。干租是指出租人只出租设备，而设备的维修、保养主要由承租人负责；湿租是指出租人不仅向承租人提供租赁设备，而且还提供使用设备的人员，并且对设备的使用、维修和保养等负责。湿租多用于大型、复杂设备的租赁。

（3）维修租赁。这是指出租人不仅向承租人提供租赁设备，而且提供专门的维修、替换等服务。为此，出租人必须在处理设备故障方面具有较高的专业技术。

（二）融资租赁

1.融资租赁的含义

融资租赁，是指出租人根据承租人提供的租赁设备的规格及所同意的条款，或承租人直接参与订立的条款，与供货人订立供货（购买）合同，并与承租人订立租赁合同，以支付租金为条件，将租赁设备的占有权、使用权和受益权转让给承租人的一种租赁形式。

2.融资租赁的优点

融资租赁是商品经济中信用关系的一个重要发展形式，其优点主要表现在以下几个方面：（1）便于承租人以少量的投资及时获得所需要的技术设备，拓宽了融资渠道；（2）通过事先签订租赁合同的方式将全部租金定下来，避免通货膨胀所带来的损失；（3）避免资金固定化，提高资金利用率；（4）将租金计入成本，便于促进承租人加强经济核算和经营管理；（5）有利于承租人及时更新设备，提高产品竞争力，实现产业升级。

3.融资租赁的特点

（1）租赁关系复杂。融资租赁一般至少涉及出租人、承租人和供货人三个当事人，签订两个合同，即租赁合同和购货合同，承租人大多为法人。在杠杆租赁中，除了出租人、承租人和供货人三个当事人以外，还包括物主受托人、债权人、合同受托人、经纪人等当事人，需要签订多份合同或协议。

（2）具有信用业务性质。融资租赁是由出租人按照承租人的要求融资购买租赁设备，并在契约或合同规定的较长时期内提供给承租人使用一种信用业务。因此，融资租赁具有信用业务性质，在租期内，出租人一般不提供租赁设备维修、保养等方面的服务。

（3）融资与融物相结合，以融资为主要目的。融资租赁的本质在于承租人通过融物来达到融资的目的，"物"为载体，以"物"的融通实现资金的融通。因此，融资租赁又称金融租赁。

（4）属于长期筹资方式。融资租赁是以融通资金为主要目的的的租赁，是融资与融物相结合，带有商品销售性质的租赁（又称购买租赁）。由于租赁设备是出租人按照承租人的要求专门购置并提供给承租人长期使用，实际上起到了与长期借款相同的作用，所以融资租赁是筹集长期资金的一种重要方式。

（5）租赁期限较长。融资租赁既融物又融资，因此租赁期限长。按国际惯例，租赁期限一般接近租赁设备经济使用寿命的70%~80%（我国的规定是不得低于50%），所以又称长期租赁。融资租赁的标的是由承租人选定的特定设备，通用性小，只能满足一个承租人的需要，所以出租人通过一次出租（一租定终身的租赁方式）即可收回全部投资并盈利。因此，融资租赁是一种完全支付的租赁（全额清偿租赁）。

（6）租金数额较高，构成复杂，支付方式较多。由于融资租赁既融物又融资，租赁期限长，所以其租金数额较高。其租金由五个要素构成：租赁设备的购置成本、利息、租赁手续费、预计设备残值和利润。其租金支付方式有：年付、半年付、季付或月付，期初支付（先付）与期末支付（后付），等额支付与不等额支付，以及延期支付与非延期支付等。

（7）租赁设备纳入承租人的资产负债表。在融资租赁中，承租人租入的租赁设备要视作自有的固定资产处理，因而需要纳入承租人的资产负债表。在租期内，承租人租赁的设备交付使用后还要计提折旧，支付租金时，要冲减长期应付款，不能再计入有关的成本费用中。

（8）合同的稳定性较强。由于融资租赁的租赁金额较高以及租赁设备的专用性，并涉及供货人、出租人、承租人等各方的利益，承租人一旦退租或解约必将给租赁合同当事人带来较大的经济损失，所以融资租赁合同未经双方当事人一致同意不得退租或解约，这就保证了融资租赁合同的稳定性。

（9）租赁期满后租赁设备的处理方式多样。当融资租赁的租期期满后，承租人有优先选择留购即廉价购买租赁设备的权利，也可采取续租方式，或将租赁设备完好地退还给出租人（退租）。

4.融资租赁的形式

（1）直接租赁

直接租赁也称自营租赁，是指出租人根据承租人提出的租赁标的（对象）和要求，先购进承租人选定的租赁设备（对象），然后再租给承租人的租赁形式。在租期内，出租人通过收取租金收回全部投资并获取利润，承租人则用租赁设备实现的收入分期支付租金，负责设备的维修和保养，缴纳相应的保险费和税金。由于租赁设备是承租人因其生产经营获利的需要购入的，所以在支付有关费用之后仍然能够获取一定的利润。租赁期满，承租人可以根据需要，或续租或退租或留购。直接租赁是简单的融资租赁。其租赁期限较长，一般为3~5年，大型设备的租期为10年，最长可达20年。由于直接租赁是定向的，能满足双方当事人的需要，所以是融资租赁的主要形式。

直接租赁的程序：①出租人与承租人签订租赁合同；②出租人与供货人签订购买合同；③出租人向供货人支付货款；④供货人向承租人交付租赁设备；⑤承租人按照合同约定向出租人支付租金。

直接租赁的特点：①出租人购买设备和租赁设备两个过程是同时进行的；②租赁业务当事人三方（设备生产厂商、出租人、承租人）相互直接见面；③出租人在购买设备时，不形成库存。

直接租赁的优点：①有利于生产者与使用者之间的衔接；②有利于迅速发挥承租人的投资效益；③减少出租人的资金占用，降低租赁成本等。因而，直接租赁已被大多数国家或地区所采用。

（2）转租赁

转租赁，又称再租赁，简称转租，是指将租赁设备进行两次租赁的融资租赁形式。一般做法是：租赁机构（第一承租人、第二出租人）先以承租人的身份，从其他租赁机构公司（通常为国外租赁机构公司，也是第一或原始出租人）租入设备，然后再转租给承租人使用。转租在国内租赁业务中很少使用，但在国际租赁业务中，转租却是一种经常使用的融资方式。转租业务大多出现在引进国外先进设备的情况下。由于转租形式要签订两次租赁合同，承租人一般要支付高于直接租赁形式的租金，所以承租人往往是在迫切需要国外只租不卖的先进技术设备时，才选择这种形式。

转租赁的操作流程：①承租人与国内租赁机构洽谈有关租赁标的物的条件；②承租人提出申请，国内租赁机构进行认真调查和审核，如果同意，则与承租人签订租赁合同；③国内租赁机构代表承租人与国外生产厂商进行谈判并签订买卖合同；④国内租赁机构代表承租人与国外租赁机构签订地位转让合同；⑤国外租赁机构与国内租赁机构签订租赁合同；⑥国外租赁机构向国外生产厂商支付货款；⑦国外生产厂商把设备直接发给承租人；⑧承租人按期向国内租赁机构交付租金；⑨国内租赁机构按期以外汇向国外租赁机构支付租金。

转租赁的特点：①对于同一台技术设备，产生了两次租赁业务关系，即第一出租人与第一承租人（转租人）之间的租赁关系和第一承租人与第二承租人之间的租赁关系；②与直接租赁一样，第一承租人并不是中介人，而是当事人；③第一承租人与第一出租人之间，第二承租人与第二出租人之间分别订立租赁合同，分别建立独立的租赁关系，分别行使承租人与出租人的权利和义务。设备的所有者和使用者之间，没有任何直接的经济或法律的关系。

转租赁的作用：对于第一出租人，因为其需要购买租赁设备，所以其对促进设备销售起着非常重要的作用。对于最终承租人，为使用租赁设备需配置一系列资产，这促进了投资和消费。如果转租在同一个国家或经济共同体运作，其发挥的作用是明显的，否则租赁的好处就会被分割。

（3）回租租赁

回租租赁，也称售后租赁或反租赁，简称回租，是指承租人（出卖人）将一项自制或外购的设备按账面价格或重估价格出售给出租人，然后再从出租人处租回使用的一种租赁形式。回租通常用于不动产租赁。通过回租租赁，承租人既可以拥有设备的使用权，又能使这些设备所占用的资金变为现款，用以增加其他设备的投资或其他资金需要，有利于改善企业的经营管理。回租租赁是西方发达国家常用的融资方式之一。目前，回租租赁也成为我国许多企业研究的对象。

回租租赁的程序：①承租人将设备出售给租赁公司（出租人）并取得货款；②承租人和租赁公司签订租赁合同，承租人租回原售出的设备；③承租人使用设备并按期向租赁公司支付租金。

回租租赁的特点：①资产（设备）形态发生变化。通过回租租赁，承租人一方面能继续占用和使用设备；另一方面将固定资产的所有权出售给租赁公司而获得相应的现金，实现长期资产向流动资产的转换，增强了承租人长期资产的流动性。②交易具有双重性。在回租租赁业务中，设备出售人同时又是承租人，在通过销售设备等资产取得销售收入的同时，又作为承租人向购买人（出租人）租入设备用于生产，从而实现资产的价值和使用价值，具有经济业务的双重性；设备的购买人同时又是出租人，通过购买承租人的设备取得所有权，同时又作为出租人转让该设备的使用权，取得设备使用权的转让收入，实现设备使用价值的再循环，也具有业务上的双重性。③资产所有权与使用权相分离。在回租租赁业务中，设备出售人出售设备后，该设备并未发生转移，出售人在特定的租赁合同规定的条件和期限下租回该设备，继续使用。作为购买人，虽然取得设备的所有权，获得与该设备所有权有关的报酬并承担风险，但并没有实际掌握该设备的使用权，因而形成设备的所有权与使用权的分离。

回租业务的作用：①可以使承租企业的固定资产流动化。承租企业原有的固定资产有很大一部分转化为流动资产，增加了流动资金，有利于承租企业的自我发展和自我改造，改变营运资金不足的状况。②有利于设备的操作、维修及解决承租企业的技术难题。③有利于承租企业调整产品结构，促进产品升级换代。

（4）杠杆租赁

杠杆租赁，是指在一项租赁交易中，出租人只需投资租赁标的购置款项20%～40%的资金，运用财务杠杆原理，带动其他债权人对该项目60%～80%的款项提供无追索权的贷款，出租人以拥有的租赁标的所有权向贷款人抵押，以转让租赁合同和收取租金的权利向贷款人作担保的一种租赁形式。可见，杠杆租赁主要适用于资本密集型设备的长期融资租赁业务，是融资租赁的典型形式。杠杆租赁是一种融资性节税租赁。杠杆租赁的操作程序与银团贷款非常相似。

杠杆租赁一般有7个当事人：①物主出租人。其亦称产权分摊者，负责提供购买设备的最初款项（为购价的20%～40%）。物主出租人多由数家公司与银行共同组成。②承租人。其一般为实力雄厚的大中型企业。③制造供应商，供货人。其负责向承租人交付租赁资产，并从合同受托人手中取得货款。④物主受托人。由于物主出租人一般由数个公司、银行组成，所以为便于经营管理，通常委托一个物主受托人经营管理租赁标的。物主受托人是杠杆租赁的核心，具有三重身份：出租资产（租赁标的）法律上的所有者、承租人的出租人、债权人的借款人。⑤债权人（贷款人）。其一般由多家银行共同组成。贷款人的贷款保证是物主受托人持有的租赁标的物，贷款人无权向物主出租人追索债务。⑥合同受托人。这是指受托管理债权人（贷款人）贷款利益的受托人。⑦包租人（经纪人）。这是指出租人与承租人之间的中间人，负责安排起草租赁合同，寻找有利的借款来源，安排、促成租赁合同的签署，从中收取佣金。包租人一般由租赁公司、投资银行或经纪人担任。

杠杆租赁一般有7个合同文本：①参加协议。又称融通资金协议，即杠杆租赁协议的总结构，是杠杆租赁交易的全部当事人共同签署、执行的文件。②购买或制造协议。这是指承租人与制造厂商之间的协议。③购买协议的转让协议。由承租人与物主受托人签订，规定承租人把购买协议项下的权利以及制造厂商对资产的各项担保所产生的权利转让给物主受托人，但不转让责任，以达到为筹资建立担保的目的。④物主信托协议。这是产权参加者与物主受托人之间的协议。规定物主受托人代表产权参加者执行一切协议和文件，列明授权限度、活动范围以及受托人的责任。⑤合同信托协议。由物主受托人与合同受托人签订，包括信托合同和抵押契据两项文件。⑥租赁合同。这是指承租人与物主受托人签订的合同，是整个杠杆租赁业务中最关键的文本。⑦保证协议。如果承租人为某公司的子公司，则由母公司与物主受托人签订保证协议。

杠杆租赁的特点：①杠杆租赁至少涉及三方当事人：出租人、承租人和长期贷款人。②出租人购买出租设备至少要付出设备价格的20%作为其投资。虽然其只需投资设备的20%~40%，却可以获得100%所有权的税收优惠。③贷款人提供的贷款是杠杆交易的基本组成部分。④租金的偿还是平衡的，各期所付租金金额相差较小，且租金不得预付或延期付款。⑤出租人对承租人使用设备不得加以任何限制。⑥租赁期满时，出租人要将设备的残值按当时的市价（租赁期满时的资产价值）售给承租人或按此价格续租，承租人不得以象征性价格付款购买设备。

杠杆租赁的交易程序：一项完整的杠杆租赁的交易过程一般包括发起准备阶段和正式实施阶段。

发起准备阶段的交易程序：①承诺。承诺是一项完整的杠杆租赁交易中的最重要的第一步。包租人通过各种渠道寻找未来承租人，并和未来承租人关于租期、每期支付的租金和每期租金间隔时间等问题签署一项具有承诺性质的委托书。由于实际贷款利率无法确定，所以这时计算的租金是以假设的几种借款利率为基础估算的。②包租人寻找股权投资人和债权人。包租人与承租人签署委托书后，一边与其他未来投资人联系安排一项确定的股权承诺，一边与未来的债权人联系贷款。租赁设备的交货期较远的时候，有关的借款可延迟到交货期前进行安排。③寻找物主受托人和合同受托人。租赁标的物的出租人和承租人共同选定一个物主受托人，多个债权人选定一个合同受托人。④签订协议。由上述当事人签署参加协议，确定各自的权利、责任和义务及当事人之间的关系。

正式实施阶段的交易程序：①物主出租人（即产权参加人）与物主受托人签署信托协议，以确认产权参加者所同意预付的现金投资比例和金额。②物主受托人与合同受托人签订合同信托协议，以确认贷款人在设备投资中的贷款比例。③物主受托人和债权人分别把投资现金和贷款款项交付合同受托人。④物主受托人根据信托协议规定，正式向股权人、债权人签发股权信托证书及借据作为设备产权和设备物主的凭证和债权凭证。⑤物主受托人代表物主出租人和承租人签订租赁合同。⑥物主受托人与合同受托人签订担保契约，规定把设备物权、租赁合同和收取租金的权利抵押给合同受托人，以此作为对债权人提供无追索权的担保。规定合同受托人交付贷款后，由物主受托人接收厂商转交的设备物权。⑦承租人与厂商签订购货协议。⑧在购货协议的基础上，承租人与物主受托人签订购买协议转让书，规定承租人将其购买设备的权利，包括获得服务和培训的权利都转让给物主受托人。⑨合同受托人向厂商交付货款。⑩根据担保协议规定，厂商将设备物权交给物主受托人。⑪厂商向承租人直接发货，承租人向物主受托人签发租赁物件收据。至此，租赁正式开始。⑫承租人向合同受托人开始交付租金。⑬合同受托人收到租金，按贷款协议规定，向债权参加者偿付到期的债务本息，并在扣除信托费等费用后将剩余租金交给物主受托人。⑭物主受托人将收到的租金先扣除信托费用，再按出资人的出资比例分付给各个产权参加者。

杠杆租赁的利益包括对出租人的利益、对承租人的利益和对贷款人的利益。

对出租人的利益：①设备全价20%～40%的投资物主可获得全部所有权利益，享受残值以及获得对设备100%投资的税法上的全部优惠及投资税收减免和加速折旧，以降低实际纳税利率，大大加快对现金投资的回收。例如，美国政府规定，对于企业购买新设备减免所得税，税收减免额是按某项资产的购买价规定一个特定的百分比。②由于购买设备60%～80%的投资来源于借款，所以每年会有大量利息可作为费用而无须纳税，从而物主出租人大大减少了实际支付的税款，相应提高了投资报酬率。③杠杆租赁的出租人在租赁期满时仍拥有所投资设备的所有权，可获得其残余价值。④杠杆租赁的出租人所借债款是不可追索的借款，如果承租人违约，那么为抵还借款，被清偿的仅限于设有担保物权的出租资产，不涉及出租人其他资产。

对承租人的利益：①出租人可以降低租金让承租人分享一部分其所得到的扩大

了好几倍的减税优惠,租赁费远低于普通租赁或融资的费用。②出租人由多个产权参与者组成,这就分散了投资风险,从而有可能降低租金。

对贷款人的利益:贷款人得到了价值高于贷款总额的设备的第一留置权,所以贷款较有保障,风险较小。

(5)其他融资租赁形式

①委托租赁。它是指出租人接受委托人的资金或租赁标的物,根据委托人的书面委托,向委托人指定的承租人办理融资租赁业务的租赁方式。租赁期内租赁物件的所有权归委托人,出租人只收取手续费,不承担风险。委托租赁是出租人的中间业务,其可租赁的资产规模不会受到出租人自有资本金规模的限制。它是一种具有资产管理性质的租赁。

②联合租赁。它是指由一家融资租赁公司牵头召集,两家或两家以上租赁公司参与,也可以是租赁公司联合非融资租赁公司、其他战略投资人,基于相同租赁条件,依据同一租赁协议,按约定时间和投资比例,共同向某一承租人提供租赁服务,并按出资比例或约定的方式承担风险和分享收益。这种租赁形式适用于金额较大的设备租赁,可有效分散风险。

③风险租赁。它是指在一项融资租赁交易中,出租人以租赁债权和股权投资方式将设备出租给特定的承租人,出租人通过分别获得租金和股东权益收益作为投资回报的一项租赁交易。简而言之,风险租赁就是出租人以承租人的部分股东权益作为租金的一种租赁形式,这也正是风险租赁的实质所在。

④百分比式租赁。它是指将租赁收益和设备运用收益相联系的一种租赁形式。承租人向出租人缴纳一定的基本租金后,其余的租金按承租人营业收入的一定比例支付。

⑤结构式参与租赁。它是指以推销为主要目的一种租赁形式。主要特点是:融资不需要担保;出租人是以供货商为背景组成的;没有固定的租金约定,而是按照承租人的现金流量折现计算融资回收;没有固定的租期;出租人除了取得租赁收益外还取得部分年限参与经营的营业收入。

⑥合成租赁。它是指出租人除了提供金融服务外还提供经营服务和资产管理服务的租赁形式,也被称为湿租赁。合成租赁是一种综合性、全方位的租赁服务,其极大地扩展了融资租赁的内涵,租赁的收益扩大而风险减少。

三、按照所涉及区域的不同,可以分为国内租赁和国际租赁

(一)国内租赁

国内租赁,是指租赁交易只涉及国内区域,即租赁交易的当事人同属一国居民

的租赁形式。这是在国内融通资金的一种形式。

（二）国际租赁

国际租赁，也称跨国租赁、跨境租赁或境外租赁，是指租赁交易的范围扩展到国外（境外），即租赁交易的当事人分属不同国家居民的租赁形式。国际租赁又分为进口租赁和出口租赁。

1.进口租赁

进口租赁是指从国外（境外）引进租赁设备，再租给国内承租人使用的租赁形式。它通常采用转租赁的方式，作为引进国外（境外）先进技术设备或引进外资的一种有效手段。

2.出口租赁

出口租赁是指将国内设备出租到国外（境外），由国外（境外）承租人租用的租赁形式。利用出口租赁可以扩大国内产品（设备）的出口。

四、按照标的物的不同，可以分为动产租赁和不动产租赁

（一）动产租赁

动产租赁，亦称设备租赁，是指以各种动产（设备）作为租赁标的物的租赁形式。其中的动产包括机器设备、运输工具和计算机等。

（二）不动产租赁

不动产租赁，是指以不动产作为租赁标的物的租赁形式。其中的不动产包括土地、房屋建筑等。

第三节　租赁的职能与作用

租赁的职能是指租赁行业本身的专业职能，是其他行业所不具有的职能。只有掌握了租赁的专业职能，租赁才能不断规范和发展，租赁业务才能不断突破和创新，在金融体系中的地位才能不断提高，对社会经济发展才能起到积极的促进作用。

一、租赁的职能

（一）金融职能

租赁与金融相结合，成为现代租赁行业快速发展的重要动因。因此，租赁具有较强的金融职能。租赁的金融职能是在融物的过程中实现的，以物为载体，以物的融通实现资金的融通，即融物与融资相结合。具体而言，在租赁交易中，出租人融通资金为承租人购买租赁标的（如机器设备等），将其出租给承租人使用；承租人

在拥有租赁标的使用权的同时，也解决了购置租赁标的所需要的资金问题。进一步来说，承租人尽管没有从租赁公司直接借得货币资金，但是在现代租赁业务中，由于租赁标的是由出租人为承租人专门购置并提供给承租人长期租赁使用的，所以实际上起到了与借款相同的作用。

（二）贸易职能

租赁业务实质上是一种承租人通过分期支付租金获得商品使用价值的交换活动。承租人用支付租金的形式，在租期内分次购买租赁标的的使用权，因此租赁可看作是一种商品交易行为，交易的对象即租赁标的的使用权。在现代租赁中，租赁期满时，承租人可以较低的价格向出租人支付租赁物品的清算残值，从而获得租赁标的的所有权。这一购买残值的过程更清楚地显示了租赁是一种特殊形式的出售租赁标的的商贸活动。

租赁的贸易职能在现代社会得到很好的发挥。租赁交易以其自身的特点参与社会生产与生活过程，可促进商品交易的扩大，对生产资料与消费资料都具有明显的促销功能。企业可以通过租赁形式获取生产设备扩大生产，居民也可以通过租赁消费的形式拉动消费需求。从生产厂商（供货人）的角度看，租赁的存在能够显著地扩大设备销售。

（三）投资职能

租赁为社会投资开拓了一个新的投资领域。在租赁市场较为成熟的国家，投资人不仅可以通过直接投资建立租赁公司来经营租赁业务，还可以通过投资租赁基金、杠杆租赁等交易，只投资但不参与经营来进入租赁行业，并以此获得相应的投资回报。例如，美国及日本等国在实施投资税收抵免这一刺激本国投资需求的政策时，许多投资人既希望获得政府的投资税收优惠，又不想在本领域扩大投资。此时，通过参与杠杆租赁不仅取得了享受投资税收抵免的资格，而且在杠杆租赁交易中，投资人的投资额只需达到租赁物件购置成本的20%～40%，就可起到财务杠杆作用，因此可带动债权人提供租赁物件购置成本60%～80%的无追索权贷款。而投资人在申请税收抵免时，以租赁物件的购置成本作为租赁投资总额，进而作为投资抵免的基数。这样，杠杆租赁交易中投资人投资额的杠杆作用，不仅体现在资金筹集上，还体现在税收抵免中的投资额扩张上，达到以较少投资获得较多税收抵免的作用。再如租赁基金，是一种将投资人的投资专门投向租赁交易的基金，投资人从租赁交易的收益中获得股息回报。

（四）资产变现职能

现代租赁中的回租方式对承租人具有资产变现的功能。回租是指承租人将自己原来拥有的部分资产出售给租赁公司获得融资，再以支付租金为代价，从租赁公司

（出租人）租回已售出资产的一种租赁交易。事实上，在回租方式中，承租人用于变现的资产在出售回租过程中并没有改变使用对象，其使用程度也没有因回租交易而受丝毫影响。出租人是以该资产的未来收益，或承租人的资信程度，以承租人出售的资产作为载体而对其进行资金融通。对承租人而言，通过回租方式，将其流动性较差的物化资产转变为流动性最强的现金资产。承租人还可以运用这些现金资产拓展多方面用途，比如还债、再投资、资产重组或增加流动资金。总之，承租人可根据自身的需要来安排这些现金资产的使用方向。

（五）资产管理职能

现代租赁与企业资产管理有密切的联系。租赁公司的资产管理功能是在上述促销功能（贸易功能）的基础上派生出来的。现代租赁是货币资产和实物资产的有机结合，借助于现代租赁的不同形式，既可实现由货币资产向实物资产的顺向转变，又可实现由实物资产向货币资产的逆向转变。租赁公司在开展回租租赁业务时对租赁物件的所有权承担风险。首先，出租人要有对租期结束时租赁物件重置市场时的价值的判断能力。其次，对于承租人退租后的租赁物件，出租人还要有再处置的能力。这两方面构成了租赁公司对租赁物件的资产管理功能。如果处理得当，那么出租人不仅可以从租赁收益中获得投资回报，而且可以获得相当的溢价收入。

国际上一些经营飞机租赁的出租人，在采用经营租赁方式时，因飞机在日常运营中始终保持良好状态而使其在租期结束时的市场重置价值往往高于其账面未提完的折旧，出租人在租期结束处置这些飞机时，就能获得这些飞机的溢价收入，这同样是投资回报的具体体现。

二、租赁的作用

租赁作为一种特殊的融资形式，在现代经济中具有十分重要的功能（职能），对承租人、出租人乃至社会经济发展都具有显著的影响和作用。

（一）租赁对承租人的作用

1.减少资金占用，提高资金利润率

对于承租人来讲，要扩大生产就必须先拥有设备，而要拥有或占有设备，就必须在投产之前投入大量资金进行购买，这无疑会加重承租人的经济负担。租赁则能够为承租人获得设备提供一条便捷的途径，承租人不必事先投入巨额的资金来购买设备，而只需要分期支付租金就可以获得设备的长期使用权，这样就减少了承租人的固定资本支出，可以将节约下来的资金用于收益更高的项目上，从而提高了资金利润率。当年美国租赁公司提出的经营口号是："利润不是通过占有机器生产出来的，而是通过机器的使用带来的。"这就在很大程度上说明了租赁的这一作用。

2.避免通货膨胀损失

在通货膨胀时期，设备价格必然上涨。对资金短缺的承租人来说，采用租赁方式，就可以在签订租赁合同时将租赁设备的价格（租金）固定，这样即使发生通货膨胀，租金仍然按照合同约定的金额支付，不会提高，而且租金成本还会随着通货膨胀率的上升而下降，也就是说货币贬值会降低承租人租金的实际价值，通过租赁承租人就能避免通货膨胀带来的经济损失。同时，承租人通过租赁的方式先获得设备的使用权，然后再用设备产生的效益去支付租金，这样就可以减少通货膨胀的影响及由此造成的损失。这可以说是"借鸡生蛋，卖蛋买鸡"。

3.提供融资便利

与需要自筹资金进行投资的借贷不同，租赁尤其是融资租赁能够提供100%的资金融通。对于资金短缺的承租人来说，通过融资租赁这种融资方式，可以引进先进的技术设备来扩大生产规模或进行设备的技术改造和更新。而且，租赁与借款相比具有迅速和灵活的特点，不仅可以免除借款合同中许多特有条款的限制，还可以根据承租人的特殊要求设定租金的支付方式。

4.降低融资成本

在融资租赁中，承租企业会受到国家税收政策的扶持，这对其将来的发展有利。承租人租入设备支付的租金有的可以计入成本而免税，有的可以从税前利润中扣除而减少应纳税额，同时还能从出租人获得的税收优惠中分享降低租金的好处，从而降低了融资成本。

5.避免设备陈旧过时的风险

随着科学技术的不断进步，设备的更新换代速度日益加快，设备因陈旧而被淘汰的周期不断缩短。所以，购买技术更新较快、价值昂贵的技术密集型产品（设备），就必须承担这方面的风险。由于租赁方式既方便又灵活，且租赁设备在租赁期满既可留购，又可以退还给出租人，所以承租人完全可以根据自身需要并结合对技术设备使用寿命的准确预测，对技术更新快的设备采取短期租赁或退租的方式，从而防止设备陈旧过时所带来的不利影响。

6.提高市场竞争力

承租人通过租赁的方式可以率先使用先进的技术设备，这样就能及时进行设备更新，迅速采用新技术及新工艺，从而提高产品的质量和增强市场竞争力。

（二）租赁对出租人的作用

1.保证投资安全，获得稳定的租金收入

对出租人而言，租赁是一种投资方式，且具有安全性好、收益率高的特征。租赁期间租赁标的的所有权归出租人，承租人不能履行支付租金的义务时，出租人有权收回租赁标的；同时，出租人的投资固化在租赁标的上，不存在被挪用的风险。这样就能有效降低投资风险，保证投资安全。租赁作为一种投资方式，无论租赁期限多长，出租人都可以按照合同的约定收取租金，从而保证出租人在租期内获得稳定的租金收入，不仅能收回购买租赁设备的投资，还能获取较为可观的利润。

2.促进设备（产品）销售

对附属于生产商的租赁公司来说，租赁是一种营销方式，它可以有效地刺激消费、扩大设备（产品）的销售。有些设备（产品）的用户，如果要其全额支付设备价款，可能无法承受，而通过租赁方式就可以提前获得设备（产品）的使用权，这也有利于更多地推销设备（产品）。另外，利用租赁方式向客户推销新设备（产品），可以减轻客户对设备（产品）不了解而产生的顾虑，使客户更容易接受新设备（产品）。

3.降低经营成本

对租赁当事人给予优惠政策是现代租赁业得以生存与发展的重要条件。世界上大多数国家或地区为扶持租赁行业的发展，一般都规定出租人对租赁设备投资可以采用加速折旧法计提折旧费用，并将其计入成本，免缴所得税。在购买设备用于出租时，政府还会按照购买设备出资的一定百分比，直接免除出租人的税款。此外，有些国家对出租人采用贷款方式购买租赁设备给予贷款利率的优惠，可以大大减少其经营的成本。

4.保护或提高市场占有率

随着租赁业务的发展，出租人不仅要对设备进行有形管理，还要对其无形的价值形态加强管理。出租人通过向客户提供更为全面和专业化的服务，与客户保持经常的往来，可以有效地改善与客户的关系，提升出租人的信誉和形象，从而吸引更多的客户，保护或提高出租人的市场占有率。

5.扩大投资规模，降低投资风险

为了满足租赁业务发展的需要，出租人就要筹集更多的资金。出租人可以通过吸收股东投资，或在货币市场、资本市场采取借贷、拆借、发债、上市等融资手段筹集资金，这样就会吸收社会投资，不断扩大投资规模。此外，出租人通过加强多方面的管理，如对租赁项目的审查与管理、租金收回管理、信用管理、资金综合管理等手段，能够保证投资的安全性，降低投资风险。

（三）租赁对社会经济发展的作用

1.促进消费，拉动内需

现代租赁只需支付少量的保证金即可使承租人拥有产品（设备）的使用权，这减轻了承租人大额支付的压力，保证了承租人收入支出结构的平衡。在租赁期末，承租人具有购买选择权，可以根据需要留购或更换新型标的物，这极大地促进了对租赁产品的消费。对产品生产商和其附属的租赁公司来说，现代租赁的销售模式使他们始终拥有租赁标的物的所有权，在租金不能按时回收时，可以及时收回租赁物；相对于其他融资方式，现代租赁可以更有效地防范和控制融资过程中潜在的、巨大的风险。

2.刺激出口，扩大技术设备销售规模

现代租赁作为一种融资与融物为一体、信贷与贸易相结合的综合交易形式，是企业扩大出口业务的重要策略之一。从20世纪70年代开始，发达国家就将出口租赁作为输出技术设备和过剩资本、增加出口的重要途径。通过国际租赁的方式进行国际投资，比单纯的国际信贷安全、可靠。对于发展中国家而言，通过国际租赁，一方面可以引进外资，另一方面还可以引进先进的技术设备，以此作为发展本国经济的重要手段。从商品贸易角度看，发达国家生产的技术设备，因国内市场需求不足，销售非常困难，造成大量积压。通过国际租赁，既可以拓宽设备制造商的销售渠道，扩大产品（设备）的销售规模，又可以满足国内外用户对技术设备的需求。对于发展中国家来说，只需动用少量外汇资金，就能租到所需的甚至是价值十分昂贵的技术设备；在租赁期满后，还可以较低的价格购买租赁的设备，获得租赁设备的最终使用权。

3.引进专门技术，提高租赁设备利用效率

国际租赁是国际技术贸易市场的重要组成部分。各国通过租赁的方式引进先进技术已成为一种新的发展趋势。除了不能获得设备的所有权以外，国际租赁的承租人可以获得用国际技术贸易方式购买设备所得到的一切利益。承租人租用设备，通常要求出租人提供有关的技术资料，因此，通过国际租赁，不仅可以获得设备，还可以获得与设备有关的专门技术。现代租赁既有专用性，又改善了承租人的资产质量，实现了设备、技术的更新改造。出租人利用现代租赁（售后回租）方式，既可以盘活企业资产存量，增强企业资产的流动性，又可以帮助企业把闲置设备租出去，进行资产置换和重组，提高设备的利用效率。

4.完善金融体系

现代租赁作为一种特殊的信用形式，是金融体系的重要组成部分。目前，在发达国家，现代租赁与银行、保险、信托一样，成为现代金融业的重要支柱。现代租赁的发展促进了金融体系的完善，有助于稳定金融市场、丰富金融品种，从而为企业筹集设备投资作出重要贡献。

5.推动技术进步，实现产业升级

租赁作为现代科技发展与技术进步的产物，它伴随着技术进步，共同作用于产业结构。生产过程中对租赁设备的需求过程，往往也是生产结构、技术结构的调整过程，进而形成新的产业结构。在一定时期内，某一行业租赁设备的多少，在一定程度上反映了投入该行业的资金和技术状况，从而影响该行业的发展以及在整个国民经济中所处的地位，进而影响产业结构。如果有目的地对租赁手段加以运用，则有利于实现国家产业结构的合理化。现代租赁的广泛采用，可以加快企业技术进步的步伐，进而实现产业升级。

6.刺激投资，抑制投资萎缩

经济发展和企业扩大再生产都离不开资金的投入。目前，发达国家的企业越来越多地依靠租赁设备、厂房的方式扩大生产规模。租赁作为一种有效的投资方式，在刺激企业投资、抑制投资萎缩方面具有得天独厚的优势：①现代租赁本身具有融资功能，不受现有资金的限制；②租赁投资方式风险较小，不需要在短期内筹集大量的资金；③租赁设备多用于技术改造，能在短期内见效；④一般国家都对租赁投资制定了鼓励及优惠政策等。因此，现代租赁在许多国家成为政府刺激投资、克服投资萎缩的有效手段。租赁在这方面的作用，已经被租赁业发达国家的实践证明。

7.促进基础产业发展

世界各国政府一直重视基础设施建设，而且也取得了较大的成绩，但仍然无法满足本国经济建设发展的需要，主要表现在城市交通、生态环境、供水、电力等方面的基础设施总量不足。究其原因主要是基础设施建设资金供给不足。而租赁可为各国基础设施建设提供一种新的筹资方式，还可以吸引民间投资，动员全社会资源为基础产业的发展提供服务。

第四节　租赁的产生与发展

一、租赁产生的基础

原始社会末期，随着生产力的不断发展，各种生活用品出现了剩余，于是人们为了得到自己所需的物品，出现了最早的物品与物品交换活动。但在许多场合下，人们只需要频繁地交换闲置物品的使用权，并不需要将闲置物品的所有权让渡给使用方。因此，这种仅仅涉及物品使用权的交换，是最原始形态的租赁。物品的所有权与使用权的分离是租赁的基本特征，也是租赁产生的基础。

二、租赁发展的阶段

（一）古代租赁（公元前2000年—18世纪）

公元前2000年前后，亚洲古巴比伦地区幼发拉底河下游流域曾有租赁产生。

租赁作为一种商业信用活动的起源可以追溯到公元前1400年的腓尼基人，一些拥有船只但对做生意不感兴趣或缺乏做生意技能的人，将其拥有的船只出租给那些对做生意比对拥有船只更感兴趣的商人，从而使船只拥有人和商人同时实现了最大的效用，获得了最大的利益。其后，公元前6世纪，在美索不达米亚盆地，古巴比伦王国用向开荒者租赁土地的政策鼓励人们开荒。中国在奴隶社会后期，产生了以土地和房屋为对象的租赁活动。这些实物形式的租赁，大多数是在生产力水平低下的情况下，为解决生产周期不一致的困难而产生的。

伴随着租赁范围的不断扩大和交易问题的日益复杂，出现了对租赁信用行为进行规范的法规、规定。公元前1792—公元前1750年，古巴比伦的《汉谟拉比法典》对土地、房屋、船舶、牲畜、车辆等财物的租赁有比较详细的规定，如租船顺水航行与逆水航行的租金不同等。公元前5世纪中叶，古罗马第一部成文的法典《十二铜表法》中规定，出租人出租牲畜做祭神之用而租用人不付租金的，债权人有权对债务人的财产实施扣押。公元6世纪东罗马皇帝查士丁尼在《查士丁尼法典》中对东罗马人从事租赁活动的范围与租赁关系作出了详细的规定。公元1280年，英国政府制定《威尔士法》，这是英国最早的关于租赁的法令，《威尔士法》可能还是世界上最早一部关于租赁的单行法。该法中明文规定，租赁契约的法律行为来自英国土地制度，也适用于动产租赁等。由此可见，以法律规范租赁经济关系和租赁信用行为，表明在商品经济比较发达的国家和地区中，古代租赁业已经达到一定的发展水平。

古代租赁作为一种古老的、不完整的实物信用形式，具有以下特点：

（1）以实物为租赁的对象。早期的租赁主要是实物租赁，租赁标的物主要是土地、房屋和农具等闲置物品，以土地作为早期租赁的核心。

（2）以获得租赁物使用权为目的。出租人与承租人相互交换使用租赁物件，主要是为了满足对租赁物件使用的需要，不存在现代租赁中存在的融资问题。租赁期结束后承租人将租赁物件归还给出租人，因为租赁物件的所有权始终归出租人所有。

（3）从无固定的契约和报酬向有固定的契约和报酬转变。在古代租赁的初期，出租人和承租人没有采取固定的契约形式确定双方的权利义务，也没有固定的报酬。随着古代租赁的发展，出租人和承租人开始了以固定契约和报酬为前提的经济活动。在租赁双方建立信用关系之前必须进行协商以及确定租金，这是建立租赁关系的必备过程和基本特征。

作为传统租赁形式之一的古代租赁是一种民间信用。这一时期的承租人采用约定俗成的简单租约形式，利用租赁拾遗补阙，解决生活需要，属于个人和家庭的一种信用行为。

（二）近代租赁（19世纪—20世纪40年代）

近代租赁是资本主义生产关系和社会化大生产的产物。进入19世纪，随着科学技术和社会化大生产的发展，租赁进入了新的发展时期。英国19世纪的工业革命为近代租赁的产生奠定了基础。1836年，英国最早的由伦敦到格林尼治的铁路在经过8年的独立经营后被租赁给东南铁路公司经营，租期为999年。英国的铁路车辆制造商向采煤业大量出租铁路货车。这反映了19世纪中叶英国的租赁业开始繁荣。之后近代租赁在美国也得到了很大的发展，1861年美国联合缝纫机械公司出租制鞋机械，1877年美国贝尔电话公司开始开展电话机的出租业务。之后，许多工业设备及家庭生活用品如收音机、洗衣机、炉灶等成了主要租赁对象。

近代租赁作为传统租赁的形式之一，具有以下特点：

（1）以设备为主要租赁对象。随着机器大工业的发展，租赁的对象已经从原来的土地、房屋、农具、马匹、船舶等物品逐渐转向制造商生产的各种设备。

（2）采用直接租赁的方式。设备制造商与承租人之间直接开展租赁业务，无须借助中介机构。这一时期并没有正式的租赁公司出现，租赁是作为分期付款、赊销补充的商业信用。

（3）以促销、保持市场垄断地位为目的。社会化大生产的发展使市场经济向买方市场转变，企业以租赁作为变相的商业信用向买方销售产品（设备），促进产品（设备）销售规模的扩大。在近代租赁业发展中，大设备制造商利用设备租赁垄断某种产品（设备）市场的现象比较普遍。在20世纪初，美国、英国从自由竞争走向垄断的历史时期，都曾经发生过利用对某种拥有专利权的产品（设备）采用只出租不出售的方式来独占市场，达到攫取高额垄断利润的目的。

（三）现代租赁（20世纪50年代至今）

现代租赁的主要表现形式是融资租赁，它起源于第二次世界大战后的美国。当时，美国想尽快实现军事工业向民用工业的转变，加上科学技术进步与设备陈旧落后的矛盾突出，资金供求矛盾很大，已有的信贷方式已无法满足企业对中长期资金的需要，客观上要求有一种新的信用方式取而代之。当时，"收益来源于财产的使用而非拥有"的观念成为美国企业家的经营理念，正是基于这样的观念和认识，才在分期付款的基础上演化出现代租赁这种新的融资形式，并逐渐推动了美国现代租赁业的发展。创立于1952年5月的美国国际租赁公司（原名美国租赁公司）是美国也是世界上第一家从事现代租赁业务的独立企业。随着英国金融机构把投资重点从消费信贷转向工业信贷市场，租赁作为一种获得资本设备的融通手段受到金融界和工商界的广泛重视。1960年英国第一家租赁公司——英美合资的商业租赁公司正式成立，从此开始了英国现代租赁的新时期。继美、英之后，法国和日本现代租赁业在中小企业日益增长的设备投资需求与自有资金不足的尖锐矛盾中产生。1961年，法国从美国引进了设备租赁的概念，并成立了第一家租赁公司。日本的租赁业是在引进美国租赁模式的基础上创办起来的。1963年8月，日本首家租赁公司——日本租赁株式会社正式成立。

从20世纪60年代起，租赁信用在世界范围内蓬勃发展，并在一些国家的设备投资额中占有越来越重要的位置。许多发展中国家也都把租赁作为利用外资的一个重要手段。根据Solifi集团编写的《2024世界租赁年报》的数据，从1980年至2022年，世界融资租赁新增业务额从636亿美元增加到14 700亿美元，增长了22.1倍，年平均增长率为7.8%。

现代租赁是在传统租赁的基础上发展起来的。与传统租赁相比，现代租赁具有自己独有的一些特征。

1.租赁目的不同

现代租赁是融资和融物相结合，以融资为主要目的，又叫融资租赁；而传统租赁以获得租赁设备使用权为目的，不存在融资问题。

2.涉及的当事人、合同不同

现代租赁一般涉及三个当事人，即出租人、承租人和供货人，签订两个合同，即租赁合同和购买合同，杠杆租赁涉及7个当事人并签订7个合同或协议；而传统租赁的当事人一般只有两个，即出租人和承租人，签订1个合同，即租赁合同。现代租赁方式多样化，租赁关系复杂；传统租赁的租赁关系简单。

3.租赁期限不同

现代租赁的租期较长，一般为3~5年，最长为20年；而传统租赁的租期较短，大多为1年以下，个别的超过1年。

4.合同履行要求不同

现代租赁合同一般不能提前终止，传统租赁合同可以提前终止。现代租赁涉及当事人、签订的合同或协议多，各个合同之间相互关联，一旦承租人解除合同，必然会损害其他当事人的利益；传统租赁的承租人可以根据自己的需要，事先通知出租人，提前终止合同。

5.租赁物的选择权不同

现代租赁的租赁物的选择权由承租人行使，传统租赁的租赁物的选择权由出租人行使。在现代租赁中，租赁物由承租人根据自己的需要选定，具有专用性，承租人的选择权较大，选择范围较广；在传统租赁中，租赁物一般由出租人选定，具有通用性，承租人选择权较小，选择范围较窄。

6.租赁物的期末处理方式不同

现代租赁中租赁物的期末处理方式一般有退租、续租和留购三种，传统租赁中租赁物的期末处理方式包括退租和续租两种。

三、世界租赁业发展的现状

从Solifi集团编写的《2024世界租赁年报》提供的信息来看，衡量世界融资租赁业发展程度的指标主要有3个：①世界融资租赁新增业务额；②融资租赁新增业务额的国别或地区分布；③融资租赁业务渗透率，包括市场渗透率和经济渗透率。

（一）世界融资租赁交易额快速增长

世界融资租赁业务的规模与增长率从总量上说明了世界融资租赁业的发展程度。从历史来看，世界融资租赁业务规模总体上呈增长态势。根据Solifi集团编写的《2024世界租赁年报》的数据，从1980年至2022年，世界融资租赁新增业务额从636亿美元增加到14 700亿美元，增长了22.1倍，年平均增长率为7.8%。2022年世界排名前50的国家或地区的融资租赁新增业务额见表5-1。

表5-1　　　　2022年世界排名前50的国家或地区的融资租赁新增业务额

排名	国家（地区）	新增业务额 （单位：10亿美元）	2021—2022年 增长率（%）	市场渗透率 （%）
1	美国	502.77	6.30	22.0
2	中国	318.42	1.38	9.6
3	英国	96.89	9.47	40.0
4	德国	78.96	1.64	25.0
5	日本	63.76	11.95	4.2
6	法国	62.43	4.82	33.0
7	意大利	35.64	9.72	20.0
8	加拿大	30.68	7.2	39.0
9	澳大利亚	26.50	6.28	未知
10	瑞典	23.94	-0.50	41.0
11	中国台湾	23.66	13.64	11.0
12	波兰	20.12	0.62	44.0

排名	国家（地区）	新增业务额 （单位：10亿美元）	2021—2022年 增长率（%）	市场渗透率 （%）
13	俄罗斯	16.00	未知	未知
14	瑞士	14.80	11.76	20.0
15	韩国	14.68	9.08	9.0
16	墨西哥	12.61	86.00	未知
17	丹麦	12.42	13.31	34.0
18	西班牙	12.15	8.24	19.0
19	奥地利	9.57	6.08	17.0
20	哥伦比亚	9.29	5.0	未知
21	比利时	9.00	13.89	29.0
22	挪威	8.36	4.53	28.0
23	荷兰	7.81	0.29	29.0
24	巴西	7.36	24.00	未知
25	捷克	5.32	13.38	15.0
26	智利	4.19	−15.00	未知
27	芬兰	4.00	0.00	未知
28	土耳其	3.62	36.90	未知
29	斯洛伐克	3.46	20.18	30.0
30	葡萄牙	3.38	−1.50	17.0
31	印度	3.38	41.73	1.2
32	匈牙利	2.60	8.07	11.0
33	波多黎各	2.32	−48.00	未知
34	立陶宛	2.28	−2.70	35.0
35	斯洛文尼亚	2.13	13.59	14.0

续表

排名	国家（地区）	新增业务额 （单位：10亿美元）	2021—2022年 增长率（%）	市场渗透率 （%）
36	南非	1.85	−5.40	未知
37	保加利亚	1.75	28.14	24.0
38	摩洛哥	1.75	8.64	未知
39	秘鲁	1.70	−4.00	未知
40	克罗地亚	1.50	29.47	20.0
41	爱沙尼亚	1.44	7.94	31.0
42	尼日利亚	1.34	4.39	未知
43	马来西亚	1.12	0.00	未知
44	拉脱维亚	0.86	8.79	15.0
45	塞尔维亚	0.75	26.91	未知
46	希腊	0.55	−10.09	3.0
47	阿根廷	0.39	1.00	未知
48	乌兹别克斯坦	0.28	20.14	1.1
49	中国香港	0.14	30.48	未知
50	哥斯达黎加	0.08	−43.00	未知
	总计	1 470.00		

资料来源：根据Solifi集团编写的《2024世界租赁年报》以及中国租赁网相关资料整理。

（二）世界融资租赁业分布高度集中

世界融资租赁新增业务额的国别或地区分布可以说明国别或地区差异与租赁发展之间的关系。世界各国的经济发展水平相差悬殊，融资租赁业的起步不一。现代融资租赁起源于发达国家，但迅速为发展中国家所借鉴并得到广泛应用。因此，世界各国的融资租赁业分布十分不均匀。从区域上来看，北美洲和欧洲的融资租赁新增业务额之和达到世界市场份额的67.20%。2022年，北美洲融资租赁新增业务额为5 461亿美元，较上一年增长6.99%，占世界市场份额的37.15%；2022年欧洲地区的融资租赁新增业务额为4 417亿美元，较上一年下降1.08%，占世界市场份额的30.05%。在世界融资租赁新增业务额排名前10位的国家中，欧洲地区占据5席，分别是英国（968.9亿美元）、德国（789.6亿美元）、法国（624.3亿美元）、意大利（356.4亿美元）和瑞典（239.4亿美元），这5个国家的融资租赁新增业务额占欧洲地区的67.43%。

亚洲是世界第三大融资租赁市场。2022年亚洲的融资租赁新增业务额为4 254亿美元，占世界市场份额的28.94%，其中主要是中国和日本的贡献：2022年，中国的融资租赁新增业务额为3 184.2亿美元，较上一年增长1.38%，日本的融资租赁新增业务额为637.6亿美元，较上一年增长11.95%，中国和日本的市场新增业务额占亚洲的89.84%。

南美洲、大洋洲和非洲的融资租赁新增业务额占世界融资租赁市场份额的3.86%，其中非洲最低为0.34%。2022年，南美洲、大洋洲和非洲的融资租赁新增业务额分别是253亿美元、265亿美元、49亿美元，占世界市场份额的比重分别为1.72%、1.80%、0.34%。

从国别来看，少数西方发达国家在世界融资租赁新增业务额中占有近70%的较大比重，而众多的发展中国家所占的比重则较小。根据2022年融资租赁新增业务额排序：美国的融资租赁新增业务额为5 027.7亿美元，占世界市场份额的34.20%，居世界第1位；中国的融资租赁新增业务额为3 184.2亿美元，占世界市场份额的21.66%，居世界第2位；英国的融资租赁新增业务额为968.9亿美元，占世界市场份额的6.59%，居世界第3位；德国的融资租赁新增业务额为789.6亿美元，占世界市场份额的5.37%，居世界第4位；日本的融资租赁新增业务额为637.6亿美元，占世界市场份额的4.34%，居世界第5位。在前5位的国家中，美国、英国、德国和日本这4个国家的融资租赁新增业务额为7 423.80亿美元，占世界市场份额的50.50%。

（三）融资租赁交易渗透率的表现不一

租赁渗透率反映一国融资租赁市场的深化程度。租赁渗透率包括市场渗透率和经济渗透率。

1.市场渗透率

市场渗透率是融资租赁新增业务额与社会设备投资额之间的比率，与世界融资租赁新增业务额相对应。一般而言，一国的融资租赁新增业务额越大，该国的市场渗透率也相对越高。当然，有些国家的融资租赁新增业务额虽然很大，但是其租赁市场渗透率却比较低。比如表5-1中，在世界融资租赁新增业务额中位居第二的中国，其2022年的租赁市场渗透率仅为9.6%。还有一些国家的融资租赁新增业务额虽然很小，但租赁市场渗透率却很高，如爱沙尼亚，2022年的融资租赁新增业务额为14.4亿美元，位居世界第41位，其租赁市场渗透率却高达31.0%。

　　2.经济渗透率

　　经济渗透率是融资租赁新增业务额与国内生产总值（GDP）之间的比率，又称GDP渗透率。之所以选择GDP作为分母，主要是因为GDP包含的信息更多。经济渗透率反映融资租赁投资对GDP的贡献程度，以及融资租赁业在一国经济发展中的地位和作用。表5-2为2020—2022年世界融资租赁新增业务额前10名国家租赁经济渗透率比较，从此表中可以看出，世界融资租赁新增业务额与租赁经济渗透率并不对应。世界融资租赁新增业务额大的国家，其租赁经济渗透率并不一定很高，如2022年世界融资租赁交易额居世界第一位的美国，其租赁经济渗透率为1.97%，居世界排名的第16位。而2022年位居世界租赁经济渗透率第二的国家爱沙尼亚，其租赁经济渗透率为3.79%，但其融资租赁新增业务额为14.4亿美元（居世界排名的第41位），远低于其他国家。

表5-2　　　2020—2022年世界融资租赁新增业务额前10名国家租赁经济渗透率比较[①]

年份 项目 国家	2020		2021		2022	
	租赁经济渗透率 （%）	名次	租赁经济渗透率 （%）	名次	租赁经济渗透率 （%）	名次
美国	2.11	13	2.06	14	1.97	16
中国	2.02	18	1.92	18	1.78	21
英国	3.08	7	2.89	9	3.14	5
德国	2.08	15	2.12	12	1.93	18
日本	1.32	32	1.31	31	1.50	25
法国	2.17	12	2.02	15	2.25	11
意大利	1.56	28	1.64	23	1.77	22
加拿大	1.73	24	1.54	27	1.44	28
澳大利亚	1.94	19	1.63	24	1.56	23
俄罗斯	1.42	31	—	—	—	—
瑞典	—	—	4.01	2	4.05	1

　　资料来源：根据Solifi集团编写的《2024世界租赁年报》以及中国租赁网相关资料整理。

---

　　①　表5-2中2020年俄罗斯新增业务额排在第十位，2021年和2022年瑞典排在第十位。

四、中国现代租赁业的产生与发展

中国现代租赁业起步于20世纪80年代初。经过40多年的发展，截至2023年年末，全国融资租赁企业总数为8 851家，与上一年相比减少989家；全国融资租赁合同余额为56 400亿元人民币，与上一年相比减少2 100亿元人民币，下降3.59%；全国融资租赁行业注册资金约合26 396亿元人民币，与上一年相比减少810亿元人民币，下降2.98%。

（一）初创阶段（1981—1986年）

中国的融资租赁是在改革开放之初由国外引进的。1980年年初，中国国际信托投资公司（以下简称中信公司）试办了第一批融资租赁业务，并取得了良好的经济效益。1981年4月，中信公司和日本东方租赁公司合资组建了中国第一家中外合资租赁公司——中国东方租赁有限公司；同年7月，中信公司与内资机构合作成立了中国第一家金融租赁公司——中国租赁有限公司。这两家融资租赁公司的成立，标志着我国融资租赁业的创立和现代租赁体制的建立。

（二）快速发展阶段（1987—1996年）

这一时期我国融资租赁业快速发展。财务、税收、海关、工商、外贸和外汇管理等有关部门陆续制定了鼓励融资租赁业发展的政策法规，融资租赁业在20世纪80年代中后期得到了快速发展。1994—1995年，国内共成立了5家租赁公司，业务总量急剧扩张。至1996年年底，行业总资本达到近140亿元人民币，但全部租赁公司注册资本只有6亿多元人民币（加上500万美元），资本充足率严重不足。

（三）风险全面爆发阶段（1997—2000年）

受东亚金融危机的影响，在汇率大幅调整、风险管理工具匮乏、管理疏松等因素的共同作用下，融资租赁业的隐患全面爆发。1997年，由于资不抵债，广东国际租赁、海南国际租赁和武汉租赁公司相继倒闭；2000年，中国华阳金融租赁有限公司宣布破产倒闭。

（四）制度重建阶段（2001—2006年）

2001年，融资租赁的四大支柱——法律、会计准则、监管和税收等制度建设开始全面启动。《企业会计准则——租赁》于2001年1月1日生效，后修改为《企业会计准则第21号——租赁》，并于2006年2月15日起生效实施；2000年6月30日，中国人民银行发布《金融租赁公司管理办法》；在2005年之后的两年多时间里，金融监管部门针对融资租赁业进行二次清理行动。

（五）开拓发展阶段（2007—2013年）

2007年1月23日，中国银监会重新修订《金融租赁公司管理办法》，允许国内商业银行介入金融租赁业。2013年10月1日，商务部颁布实施了《融资租赁企业监督管理办法》。随后，行业税收政策的补建进程也加快推进。2007年11月到2009年年末，国内成立银行系金融租赁公司的银行包括中国工商银行、中国建设银行、中国交通银行、中国民生银行、中国招商银行和国家开发银行，打破了中国租赁业发展的资金瓶颈，改善了租赁市场的发展环境。2013年年末，全国共有融资租赁企业1 109家，其中金融租赁公司23家，外资融资租赁公司963家，内资试点融资租赁公司123家。

（六）规范有序发展阶段（2014年至今）

2014年中国经济步入"新常态"，经济增速从高速增长转为中高速增长。经济降速并不必然意味着融资租赁业的发展会降速。经济新常态不仅意味着增长速度的换挡，更意味着新的增长驱动力和好的发展质量，如"一带一路"倡议的实施，使企业走出去的力度不断加大，通过融资租赁带动设备出口的需求在不断增大等。同时，国务院有关部门为了促进融资租赁业的快速发展，提高融资租赁业发展的质量，陆续颁布实施了相关的法规与政策。2014年3月，银监会发布新版的《金融租赁公司管理办法》；2014年7月，银监会发布实施《金融租赁公司专业子公司管理暂行规定》；2015年8月，国务院办公厅发布《国务院办公厅关于加快融资租赁业发展的指导意见》；2015年9月，国务院办公厅发布《国务院办公厅关于促进金融租赁行业健康发展的指导意见》；2016年11月，国务院在发布的《"十三五"国家战略性新兴产业发展规划》中明确规定：加强金融产品和服务创新，推动发展一批为飞机、海洋工程装备、机器人等产业服务的融资租赁和金融租赁公司。2018年5月，商务部办公厅在发布的《商务部办公厅关于融资租赁公司、商业保理公司、典当行管理职责调整有关事宜的通知》中称，商务部已将制定融资租赁公司、商业保理公司、典当行业务经营和监管规则职责划给银保监会，自2018年4月20日起，有关职责由银保监会履行。2020年5月，银保监会发布实施《融资租赁公司监督管理暂行办法》；2020年6月，中国银保监会在发布的《金融租赁公司监管评级办法（试行）》中确立了金融租赁公司的分类监管体系。2021年10月银保监会发布实施的《中国银保监会金融租赁公司项目公司管理办法的通知》中明确规定了金融租赁公司项目公司设立的要求和业务范围、遵循的经营管理原则及其监管内容。2022年1月银保监会发布实施的《中国银保监会融资租赁公司非现场监管规程的通知》中明确了融资租赁公司非现场监管的职责分工，进一步规范非现场监管的程序、内容、方法和报告路径，完善非现场监管报表制度。

2022年10月16日党的二十大胜利召开，党的二十大报告提出："深化金融体制改革，建设现代中央银行制度，加强和完善现代金融监管，强化金融稳定保障体系，依法将各类金融活动全部纳入监管，守住不发生系统性风险底线。"同时指出："全面依法治国是国家治理的一场深刻革命，关系党执政兴国，关系人民幸福安康，关系党和国家长治久安。"为了深入贯彻党的二十大精神，促进融资租赁业的持续稳定发展，保证融资租赁公司依法依规开展融资租赁业务。2023年10月27日，国家金融监督管理总局（2023年5月18日成立）印发《国家金融监督管理总局关于促进金融租赁公司规范经营和合规管理的通知》，该通知从健全公司治理和内控管理机制、规范融资租赁经营行为、有的放矢提升金融监管有效性和建立健全监管协作机制等四个方面提出十三项监管要求。2024年8月23日，国家金融监督管理总局印发《国家金融监督管理总局关于金融租赁公司业务发展鼓励清单、负面清单和项目公司业务正面清单的通知》，该通知明确了相关清单的上位法依据和与时俱进更新调整机制，同时要求金融租赁公司应当根据清单完善内部准入要求，调整业务规划，跟踪研判行业发展趋势并定期报送清单落实情况等。2024年9月14日国家金融监督管理总局在印发的《金融租赁公司管理办法》中明确了金融租赁公司在设立门槛、出资人资质、业务模式、专业子公司和监管指标等方面的监管要求。

在2014年以来的一些年份，我国融资租赁业的发展一度呈现出快速发展的态势。但是，随着银保监会一些对融资租赁业进行严格监管政策的落地实施，我国融资租赁业进入了规范有序的发展阶段。另外，由于新冠肺炎疫情、世界政治经济不确定性等因素的影响，我国融资租赁业的发展在企业数量、业务总量、注册资金等方面均呈现出一定波动性。第一，从租赁企业数量来看，截至2023年年末，全国融资租赁企业总数为8 851家，与上一年相比减少989家。其中：金融租赁公司71家，与上一年相比减少1家；内资租赁公司450家，与上一年相比增加16家；外资租赁公司8 330家，与上一年相比减少1 004家。第二，从业务总量来看，截至2023年年末，全国融资租赁合同余额为56 400亿元人民币，与上一年相比减少2 100亿元人民币，下降3.59%。其中：金融租赁公司融资租赁合同余额为25 170亿元人民币，与上一年相比增加40亿元，增长0.16%；内资租赁公司融资租赁合同余额为20 740亿元人民币，与上一年相比增加30亿元，增长0.14%；外资租赁公司融资租赁合同余额为10 490亿元人民币，与上一年相比减少2 170亿元人民币，下降17.14%。第三，从注册资金来看，融资租赁公司的注册资金除了在个别时间和个别地区有少量的增加以外基本上保持不变。截至2023年年末，全国融资租赁行业注册资金如果统一按照1∶6.9的平均汇率折合成人民币来计算，大约合人民币26 396亿元，与上一年相比减少810亿元，下降2.98%。

同时，我们也应看到，全国融资租赁企业的地区分布仍然不平衡。截至2023

年年末，31个省、自治区和直辖市都设立了融资租赁企业，但绝大部分融资租赁企业仍分布在东南沿海一带。其中广东、上海、天津、辽宁、山东、福建、浙江、江苏、北京、陕西等省市的融资租赁企业总数约占全国的90%以上。

本章小结

租赁是指以特定物件为标的，物件的所有者以收取报酬（租金）为条件，在一定时期内让渡物件使用权；或者说，物件的使用者在不拥有物件所有权的情况下，通过支付一定的费用（租金）而取得该物件一定时期的使用权。租赁与银行贷款、分期付款购买相比具有鲜明的特征。租赁由租赁当事人、租赁标的、租赁合同、租赁期限和租金五个构成要素。

租赁可以按照各种不同的标准进行分类。按照是否享受税收优惠，可以分为节税租赁和非节税租赁；按照业务性质不同，可以分为经营租赁和融资租赁；按照所涉及区域的不同，可以分为国内租赁和国际租赁；按照标的物不同，可以分为动产租赁和不动产租赁等。

租赁的职能包括金融职能、贸易职能、投资职能、资产变现职能和资产管理职能。租赁作为一种特殊的融资形式，在现代经济中对承租人、出租人乃至整个社会经济发展都具有显著的作用。

租赁物所有权与使用权的分离是租赁的基本特征，也是租赁产生的基础。租赁自产生至今经历了古代租赁、近代租赁和现代租赁三个发展阶段，每一个阶段都有自己的特点。前两个阶段的租赁统称为传统租赁，与现代租赁在租赁目的、涉及的当事人和合同、租赁期限、合同履行要求、租赁物的选择权、租赁物的期末处理方式等方面存在着明显的区别。

目前，世界租赁业发展呈现出融资租赁交易额快速增长、融资租赁业分布高度集中及融资租赁交易渗透率的表现不一等特点。

自1980年租赁业务起步至今，我国现代租赁业的发展经历了六个阶段，即初创阶段、快速发展阶段、风险全面爆发阶段、制度重建阶段、开拓发展阶段和规范有序发展阶段。

关键概念

租赁 出租人 承租人 租赁标的 经营租赁 融资租赁 直接租赁 转租赁 回租租赁 杠杆租赁 市场渗透率 经济渗透率

———————— 思考与应用 ————————

1. 租赁的特征与构成要素有哪些？
2. 经营租赁与融资租赁有哪些区别？
3. 租赁有哪些职能与作用？
4. 我国租赁业发展经历了哪几个阶段？

【参考案例】 融资租赁公司支持绿色产业发展典型案例

案例一：灵活租金计划下电化学储能领域直租项目

简介：A 能源环境科技公司在购买电池集装箱系统、逆变升压系统、6kV 一次汇流预制舱等设备过程中存在资金缺口。国网租赁通过直接租赁方式为其提供资金服务，并根据客户现金流预测情况设计灵活的租金计划：合同总期限 48 个月，设计前 6 个月为宽限期，只还息不还本金；后 42 个月不等额还本，按月后付的还款方式。

创新点包含三方面：一是该项目实现了电化学储能领域的业务突破，有利于促进新能源发电消纳，促进节能环保。调频辅助服务是维护电力系统安全稳定运行、保证电能质量的重要保障。二是契合市场需求，降低融资成本。公司根据客户现金流预测情况设计灵活的租金计划，减轻客户还款压力。该项目是低成本资金定向服务于调频辅助服务市场交易的首次尝试。三是该项目具有良好的示范性，在推动开发电化学储能和电力辅助服务市场业务领域方面起到了较强的推动作用。加快电化学储能新型基础设施建设有利于促进新能源实现跨越式发展。

应用价值为：业务模式成熟，可复制、可推广。该项目在推动开发电化学储能和电力辅助服务市场业务领域方面起到了较强的推动作用。公司服务得到了媒体和客户的广泛认可和高度评价，为"双碳"目标下积极参与电力市场交易的电源企业及民营环保科技企业提供了有力的金融支持。

案例二：盘活补贴补充光伏电站流动性回租项目

简介：平安租赁能源冶金事业部绿色金融业务部在青海省格尔木投放 1 000 万元资金用于补充光伏电站流动性。平安租赁了解到青海省格尔木 A 光伏电站因新能源补贴资金尚未到位而面临资金紧张，第一时间开展服务。该项目为光伏发电项目，位于青海省格尔木，装机 3 万千瓦，并网后形成逾 5 000 万元补贴资金尚未到位，影响了电站的正常经营，项目有 1 000 万元资金需求用于日常经营周转无法落实。平安租赁主动与该项目所在区域公司对接，了解电站资金需求金额与时点，根据电站需求时点倒排业务推进进度以保证资金按时到位。完成了项目前期尽调工作后，平安租赁通过绿色通道资源即到即审、即审即批，快速完成1 000万元的信用额度审批用于盘活补贴。

创新点为：从得知客户需求到项目完成投放历时不到2个月，是五部委[商务部、中国证券监督管理委员会、国家税务总局、国家工商行政管理总局（现为国家市场监督管理总局）和国家外汇管理局]发文要求支持新能源企业后平安租赁落地的首笔以盘活补贴的信用结构回租业务。

应用价值为：该项目用款时点为5月中下旬，平安租赁赶在用款时点完成投放。资金支持约占A光伏电站应补贴电费的20%。本项目的成功落地直接盘活了电站的存量资产，为光伏电站注入了流动性，体现了融资租赁在支持节能环保与新能源业务方面的积极作用。

案例三：拓展融资渠道支持新能源项目建设

简介：星展银行（中国）有限公司与大唐租赁签约完成国内供应链融资，资金将用于大唐租赁开展可再生能源项目的融资租赁服务，支持清洁能源行业发展。该笔业务遵循了亚太区贷款市场同业公会（APLMA）发布的《绿色贷款原则》和星展银行的《可持续发展和转型融资框架与分类法》，是星展银行又一推动能源产业低碳化改革的创新方案。

创新点为：大唐租赁主要业务覆盖电力、煤炭、金融、海外、煤化工、能源服务六大板块，在清洁能源领域和共建"一带一路"国家有良好的业务布局。星展银行近年来深耕绿色金融领域，是首家提供转型融资的新加坡银行。本笔绿色供应链融资是大唐租赁与星展银行深度合作的具体体现，实现了国内融资租赁公司引导外资金融机构支持我国新能源项目建设的方案。

应用价值为：大唐租赁通过积极拓展融资渠道，自觉服务新能源项目建设资金需求，以低成本资金优势加大新能源项目投放力度，提升绿色资产规模。

案例四：屋顶分布式光伏售后回租项目

简介：中信金租与3家能源科技公司合作，成功落地1.2亿元工商业屋顶分布式光伏售后回租项目。该批电站总装机规模为34兆瓦，安装于浙江某工业园区工厂屋顶，为园区企业提供有足够经济竞争力的绿色电力，可有效缓解制造企业"用电荒"问题。中信金租长期在光伏行业精耕细作，已持有光伏电站、风力电站180余座，总装机容量7.6GW，成为国内光伏电站融资规模最大的金租公司。

创新点为：中信金租研发的"新能源电站资产价值综合评估方法及系统"发明专利，已获国家知识产权局正式公布，实现新能源租赁资产的质量准入和专业化租后管理，为电站市场化交易奠定了坚实基础；同时，也为光伏电站承租人提供一站式增质提效的深度"体检"服务，确保新能源电站稳定运营。公司与多家清洁能源龙头企业签署战略合作协议，加入了光伏绿色生态合作组织（PGO），联合发起成立国内首个"绿色租赁发展共同体"。为实现国家"双碳"目标，顺应行业发展趋势，中信金租于2021年专门成立"绿色租赁工作小组"，加大行业研究和创新探索，以户用分布式和工商业屋顶分布式为转型着力点，推动业务模式创新，通过金融科技赋能，凭借专业化的运营能力继续为广大客户提供差异化的金融服务，携手制造企业共同助力国家"双碳"目标实现。

应用价值为：分布式光伏具有发电出力就近消纳、电网接入友好及屋顶资源综合节约利用等优点，是对集中式发电的有力补充。但分布式光伏也具有天然的位置分散、单体规模小、不易管理等难点，对投资开发商和金融机构都提出了更高要求。

案例来源：刘子安.从16个典型案例看天津市租赁公司支持绿色产业发展［EB/OL］.［2022-01-19］. http://economy.enorth.com.cn/system/2022/01/19/052269161.html.

第六章 租金

第一节　租金的含义与构成要素

一、租金的含义

租金是出租人转让某种资产的使用权而定期取得的收入。在租赁业务中，租金的构成和计算是出租人和承租人双方最为关心的问题，也是签订租赁合同的一项重要内容。由于融资租赁与经营性租赁风险的承担者是不同的，在报酬的收取上也有所区别，所以租金的计算与收取的方法也不同。由于融资租赁是现代租赁的主要形式，所以本章所介绍的租金计算方法主要是融资租赁中某些特定情况下的方法。在融资租赁方式中，出租人通过收取租金，不但要收回租赁资产的购进原价、贷款的利息和为租赁标的物所花费的所有开支，还包括在此基础上出租人应该获得的必要的利润。

二、租金的构成要素

融资租赁实质上是出租人和承租人之间的一种商品交换关系，即出租人为取得租金，承租人为取得某种资产使用权的一种等价交换关系，而租金则是这种交换关系中的交换价格。它的确定应以耗费在租赁资产上的价值为基础，出租人耗费在租赁资产上的价值包括以下三个部分：一是租赁设备的购置成本；二是出租人为承租人购买设备所垫付资金应支付的利息；三是其他费用。

1.租赁设备的购置成本

租赁设备的购置成本是计算租金的基础，是构成租金的主要内容。它由租赁设备原价、运输价、保险费三个部分构成。在融资租赁中，对于从国外进口的租赁设备，还应考虑资产价款与进出口货价之间的关系。如果设备进口价为到岸价（CIF），到岸价即为设备价款；如果设备进口价为运费在内价（CFR），则还应加上途中保险费作为设备价款；如果进口价为离岸价（FOB），则还应加上运输费和途中保险费才构成设备价款。

不同的租赁方式，对于租赁设备购置成本的确定原则也是不同的。在经营租赁中，由于租期较短，出租人在租期内只能收回部分租赁设备的购置成本，所以计算租金时也只包含租赁设备购置成本的部分价值；而在融资租赁中则不然，计算租金时包含了租赁设备的购置成本的大部分价值或全部价值。这里值得注意的是，当承租人在租赁期满要获得设备的所有权时，通常承租人最后要向出租人支付一定的"设备残值名义价款"，因此"设备残值名义价款"不应成为构成租金的内容，应从租赁设备的总成本中扣除。

2.出租人为承租人购买设备所垫付资金应支付的利息

由于出租人要出资购买租赁设备，无论出租人的资金来自什么渠道，是占用出租人自有资金，还是向银行借款，承租人都占用了出租人的资金，所以在租金的核算中要包括租赁期间的利息。这部分利率的确定主要取决于双方签订租赁合同时金融市场利率的高低、资金来源的性质、租赁期间的长短、计息方式和租金支付方式等。

3.其他费用

其他费用主要包括两部分：一部分是出租人在办理租赁业务过程中的开支，包括办公费、业务人员工资和差旅费；另一部分是出租人必要的盈利。这两部分在实际业务中，一部分包含在租赁期间的利息中，另一部分以手续费的形式收入。手续费本身不是租金的组成部分，一般情况下，承租人在合同签订并生效时将手续费一次性支付给出租人，当承租人资金困难时，也可将手续费转化为租金分次收取。

第二节　影响租金总额的因素

一、利率

在租赁物成本（本金）一定的情况下，利率是影响租金总额的重要因素之一。若其他因素不变，则利率越高，租金总额越大，反之则相反。租赁利率的高低取决于多种因素，若采用固定利率计算租金利息，则固定利率值一般要高于同期的浮动利率值，这是出租人为防止租期内因利率变化带来损失而采取的合理的保值措施。在以浮动利率计算租金利息时，某期租金支付日确定的租赁利率即为计算下期租金利息的计息利率，并随租金支付日的推移而逐次浮动变化。浮动利率一般以伦敦银行间同业拆借利率（LIBOR）或某种优惠利率为基准，再考虑风险因素来确定。

二、租赁期限

租期的长短直接影响租金总额的大小，因为租期越长，承租人占用出租人资金的时间就越长，利息负担也就越重。因此，租期与租金总额成正比，租期越长租金总额越大，反之则相反。

三、付租间隔期

付租间隔期是指上期租金支付日与当前租金支付日的时间间隔。按付租间隔期的长短，租金支付方式一般分为年付、半年付、季付、月付等。在租期确定的情况下，付租间隔期越长，付租频率就越低，反之则相反，而付租频率与租金成正比。

四、付租方式

付租方式按承租人占用资金长短来划分，有期初付租与期末付租两种方式。期初付租是指承租人在各个付租间隔期间的期初支付租金；期末付租是指承租人在各个付租间隔期间的期末支付租金。在期初付租的情况下，承租人占用出租人资金的时间相对缩短，因此，租金总额较少；而期末付租的租金则要相对增加。

付租方式按租金数量大小来分有等额租金支付方式、等额本金支付方式、变额租金支付方式和变额本金支付方式。等额租金支付方式是指每期租金额均等，等额本金支付方式是指各期租金中本金额是相等的。事实上，在等额租金支付方式下，各期所含本金额是依次递增的，其租金总额自然要大于等额本金支付方式的租金总额。变额租金支付方式是指根据承租人具体的资金情况来确定每期支付的租金额（即每期租金额不均等），变额本金支付方式是指各期租金中本金额是不相等的。当然还有其他一些付租方式。付租方式不同，实质上反映了承租人占用资金时间长短的不同，若占用资金时间长，则租金总额自然要高，反之则相反。

五、租赁保证金

保证金是承租人在签订租赁合同时向出租人缴纳的一定数额的资金，以作为履行合同的保证。保证金支付额的大小，以及保证金是从租赁设备的成本中扣除，还是用作抵交某期租金的全部或一部分，对租金总额的影响很大。若保证金从成本中扣除，则租金总额最小，对承租人最有利，但这只是一种理论概念，在实际中很少采用，因为它失去了保证金的意义。

六、手续费

手续费本身不是租金的组成部分，它是在租赁交易中由承租人向出租人支付的一部分劳动报酬。一般情况下，承租人应在租赁合同签约生效时将手续费支付给出租人，也可以将手续费转为租金收取，这样将增大租金总额。

七、支付币种

在跨国租赁中，国内承租人承租国外租赁设备时应考虑租金的支付币种。因为国际金融市场上各种货币的利率和汇率是瞬息万变的，汇率的波动会影响本国货币与支付币种的兑换比率，进而直接影响租金总额。一般而言，采用利率高、汇率高的币种，租金总额就高些，反之就低些。国内承租人在能准确判断汇率变化趋势的基础上，正确选择合适的支付币种不仅能够避免汇率风险，而且有可能从中受益。

八、起租日与计息日

起租日通常为核算租赁物的实际成本之日，是计算租金的起算日期；计息日指核算租赁物实际成本中的租前利润时，各款项开始计息之日。起租日与计息日的确定方法不同，起租日与计息日之间的时间间隔就不同，利息也就不同，最后核算出的实际成本也会不同，进而对租金总额将产生一定的影响。

九、残值

残值即租赁物的残余价值。一般在租赁期届满时，按租赁物的市场平均售价估计残余价值。在计算租金时常不计残值，但在支付租金时，则扣除残值。国际上，当租赁期满时，承租人要想获得租赁物的所有权，必须按合同规定的残值数（一般为租赁物概算成本的10%~20%）支付残值费。在美国，租赁公司只能按设备经济寿命的80%租给承租人，留20%的残值，如果再加上投资税收抵免及加速折旧在税收上获得的优惠，那么承租人最后支付的租金要低于计算的租金，这就是国外租赁业特别发达的重要原因之一。由此可见，残值可以影响租金总额。

第三节　租金的计算[①]

租金的计算方法多种多样，选取不同的租金计算方法，计算出的租金总额也会略有差异。因此，关于租金计算方法的选择，是出租人和承租人需要认真协商的一项重要内容。目前采用较多的方法有以下几种：

一、附加率法

附加率法，是指在租赁资产的设备价款或概算成本上再加上一个特定的比率来计算租金的方法。租赁公司根据营业费用、利润等因素来确定这一特定的比率。这种方法是一种传统的计算方法。

设 R 为每期租金，P 为租赁资产的价款或概算成本，n 为租金支付次数，i 为每期利率，r 为每期附加率，则每期租金计算公式为：

$$R = \frac{P(1 + ni)}{n} + Pr$$

该式为单利计算公式，也可写成 R=P／n+Pi+Pr。该公式表明，分期均匀还本P／n，但是每期均按租赁资产的价款或概算成本支付利息 Pi，还另外收取按附加率计算的附加费 Pr，因而，按这种计算租金的方法所收取的租金相对较高。

【例6-1】假定某租赁设备概算成本为100万元，分4年8期偿还租金，年利率8%，附加率为5%，求平均每期租金和租金总额。

解：每期利率 i=8%÷2=4%，租期数 n=4×2=8

$$R = \frac{1\,000\,000 \times (1 + 8 \times 4\%)}{8} + 1\,000\,000 \times 5\%$$

$$= 215\,000\,（元）$$

$R_{总}$=8R=8×215 000=1 720 000（元）

二、年金法

年金法是以现值理论为基础的租金计算方法，即将一项租赁资产在未来各租赁期内的租金按一定的利率换算成现值，使其现值总和等于租赁资产成本的租金计算方法。该方法又分为等额年金法和变额年金法。

（一）等额年金法

等额年金法是指运用年金法，并使各期租金均等的租金计算方法，又分为期初支付和期末支付两种。

[①] 丁贵英. 金融信托与租赁实务（第2版）［M］. 北京：电子工业出版社，2012.

1.期初支付租金的计算

该方法规定每次租金在每个租金支付期开始日支付。根据复利计算原理，可得到等额期初支付租金的计算公式为：

$$R=P\cfrac{i}{1+i-\cfrac{1}{(1+i)^{n-1}}} \quad 或 \quad R=P\cfrac{i(1+i)^{n-1}}{(1+i)^n-1}$$

【例6-2】设某租赁设备的概算成本为100万元，分4年8期等额偿还租金，租金于每期期初支付，年利率为8%，求平均每期租金与租金总额。

解：每期利率i=8%÷2=4%，租期数n=4×2=8

$$R=1\,000\,000\times\cfrac{4\%}{1+4\%-\cfrac{1}{(1+4\%)^{8-1}}}=142\,815.22（元）$$

$R_总=8R=8×142\,815.22=1\,142\,521.76$（元）

2.期末支付租金的计算

该方法与期初支付租金的计算方法基本相同，区别在于每次租金在每个租金支付期期末支付。根据复利计算原理，可以得到等额期末支付租金的计算公式为：

$$R=P\cfrac{i}{1-\cfrac{1}{(1+i)^n}} \quad 或 \quad R=P\cfrac{i(1+i)^n}{(1+i)^n-1}$$

式中，$\cfrac{i(1+i)^n}{(1+i)^n-1}$ 是年金现值系数的倒数，所以，上式也可写为：

$$R=\cfrac{P}{(P_A/A,\ i,\ n)}$$

式中，i为当期利率，n为期数，A为未来每期期末支付或收取的等额货币，P_A为年金现值总额。

【例6-3】如果【例6-2】改为租金每期期末支付，求每期平均租金和租金总额。

解：$R=P/(P_A/A,\ i,\ n)=1\,000\,000/(P_A/A,\ 4\%,\ 8)$

$\qquad =1\,000\,000÷6.73274=148\,527.94$（元）

$R_总=8R=8×148\,527.94=1\,188\,223.5$（元）

从【例6-2】和【例6-3】中我们可以看出，在其他条件不变的情况下，期初支付租金比期末支付可每次少付租金约5\,712.72元。但在先付租金中，对于承租人来说，在租赁物件尚未正式使用时就需支付第1期租金，负担比较重，因此，实际操作中较少采用期初支付租金方式。

（二）变额年金法

变额年金法是指运用年金法，从第2期开始，每期租金比前期变化一个常数的租金计算方法，又分为等差变额年金法和等比变额年金法。

1.等差变额年金法

等差变额年金法是指运用年金法，并从第2期开始，使每期租金比前1期增加（或减少）一个常数d的租金计算方法。

根据货币时间价值理论，等差变额年金法的计算公式为：

$$R_1 = \frac{1}{(P_A/A,\ i,\ n)} \{P,\ \frac{d}{i}\ [n - (P_A/A,\ i,\ n)]\} - nd$$

该式为等差变额年金法第1期租金的计算公式。公式中的d表示每期租金比前1期增加（或减少）的常数。当d>0时，是等差递增变额年金法；当d<0时，是等差递减变额年金法；当d=0时，则是等额年金法。

根据第1期租金的计算，可求出其余各期租金和租金总额。

$$R_总 = R_1 + (R_1 + d) + (R_1 + 2d) + \cdots + [R_1 + (n-1)d]$$

$$R_总 = \frac{n}{2}[2R_1 + (n-1)d]$$

【例6-4】假定某租赁设备概算成本为100万元，租金为4年，每半年后支付一次租金，年利率为8%，从第2期起每期租金比前一期多支付20 000元，求第1期租金和租金总额。

解：每期利率i=8%÷2=4%，租期数n=4×2=8

$$R_1 = 1/(P_A/A,\ 4\%,\ 8) \{1\ 000\ 000 + \frac{20\ 000}{4\%}\ [8 - (P_A/A,\ 4\%,\ 8)]\} - 8 \times 20\ 000$$

$$= 82\ 639.63\ (元)$$

$$R_总 = \frac{8}{2}[2 \times 82\ 639.63 + (8-1) \times 20\ 000]$$

$$= 1\ 221\ 117\ (元)$$

2.等比变额年金法

等比变额年金法是指运用年金法，并从第2期开始，使每期租金与前1期的比值是一个常数q的租金计算方法。

根据货币时间价值理论，等比变额年金法的计算公式为：

$$R_1 = \frac{P(1 + i - q)}{1 - (\frac{q}{1 + i})^n} \qquad q \neq 1 + i$$

也可写作：$R_1 = \dfrac{P(1 + i - q)(1 + i)^n}{1 - (\frac{q}{1 + i})^n - q^n} \qquad q \neq 1 + i$

式中，q表示每期租金与前1期的比值，当q>1时，是等比递增变额年金法；当q<1时，是等比递减变额年金法；当q=1时，则是等额年金法。

由此，可以推出租金总额的计算公式为：

$$R_{总} = R_1 + R_1q + R_1q^2 + \cdots + R_1q^{n-1}$$

$$R_{总} = R_1(1 - q^n)/(1 - q)$$

【例6-5】如【例6-2】资料，假定从第2期起，每期租金比前1期递增10%，则求第1期租金和租金总额。

解：根据公式，可得：

$$R_1 = 1\,000\,000 \times [1 + 4\% - (1 + 10\%)] / \{1 - [(1 + 10\%)/(1 + 4\%)]^8\}$$

$$= 105\,954.65（元）$$

$$R_{总} = \frac{105\,954.65 \times [1 - (1 + 10\%)^8]}{1 - (1 + 10\%)}$$

$$= 1\,211\,685.5（元）$$

三、成本回收法

成本回收法，是指租赁双方在签订租赁合同时商定，各期按照一定的规律收回本金，再加上当期应收的利息即为各期租金。各期租金没有统一的计算公式，各成本的回收额经双方商定，可以是等额的，也可以是等差或等比变额，还可以是无规律的。

【例6-6】设某租赁设备的概算成本为100万元，分3年6期每半年末等额还本一次，年利率为8%，求各期租金和租金总额。

解：每期利率i = 8% ÷ 2 = 4%，各期租金和租金总额计算见表6-1。

表6-1 　　　　　　　　　　　　各期租金和租金总额　　　　　　　　　　　单位：元

期数	每期租金① (①=②+③)	利息② (②=④×4%)	收回成本③ (③=1 000 000÷6)	未收回成本④
1	206 666.67	40 000.00	166 666.67	1 000 000.00
2	200 000.00	33 333.33	166 666.67	833 333.33
3	193 333.34	26 666.67	166 666.67	666 666.67
4	186 666.67	20 000.00	166 666.67	500 000.00
5	180 000.00	13 333.33	166 666.67	333 333.33
6	173 333.33	6 666.67	166 666.67	166 666.67
总计	1 140 000.00	140 000.00	1 000 000.00	0.00

四、不规则租金的计算方法

不规则租金的计算方法即带有付租宽限期的租金计算方法。承租人引进设备，从安装、调试到投产需要一定的时间，在这一段时间内承租人没有偿还租金的资金来源，针对这种情况，租赁双方可以商洽从起租日起确定一个时间期限（如3个月或半年等）后开始付租，这一段时间间隔称为付租宽限期。在付租宽限期内承租人可以不付租金，但要计算利息。宽限期的利息累计加入租赁设备的概算成本之中，然后再计算租金。

【例6-7】设某租赁设备的概算成本为100万元，年利率为10%，分3年5期每期期末支付租金，第1期在使用后第1年年末支付，第1期支付金额为成本的1/5再加上当期利息，以后4期按等额支付，求每期租金与租金总额。

解：第1期租金为：

$$R_1 = \frac{1}{5} \times 1\,000\,000 + 1\,000\,000 \times 10\% = 300\,000（元）$$

第2期到第5期租金为：

$$R = \frac{1\,000\,000 - 300\,000}{(P_A/A,\ 5\%,\ 4)} = \frac{700\,000}{3.54595} = 197\,408.31（元）$$

$$R_{总} = 300\,000 + 4 \times 197\,408.31 = 1\,089\,633.24（元）$$

【例6-8】针对【例6-7】，若将第1个半年的利息加入概算成本，以后两年半分5次等额偿还，租金均在期末支付，求每期租金和租金总额。

解：租赁设备的概算成本为：

$$P = 1\,000\,000 \times (1 + 5\%) = 1\,050\,000（元）$$

每期租金为：

$$R_1 = \frac{1\,050\,000}{(P_A/A,\ 5\%,\ 5)} = \frac{1\,050\,000}{3.54595} = 296\,112.47（元）$$

租金总额为：

$$R_{总} = 5 \times 296\,112.47 = 1\,480\,562.35（元）$$

五、浮动利率的租金计算方法

在实际应用中，利率有时不一定是固定不变的，也有随市场变化的，这种租金计算方法就是浮动利率法。浮动利率一般采用伦敦银行间同业拆借利率并加一定的利差作为租赁利率。一般以起租日的伦敦银行间同业拆借利率加利差作为计算第1期租金的利率；第1期租金偿还日的伦敦银行间同业拆借利率加利差则作为计算第2期租金的利率，依此类推，计算第3、4、…、n期的利率。

【例6-9】设某租赁设备的概算成本为100万元，分3年6期每半年末支付一次租金。第1期支付按年利率7.625%（伦敦银行间同业拆借利率加利差）。由于租期内金融市场的变化，从第2期至第6期的利率分别为上次租金偿还日的伦敦银行间同业拆借利率加利差，分别为8.125%、8.625%、9.125%、9.625%及10.125%，计算各期租金与租金总额。

解：若每期租金按给定利率在所余支付期内等额支付计算，利率是逐期变化的，租期数是逐期递减的。

第1期支付的租金为：

$$R_1 = 1\,000\,000 \times \frac{7.625\%/2}{1 - (1 + 7.625\%/2)^{-6}} = 189\,599.09 \text{（元）}$$

第1期租金中的利息为：

$$I_1 = 1\,000\,000 \times \frac{7.625\%}{2} = 38\,125.00 \text{（元）}$$

第1期租金中收回的成本为：

189 599.09 − 38 125.00 = 151 474.09（元）

支付第1期租金后尚未收回的成本为：

$$P_2 = 1\,000\,000 - 151\,474.09 = 848\,525.91 \text{（元）}$$

第2期支付的租金为：

$$R_2 = 848\,525.91 \times \frac{8.125\%/2}{1 - (1 + 8.125\%/2)^{-5}} = 190\,936.70 \text{（元）}$$

第2期租金中的利息为：

$$I_2 = 848\,525.91 \times 8.125\%/2 = 34\,471.37 \text{（元）}$$

第2期租金中收回的成本为：

190 936.70 − 34 471.37 = 156 465.33（元）

支付第2期租金后尚未收回的成本为：

$$P_3 = 848\,525.91 - 156\,465.33 = 692\,060.58 \text{（元）}$$

第3期支付的租金为：

$$R_3 = 692\,060.58 \times \frac{8.625\%/2}{1 - (1 + 8.625\%/2)^{-4}} = 192\,061.92 \text{（元）}$$

第3期租金中的利息为：

$$I_3 = 692\,060.58 \times 8.625\%/2 = 29\,845.11 \text{（元）}$$

第3期租金中收回的成本为：

192 061.92 − 29 845.11 = 162 216.81（元）

支付第3期租金后尚未收回的成本为：

$$P_4 = 692\,060.58 - 162\,216.81 = 529\,843.77 \text{（元）}$$

依此类推，计算结果见表6-2。

表6-2 每期租金 单位：元

期数	每期租金	利息	收回的成本	未收回的成本
				1 000 000.00
1	189 599.09	38 125.00	151 474.09	848 525.91
2	190 936.70	34 471.37	156 465.33	692 060.58
3	192 061.92	29 845.11	162 216.81	529 843.77
4	192 970.26	24 174.12	168 796.14	361 047.63
5	193 657.44	17 375.42	176 282.02	184 765.61
6	194 119.37	9 353.76	184 765.61	0.00
总 计	1 153 344.78	153 344.78	1 000 000.00	

六、租金计算中应注意的问题

（一）租赁项目概算成本的调整

概算成本是指出租人与承租人在签订租赁合同时，根据租赁资产的价格加上有关费用，如运输费、保险费等匡算出的成本。概算成本是计算租金的重要依据。由于概算成本是匡算的，所以在实际支出发生后，概算出的租金和保证金应根据实际支出作出相应调整。

（二）租赁手续费的计算方式

租赁公司在开展融资租赁业务时，要收取一定的手续费。手续费是租赁公司的一项收入，因而也就是承租人的一项经济支出。租赁手续费计算方法不同，会对每期租金和租金总额产生影响。目前，常用的租赁手续费计算方法有以下几种：

1.按租赁设备价款单独计算，并于租赁开始时一次性收取。

租赁手续费=租赁物件的成本×租赁手续费率

2.按租金总额单独计算，并于租赁开始时一次性收取。

租赁手续费=租金总额×租赁手续费率

3.将手续费率纳入利率，提高租赁利率水平，在租赁期内并入租金分次收取。在这种情况下，计算租金实际使用的利率会上升，租金总额会增加。

实际利率=原定利率+租赁手续费率

4.将租赁手续费计入设备概算成本，在租赁期内逐步回收。这种计算方法增加了租赁项目的概算成本，会在一定程度上增加承租人的租金负担水平。

设备概算成本=原设备价款+租赁手续费

5.把租赁手续费率换算为年费率，再纳入利率计算。

实际利率=原定利率+租赁手续费率÷平均贷款期限

（三）租赁保证金的处理方式

为确保承租人及时足额地缴付租金，防范承租人的信用风险，租赁公司往往要求承租人在租赁开始时缴纳一部分保证金。对租赁保证金的处理有两种方式：一种是在计算租金时，把承租人已付的保证金从概算成本中减去；另一种是保证金不冲减概算成本，只是在最后一期租金中抵免。第一种方式对承租人较为有利，租赁保证金冲减概算成本后，以此为依据计算出的租金额会有所减少，承租人的租金负担减轻；但出租人更希望采用第二种处理方式，因为这种方式相当于租赁公司从承租人手中取得一部分资金（保证金）不用付利息，而在最后一期租金支付时偿还，这对租赁公司十分有利。

（四）租赁物件残值的确定

残值即设备的残余价值。租赁物件的残值是指租赁期届满时，按租赁设备的市场售价估算的租赁设备的残余价值，通常根据租赁物件的种类、性能和市场情况等条件计算确定。计算租金时，残值应从货价中冲减掉。因此，在实际运用中，残值对租金的影响是很大的。

在国际上，当租赁期届满时，承租人要想获得租赁设备的所有权，必须按合同规定的残值数（原值的10%～20%）支付残值费。在美国，出租人只能按设备经济寿命的80%租给承租人，留20%的残值。可见，残值在国外租赁业中是非常重要的经济概念。残值不仅减轻了承租人的经济负担，同时还是租赁公司获利的重要来源。

─────── **本章小结** ───────

租金是出租人转让某种资产的使用权而定期取得的收入。租金由租赁设备的购置成本、租赁期间的利息和其他费用三个因素构成。

影响租金总额的因素包括利率、租赁期限、付租间隔期、付租方式、租赁保证金、手续费、支付币种、起租日与计息日及残值。

租金的计算方法多种多样，目前采用较多的方法有附加率法、年金法（包括等额年金法和变额年金法）、成本回收法、不规则租金的计算方法、浮动利率的租金计算方法。

租金计算中应注意租赁项目概算成本调整、租赁手续费计算方式、租赁保证金处理方式、租赁物件残值确定四个方面的问题

—————————————— 关键概念 ——————————————

租金　附加率法　年金法　成本回收法

—————————————— 思考与应用 ——————————————

1.租金包括哪些要素?

2.影响租金总额的因素有哪些?

3.租金有哪几种计算方法?

第七章　融资租赁合同

融资租赁合同

───────── 学习目标 ─────────

　　理解融资租赁合同的含义、特征和作用，了解其分类与当事人的权利和义务，掌握融资租赁合同签订、履行、变更与解除、终止等环节相关知识，熟悉合同违约与纠纷处理的相关内容。

第一节　融资租赁合同概述

一、融资租赁合同的含义

　　融资租赁合同又称金融租赁合同，它有广义与狭义之分。

　　广义的融资租赁合同，是指由供货人与出租人之间的供货合同、出租人与承租人之间的租赁合同组成的合同。它涉及三方当事人：出租人、承租人和供货人。在这里供货合同与租赁合同的紧密结合形成完全意义上的融资租赁合同。供货合同的意义在于保证租赁合同的履行，而供货合同的订立以租赁意向表明为前提。供货合同需经承租人确认方能成立，且未经承租人的同意不得变更。租赁合同和供货合同中的标的相同，并由供货人直接将标的交付承租人。供货合同的不履行或不完全履行会产生解除或变更租赁合同的法律后果，出租人和承租人之间的租赁合同构成了广义融资租赁合同的核心内容。

　　狭义的融资租赁合同，是指出租人与承租人之间以融资方式租赁物件达成的明确双方权利和义务的协议。本章所讨论的融资租赁合同，就是从狭义的融资租赁合同展开的。

　　《中华人民共和国民法典》（以下简称《民法典》）对融资租赁合同有明确的定

义："融资租赁合同是出租人根据承租人对出卖人、租赁物的选择，向出卖人购买租赁物，提供给承租人使用，承租人支付租金的合同。"

二、融资租赁合同的特征

融资租赁业务由于具有交易涉及三方、双合同关联、承租人对设备和供货人具有选择权、租赁期限比较长等特点，所以区别于一般的经济合同和传统租赁中的租赁合同，具体来说，它具有以下特征：

（一）主体范围广泛的合同

传统的租赁是出租人和承租人双方交易，而融资租赁是涉及出租人、承租人和供货人三方的交易。出租人根据承租人的要求和选择，与供货人签订购买合同并支付货款，与承租人签订租赁合同，由供货人直接将租赁标的物送交承租人。在租赁期间，承租人按照租赁合同的规定，分期向出租人交付租金。

（二）由购买合同和租赁合同构成的合同

购买合同和租赁合同在标的物和签订目的上保持一致，二者紧密相连。购买合同的签订是租赁合同订立的前提和条件，因为购买合同首先对作为标的物的设备的规格、型号及交付日期、地点等都作出了明确的规定。同时，购买合同必须在承租人表示租赁意向后方可签订，并需要经过承租人的确认。在实践中，人们通常将购买合同作为租赁合同的附件，从而使购买合同成为租赁合同的组成部分。

（三）转移财产使用权的合同

融资租赁是在使用价值和价值同时让渡的基础上出现的所有权和使用权的分离，是融资和融物相结合的信用。财产所有人对财产享有占有、使用、收益和处分四项权利。租赁就是财产所有人将财产占有、使用和收益的权利进行有偿转让，如果这种转让是出租人以融资方式进行的，就是融资租赁。无论融资租赁合同的期限多长，承租人都只能取得有关租赁物的占有权、使用权和收益权，处分权仍被出租人享有。

（四）合同标的物具有限定性的合同

融资租赁合同的标的物必须是有形的、特定的非消费品：其必须是有形的物质财产，商标、专利、商誉等无形财产不能作为融资租赁合同的标的物；其必须是特定的、不能被其他物件代替的，所谓特定，就是独一无二的物件和指定一类物件中的某一物件；同时，其必须是非消费品，即能够供权利人反复使用的各种耐耗物件，不是只能使用一次的消费品。

（五）分期收回租金的合同

从租金回收方式来看，融资租赁不同于传统的租赁业务。传统的租赁业务一般为短期租赁，按月按量交付租金。融资租赁则是一种长期租赁，租期一般在两年以上，承租人交付租金的次数和每次交付的金额都可以与出租人协商，采取灵活处理的方式，直到租赁期末租金回流，累计额才接近或超过租赁标的物的购买价格。租金的分期回流可以使承租人从中直接受益，因为先期付出部分租金就能支配全部设备的使用价值，同时用创造出的新价值来偿还租金，即可以用今天的钱还昨天的债。

（六）不可撤销的合同

融资租赁合同是中途不能要求解约的合同。在融资租赁中，租赁标的物是由承租人根据自身需要选定的，不仅租赁物具有特定性，其使用者也是特定的。出租人以出租为目的购买租赁物，若允许承租人随意解约，则很难再找到另一个客户租用该物件，出租人必定要蒙受损失。另外，出租人在租期内还须保证承租人对该租赁物的使用权，不得另行出租给他人，也不得以该租赁物作为抵押物（特殊情况除外）。因此，融资租赁合同与一般经济合同相比，其解除条件更加严格。

（七）双务、有偿合同

融资租赁合同的双方当事人既互相负有义务，又互相享有一定的权利，双方的权利、义务是对应的。其中，出租人承担的义务是交付租赁标的物供承租人使用和取得收益，享有以租金形式收取报酬的权利；承租人所承担的义务是交付租金，同时也享有独立使用租赁标的物并获取收益的权利。

在融资租赁业务中，出租人之所以愿意出租财产，是因其可借此取得一定数额的租金；反之承租人之所以愿意给付一定数额的租金，是因其可借此取得对租赁物在一定期限内的使用权。

（八）诺成合同

依据合同成立生效是否须交付一定的标的物，可分成诺成合同（不要物合同）和实践性合同（要物合同）。诺成合同是指不以交付标的物为成立生效要件的合同；实践性合同是指以交付标的物为成立生效要件的合同。融资租赁合同是诺成合同，其成立生效要件仅为双方当事人就合同主要条款（如品名、质量、数量、用途、租赁期限、租金及其支付期限和方式等）协商一致，出租人是否交付租赁物不影响合同的效力。

融资租赁合同的这一特征使其与借用合同区分开来，借用合同是典型的实践合同，只有当出借人将其持有的物品交付给借用人时，该合同才成立生效。

（九）长期合同

融资租赁是以承租人对租赁标的物的长期使用为前提，租赁期限较长，一般稍低于租赁标的物的使用寿命，可为3~5年，也可10年以上。

（十）要式合同

由于融资租赁交易履行时间较长、涉及的法律关系非常复杂，所以为了预防和顺利解决纠纷，《民法典》规定，融资租赁合同应当采用书面形式，即以合同书、信件或数据电文等可以有形地表现所载内容的形式。

由于融资租赁合同具有以上特征，所以它既不同于买卖合同，也不同于借款合同，而是一种独立的有名合同。

三、融资租赁合同的作用

融资租赁合同具有规范性和法律效力，它对交易者收益的获取、社会综合经济效益的提高和国际经济协作的加强都具有推动作用。

（一）有利于为合同当事人进行经济协作提供法律保障

融资租赁是现代科技发展的产物，它在设备投资方面所产生的作用越来越大，对产业结构调整的影响也越来越明显。企业可以通过融资租赁的方式，引进先进的技术设备，使用合理的资金来完成设备更新，在激烈的市场竞争中占据领先的技术地位，融资租赁合同是组织技术设备引进的有效载体。各方当事人签订协议，明确各自的权利和义务，并赋予该经济协作关系以法律效力，无论哪方当事人违反了合同，都要依法承担违约责任。这就促使合同各方严肃对待经济协作，认真履行合同规定的各项义务，从而促进了先进技术设备的使用和企业的长期发展。

（二）有利于企业投资规模的稳步发展

融资租赁在不受企业现有资金积累限制的情况下，具有融资和融物的功能，把资金信用和商品信用融为一体。同时，许多国家或地区制定了积极鼓励租赁投资的优惠政策，这使得融资租赁成为刺激投资、抑制投资萎缩的有力手段。企业利用融资租赁还可以避免受到国家货币政策的影响，融资租赁合同具有法律效力，不可随意撤销，因此有利于防止企业投资规模的迅速扩张和迅速收缩，保证其稳步发展。

（三）有利于提高社会综合经济效益

融资租赁是以物质的形态为企业融资，这就保证了企业的资金真正用于先进技术设备的投资和使用，而不被挪作他用。而且，按照融资租赁合同条款的规定，承租人在合同期内只能取得租赁物件的占有权、使用权和收益权，并没有得到所有权的核心权利——处分权，所以承租人必须对租赁物件的投资方式、使用、管理等问题作出优化配置。融资租赁的其他交易方在签订融资租赁合同的过程中，为了降低投资风险，就必须对承租人进行全面、深入的调查，选择最佳承租人和项目进行投资，从而起到优化资源配置的作用。因此，融资租赁合同将金融机构、承租企业、供货企业和贸易机构紧密地联系在一起，加快了社会资金的流转和利用，有利于社会综合经济效益的提高。

（四）有利于引进外资

资金投入不足是制约发展中国家经济发展的一个重要因素。融资租赁不仅能在不动用或少量动用国家和企业资金的情况下，成功引进国外先进的技术设备，还具有融资和融物同时进行、申请贷款和委托进口合二为一从而提高外资的实际利用等功能。另外，融资租赁只涉及租赁物使用权的转移，在国际业务中的担保和审核要求都相对较容易。因此，融资租赁合同是维护中外多方当事人合法权益、促进国际经济协作发展和成功引进外资的有效形式。

四、融资租赁合同的分类

融资租赁合同分为两类：一类是标准合同，另一类是非标准合同。

（一）标准合同

标准合同是指适用于任何交易的合同，融资租赁合同中的标准合同主要包括：

1.购买合同

购买合同是融资租赁交易的首要环节，以出租人为买方，以供货人为卖方，以租赁物件所有权的转让为标的，以货价为对价，卖方确认承租人在购买合同中作为最终用户的权利和义务。

2.货物运输合同

货物运输合同以出租人为托运人，以第三方为承运人或承运代理，以购买合同货物的运输为标的，以运费为对价，以提单为凭证。

3.运输保险合同

运输保险合同以出租人为投保人，以第三方为承保人或其代理人，以运输危险赔偿为标的，以保费为对价。

4.财产保险合同

财产保险合同以出租人或承租人为投保人，以第三方为承保人，以租赁物件的事故损失赔偿为标的，以保费为对价。

5.担保函

在融资租赁交易中有两种无偿合同性质的担保函：第一种，由非承租人的第三方以保证人身份出立，以融资方为债权人，以承租人融资租赁合同中的支付责任的履行或由担保人代为履行为标的。第二种，由非卖方的第三方以保证人身份出立，以出租人为债权人，以卖方在购买合同中的交付责任的履行或不履行为标的。

6.产权转让证书

产权转让证书以出租人为转让方，以承租人为受让方，以租赁物件所有权的转移为标的，以物价为对价，以融资租赁合同的终止为前提。

（二）非标准合同

非标准合同是指适用于特定形式交易的合同。融资租赁合同中的非标准合同主要包括：

1.租赁委托书

租赁委托书以拟承租人为申请人，以拟出租人为受理人，以受理人为了申请人的要求并按申请人的条件同申请人指定的供货人订立购买合同为标的，以申请人在该购买合同订立后便同受理人订立融资租赁合同并承担该购买合同中的部分买方责任为对价。

在整个融资租赁业务中，租赁委托书是总揽整个交易的合同。租赁委托书是出租人和承租人之间融资租赁关系发生的依据，否则，出租人、承租人和供货人三方当事人在购买合同和租赁合同中权利和义务的交叉就没有了根据。

受理人按申请人的条件与申请人指定的供货人订立购买合同，受理人就履行了他在租赁委托书中的义务，否则视为受理人违约。申请人同意在符合要求的购买合同上以承租人的身份签署，申请人就履行了他在租赁委托书中的义务，否则视为申请人违约。融资租赁合同订立的时间顺序为：租赁委托书在先，购买合同其次，租赁合同最后。如果申请人在购买合同订立后，以受理人违约为由拒绝订立租赁合同，双方就可以根据租赁委托书的规定追究违约责任。一旦双方订立了购买合同和租赁合同，租赁委托书就视为已经履行，双方不得再追究对方在该委托书中的违约责任。

2.租赁合同

融资租赁按业务不同，可分为直接租赁、转租赁、回租和杠杆租赁等，相应的融资租赁合同就可以分为直接租赁合同、转租赁合同、回租租赁合同和杠杆租赁合同等。

五、融资租赁合同当事人的权利与义务

融资租赁合同自生效之日起就在当事人之间产生法律约束力，双方都拥有权利，并承担义务。

（一）出租人的权利与义务

1.出租人的主要权利

（1）对租赁物件的所有权。在融资租赁期间出租人理所当然是租赁物件的所有权人；即使在融资租赁合同终止以后，出租人的身份丧失，作为原出租人的租赁公司也不会自然丧失对租赁物件的所有权。

（2）收取租金的权利。按照合同的约定收取租金是出租人最主要的权利也是出租人参与租赁关系收回成本和获取利润的唯一途径。

（3）解除合同的权利。承租人未经出租人同意转租的，或承租人无正当理由未支付或者迟延支付租金，出租人可以要求承租人在合同期限内支付，承租人逾期不支付的，出租人可以解除合同。

（4）收回租赁物件的权利。在融资租赁合同期满后，对于租赁物件，承租人可以选择留购、续租或退租三种方式。如果双方约定以一定价格留购，那么在承租人支付了货价后出租人可以不收回租赁物件。合同因解除而终止时，出租人有权收回租赁物件。当承租人破产时，出租人可以取回租赁物件；当租赁期限届满时，出租人可以取回租赁物件；当承租人因重大违约使出租人解除合同时，出租人也可以取回租赁物件。

（5）免除责任的权利。在国内外的立法上，一般都规定了融资租赁合同中出租人对租赁物件责任的免除，即出租人不应对承租人承担有关设备的任何责任，除非承租人由于依赖出租人的技能和判断以及出租人干预选择供应商或设备规格而受到损失。我国《民法典》第七百四十九条规定："承租人占有租赁物期间，租赁物造成第三人人身伤害或者财产损失的，出租人不承担责任。"

2.出租人的主要义务

（1）购买并交付租赁物件的义务。出租人应以自己的名义与供货商签订买卖合同而购买租赁物件，这是出租人最基本的义务。同时，融资租赁合同是转移标的物的使用权的合同，因此出租人必须将租赁物件提供给承租人占有。当然，在融资租赁合同中出租人所承担的交付义务，并不是直接的交付，而是通过供货人来实现的，只要承租人自供货人手中受领了标的物，即视为出租人的交付义务业已履行。

（2）确保承租人对租赁物件的占有与使用。承租人进行融资租赁交易的目的在于获得租赁物件的使用权。为确保承租人正常占有与使用租赁物件，出租人要做到自己不妨碍，在第三人的行为妨碍了承租人对租赁物件的占有与使用时请求第三人排除妨碍。

一般认为，即使出租人将租赁物件出让给第三人或在租赁物件上为第三人设定担保物权，承租人也不因此丧失在租赁期间对租赁物件占有与使用的权利，因此给承租人造成的损失，出租人应当承担赔偿责任。

（3）返还押金或担保物的义务。融资租赁合同中如果约定承租人要提供一定的押金或担保物，那么在合同终止时，出租人应当按时将押金或者担保物返还给承租人。

（4）维修、保养的义务。在经营租赁合同中，出租人负有对租赁物件的维修、保养、投保等义务，以保证租赁物件在合同期内正常使用，但当事人另有约定的除外。而在融资租赁合同中，当租赁物件出现质量瑕疵等问题时，由供货人直接向承租人负责，出租人对此不负责任。随着租赁的发展和竞争的加剧，在融资租赁合同中也开始出现出租人愿意承担租赁物件维修、保养以及质量瑕疵责任的情况。

（二）承租人的权利与义务

1.承租人的主要权利

（1）收益权。为了维护融资租赁关系的稳定性，法律赋予承租人对租赁物件享有独占的使用收益的权利。出租人基于其所有权可以在租赁物件上设置抵押权，但必须通知承租人，而且这种抵押行为不得影响承租人对租赁物件进行使用以获取收益；出租人转让租赁物件的，融资租赁合同继续有效，新的所有权人也不得解除该融资租赁合同，取回租赁物件。

（2）优先购买权。在出租人转让租赁物件时，在同等条件下，承租人享有优先购买的权利。特别是在融资租赁期限届满时，承租人一般只需支付象征性的价款即可取得租赁物件的所有权。

（3）改善和增设他物的权利。承租人为了保持对租赁物件的使用和收益权，经出租人同意，可以对租赁物件进行改善和增设他物。融资租赁合同解除后，承租人可以就租赁物件现存的增加价值要求出租人部分偿还其支出的费用。

（4）融资租赁合同中的其他特殊权利。融资租赁合同的承租人还拥有以下几项权利：

①选择供货商和租赁物件的权利

融资租赁合同的标的物一般具有特定的用途，租赁物件的情况和出卖人（供货人）的信誉以及其所提供的服务，关系到承租人的切身利益。承租人可以依靠自身的专业知识、技能和经验选择租赁物件及供货商，以便更好地实现租赁目的。

②享有与受领的标的物相关的权利

第一，承租人有权要求供货人直接向其交付标的物，供货人不得拒绝。由于融资租赁合同和相关的买卖合同具有同一标的物，承租人是标的物的真正使用者且对租赁物件有着专业性的了解，可以对租赁物件进行检验和受领，所以供货人应按照约定向承租人交付租赁物件。

第二，承租人享有向供货人索赔的权利。一般情况下，融资租赁合同的出租人并不对租赁物件承担瑕疵担保责任，承租人就标的物有瑕疵所受的损失直接向供货人索赔，出租人仅负有协助的义务，但是由于承租人并不是相关买卖合同的正宗的当事人，所以无权在不经出租人同意的情况下终止或撤销相关的买卖合同。

③租赁期限届满时选择租赁物件归属的权利

承租人对租赁物件在融资租赁期限届满后的归属具有选择权，要么留购，要么续租，如果承租人放弃了留购和续租的权利，就意味着其选择了退租（在合同终止时将租赁物件完好地退还给出租人）。

2.承租人的主要义务

（1）对租赁物件进行检验和受领的义务。承租人必须在约定的或供货人通知的时间和地点检验和受领标的物，无故不得迟延受领或拒收。同时，承租人应当将验收的结果及时通知出租人。

（2）妥善保管、使用租赁物件的义务。承租人应妥善保管租赁物件，负责租赁物件的安全，防止租赁物件毁损、灭失。承租人未尽妥善保管义务，造成租赁物件毁损、灭失的，应当承担损害责任。

承租人应当按照合同约定的方法或租赁说明书中规定的操作以合理的方式使用租赁物件。对租赁物件的使用方法没有约定或约定不明确的，依法律规定使用。对法律规定不明确的，应当按照租赁物件的性质使用。

承租人只有在出租人同意和不损害第三方权利时才可以转让其对租赁物件的使用权或在融资租赁合同项下的任何其他权利。

在融资租赁合同中承租人还应当对租赁物件承担维修、保险与保养等责任，以避免因其品质的不适当而损害出租人的所有权。

（3）支付租金的义务。按照约定的期限、金额、币种、支付方式支付租金是承租人的最主要义务。租金是出租人补偿租赁物件所投入的成本和资金的来源，承租人不得以未对租赁物件进行使用获取收益或不继续对租赁物件进行使用为由免除该项义务。

（4）承担租赁物件毁损、灭失的风险。当租赁物件因不可归责于融资租赁合同双方当事人的事由毁损或灭失造成损失时，承租人不得减少或迟延支付租金。

（5）返还租赁物件的义务。在经营租赁中，租赁期限届满时，承租人应当返还符合约定性质的租赁物件（法律另有规定的除外）。在融资租赁中，如果承租人放弃留购或续租的权利，那么就应当在租赁期限届满时将租赁物件按照合同终止时的完好状态返还给出租人。

（6）通知的义务。承租人的通知义务主要包括：当租赁物件有修理、防止危害的必要时，承租人应及时通知出租人；第三人主张权利的，承租人应及时通知出租人；对租赁物件在因不可抗力毁损、灭失或因第三人的侵害受损等情况，承租人也应及时通知出租人。

第二节　融资租赁合同的签订

融资租赁合同签订是指承租人与出租人之间基于意思表示一致而进行的法律

行为。

一、融资租赁合同签订的基本原则

(一) 合法原则

合法原则是指合同当事人签订融资租赁合同时必须严格遵守国家的法律和政策。本原则具体包括以下内容：第一，租赁当事人必须遵守本国的法律和有关政策。任何当事人均不得签订与本国宪法、法律、法规和政策相抵触的合同，不能在合同中出现违反法律的条款，凡是内容不符合法律和法规要求的合同均不具有法律效力。第二，融资租赁合同的签订必须符合法律规定的形式和程序。融资租赁合同应当采用书面形式，并由当事人的法定代表人或法定代表人授权委托的经办人签字盖章，并加盖法人的印章，不具备法律规定形式或不符合法定程序要求的融资租赁合同不具有法律效力。第三，涉外融资租赁合同的签订不但要遵守本国的法律，还要符合本国的社会公共利益，任何损害社会公益的合同都不具有法律效力。另外，涉外融资租赁合同还要遵守本国参加的国际条约和承认的国际惯例。

(二) 诚实信用原则

诚实信用原则是指当事人在签订融资租赁合同时，应诚实无欺、恪守信用，以善意的方式履行其义务，不得隐瞒事实真相、以假乱真、规避法律。诚实信用原则对融资租赁合同尤为重要。融资租赁合同一般为不可撤销合同，且经常是涉外租赁合同，合同一旦签订，就具有法律效力，双方当事人应当履行合同中规定的各项义务，任何一方不得擅自变更或解除合同。

(三) 自愿原则和公平原则

1. 自愿原则

自愿原则，是指租赁当事人在签订融资租赁合同时能够表达自己的真实意愿，根据自己的意愿来设立、变更和终止租赁法律关系。虚伪的意思表达或在受欺诈、胁迫的情况下表达的意思都是无效的。在签订融资租赁合同前，当事人有权选择依法签订或不签订，有权选择其行为的内容和相对人，通过协商一致达成合同条款，并自愿接受这些条款的约束。

双方当事人自愿协商的过程，可分为两个阶段：要约和承诺。要约是一方当事人向另一方当事人发出订立融资租赁合同的建议和要求，是希望和另一方当事人签订融资租赁合同的意愿表达。承诺是一方当事人对另一方当事人提出的要约表示同意接受的意思表示。一个融资租赁合同的签订，可能要经过多次反复的要约和承诺，双方当事人才能最终达成协议。

2.公平原则

公平原则是指双方当事人在签订融资租赁合同时要以公平、正义观念指导自己的行为，明确合同法律关系，协商确定有关租赁关系。公平原则是适用法律的原则，可以弥补法律规定的不足。在法律没有明确规定的情况下，可以采用公平原则。例如，关于租金标准，在没有法律和政策规定的统一标准的情况下，应由当事人双方根据公平合理原则，协商确定。

自愿原则和公平原则是相辅相成的。公平原则能够切实保障当事人在签订融资租赁合同中的意愿，弥补自愿原则的不足。

（四）平等原则

平等原则是指融资租赁业务中的有关当事人享有独立的法律人格，互不隶属，地位平等，各自能独立地表达自己的意志。

任何当事人在签订融资租赁合同时都享有平等的民事权利，适用同一法律，具有平等的法律地位。在产生、变更和消灭具体的租赁法律关系时必须平等协商，任何一方当事人都不得将自己的意志强加给其他当事人。

（五）互惠原则

互惠原则是指双方当事人通过融资租赁合同在经济上都能合理、合法地满足自己的利益。互惠是市场经济条件下商品交换的根本要求。融资租赁合同双方当事人中的任何一方在从事融资租赁交易时，都必须坚持互惠原则，避免融资租赁合同成为利益不对等的"霸王合同""衙门合同"。融资租赁合同是双务合同，双方当事人在权利和义务上是对等的，任何一方当事人不能只享受权利而不承担义务，不允许任何一方当事人在损害其他当事人利益的基础上获得自己的利益，也不允许损害社会公共利益和任何第三方的利益。

二、融资租赁合同签订的步骤

（一）选择租赁物

由承租人根据自己的需要选择租赁物，从设备的规格、型号、性能、质量、价格等进行考察。在融资租赁中还要选择供货商，一般应注意出卖人（供货人）的信誉、产品质量、售后服务等方面。

（二）选择出租人

承租人综合考虑出租人的资金实力、筹资能力、租金高低、支付方式、信誉、提供的服务等，择优选择，然后向选中的租赁公司提出租赁的申请。这一步骤在租赁合同的签订中起着举足轻重的作用，确定了整个交易的基本内容，成为后续的相关买卖合同和租赁合同签订的基础。

（三）项目受理

在租赁交易中，出租人要把租赁物提供给承租人使用。为了确保租赁物的安全，收回投入的本金、利息并获取相应的利润，出租人必须对租赁项目本身和承租人的资信情况进行全面的审查和评估，以降低风险。

（四）签订购买合同

与融资租赁合同相关的购买合同由出租人与供货人签订，其签订的过程与一般买卖合同并无大的差别。通常，购买合同的洽谈与签订需要出租人和承租人通力合作来实现。技术方面的洽谈和相关条款的确定，以承租人为主进行；商务方面的洽谈和相关条款的确定，以出租人为主进行。技术谈判和商务谈判构成了签订购买合同的一般程序和主要内容。技术谈判的内容，主要在于选择租赁物件（设备）。

出租人与供货人经过反复洽谈达成共识后，为明确规定各方的权利和义务，双方当事人根据洽谈达成的条件签订合同，并由承租人签字确认并同意。购买合同不仅涉及出租人、承租人和供货人，还直接影响租赁合同的签订。在融资租赁交易中，由于购买合同和租赁合同是联立的，所以购买合同制定时要考虑到它与租赁合同条款的一致性。

（五）签订租赁合同

租赁合同由出租人与承租人通过谈判来签订，主要包括确定租金、支付方式、租期、担保、租赁物在租赁期满后的归属等问题，达成一致后可订立相关的租赁合同。

三、融资租赁合同成立的有效要件

融资租赁合同成立是指承租人与出租人就租赁物的名称、数量、用途等合同条款达成一致的法律行为。融资租赁合同生效是指合同对双方当事人产生约束力，即合同条款产生法律效力。一般来讲，融资租赁合同成立即生效。

融资租赁合同有效，是指签订融资租赁合同的行为足以引起民事权利义务关系设立、变更、终止的法律效力。融资租赁合同有效，必须以融资租赁合同的成立为前提。但是，已经成立的融资租赁合同，不一定全部发生法律效力，只有具备一定有效要件的融资租赁合同，才能产生预期的法律效力。融资租赁合同成立的有效要件，可分为实质要件和形式要件。

（一）融资租赁合同成立的实质要件

1.主体合格

这是指融资租赁合同当事人具有进行融资租赁交易的民事行为能力。所谓民事行为能力，是指民事主体能够以自己的行为行使民事权利和设定民事义务，并且能够对自己的违法行为承担民事责任，从而使民事法律关系发生、变更或消灭的一种资格。融资租赁合同中的出租人只能由经批准的具有融资租赁经营范围的法人承担，在实践中一般由租赁公司、财务公司、信托公司担任；承租人通常由法人或其他经济组织担任。

2.主体合意

这是指融资租赁合同当事人的意思表示一致、真实。意思表示真实，是指当事人在自觉、自愿的基础上，作出符合其内在意志的表示行为。由于当事人的意思表示依法可以产生法律效力，所以必然要求当事人的意思表示与其真实意思相符合，这对于当事人的意志自由和维护租赁交易的公平和安全，都具有现实意义。一般来说，当事人的内心真意与外部表示是有机统一的，不存在欺诈、胁迫和乘人之危等情况。

3.客体合法

这是指融资租赁合同的标的物符合法律法规和有关政策的要求，且能满足融资租赁交易的需要。根据有关国际组织和我国相关法律法规的规定，融资租赁合同的标的物具有以下性质：①必须是实物资产；②被使用后不改变其原有的物理、化学形态；③必须能够相对独立地发挥自身效用而不依附于其他物品；④必须具有一定的经济寿命。

4.内容合法

这是指融资租赁合同中的各项条款符合国家有关法律法规和政策规定，与社会公共利益保持一致。内容合法是融资租赁合同有效的当然要件，正是因为内容合法，融资租赁合同才会受到国家法律的确认和保护，才能实现租赁当事人签订融资租赁合同所要达到的预期目的。

（二）融资租赁合同成立的形式要件

我国《民法典》第七百三十六条第二款规定："融资租赁合同应当采用书面形式。"因此，融资租赁合同采用书面形式是该合同成立的有效要件。书面形式是指融资租赁合同用书面文字进行的意思表示，例如，合同书、票据、信函、文字传真等。书面形式有固定的凭据，能够如实记载并永久保存合同当事人的意思表示，这对于明确合同当事人之间的权利义务关系、预防和处理有关合同争议都具有重要意义。所以，对于不能即时结算、金额较大的融资租赁交易，必须采用书面形式。

四、融资租赁合同的无效

（一）融资租赁合同无效的含义

融资租赁合同无效，是指当事人签订的融资租赁合同欠缺成立的有效要件，因而不发生法律效力，也就意味着从签订合同时起就没有法律约束力。但也有部分无效的情况，部分无效的融资租赁合同不影响其他部分的法律效力，即融资租赁合同的其他部分仍然有效。

（二）融资租赁合同无效的认定依据

1.当事人不合格

（1）自然人签订的融资租赁合同；（2）法人超越其业务活动范围而签订的融资租赁合同；（3）代理人超越代理权或无代理权所签订的、被代理人不予确认的融资租赁合同等。

2.当事人意思表示不真实

（1）因受欺诈而签订的融资租赁合同，即当事人一方故意告知对方虚假情况，或者故意隐瞒真实情况诱使对方受骗而签订的融资租赁合同；（2）因受恐吓而签订的融资租赁合同；（3）因受胁迫而签订的融资租赁合同，胁迫是指对对方或对方亲友的生命、健康、名誉、财产等直接施加暴力和强制的行为；（4）一方代理人与他方恶意通谋而签订的融资租赁合同；（5）乘人之危而签订的融资租赁合同。

3.合同标的物不合法

（1）标的物是用于个人及家庭生活的消费品；（2）标的物是一次消耗物品；（3）标的物是国家禁止流通的财物；（4）标的物是违反国家产业政策从国外进口或引进的。

4.合同内容违法

（1）违反法律和行政法规的强制性规定的；（2）损害社会公共利益的；（3）损害国家、集体或者第三人的合法利益的；（4）以合法形式掩盖非法目的，如虚构的融资租赁合同和伪装的融资租赁合同等。

5.合同形式不合法

这是指签订融资租赁合同时采用了口头形式，而没有采用书面形式。口头形式是指签订融资租赁合同时用谈话的方式进行的意思表示。例如，当面交谈、电话联系等。口头形式虽然简便迅速，但是缺乏客观记载，日后难以查证。一旦发生租赁合同争议，则当初表示的租赁内容将难以确定。实践中，口头形式大多适用于即时、小额的租赁交易行为；而融资租赁合同是满足大额租赁交易的合同，必须采用书面形式。

五、可撤销融资租赁合同

（一）可撤销融资租赁合同的含义

可撤销融资租赁合同，是指当事人没有表现其真实意志，违反自愿原则而签订的融资租赁合同。可撤销融资租赁合同在被撤销前，合同效力已发生，且未经撤销，其效力不消灭，其法律效果可以对抗除撤销权人以外的任何人。可撤销的融资租赁合同必须由一方提出请求，由法院、仲裁机关作出决定。在被撤销以后，当事人一般需要返还财产，给对方造成损失的，还应赔偿。

（二）可撤销融资租赁合同的类型

1.由于重大误解而签订的融资租赁合同

如果当事人对融资租赁行为的性质，标的物的品种、质量、规格和数量以及租赁关系的主体的认识存在显著缺陷而签订了融资租赁合同，该行为的后果与当事人的意思相悖，并会造成较大的经济损失，则可以申请撤销或者变更。如果撤销或者变更融资租赁合同致使相对人或第三人受损失，则当事人应承担赔偿义务。

2.显失公平的融资租赁合同

这是指对一方当事人明显有利而对另一方当事人有重大不利的融资租赁合同。这种合同使当事人双方的权利义务明显不对等，违反公平和等价有偿原则。显失公平的融资租赁合同通常从以下三个方面进行认定：

（1）双方的权利义务是否对等；

（2）一方获得的利益或他方所受的损失是否违反法律、违背政策或者租赁惯例；

（3）造成显失公平的原因是否正当。

但法律不允许任何当事人以自己无经验、无技能或者不了解市场行情为借口而随意撤销其签订的融资租赁合同。

第三节　融资租赁合同的履行

一、融资租赁合同履行的含义

融资租赁合同的履行，是指双方当事人按照所签订融资租赁合同的标的、履行期限、租金、履行方式及地点等，全面完成各自承担义务和责任的行为。

融资租赁合同的履行有全面履行、部分履行和不履行之分。全面履行，是指双方当事人全面、如期地完成合同规定的各项义务。部分履行，是指双方当事人只完成合同规定的部分义务，或一方当事人全面履行合同义务，而另一方当事人只部分履行合同义务。不履行，是指双方当事人均未履行合同规定的全部义务。

融资租赁合同的履行是融资租赁业务的中心环节。双方当事人认真履行合同义务，不仅可以促进社会经济的发展，而且有利于双方实现签订合同所要达到的目标；否则，不仅达不到签订合同的目的，还会增加一系列麻烦和交易费用。

二、融资租赁合同履行的原则

(一) 实际履行原则

实际履行原则是指当事人按照融资租赁合同规定的标的完成各自所承担的义务的原则。实际履行原则要求当事人必须按照合同规定的标的履行，而不能任意地用其他标的代替。该原则表现在两方面：①实际履行原则要求当事人自觉地按照合同规定的标的履行，不得任意以违约金、赔偿金等标的代替；②当事人一方实际履行时，首先应承担实际履行的责任，并有权要求当事人另一方实际履行。

实际履行原则是融资租赁合同履行的基本原则和首要原则。贯彻实际履行原则，可以强化合同对当事人双方的法律约束力。但是，如果确有不可抗力事件发生或确实不可能或不必要实际履行，那么经双方当事人协商后，允许解除融资租赁合同，但应由过错方以某种适当的方式弥补对方因此而遭受的经济损失。

(二) 全面履行原则

全面履行原则，也称适当履行原则或正确履行原则，是指当事人按照融资租赁合同规定的标的及其数量、质量，履行期限、地点和方式等全面完成各项义务的原则。全面履行原则是判定融资租赁合同是否履行和是否违约的法律标准，是衡量合同履行程度和违约责任的尺度。融资租赁合同中的任何一项条款未按合同规定履行，都不是全面履行，只有经过验收合格并为对方所接受，才属于全面履行。全面履行原则是对实际履行原则的补充和扩展，其实际意义在于指导和监督当事人保质、保量、及时地履行融资租赁合同义务。

(三) 协作履行原则

协作履行原则，是指当事人在融资租赁合同履行过程中，应当相互协作，共同完成合同规定的各项义务。双方当事人签订合同的目的，就在于追求并实现各自的利益。权利的实现需要义务人的合作，义务的履行也需要权利人的支持，没有相互协作，就无法全面履行合同义务，实现双方的共赢。该原则的具体要求有：①一方当事人履行合同义务，另一方当事人应尽力为其义务的履行创造方便条件；②一方当事人因客观情况发生变化需要变更合同时，双方当事人应及时沟通、协商，妥善处理合同的变更；③一方当事人确实不能履行合同义务时，应及时通知对方，对方可以尽快采取补救措施，尽量减少或挽回损失；④一方当事人因过错违约时，对方应尽快协助纠正，并设法避免或减少损失；⑤履行过程中遇到分歧或争议时，双方应以合作的姿态及时协商解决。

(四) 诚实信用原则

诚实信用原则，是指当事人在履行融资租赁合同义务时要讲诚实、守信用，在不损害他人利益和社会利益的前提下追求自己的利益。我国《民法典》第五百零九条规定："当事人应当按照约定全面履行自己的义务。当事人应当遵循诚信原则，根据合同的性质、目的和交易习惯履行通知、协助、保密等义务。"诚实信用原则要求当事人在履行融资租赁合同义务时应做到：①一方当事人不得履行自己已知有害于另一方当事人的融资租赁合同；②在以给付特定租赁物为义务的融资租赁合同中，一方当事人于交付特定租赁物之前，应妥善保管该物；③在发生不可抗力或者其他原因致使合同不能履行或者不能按预定条件履行时，一方当事人应及时通知另一方当事人，以便双方协商处理合同债务；④在合同就某一有关事项未规定明确时，一方当事人应依公平原则并考虑事实状况合理履行合同义务。

诚实信用原则没有确定的内涵，其有无限的适用范围，它随着社会经济的变迁而不断修正自己的价值观和道德标准，其实质是用诚实信用来促进公平租赁交易，实现租赁交易所带来的社会经济功能。

（五）情势变更原则

情势变更原则，是指在融资租赁合同履行过程中，当事人应根据合同存在的基础和环境的变化而变更或者解除合同。由此可见，如果合同履行过程中发生不可归属于当事人的原因而使合同存在的基础和环境出现不利于当事人公平进行租赁交易的情形，就可以变更或者解除合同。

情势变更原则最早见于 13 世纪注释法学派著作《优帝法学阶梯注解》中的"情势不变条款"。该条款假定每个合同在成立时均以当时作为合同基础的客观情况的继续存在作为默示条款，一旦这种客观情况不复存在，就允许当事人变更或解除合同并免除责任。随着社会经济的发展和法学流派的更替，情势变更原则发展至今，已成为大陆法系合同法重要原则之一。英美法系没有情势变更原则这一法律术语，但有与之类似功能的"合同落空"原则，其目的在于消除合同因其基础发生变化而产生的不公平后果。

三、融资租赁合同履行的内容

（一）履行主体

履行主体是指接受融资租赁合同义务并具体履行合同义务的人。在多数情况下，合同的履行主体是签订合同的当事人，而不能是任何第三人，除非在合同中另有明确规定。但是，在某些情况下，第三人也可作为合同履行的主体。在第三人履行合同义务时，只要合乎法律的要求即可。

第三人履行合同的情况有两种：一是合同中规定一方的权利义务部分或全部转移给了第三人，被转让的第三人（受让人）即成为履行部分或全部义务的第三人；

二是关于合同中的担保人，如果承租人不按合同履行义务，担保人就要负起履约的义务。

（二）履行标的

履行标的，是指可供租赁的资产，应属于特定物，包括动产和不动产，当事人如果不能按照合同规定提供标的，就会构成违约，要依法承担违约责任。

（三）价款和租金

价款和租金是租赁合同的重要条款，义务人必须按照合同规定的数额和方式及时支付给债权人。在价款和租金规定得不明确时，如果是国内融资租赁，则按照国家规定的价格履行；国家没有规定价格的，参照市场价格或者同类物品的价格标准执行。如果是涉外融资租赁，则应遵循国际条例；国际条例中未规定的，参照国际惯例。

（四）履行期限

履行期限是租赁合同的债务人向债权人履行义务、债权人接受履行义务的时间。融资租赁合同的履行期限根据法律或者合同本身确定。履行期限明确的，当事人应当按照合同确定的期限履行；履行期限不明确的，按照一国法律或国际惯例的规定履行，即债务人可以随时向债权人履行义务，债权人可以随时要求债务人履行义务，但应当给予对方必要的准备时间。

（五）履行方式

履行方式是指当事人履行义务的方式方法，一般在融资租赁合同中均有具体的规定。履行方式包括货物的交付方法、运输方法、交货地点、质量检查方法、结算支付方法、保险及担保方法等。当事人必须严格按照合同规定的方式方法履行合同，否则对方当事人有权拒绝接受或支付，并可追究其违约责任。

（六）履行地点

履行地点是租赁合同的义务人履行义务和权利人接受履行的地点。它直接决定着风险负担、权利分配以及违约与否的判定，因此也是融资租赁合同履行的重要内容。履行地点一般可以分为交货地点、提货地点和付款地点等。当事人应当在合同中明确规定履行地点，并且也应严格按照合同规定的地点履行合同。如果履行地点规定得不明确，则按惯例，一般在履行义务一方的所在地；涉及支付租金的，一般以接受给付一方的所在地为履行地。

第四节　融资租赁合同的变更、解除和终止

一、融资租赁合同的变更与解除

（一）融资租赁合同变更与解除的含义

1.融资租赁合同变更的含义

融资租赁合同的变更，是指双方当事人对原定合同的某些条款进行修改补充，并产生新的合同法律关系的行为。

融资租赁合同的变更必须以有效成立的合同为对象，不具备有效条件的合同，或者是无效，或者是被撤销，或者是补足有效条件，都不属于变更范畴。融资租赁合同的变更必须在合同尚未全部履行时进行，如果合同已经全部履行，就是合同的消灭，而不是变更。另外，融资租赁合同的变更，一般不涉及已履行的部分，其效力仅及于未履行的部分；合同变更后，当事人不再按原融资租赁合同内容履行，而按变更后的内容履行。

融资租赁合同变更包括主体的变更和内容的变更。一是主体的变更。在租赁期间，出租人可将租赁标的物出售、转让或者用于抵押，但必须及时通知承租人，并不得影响承租人在租赁期内对租赁标的物的充分使用权。承租人在租赁期内，不得将租赁标的物出售、转让、擅自转租或用于抵押，但在征得出租人完全同意的书面形式下，也可以将租赁标的物的使用权和相应的义务一并转让他人。二是内容的变更。在合同未履行或未完全履行前，租赁双方协商同意对合同条款等内容进行修改、增删，从而变更合同的内容。内容的变更还可以涉及履行地点、时间、方式等，但所有这些都不能损害出卖人（供货人）的利益。另外，值得一提的是，内容的变更一般不涉及合同标的变更。内容的变更必须以书面形式进行。变更的要求和订立的要求应当一致，以保证合同具有法律效力。

2.融资租赁合同解除的含义

融资租赁合同的解除，是指双方当事人经协商或单方面提前终止合同效力的行为。合同解除后，双方当事人约定的权利义务关系即告终止。融资租赁合同的解除包括协议解除和法定解除。

（1）协议解除

协议解除是指当事人通过协商一致解除融资租赁合同关系。协议解除是基于双方当事人的意思而解除合同的一种形式，是双方的法律行为，是合同自愿原则在终止合同关系时的一种表现方式。我国《民法典》第五百六十二条规定："当事人协商一致，可以解除合同。当事人可以约定一方解除合同的事由。解除合同的事由发

生时，解除权人可以解除合同。"融资租赁合同的协议解除又可以分为两种情况：一是中途协商解除。当事人签订融资租赁合同后，在合同履行前或者履行过程中，经过协商一致，可以解除合同，这种形式发生在合同订立后至合同履行完毕前，所以称为合同的中途协商解除。以这种方式解除合同的，当事人在协商时，应当就解除合同后责任与损失的分担等内容一并协商。二是约定事由解除。当事人在订立融资租赁合同时，可以在合同中约定解除的事由，一旦解除的事由发生时，有解除权一方的当事人就可以解除合同，所以称为约定事由解除。以这种方式解除合同的，在约定事由时，应当注意与违约责任和补救措施联系在一起考虑。

（2）法定解除

法定解除是指融资租赁合同成立后，在还没有开始履行或者在履行过程中，当事人一方依照法律的规定行使解除权而终止合同。法定解除是一种单方的法律行为，指当事人一方在有法律规定的解除条件出现时，即可以通过行使解除权而使合同终止。法定解除合同的条件有以下几种：不可抗力，承租人明确表示或者以自己的行为表明不履行，承租人未按照约定支付租金，以及法律规定的其他情形。法定解除，是法律赋予当事人的一种选择权，即当守约的一方当事人认为解除合同对他有利时，可以通过解除合同来保护自己的利益。

法定解除与协议解除的不同主要在于：法定解除是当事人一方行使法定解除权的结果，在法定解除事由发生时，有解除权的一方可以直接行使解除权，即可直接将合同解除，而不必经过对方的同意；而协议解除则是双方的法律行为，并非一方行使解除权的结果。

（二）融资租赁合同变更与解除的区别

融资租赁合同的变更与解除，虽然都是合同生效后在特定情况下发生的一种法律行为，但两者却有严格的区别。

1.两者的结果不同

融资租赁合同的变更是以原合同为基础的，是原有合同的延续和部分内容的变化，双方当事人的权利义务并没有归于消灭，合同仍要执行。融资租赁合同的解除则是提前终止合同的效力，双方当事人的权利义务关系归于消灭，合同不再履行。

2.两者的程序不同

融资租赁合同的变更应由一方当事人提出变更合同的要约，另一方在法定期限内作出承诺，合同的变更才能成立。融资租赁合同的解除包括由双方协商同意的需要经过要约和承诺的程序和由一方通知另一方解除合同的不需要经过要约和承诺的程序两种情形。

（三）融资租赁合同变更与解除的条件

1.当事人经过协商一致同意

融资租赁合同的成立是双方当事人协商一致的产物。因此，根据自愿原则，如果租赁合同的当事人协商同意，则可以变更或解除融资租赁合同。在融资租赁合同的履行过程中，一方当事人因某种原因提出了变更或解除合同的请求，只要不损害国家和社会公共利益，经双方同意后，应允许变更或解除。此外，如果融资租赁合同涉及第三人，则变更合同前应当征得第三人的同意。

2.合同一方当事人因关闭、停产、转产等影响，确实无法履行融资租赁合同

对这一变更或解除合同的条件应全面理解，即只有当事人关闭、停产、转产造成合同不能履行时，才可以变更或解除合同；在当事人虽然关闭、转产、停产但还有履行合同能力时，就不应解除合同，一般也不能变更合同。例如，出卖人（供货人）一方破产，但有关租赁设备已经生产完毕，这时就不能允许以其关闭为由解除合同；只有在租赁设备尚未生产完成的情况下，才可以主张解除合同。

3.由于不可抗力等原因，融资租赁合同无法履行

不可抗力是人力不可抗拒的法定客观现象，通常指不可抗拒的自然力，如地震、雷电、台风等；而当事人过错以外的其他外因，实际上指的是意外事故，它并非人力不可抗拒的自然力，如战争、政变等。这里有两种情况，一是不可抗力致使合同无法履行；二是当事人过错以外的其他外因致使合同无法履行。这两种情况都属于客观原因致使合同无法履行，无论是因不可抗力，还是因意外事故，只要致使合同确实无法履行，法律就都允许当事人变更或解除合同。其中，如果是部分无法履行，则当事人应当变更融资租赁合同；如果是完全不能履行，则当事人应解除合同。例如，出卖人（供货人）的所在地发生了强烈地震，致使有关租赁设备无法按时交工，这时就应当允许变更原来签订的融资租赁合同。

4.当事人一方违约，使融资租赁合同履行成为不必要

这个条件包括两个因素，一是一方违约，二是合同履行成为不必要。只有同时具有这两个条件，双方当事人才可以变更或解除合同。如果一方没有违约，只是另一方的原因使合同履行成为不必要，或者虽然一方违约，但合同仍有履行之必要，那么皆不能随意变更或解除合同。

所谓合同履行成为不必要，是指合同履行达不到非违约方所期望的目的，即不能达到订立合同的目的。一切合同都是当事人为达到一定目的而订立的，当这种目的已经不能达到时，它就失去了继续存在的必要，应该变更或解除。例如，出租人长期不向出卖人（供货人）交付货款，致使出卖人（供货人）一直未向承租人交付租赁设备，严重影响了承租人的生产经营，这时承租人就有权变更或解除已同出租

人签订的融资租赁合同。

5.约定解除

约定解除是租赁合同当事人可以约定解除合同的条件。一旦出现了所约定的条件，一方或双方即有权解除合同，但必须对双方均作出限制性的规定。当事人采取约定解除的目的主要是考虑到将来可能出现主观上的各种障碍，也许有必要从合同的约束中解脱出来，给解除合同留有余地。一方面是为了免除自己承担的债务，另一方面是对债务人违约给予间接的强制。

（四）融资租赁合同变更与解除的程序

融资租赁合同变更或解除的条件具备时，合同并不自动且当然地变更或解除，而是需要经过一定的程序。

融资租赁合同变更或解除的程序，即变更或解除合同的方式和步骤。根据我国法律规定，解除合同的方式包括协议解除和法定解除。变更或解除租赁合同的一般程序是：

1.提出变更或解除合同的通知

当事人一方要求变更或解除合同时，应制作书面形式的通知书。通知书的内容包括：变更或解除合同的原因、理由及事实（要求变更或解除合同的一方负有举证责任，及时向对方提供有关证明材料，作为认定的依据），赔偿责任，善后处理事项等。

通知要在规定期限内提出。当事人约定变更或解除权行使期限的，期限届满当事人不行使的，该权利消灭；当事人没有约定行使期限的，经对方催告后在合理期限内不行使的，该权利消灭。

将通知送达对方当事人。通知是变更或解除要求权能否成立的重要条件。没有发此通知或通知未能送达，则变更或解除合同的行使权无效。

2.对变更或解除合同通知的答复

一方接到对方通知后，可用书面形式作出答复。答复的形式包括文书或电报等。答复可以是肯定的，也可以是否定的，也可以部分肯定或部分否定。

答复应在规定期限内送达。答复的期限与提交通知的期限的要求相同，即按照合同约定的期限，合同未作约定的，应在通知一方要求的期限内答复。如有无要求答复时间的，则按通常适用的期限（一般为15天）答复。如对方有异议，则可以请求人民法院或者仲裁机构确认变更或解除合同的效力。

3.协商签订变更或解除合同的协议

属于双方约定变更或解除合同的，经协商一致，形成书面形式的协议书。变更或解除合同是一个反复协商的过程，最后取得一致意见后，制作协议书。

对于已经公证的融资租赁合同，变更或解除合同的协议应送原公证机关审查、备案；有保证人的，应将协议送保证人，并确定其是否继续保证。

（五）融资租赁合同变更与解除的后果

根据融资租赁合同变更或解除的不同原因，赔偿责任的划分及赔偿金的偿付如下：

1.由双方当事人自愿协商同意变更或解除融资租赁合同的，如果因合同的变更或解除给另一方造成了损失，则由提出合同变更或解除的一方承担赔偿责任；因一方违约而引起合同变更或解除合同的，由违约方承担赔偿责任；如果因双方的责任造成了损失，则由双方分别承担应有的责任。

2.因不可抗力造成融资租赁合同变更或解除的，遇见特定情况的一方可依法免除赔偿责任。但是不可抗力发生后，要求变更或解除合同的一方应及时通知对方，对由于其未及时通知对方而损失的部分应承担赔偿责任。

3.由于另一方在融资租赁合同约定的期限内没有履行合同而造成损失的，由其承担违约金。

4.违约金、赔偿金应在明确责任后10天内偿付，否则按逾期付款处理。

二、融资租赁合同的终止

（一）融资租赁合同终止的含义

融资租赁合同的终止，是指双方当事人终止融资租赁合同关系，融资租赁合同确立的当事人之间的权利、义务关系消灭或消失。

融资租赁合同终止的后果是消灭了当事人之间既存的权利义务关系，合同终止的同时也使基于该合同而成立的其他权利义务关系一同终止。但是在我国，融资租赁合同的终止并不意味着当事人所有义务的结束，我国《民法典》第五百五十八条规定："债权债务终止后，当事人应当遵循诚信等原则，根据交易习惯履行通知、协助、保密、旧物回收等义务。"

（二）融资租赁合同终止的原因

1.债务已经按照约定履行

融资租赁合同生效后，当事人应当按照约定履行自己的义务。如果当事人完全按照合同约定履行了自己的义务，也实现了自己全部的权利，则订立合同的目的已经实现，合同确立的权利义务关系结束，合同自然也就结束了。

2.融资租赁合同解除

当事人协商解除或者依照法律规定解除合同，依据合同确立的当事人的权利义务关系宣告结束，合同自然终止。

3.债务相互抵销

在融资租赁合同中，通常情况下是出租人为债权人，承租人为债务人，但如果出租人与承租人之间存在其他的债权债务关系，则也可能存在债务相互抵销的问题。例如，在回租租赁中，出租人（买卖合同中的买货人）与承租人（买卖合同中的出卖人）就有可能将各自所负的债务相互抵销，并导致融资租赁合同的终止。由于合同抵销产生的根据不同，所以抵销可分为法定抵销和协议抵销两种。

（1）法定抵销。所谓法定抵销就是由法律直接规定抵销的构成要件，当要件具备时，只要当事人一方作出抵销的意思表示，就发生抵销的效力。在融资租赁中，法定抵销必须具备以下条件：①当事人互负债务，即出租人与承租人互为债权人与债务人。②债务已经到期，即双方当事人应当履行债务的期限已经到来，未到期的债务不能抵销。③债务的标的物种类、品质相同，即双方当事人用于清偿债务对象的种类与品质相同。一般来说，在融资租赁合同中承租人应当履行的债务是金钱债务，因此若要发生抵销，必须是承租人对出租人同时享有金钱债权。④债务不属于依照法律规定或者按照合同性质不得抵销的债务。依照法律规定或合同性质不得抵销的债务，不能抵销。

（2）协议抵销。所谓协议抵销，是指由互负债务的当事人协商一致后发生的抵销。协议抵销是当事人意思自治原则的体现，是对法定抵销的补充，主要适用于标的物种类、品质不相同的债务的抵销，即只要当事人互负债务，不论该债务标的物的种类、品质是否相同，都可经当事人双方协商一致而抵销。

4.债务人依法将标的物提存

在融资租赁合同中，如果出租人突然下落不明或者无正当理由拒绝受领承租人支付的租金，承租人就可以将应当支付的租金提存。当租金全部提存时，融资租赁合同终止。

提存是指在由于债权人的原因致使债务人无法向债权人支付合同标的物时，债务人将标的物交给提存机关而使合同权利义务关系终止的一项法律制度。在融资租赁合同中，如果承租人在租赁合同期限届满时进行提存，租金部分就可以直接进行提存。但租赁物则有可能不适宜进行提存，如果提存费用过高，承租人可以拍卖或者变卖租赁物，然后将所得价款进行提存。标的物提存后，除债权人下落不明的以外，债务人应及时通知债权人或者债权人的继承人、监护人。在提存期间，标的物的孳息归债权人即出租人所有。在提存后标的物毁损、灭失的风险由债权人承担。提存期间发生的有关保管提存物的费用，由提存物的所有人即债权人负担。

5.债权人免除债务

一方当事人自愿免除另一方当事人的债务并导致合同的终止，这在任何一种合同中都有可能发生，所以在融资租赁合同中也同样适用。

在融资租赁合同中，债权人（出租人）免除债务人（承租人）的债务，必须向债务人作出明确的意思表示，而且应当采取书面通知的方式。同时，如果债权人作出免除债务人债务的意思表示，就不应当再予撤回。债权人免除债务人全部债务的，合同的权利义务全部终止，即合同终止；债权人免除债务人部分债务的，合同的权利义务部分终止，未免除部分仍然有效，债务人仍须履行。

6.债权债务归于一人

出租人与承租人合并组成一个新的公司，或者一个公司同时将出租人和承租人合并进来，就产生了融资租赁合同的债权债务归于一人的情形，自然会导致合同的终止。

7.法律规定或者当事人约定终止的其他情形

融资租赁合同终止的情况千差万别，当事人可以约定各种终止合同的条件，当约定终止的各种条件成熟时，合同终止。

第五节　融资租赁合同的违约与纠纷处理

融资租赁合同依法成立后，就具有法律效力，双方当事人都必须严格遵守，全面履行各自承担的义务。当合同当事人一方或双方未能完全履行合同义务时，就造成了违约，违约方承担相应的违约责任。若双方当事人出现纠纷，则既可以采取协商或调解的方式解决，又可以采取仲裁或诉讼的方式解决。

一、融资租赁合同的违约

（一）融资租赁合同违约的定义和形式

融资租赁合同违约，是指由于一方或双方当事人的过错而造成合同不能履行或不能完全履行的现象（或行为）。在融资租赁业务中，由于出租人和承租人各自承担的义务不同，所以在合同执行中违约事件多发生于承租人这一方。实际中常见的违约形式有以下几种：

1.付款违约

付款违约，是指承租人未按照融资租赁合同规定的时间或金额支付租金或其他费用。在国际租赁业务中，除租金的支付外，通常还涉及对外付款与租赁期起算之间一段时间的融资利息、办理进口的手续费等，这些款项的支付常会因某些原因发生拖欠或争议。

2.其他责任违约

其他责任违约，是指承租人违反在融资租赁合同中规定履行的其他义务或责任。例如，承租人未能按合同要求对租赁物件作相应的保险，或者在生产过程中对租赁物件使用不当，没有对租赁物件进行应尽的维修义务等。

3.串联违约

串联违约，也称偿还期提前，是指一旦承租人对其他协定（包括构成其负债的任何贷款协议或其他租赁合同）违约，则承租人对融资租赁合同的租金就立即到期。

4.违法违约

违法违约，是指租赁物件被国家有关管理部门扣押、查封或处置，使承租人无法继续履行融资租赁合同义务。例如，承租人因从事非法经营活动，有关部门将租赁物件查封等。

5.自主违约

自主违约，是指承租人采取歇业的措施或行为，使自己丧失法人地位，无法继续履行融资租赁合同义务。

（二）承担违约责任的原则

1.过错责任原则

过错责任原则，是指由哪方当事人的过错造成违约行为的发生，就由哪方当事人承担违约责任。过错又分为广义过错和狭义过错，广义过错包括故意和过失，狭义过错只是过失。故意是当事人明知自身的某种行为会引起不履行融资租赁合同的不良后果，仍然希望或放任这种结果的发生。过失是当事人应当预见到自身的某种行为可能引起不履行融资租赁合同的不良后果，但由于疏忽大意没有预见，或者虽然预见却轻视这种后果而未采取必要的措施，而造成融资租赁合同不能履行或不能完全履行。由于故意违约比过失违约的过错更严重，所以贯彻过错责任原则时，对故意违约方应依法从重处置。

2.赔偿实际损失原则

赔偿实际损失原则，是指一方当事人的违约行为给对方已经造成损失，违约的一方必须负责实际赔偿。贯彻赔偿实际损失原则，必须解决损失范围和损失计算的问题，采用科学方法计算实际损失，包括财产的损失、灭失，收入的减少和费用的增加。由违约方向对方支付违约金，若违约给对方造成的损失超过违约金，则超过部分必须由违约方进行补偿。

3.违约责任与违约方经济利益相结合原则

违约责任与违约方经济利益相结合原则，是指违约方支付的违约金和赔偿金，要从违约方的税后留利或其他自有资金中解决。贯彻违约责任与违约方经济利益相结合原则，只有使违约方真正承担违约责任和经济损失，才能促使融资租赁合同当事人严肃履行合同义务、维护法律的权威。

（三）承担违约责任的形式

1.违约金

违约金，是指违约方应根据融资租赁合同或法律规定向对方支付一定数额的货币。一方违约，无论这种违约是否造成了对方的实际损失，也无论这种违约是否适用其他责任形式，违约方均应支付违约金。违约金制度具有担保、惩罚和赔偿等功能。

2.赔偿金

赔偿金，是指违约方在给对方造成实际经济损失时，应以货币方式补偿对方。赔偿金责任的成立，应具备以下条件：融资租赁合同当事人确实发生了不履行或不完全履行合同的违约行为；违约行为的发生是由合同当事人的主观过错造成的，包括故意违约行为和过失违约行为；造成合同当事人一方实际损失的直接原因，是违约方行为所致；违约方给对方造成了实际损失，但合同中没有规定违约金或违约金总额小于实际损失金额。

3.定金制裁

定金制裁，是指融资租赁合同当事人一方为了证明合同的成立和担保合同的履行而支付给对方一定数量的货币。定金是为了保证合同的履行，任何一方当事人违约都会受到定金制裁，即定金不再退还。

4.继续履行

继续履行，是指融资租赁合同当事人一方违约后，对方要求违约方继续履行合同。双方当事人签订合同的目的是取得一定的经济利益，当各种制裁方式无法实现当事人所希望达到的经济目标时，应继续履行合同。

二、融资租赁合同的纠纷处理

当融资租赁合同发生纠纷时，双方当事人可以通过协商或调解来解决纠纷。若当事人不愿意采用协商或调解解决，或协商或调解无法解决，那么当事人可以根据合同中的仲裁条款或事后达成的书面仲裁协议，申请仲裁解决纠纷。若当事人在合同中没有订立仲裁条款，事后也没有达成书面仲裁协议，则可以向法院提起诉讼。

（一）协商

协商，是指融资租赁合同双方当事人应根据合同和各自在合同中应承担的义务和责任，分析合同发生纠纷的原因和双方在纠纷中应承担的责任，以平等、自愿、互相谅解为原则，自行解决合同纠纷的一种方式。

协商是融资租赁合同当事人解决纠纷的一种常用方式，因为它程序简便、节省费用，可以迅速解决问题，避免损失的扩大。当事人通过协商解决纠纷的关键在于，双方不仅要考虑自身的利益，同时也要考虑对方的利益，互相谅解，都适时作出让步，自行磋商找到解决纠纷的最佳方案。

（二）调解

调解，是指融资租赁合同双方当事人在第三方（调解人）主持下，自愿达成协议的一种纠纷处理方式。第三方可以是法人，也可以是自然人，或者是国际调解组织、仲裁机构等。在调解解决纠纷的过程中，应注意：

1.调解不具备法律效力，要靠当事人自愿履行。调解过程中应注意以下几点：一是双方当事人都愿意接受第三方的调解；二是在调解过程中，应始终坚持自愿的原则，不能强迫当事人一方或双方接受第三方的意见或建议；三是最终达成的调解协议应真实，双方自愿接受。

2.第三方应保持客观、公平的立场，开展深入的调查，以事实为依据、以法律为准绳进行调解。

3.第三方应准确分辨纠纷性质，分清双方当事人的是非和责任，促成双方尽早达成调解协议。

（三）仲裁

仲裁，是指由双方当事人选定的仲裁机构对融资租赁合同的纠纷作出有约束力的裁决。仲裁机构对融资租赁合同纠纷的裁决以双方当事人的书面仲裁协议或仲裁条款为依据。仲裁实行一次性裁决制度，不能申请再次仲裁。仲裁裁决书送至当事人之时生效。裁决一经生效，双方当事人必须执行，若有一方拒不执行，则对方当事人可以请求法院强制执行。

（四）诉讼

诉讼，是指融资租赁合同双方当事人请求法院对其纠纷或争议进行裁决，以解决纠纷或争议的方式。诉讼具有程序复杂、费用高、周期较长、最有权威性和最具强制性的特点，是解决融资租赁合同纠纷的有效途径，也是最后途径。诉讼裁决实行两审终审制度和再审制度相结合的方式，若合同当事人一方对法院作出的一审判决不服，则有权向上一级法院提出上诉。

本章小结

广义的融资租赁合同，是指由供货人与出租人之间的供货合同、出租人与承租人之间的租赁合同组成的合同。狭义的融资租赁合同，是指出租人与承租人之间以融资方式租赁物品达成的明确双方权利和义务的协议。它具有以下特征：主体范围广泛的合同；由购买合同和租赁合同构成的合同；转移财产使用权的合同；合同标的物具有限定性的合同；分期收回租金的合同；不可撤销的合同；双务、有偿合同；诺成合同；长期合同；要式合同。其作用为：有利于为合同当事人进行经济协作提供法律保障；有利于企业投资规模的稳步发展；有利于提高社会综合经济效益；有利于引进外资。融资租赁合同分为标准合同和非标准合同两类。融资租赁合同当事人按照合同约定依法享有权利，承担义务。

融资租赁合同的签订应当遵循合法原则、诚实信用原则、自愿原则和公平原则、平等原则、互惠原则。融资租赁合同要按照一定的步骤签订。融资租赁合同成立的有效要件，可分为实质要件和形式要件。融资租赁合同无效要有明确的认定依据。由于重大误解而签订或显失公平的融资租赁合同可以撤销。

融资租赁合同的履行应当遵循实际履行原则、全面履行原则、协作履行原则、诚实信用原则和情势变更原则。融资租赁合同履行的内容包括履行主体、履行标的、价款和租金、履行期限、履行方式和履行地点。

融资租赁合同的变更与解除要具备一定的条件、按规定的程序、承担一定的后果。导致融资租赁合同终止有多方面的原因。

融资租赁合同违约有多种表现形式，处理融资租赁合同纠纷的方式有协商、调解、仲裁和诉讼。

关键概念

融资租赁合同　融资租赁合同成立　融资租赁合同有效　融资租赁合同履行
融资租赁合同变更　融资租赁合同解除　融资租赁合同终止　可撤销融资租赁合同

思考与应用

1.融资租赁合同有哪些特征和作用？
2.融资租赁合同当事人享有哪些权利与义务？
3.融资租赁合同签订应当遵循哪些原则？
4.融资租赁合同有效应当具备哪些条件？
5.融资租赁合同履行的原则和内容有哪些？
6.融资租赁合同变更与解除的条件有哪些？
7.融资租赁合同终止的原因是什么？
8.融资租赁合同违约的形式与承担违约的原则有哪些？

【参考案例】　　　　典型融资租赁合同纠纷案

案例一：对某融资租赁公司故意作虚假陈述行为罚款决定案

（一）基本案情

2023年4月26日，石家庄市桥西区人民法院依法缺席判决：深圳某信息技术公司、北京某信息技术公司、藏某民、孟某真对210名客户应支付某融资租赁公司的全部租金12 738 293.67元承担连带责任并支付违约金127 383元。

深圳某信息技术公司、北京某信息技术公司、藏某民、孟某真不服该判决，上诉至石家庄市中级人民法院。

石家庄市中级人民法院经审理认为，保证人承担保证责任应以主合同债务合法存在为前提。

上诉人在二审过程中提交了新的证据，证明某融资租赁公司已将本案中部分客户的债权转让，并且受让人已经在其他法院对受让债权项下的客户提起了诉讼以及向深圳某信息技术公司收回64台租赁物用于抵顶本案部分债务，对本案事实有重大影响，故裁定撤销原判，将本案发回重审。

（二）裁判结果

石家庄市桥西区人民法院查明，某融资租赁公司在本案一审期间故意作虚假陈述。隐瞒了已将部分案涉债权转让他人及收回部分租赁物抵顶债务的事实，妨碍人民法院审理，导致本案一审判决不能准确认定事实。故决定，对某融资租赁公司及其法定代表人分别处以30万元及3万元的罚款。

决定作出后，某融资租赁公司及其法定代表人未提出复议，并已按决定缴纳罚款。

（三）典型意义

诚信诉讼是民事诉讼应当遵循的基本原则，更是社会主义核心价值观在司法实践中的重要体现，它对于人民法院查明事实，分清是非，维护社会公平正义具有重要意义。

某融资租赁公司在本案缺席判决的情形下，作出了虚假陈述，导致本案一审不能准确认定事实，被二审法院发回重审，这不仅浪费了大量司法资源，而且严重扰乱诉讼秩序，损害了司法权威。《最高人民法院关于民事诉讼证据的若干规定》第六十三条明确规定：当事人应当就案件事实作真实、完整的陈述。当事人故意作虚假陈述妨碍人民法院审理的，人民法院应当根据情节，依照《中华人民共和国民事诉讼法》第一百一十四条的规定进行处罚。即人民法院可以按照伪造、毁灭重要证据，妨碍人民法院审理案件的规定进行处罚，根据情节轻重对行为人予以罚款、拘留，对构成犯罪的，依法追究其刑事责任。

诚信诉讼既是民事诉讼应当遵循的原则，又是当事人应当遵守的法定义务，不论是原告还是被告，进行民事诉讼都应当秉持诚实的原则，恪守承诺。如果在诉讼中抱有侥幸心理，违背诚信原则进行虚假陈述，那么最终会害人害己，得不偿失。

本案对某融资租赁公司故意作虚假陈述妨碍人民法院审理的行为依法作出处罚，表明了人民法院对虚假陈述坚决做到"零容忍"。对持续净化诉讼环境，维护公平公正的诉讼秩序，保护当事人合法权益，具有重要现实意义。

案例二：某融资租赁有限公司与杨某等车辆融资租赁合同纠纷案

（一）基本案情

2022年1月26日，某融资租赁有限公司作为出租人与承租人杨某签订《车辆融资租赁合同》。

约定租赁方式为融资性售后回租，租赁物购买价为14.2万元，租赁期限为36个月，租金总价为165 069.98元等条款；并约定承租人违约的，出租人可以采取必要措施取回车辆且要求承租人赔偿出租人全部损失。

租赁期间，因承租人杨某仅支付了3个月租金后未再支付租金，某融资租赁有限公司遂根据合同约定于2022年6月自行收回租赁车辆。

2023年8月某融资租赁有限公司向一审法院起诉，要求解除融资租赁合同，由承租人支付全部租金及违约金，以租赁车辆拍卖、变卖、折价所得价款优先受偿。

关于收回车辆后的处置情况，某融资租赁有限公司在一审中称车辆尚停放在公司控制的场地。

二审中称已于2022年6月单方面将车辆处置，处置价为5.08万元，杨某对此不予认可。

（二）裁判结果

一审法院判决双方解除合同，并驳回某融资租赁有限公司其他诉讼请求，某融资租赁有限公司提起上诉。

成渝金融法院审理认为，某融资租赁有限公司应就其收回的租赁物价值与杨某全部未付租金及其他费用之间进行抵扣，以确定该公司实际损失。

本案中，某融资租赁有限公司对其收回的租赁物情况在一、二审中的陈述不一致，且均不能提供相应证据证明。

基于现有在案证据，亦无法对案涉租赁物收回时的价值进行准确评估。

由于某融资租赁有限公司对其诉请的损失不能举证证明，应承担举证不能的不利后果，所以判决驳回上诉，维持原判。

（三）典型意义

本案是关于出租人解除融资租赁合同并收回租赁物后如何确定损失的典型案例。

融资租赁合同履行过程中，在承租人未依约支付租金的情况下，出租人依法解除合同并收回租赁物后，继续向承租人主张赔偿租金损失的，出租人应就该损失客观存在以及损失大小承担举证责任。

由于融资租赁合同中的出租人对租赁物享有的权利实质为担保物权，所以出租人应就其收回的租赁物价值与全部未付租金及其他费用之间进行抵扣，以确定其实际损失。

出租人不能证明收回租赁物的价值，无法进一步证明其主张的损失客观存在的，应承担举证不能的不利后果。

该损失确定规则的明确，有效避免了出租人在解除合同后既提前收回租赁物，又获得全部租金的不公平结果，平衡保护了双方当事人的合法权益。

同时也有利于引导出租人在依法解除合同收回融资租赁物后，及时采取清算等方式确定损失范围，避免因举证不能而导致权利受损。

案例来源：王雪蒙.最新融资租赁典型案例集锦［EB/OL］．［2024-03-04］. https://www.clba. org.cn/newsinfo/6881909.html.

融资租赁机构管理

　　了解融资租赁机构的性质、管理形式和意义，理解和掌握融资租赁机构组织管理、资金管理、业务管理、风险管理的相关知识及内容。

　　各国的国情、金融业发展状况和法律法规的规定不同，对融资租赁机构的性质定位也就不同。对融资租赁机构的管理包括金融监管当局的外部监管和融资租赁机构的内部管理两种形式；管理的内容包括组织管理、资金管理、业务管理和风险管理四个方面。加强对融资租赁机构的管理有助于提高融资租赁机构的经营能力并实现稳健经营，可以防范融资租赁机构经营管理活动中可能出现的各种风险，有效维护融资租赁业乃至整个金融体系的稳定。党的二十大报告提出："深化金融体制改革，建设现代中央银行制度，加强和完善现代金融监管，强化金融稳定保障体系，依法将各类金融活动全部纳入监管，守住不发生系统性风险底线。"

第一节　融资租赁机构管理概述

一、融资租赁机构的类型及性质特点

（一）融资租赁机构的类型

　　目前，我国融资租赁机构分为两种类型：

　　一类是由银保监会（现为国家金融监督管理总局）审批监管的金融租赁公司。我国《金融租赁公司管理办法》（2024年11月1日起施行）明确规定，金融租赁公

司是指经国家金融监督管理总局批准设立的，以经营融资租赁业务为主的非银行金融机构。金融租赁公司名称中应当标明"金融租赁"字样。未经国家金融监督管理总局批准，任何组织和个人不得设立金融租赁公司，任何组织不得在其名称中使用"金融租赁"字样。

另一类是由银保监会负责制定融资租赁公司的业务经营和监督管理规则；由省级人民政府负责制定促进本地区融资租赁行业发展的政策措施，对融资租赁公司实施监督管理，处置融资租赁公司风险；由省级地方金融监管部门具体负责对本地区融资租赁公司的监督管理。我国《融资租赁公司监督管理暂行办法》明确规定，本办法所称融资租赁公司，是指从事融资租赁业务的有限责任公司或者股份有限公司（不含金融租赁公司）。融资租赁公司包括外资融资租赁公司和内资融资租赁公司。

（二）融资租赁机构的性质特点

一是机构性质和监管主体不同。金融租赁公司属于非银行金融机构，由国家金融监督管理总局负责监管；而融资租赁公司属于类金融机构，由省级地方金融监管部门具体负责监管。

二是资金来源渠道不同。金融租赁公司作为金融机构，其股东背景以金融机构为主，资金来源渠道主要包括同业拆借、非银行股东存款和金融债券等；而融资租赁公司的股东大多为制造类企业（特别是以国企类为主），其资金来源渠道主要包括金融机构借款、股东借款和发行债券等。

三是业务重点不同。金融租赁公司大多有银行股东背景，资产规模大，主营业务范围集中于飞机、船舶等大型交通工具领域；而内资融资租赁公司的资产规模次之，主营业务范围集中于市政工程、工业设备等领域；外资融资租赁公司的数量最多，但是平均资产规模最低，大多采用中外合资的形式，主营业务范围集中于工程机械、医疗、教育、公用事业等领域，覆盖广且分散。

二、融资租赁机构管理的形式

融资租赁机构管理的形式有两种：一是外部监管，金融租赁公司由国家金融监督管理总局（原为银保监会）组织实施，融资租赁公司由银保监会（现为国家金融监督管理总局）、省级人民政府和省级地方金融监管部门组织实施；二是内部管理，由融资租赁机构自己组织实施。两者互为补充，相辅相成。

（一）外部监管

1.监管内容

国家金融监督管理总局对融资租赁机构实施监管的主要内容有以下三个方面：

（1）合法性监管

合法性监管包括国家金融监督管理总局对融资租赁机构设立的法律条件进行审批，对融资租赁公司的基本事项变更进行审核，对融资租赁机构的重整或破产清算进行管理。

（2）合规性监管

国家金融监督管理总局可以定期或者不定期地对融资租赁机构的经营活动进行检查，了解融资租赁的各项业务是否合乎法律的规定。

（3）经营安全性监管

国家金融监督管理总局可以对融资租赁机构高级管理人员的任职资格进行审查，对从业人员实行融资租赁业务资格的管理以及有关业务、财务等报表和资料的审查，以防范经营中出现的各种风险。

2.监管方式和手段

国家金融监督管理总局对融资租赁机构实施监管的方式和手段主要包括：

（1）对融资租赁机构的业务及财务状况进行检查。

（2）要求融资租赁机构提供有关业务资料、财务报表。

（3）与融资租赁机构的董事、高级管理人员进行监督管理谈话，要求后者就融资租赁机构的业务活动和风险管理的重大事项作出说明。

（4）对融资租赁机构违法违规行为进行处罚乃至追究刑事责任。

（二）内部管理

国家金融监督管理总局的监管是从外部对融资租赁机构的运行加以约束，而融资租赁机构为了稳定开展各项经营活动，还要加强其内部管理，不断提高抵御风险的能力。

融资租赁机构的内部管理主要包括以下几个方面的内容：

1.应当建立符合现代企业制度要求的健全的组织机构

融资租赁机构应当按照现代企业制度的基本原则，合理建立内部组织机构，吸收符合入股资格规定的股东，使其提供充足的资本，完善董事会、监事会及内部职能机构的建设，为融资租赁机构创造一个良好的运行机制。

2.应当建立规范的融资租赁业务操作规程

融资租赁机构应当设立符合要求的营业场所，完善各种符合法律要求的融资租赁业务操作规范与风险控制措施，以规范融资租赁当事人的行为，防范经营风险，保护融资租赁当事人的利益，维护融资租赁机构的信誉。

3.应当完善融资租赁机构员工管理制度

融资租赁机构作为经营融资租赁业务的主体，发挥了租赁物优化配置的作用，其业务活动具有较强的专业性，而且融资租赁机构是承办融资租赁业务的出租人或投资人。这就要求其员工应当具有丰富的融资租赁业务管理的经验、专门的技术和知识以及高度的责任心。因此，为促进融资租赁业的健康发展，融资租赁机构必须建立员工管理制度，包括：对董事、高级管理人员任职资格的审查制度；建立业务档案制度，若员工经营业绩不佳，达到一定程度和次数，则应取消其从事业务活动的资格；建立违法查处制度，若员工在业务经营中发生违规或违法行为，则不仅应追究其经济责任，还应取消其从事业务活动的资格。

三、融资租赁机构管理的意义

（一）提高融资租赁机构的经营能力

融资租赁机构作为经营融资租赁业务的主体，它的经营成败直接关系到融资租赁机构的收益是否实现。通过对融资租赁公司设立条件的管理，可以保证融资租赁机构具有完备的组织结构、充足的资本金和满足融资租赁业务要求的专业管理人员，从而实现稳健经营。同时，通过加强融资租赁机构的内部管理，做好人才考核、培训等环节，严格财务管理，提高员工的道德水平和业务素质。

（二）维护金融体系的稳定

融资租赁机构属于金融机构，其运行也会影响整个金融体系的稳定。金融监管当局［国家金融监督管理总局（原为银保监会）、省级地方金融监管部门］通过融资租赁业务准入规则的制定，可以避免不合格的机构开展融资租赁业务，扰乱融资租赁业的健康发展；通过对业务经营范围进行规定，可以避免融资租赁机构与其他金融机构之间进行恶性竞争；通过对融资租赁机构日常经营的监管，可以防范经营中可能出现的各种意外风险。这样，就可以有效地维护融资租赁业乃至整个金融体系的稳定。

第二节 融资租赁机构组织管理

一、融资租赁机构的组织形式

融资租赁机构的组织形式是指融资租赁机构的存在方式。认真研究并合理选择融资租赁机构的组织形式，是建立与发展融资租赁机构的基本条件。根据我国融资租赁相关法律法规的规定，融资租赁机构可以采取有限责任公司或股份有限公司的形式。

（一）有限责任公司

有限责任公司是指由50个以下股东共同出资设立，各股东以其出资额为限对公司承担责任，公司以其全部资产对公司的债务承担责任的企业法人。

1.有限责任公司的特征

有限责任公司的特征有：（1）股东人数有上限。法律规定股东人数不超过50，但国有独资公司除外。（2）只能由各股东出资设立，在公司成立后由公司签发出资证明书。（3）股东以其出资比例享有权利，承担义务。（4）股东在公司登记后，不得抽回出资；但股东之间可以相互转让其全部或部分出资；经全体股东半数同意，股东可向股东以外的人转让其出资，在同等条件下，其他股东对该出资有优先购买权；不同意转让的股东应购买该转让的出资，如果不购买，则视为同意转让。

2.有限责任公司的优点

有限责任公司的优点有：（1）设立比较简便。只有发起设立，而无募集股份设立，股东的出资额在公司成立时缴足即可。公司的内部和外部关系比较简单，是否设监察人由公司自行决定，股东会议的召集方式及决议方法也简便易行。（2）经营风险性比无限公司小。因为股东对公司的债权人只负有限清偿责任，即使公司破产，也不会影响股东个人财产，这对有限公司的组建有积极意义。（3）股东人数较少。股东之间的关系比较亲密，有利于彼此沟通情况、协调意见，形成满意的决策。

3.有限责任公司的缺点

有限责任公司的缺点有：（1）在筹集资金方面只有发起人集资方式，且人数有限，不利于资本大量集中。（2）股东股权的转让受到严格的限制，资本流动性差，不利于用股权转让的方式规避风险。

（二）股份有限公司

股份有限公司是指有2人以上200人以下的发起人，其全部资本分为等额股份，股东以其所持股份为限对公司承担责任，公司以其全部资产对公司的债务承担责任的企业法人。

1.股份有限公司的特征

股份有限公司的特征有：（1）公司的股本全部分为等额股份，其总和即为公司资本总额。（2）股东人数较多，便于集中大量的资本。（3）股东以其所持股份享有权利、承担义务。（4）公司信用的基础是资本而不是股东的个人信用，是典型的资合公司。（5）公司的重大事项必须向社会公开。（6）公司的设立有发起设立和募集设立两种，股份以股票的形式表现。（7）股东的股份可以自由转让，但不能退股。我国《公司法》明确规定，发起人持有的本公司股份自公司成立之日起一年内不得转让；公司董事、监事、高级管理人员在任职期间每年转让的股份不得超过其所持有公司股份总数的25%等。

2.股份有限公司的优点

股份有限公司的优点有：（1）可以迅速集中大量资本。因为公司可以公开对外发行股票，并且股份的金额一般都比较小，所以可以把社会上的闲散小资本集中吸收汇合成大资本。（2）实行资本证券化。股东可以将其股票自由转让，资本保持着流动性，具有广泛的社会性，不受个人及身份等条件的限制，有利于公司之间的竞争。（3）股东只对公司负有限责任，可以根据自己的财力和判断力来确定购买股票的数额，这有利于刺激公众的投资心理，有利于分散投资的风险。（4）采取所有权与经营权相分离的原则，有利于提高公司的管理水平。（5）本公司职工可以通过购买股票入股成为股东，有利于将公司经营的成败与职工的切身利益结合起来，调动公司职工的积极性，培养职工与公司共存亡的观念。

3.股份有限公司的缺点

股份有限公司的缺点有：（1）实行每一股份有一表决权的原则。公司的决策权容易掌握在少数大股东的手里，排挤小股东对公司业务的建议与干涉，从而使小股东的权益受到损害。（2）设立程序复杂、严格。（3）公司的商业秘密容易暴露。公司的损益表及资产负债表必须公开，股东人数较多并且流动性大，因此公司保密较困难。（4）公司对债权人只负有限责任，股东不直接对债权人负责，因此公司信誉较无限公司低。

二、融资租赁机构组织管理的内容

（一）融资租赁机构设立条件的管理

我国《金融租赁公司管理办法》规定，申请设立金融租赁公司，应当具备以下条件：（1）有符合我国《公司法》和国家金融监督管理总局规定的公司章程；（2）有符合规定条件的主要出资人；（3）注册资本为一次性实缴货币资本，最低限额为10亿元人民币或等值的可自由兑换货币，国家金融监督管理总局根据金融租赁公司的发展情况和审慎监管的需要，可以提高金融租赁公司注册资本金的最低限额；（4）有符合任职资格条件的董事、高级管理人员，从业人员中具有金融或融资租赁工作经历3年以上的人员数应当不低于总人数的50%，并且在风险管理、资金管理、合规及内控管理等关键岗位上至少各有1名具有3年以上相关金融从业经验的人员；（5）建立有效的公司治理、内部控制和风险管理体系；（6）建立与业务经营和监管要求相适应的信息科技架构，具有支撑业务经营的必要、安全且合规的信息系统，具备保障业务持续运营的技术与措施；（7）有与业务经营相适应的营业场所、安全防范措施和其他设施；（8）国家金融监督管理总局规章规定的其他审慎性条件。

金融租赁公司的主要出资人，包括在中国境内外注册的具有独立法人资格的商业银行，在中国境内外注册的主营业务为制造适合融资租赁交易产品的大型企业，在中国境外注册的具有独立法人资格的融资租赁公司，依法设立或授权的国有（金融）资本投资、运营公司以及国家金融监督管理总局认可的其他出资人。

金融租赁公司应当有一名符合《金融租赁公司管理办法》第十条至第十三条规定的主要出资人，且其出资比例不低于拟设金融租赁公司全部股本的51%。

根据国务院授权持有金融股权的投资主体、银行业金融机构，法律法规另有规定的主体，以及投资人经国家金融监督管理总局批准并购重组的高风险金融租赁公司，不受本条前款规定限制。

金融租赁公司主要出资人，应当具备以下条件：

（1）具有良好的公司治理结构、健全的风险管理制度和内部控制机制；（2）为拟设立金融租赁公司确定了明确的发展战略和清晰的盈利模式；（3）最近2年内未发生重大案件或重大违法违规行为；（4）有良好的社会声誉、诚信记录和纳税记录；（5）入股资金为自有资金，不得以委托资金、债务资金等非自有资金入股；（6）注册地位于境外的，应遵守注册地法律法规；（7）国家金融监督管理总局规章规定的其他审慎性条件。

第一，在中国境内外注册的具有独立法人资格的商业银行作为金融租赁公司主要出资人，除适用《金融租赁公司管理办法》第九条规定的条件外，还应当具备以下条件：（1）监管评级良好；（2）最近1个会计年度末总资产不低于5 000亿元人民币或等值的可自由兑换货币；（3）财务状况良好，最近2个会计年度连续盈利；（4）权益性投资余额原则上不得超过本行净资产的50%（含本次投资金额）；（5）具有有效的反洗钱和反恐怖融资措施；（6）境外商业银行所在国家或地区的监管当局已经与国家金融监督管理总局建立良好的监督管理合作机制；（7）满足所在国家或地区监管当局的审慎监管要求；（8）国家金融监督管理总局规章规定的其他审慎性条件。

第二，在中国境内外注册的主营业务为制造适合融资租赁交易产品的大型企业作为金融租赁公司主要出资人，除适用《金融租赁公司管理办法》第九条规定的条件外，还应当具备以下条件：（1）最近1个会计年度的营业收入不低于500亿元人民币或等值的可自由兑换货币；（2）最近1个会计年度末净资产不低于总资产的40%；（3）最近1个会计年度主营业务销售收入占全部营业收入的80%以上；（4）财务状况良好，最近3个会计年度连续盈利；（5）权益性投资余额原则上不得超过本公司净资产的40%（含本次投资金额）；（6）国家金融监督管理总局规章规定的其他审慎性条件。

企业根据经营管理需要，通过集团内投资、运营公司持有金融租赁公司股权的，可以按照集团合并报表数据认定本条（第九条）规定条件。

第三，在中国境外注册的具有独立法人资格的融资租赁公司作为金融租赁公司主要出资人，除适用《金融租赁公司管理办法》第九条规定的条件外，还应当具备以下条件：（1）在业务资源、人才储备、管理经验等方面具备明显优势，在融资租赁业务开展等方面具有成熟经验；（2）最近1个会计年度末总资产不低于200亿元人民币或等值的可自由兑换货币；（3）财务状况良好，最近3个会计年度连续盈利；（4）权益性投资余额原则上不得超过本公司净资产的40%（含本次投资金额）；（5）接受金融监管的融资租赁公司需满足所在国家或地区监管当局的审慎监管要求；（6）国家金融监督管理总局规章规定的其他审慎性条件。

第四，依法设立或授权的国有（金融）资本投资、运营公司作为金融租赁公司主要出资人，除适用《金融租赁公司管理办法》第九条规定的条件外，还应当具备以下条件：（1）国有资本投资、运营公司最近1个会计年度末总资产不低于3 000亿元人民币或等值的可自由兑换货币，且注册资本不低于30亿元，国有金融资本投资、运营公司最近1个会计年度末总资产不低于5 000亿元人民币或等值的可自由兑换货币，且注册资本不低于50亿元；（2）财务状况良好，最近3个会计年度连续盈利；（3）国家金融监督管理总局规章规定的其他审慎性条件。

第五，其他金融机构作为金融租赁公司一般出资人，适用《金融租赁公司管理办法》第九条第一项、第三项、第四项、第五项、第六项和第七项及第十条第一项、第三项、第四项、第五项、第六项和第七项规定的条件。

其他非金融企业作为金融租赁公司一般出资人，除适用《金融租赁公司管理办法》第九条第一项、第三项、第四项、第五项、第六项和第七项外，还应当符合最近2个会计年度连续盈利、最近1个会计年度末净资产不低于总资产的30%、权益性投资余额原则上不得超过本公司净资产的50%（含本次投资金额）的条件。

第六，有以下情形之一的企业，不得作为金融租赁公司的出资人：（1）公司治理结构与机制存在明显缺陷；（2）关联企业众多，股权关系复杂且不透明，关联交易频繁且异常；（3）核心主业不突出且其经营范围涉及行业过多；（4）现金流量波动受经济周期影响较大；（5）资产负债率、财务杠杆率高于行业平均水平；（6）被相关部门纳入严重失信主体名单；（7）存在恶意逃废金融债务行为；（8）提供虚假材料或者作不实声明；（9）因违法违规行为被金融监管部门或政府有关部门查处，造成恶劣影响；（10）其他可能会对金融租赁公司产生重大不利影响的情况。

金融租赁公司的公司性质、组织形式及组织机构应当符合我国《公司法》及其他有关法律法规的规定，并应当在公司章程中载明。

金融租赁公司董事和高级管理人员实行任职资格核准制度。

经国家金融监督管理总局批准，金融租赁公司可以在中国境内保税地区、自由贸易试验区、自由贸易港等境内区域以及境外区域设立专业子公司。涉及境外投资事项的，应当符合我国境外投资管理的相关规定。

专业子公司的业务领域包括飞机（含发动机）、船舶（含集装箱）以及经国家金融监督管理总局认可的其他融资租赁业务领域。经国家金融监督管理总局批准，金融租赁公司可以设立专门从事厂商租赁业务模式的专业子公司。

专业子公司开展融资租赁业务所涉及业务领域或厂商租赁等业务模式，应当与其公司名称中所体现的特定业务领域或特定业务模式相匹配。

第一，金融租赁公司申请设立境内专业子公司，除适用《金融租赁公司管理办法》第九条及第十条第一项、第三项、第四项、第五项规定的条件外，还应当具备以下条件：（1）具有良好的并表管理能力；（2）在业务存量、人才储备等方面具备一定优势，在专业化管理、项目公司业务开展等方面具有成熟的经验，能够有效支持专业子公司稳健、可持续发展；（3）各项监管指标符合《金融租赁公司管理办法》规定；（4）国家金融监督管理总局规章规定的其他审慎性条件。

第二，金融租赁公司申请设立境外专业子公司，除适用《金融租赁公司管理办法》第二十一条规定的条件外，还应当具备以下条件：（1）确有业务发展需要，具备清晰的海外发展战略；（2）内部管理水平和风险管控能力与境外业务发展相适应；（3）具备与境外经营环境相适应的专业人才队伍；（4）所提申请符合有关国家或地区的法律法规。

第三，（1）有符合规定条件的出资人；（2）注册资本最低限额为3亿元人民币或等值的可自由兑换货币；（3）有符合任职资格条件的董事、高级管理人员和熟悉融资租赁业务的从业人员；（4）有健全的公司治理、内部控制和风险管理体系，以及与业务经营相适应的管理信息系统；（5）有与业务经营相适应的营业场所、安全防范措施和其他设施；（6）境内专业子公司须有符合我国《公司法》和国家金融监督管理总局规定的公司章程；（7）国家金融监督管理总局规章规定的其他审慎性条件。

金融租赁公司设立专业子公司原则上应当100%控股，有特殊情况需要引进其他投资者的，金融租赁公司的持股比例不得低于51%。

引进的投资者原则上应当符合《金融租赁公司管理办法》第十条至第十三条规定的主要出资人条件，熟悉专业子公司经营的特定领域，且在业务开拓、租赁物管理等方面具有比较优势，有助于提升专业子公司的专业化发展能力和风险管理水平。

专业子公司董事和高级管理人员实行任职资格核准制度。

金融租赁公司可以在其业务范围内，根据审慎原则对所设立专业子公司的业务范围进行授权，并在授权后10个工作日内向金融租赁公司所在地的国家金融监督管理总局省级派出机构报告，抄报境内专业子公司所在地的国家金融监督管理总局省级派出机构。

金融租赁公司不得将同业拆借和固定收益类投资业务向专业子公司授权。

（二）融资租赁机构变更的管理

我国《金融租赁公司管理办法》规定，金融租赁公司有下列变更事项之一的，应当向国家金融监督管理总局或其派出机构申请批准：（1）变更名称；（2）调整业务范围；（3）变更注册资本；（4）变更股权或调整股权结构；（5）修改公司章程；（6）变更住所；（7）变更董事、高级管理人员；（8）分立或合并；（9）国家金融监督管理总局规定的其他变更事项。

我国《金融租赁公司管理办法》规定，金融租赁公司专业子公司有下列变更事项之一的，应当按规定向国家金融监督管理总局或其派出机构申请批准或报告：（1）变更名称；（2）变更注册资本；（3）变更股权或调整股权结构；（4）修改公司章程；（5）变更董事、高级管理人员；（6）国家金融监督管理总局规定的其他事项。

（三）融资租赁机构解散、破产的管理

我国《金融租赁公司管理办法》规定，金融租赁公司出现下列情况时，经国家金融监督管理总局批准后，予以解散：（1）公司章程规定的营业期限届满或者公司章程规定的其他解散事由出现；（2）股东会决议解散；（3）因公司合并或者分立需要解散；（4）依法被吊销营业执照或者被撤销；（5）其他法定事由。

金融租赁公司解散的，应当依法成立清算组，按照法定程序进行清算，并对未到期债务及相关责任承接等作出明确安排。国家金融监督管理总局监督清算过程。清算结束后，清算组应当按规定向国家金融监督管理总局及其派出机构提交清算报告等相关材料。

清算组在清算中发现金融租赁公司的资产不足以清偿其债务时，应当立即停止清算，并向国家金融监督管理总局报告，经国家金融监督管理总局同意，依法向人民法院申请该金融租赁公司破产清算。

金融租赁公司符合《中华人民共和国企业破产法》规定的破产情形的，经国家金融监督管理总局同意，金融租赁公司或其债权人可以依法向人民法院提出重整、和解或者破产清算申请。

国家金融监督管理总局派出机构应当根据进入破产程序金融租赁公司的业务活动和风险状况，依法对其采取暂停相关业务等监管措施。

金融租赁公司被接管、重组、被撤销的，国家金融监督管理总局有权要求该金融租赁公司的董事、高级管理人员和其他工作人员继续履行相关职责。

金融租赁公司因解散、被撤销和被宣告破产而终止的，按规定完成清算工作后，依法向市场监督管理部门办理注销登记。

三、融资租赁机构的内部组织机构

融资租赁机构内部组织机构设置是指为使融资租赁机构全体员工通力合作并形成相互制约的内部控制机制，根据融资租赁业务的特点和科学经营管理的要求，通过设置不同的职能部门而形成一个有机整体，以实现企业的最大效益。融资租赁机构应当建立以股东大会、董事会、监事会、高级管理层、职能部门等为主体的组织架构，明确各自的职责划分，保证相互之间独立运行、有效制衡，形成科学高效的决策、激励和约束机制。虽然我国各家融资租赁机构内部组织机构的设置方式不完全相同，但一般都设有如下组织机构：

（一）股东大会

股东大会是融资租赁机构股东行使所有权的最高权力机构。融资租赁机构股东大会的召集、表决方式和程序、职权范围等内容，应在公司章程中明确规定。

股东大会行使下列职权：（1）决定公司的经营方针和投资计划；（2）选举和更换非由职工代表担任的董事、监事，决定有关董事、监事的报酬事项；（3）审议、批准董事会的报告；（4）审议、批准监事会或者监事的报告；（5）审议、批准公司的年度财务预算方案、决算方案；（6）审议、批准公司的利润分配方案和弥补亏损方案；（7）对公司增加或者减少注册资本作出决议；（8）对发行公司债券作出决议；（9）对公司合并、分立、解散、清算或者变更公司形式作出决议；（10）修改公司章程；（11）公司章程规定的其他职权。

股东大会应当每年召开1次年会。股东大会选举董事、监事，可以依照公司章程的规定或者股东大会的决议，实行累积投票制。股东大会应当把所议事项的决定做成会议记录，主持人、出席会议的董事应当在会议记录上签名。会议记录应当与出席股东的签名册及代理出席的委托书一并保存。

（二）董事会

董事会是融资租赁机构的常设权力机构。董事会对股东大会负责，并依据我国《公司法》等法律法规及公司章程行使职权。董事会下设风险控制委员会、项目评审委员会等机构。

董事会设董事长1人，可以设副董事长。董事长和副董事长由董事会以全体董事的过半数选举产生。董事会设董事若干人，董事任期由公司章程规定，但每届任期不得超过3年。董事在任期届满时，若连选，则可以连任。

董事会对股东大会负责，行使下列职权：（1）召集股东会会议，并向股东会报告工作；（2）执行股东会的决议；（3）决定公司的经营计划和投资方案；（4）制订公司的年度财务预算方案、决算方案；（5）制订公司的利润分配方案及弥补亏损方案；（6）制订公司增加或者减少注册资本以及发行公司债券的方案；（7）制订公司合并、分立、解散或者变更公司形式的方案；（8）决定公司内部管理机构的设置；（9）决定聘任或者解聘公司经理及其报酬事项，并根据经理的提名决定聘任或者解聘公司副经理、财务负责人及其报酬事项；（10）制定公司的基本管理制度；（11）公司章程规定的其他职权。

董事会的议事方式和表决程序，由我国《公司法》或者公司章程规定。董事会应当将所议事项的决定做成会议记录，出席会议的董事应当在会议记录上签名。董事会决议的表决，实行一人一票制。董事会每年度至少召开2次会议，并应当于每次会议召开10日前通知全体董事和监事。

（三）监事会

监事会是负责监督董事会及其他有关部门活动的机构。融资租赁机构监事会的成员不得少于3人。监事会设主席1人，由全体监事过半数选举产生。董事、高级管理人员不得兼任监事。监事的任期每届为3年。监事在任期届满时，若连选，则可以连任。

监事会由监事会主席负责召集，下设专门机构，负责监事会会议的筹备、会议记录和会议文件保管等事项，为监事依法履行职责提供服务。

监事会的监事行使下列职权：（1）检查公司财务；（2）对董事、高级管理人员执行公司职务的行为进行监督，对违反法律、行政法规、公司章程或者股东会决议的董事、高级管理人员提出罢免的建议；（3）当董事、高级管理人员的行为损害公司的利益时，要求董事、高级管理人员予以纠正；（4）提议召开临时股东会会议，在董事会不履行我国《公司法》规定的召集和主持股东会会议职责时召集和主持股东会会议；（5）向股东会会议提出提案；（6）对执行公司职务时违反法律、行政法规或者公司章程，给公司造成损失的董事、高级管理人员提起诉讼；（7）公司章程规定的其他职权。

监事可以列席董事会会议，并对董事会决议事项提出质询或者建议。监事发现公司经营情况异常，可以进行调查；必要时可以聘请会计师事务所等协助其工作，费用由公司承担。监事会每年度至少召开1次会议，监事可以提议召开临时监事会会议。监事会的议事方式和表决程序，由我国《公司法》或者公司章程规定。监事会应当将所议事项的决定做成会议记录，出席会议的监事应当在会议记录上签名。监事行使职权时所必需的费用，由公司承担。

（四）高级管理层

高级管理层主要是指总经理和副总经理。总经理全面负责公司的经营管理工作，副总经理协助总经理工作。公司总经理和董事长不得为同一人。总经理向董事会负责，未担任董事职务的总经理可以列席董事会会议。

总经理的主要职责是：（1）组织实施董事会确定的业务方针和计划；（2）组织公司内部职能部门开展业务，选用工作人员；（3）审定投资项目，负责重大经营业务活动的决策；（4）代表公司或授权公司有关人员代表公司对外签订业务合同和文件；（5）向董事会或监事会报告公司重大合同的签订与执行情况、资金运用情况和盈亏情况，并必须保证该报告的真实性。

（五）职能部门

根据业务需要，本着效益的原则，融资租赁机构内部设立若干职能部门，办理各自的业务。一般的职能部门包括办公室、事业部、资产管理部、项目管理部、计划财务部、稽核部等。融资租赁机构的各个职能部门应当在业务上独立于公司的其他部门，其人员不得与公司其他部门的人员相互兼职。

在实践中，不同类型融资租赁机构的内部组织机构的设置主要取决于其本身所具备的优势、市场功能定位、客户群体，以及运作模式等因素。因此，融资租赁机构必须根据公司自身业务拓展、资金筹措方式、风险控制特点和公司所处的不同发展阶段，设立和调整公司的内部组织机构，不能机械地设置内部组织机构。融资租赁机构内部组织机构的一般框架，如图8-1所示。

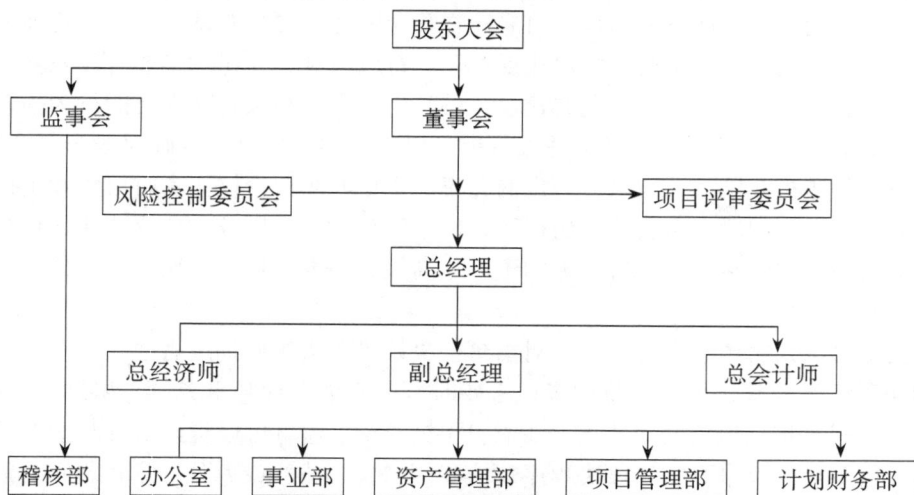

图8-1　融资租赁机构内部组织机构的一般框架

第三节 融资租赁机构资金管理

一、租赁资金的来源渠道

在融资租赁中，租赁设备的价值非常高，要求初始投入的资金数额非常大。融资租赁公司的主要业务自始至终由资金主导，从资金的筹措到资金的运用，直至租金的回收。资金是融资租赁机构生存和发展的决定因素和必要条件，融资租赁机构筹集资金能力的大小和资金管理水平的高低，直接关系到其发展和命运。因此，若要促进融资租赁机构发展壮大，就必须拓宽资金的来源渠道，创新融资方式，提高资金的运用水平，加强资金管理，强化租金回收。党的二十大报告提出："健全资本市场功能，提高直接融资比重。"2023年中央金融工作会议指出："优化融资结构，更好发挥资本市场枢纽功能，发展多元化股权融资，促进债券市场高质量发展。"

在我国，经营国内租赁业务的融资租赁机构需要筹集人民币（本币）资金，而经营国际租赁或进口设备租赁的融资租赁机构则需要筹集外汇资金。

（一）人民币（本币）资金来源渠道

随着我国经济体制改革和金融体制改革的逐步推进，货币市场与资本市场的发展为突破以银行为中心的传统的借贷方式、实现融资渠道多样化创造了条件。融资租赁机构的人民币资金来源主要有以下几种：

1. 自有资金

自有资金是融资租赁机构投入的风险资金，它是开展融资租赁业务的基础。从自有资金的来源出发，可以将自有资金分为资本金和留存收益两种。

（1）资本金。资本金是融资租赁机构成立时投入的资本。我国《金融租赁公司管理办法》规定：注册资本为一次性实缴货币资本，最低限额为10亿元人民币或等值的可自由兑换货币，国家金融监督管理总局根据金融租赁公司的发展情况和审慎监管的需要，可以提高金融租赁公司注册资本金的最低限额。实收资本金在融资租赁活动中所占比例较小（资本充足率为8%），因此融资租赁机构仅靠自有资本金来开展租赁业务是难以为继的。然而，资本金在融资租赁机构中又是必不可少的，它是融资租赁机构最初的资金来源，对于股份制融资租赁机构来说，其实收资本金就是公司所有者即股东投入的资金，它是融资租赁机构实力的象征，在一定程度上决定着融资租赁业务从其他渠道获取资金的难易程度。

（2）留存收益。留存收益是指融资租赁机构在经营过程中创造的保留在公司内部的利润。在融资租赁机构的自有资金中，有很大一部分需要靠公司的留存收益转化为内源融资。以留存收益作为资金来源，不需要对外支付利息和股利，不会减少融资租赁机构的现金流量，也不会产生融资费用。

自有资金既体现了融资租赁机构对租赁项目的关心程度，降低"道德风险"，也体现了融资租赁机构对租赁项目的承诺和对项目发展前景的信心。

2. 同业拆借

同业拆借是融资租赁机构获取流动资金来源的一种有效方式。通过该方式取得的资金一般期限较短，主要是为了解决临时资金头寸不足或暂时的资金周转困难。目前，融资租赁机构拆借资金的期限最长为3个月，且同业拆入和同业拆出资金余额均不得超过资本净额的100%。

3. 票据贴现

融资租赁机构可以将作为租金收回的银行承兑汇票向银行或其他金融机构办理贴现，从而融入资金。实践已证明，商业票据承兑贴现和再贴现是实现资金融通的一种十分有效的手段。但是，票据贴现期限较短，一般不能超过6个月，因此通过票据贴现主要满足融资租赁机构的短期资金需求。票据贴现业务操作方便、程序简单，是一种国内外比较通用的融资方式。

4. 向金融机构借款

融资租赁机构作为非银行金融机构，可以向银行或其他金融机构借款。向银行借款是我国金融租赁机构传统的融资方式，也是主要的融资渠道。由于我国的金融租赁公司大多是由银行参股投资组建的，所以作为股东的银行必然会通过贷款的方式积极满足金融租赁公司的融资需要。

5. 发行债券

债券是依照法定程序发行，约定在一定期限内还本付息的有价证券。融资租赁机构发行的债券属于金融债券。一般而言，债券发行的期限越长，融资租赁机构出租设备的期限也越长，因此融资租赁机构可以通过发行金融债券的方式来筹集长期资金。发行债券是发达国家的融资租赁机构进行融资的重要渠道。在我国，融资租赁机构虽然可以发行金融债券融资，但是审批比较严格。

6. 发行股票

股票是一种有价证券，是股份公司发行的、用以证明投资者的股东身份和权益并据以获得股息和红利的凭证。发行股票是发达国家重要的融资方式，它既可以增加资本金、增强融资租赁机构的竞争力，又可以利用筹集的资金进一步拓展市场，增加融资租赁机构的盈利，使投资者获得良好的收益。在我国，股份制融资租赁机构在满足一系列发行股票的条件并得到证监会的批准后，就可以通过发行股票的方式来融通资金。而且，随着我国融资租赁业的不断发展及金融市场改革的不断深入，发行股票融资必将成为我国融资租赁机构的一种重要的融资方式。

（二）外汇资金来源渠道

融资租赁机构除了在国内市场筹集本币资金以外，还可以通过国际市场筹集外汇资金。融资租赁机构筹集外汇资金的方式（渠道）主要有以下几种：

1. 金融机构的外汇贷款

融资租赁机构所需要的外汇资金可以从经营外汇业务的国内金融机构或国外银行贷款中得到。

融资租赁机构在进口租赁与出口租赁业务中，也可以利用出口信贷这种方式获得银行的资金支持。出口信贷是出口国为扩大设备销售市场，在对外贸易中采取提供低利率贷款，以刺激本国设备出口的一种信贷方式，其包括卖方信贷和买方信贷。卖方信贷是指在大型机器设备与成套设备贸易中，由出口商所在地的银行向出口商提供的信贷。买方信贷是指在大型机器设备或成套设备的贸易中，由出口商所在地的银行向外国进口商或进口商银行提供的信贷。

2. 吸收外汇存款

发达国家的融资租赁机构可以通过吸收外汇存款的方式来筹集外汇资金：一是通过国外的分支机构从当地吸收居民和企业的存款，作为母公司的资金来源；二是直接吸收本国居民和外商投资企业的外汇存款。目前，我国的融资租赁机构还不允许吸收外汇存款。

3. 母公司的外汇借款

这种融资方式主要针对有国外金融机构投资的融资租赁机构。这里，国外金融机构就是融资租赁机构的母公司。一些实力雄厚并且现金流很充足的母公司可以采取直接借款的形式为旗下的融资租赁机构直接进行资金输血。这种方式通常以母公司自身的名义借出，或是通过母公司下设的财务公司向融资租赁子公司进行借款。这种借款的利率往往低于市场利率，可以使融资租赁机构享受到资金成本的优势。

4. 向国外租赁公司转租

转租是指融资租赁机构按照用户的要求选择供货商，与供货商签订购买合同后，将该合同转让或出售给国外租赁机构，然后再与国外租赁机构签订租赁合同，将设备租回，再转租给用户的融资方式。在国际租赁业务中，转租是非常普遍的业务。通过转租业务，国内融资租赁机构可获得外汇资金来源。

5. 国际金融市场融资

通过国际金融市场筹集外汇资金是融资租赁机构获得外汇资金来源的重要渠道。融资租赁机构一般可以从国际货币市场和国际资本市场融资。

国际货币市场是指资金借贷期限在一年以内的外汇资金交易市场，包括银行借贷市场、票据贴现市场、短期证券市场等，主要满足融资租赁机构的短期外汇资金需求。

国际资本市场是指资金借贷期限在一年以上的外汇资金交易市场，包括银行中长期借贷市场、国际债券市场、股票市场等，主要满足融资租赁机构的长期外汇资金需求。

此外，国际外汇市场虽然不是融资租赁机构筹集外汇资金的场所，但是融资租赁机构需要通过外汇市场将本币资金兑换为外币资金。从这个意义上来讲，国际外汇市场扮演了融资租赁机构外汇资金来源的角色。

随着我国金融市场的规范与发展以及逐步与国际金融市场接轨，我国融资租赁机构筹集外汇资金的渠道将逐步拓宽。

（三）创新型租赁资金来源渠道

上述人民币（本币）资金和外汇资金来源渠道是融资租赁机构传统的典型融资方式，对融资租赁机构开展业务经营、推动融资租赁业和社会经济发展具有十分重要的作用。但是，融资租赁业是典型的资金密集型行业，仅依靠传统的融资方式还无法满足融资租赁机构的发展对巨额资金的需求。因此，融资租赁机构要不断发展壮大，就必须拓宽资金来源渠道，创新融资方式。融资租赁机构的创新型融资渠道主要有以下几种：

1.租赁资产证券化

租赁资产证券化，是指融资租赁机构集合一系列用途、性能、租期相同或相近，并可以产生大规模稳定的现金流的租赁资产（通常为租赁债权），通过结构性重组，将其转换成可以在金融市场上出售和流通的证券的过程。资产证券化的实质在于将租金收入或者一部分租赁资产未来的收益货币化。它是融资租赁公司一种新的、重要的融资渠道。

通过租赁资产证券化方式获得的资金属于融资租赁机构自有资金，可以缓解融资租赁机构的资本约束，且资金使用更为方便。租赁资产证券化属于直接融资方式，直接对接资本市场，可以极大地提升融资租赁机构的品牌效应，拓宽融资渠道，提高综合议价能力。租赁资产证券化还可以盘活融资租赁机构的存量租赁资产，优化资产负债结构，降低行业和区域集中度，提高资产配置效率。

2.租赁基金

租赁基金，是指以投资租赁交易为目的而设立的投资基金。租赁基金融资规模大、资金成本低、来源稳定，而且基金投资以租赁设备为担保，风险小。租赁基金的设立极大地扩展了融资租赁机构融通资金的范围和规模。

3.融资租赁保理

融资租赁保理，是指在融资租赁业务中，在融资租赁机构和承租人签订融资租赁合同后，融资租赁机构将其在融资租赁合同中对承租人享有的尚未到期的租赁债权转让给保理商，保理商提供应收租金账户管理、应收租金融资、应收租金催收和承担应收租金坏账风险等服务。

保理业务已经成为融资租赁机构解决资金来源的重要渠道之一，其业务核心是融资租赁机构应收租金债权的转让。对于银行来说，保理融资和普通信用贷款一样，将占用融资租赁机构的授信额度，计入企业的负债，影响资产负债率。但是，相对于普通信用贷款来说，保理业务因为实质上将应收租赁债权的权利转让给了银行，所以在有追索权的情况下，银行开展融资租赁保理业务的风险实际上比普通信用贷款更小。而且，在保理业务中，银行更多地会关注承租人还款的资质，对融资租赁机构的资质要求相对于普通信用贷款就会有所降低，这使得融资租赁机构取得融资款项更为容易一些，相应付出的资金成本也较普通的信用贷款低一些。

4.融资租赁信托

融资租赁信托，是指委托人基于对信托公司（受托人）的信任，将自己合法拥有的资金委托给信托公司，由信托公司按委托人的意愿，以其自己的名义，为受益人的利益或特定目的运用于融资租赁业务或项目的行为。融资租赁机构将融资租赁业务或项目的应收租金等收益权转让给信托公司并获得转让款后，这些融资租赁业务或项目就以信托方式获得资金来源。融资租赁信托中的受托人也是出租人，应当同时具有融资租赁业务和信托业务的经营资质。

二、租赁资金管理的内容

融资租赁机构筹集足够的资金是其运营的基础，但是，运用和管理资金不当，也可能导致融资租赁机构的亏损和倒闭。因此，加强租赁资金管理对融资租赁机构的发展壮大具有十分重要的意义。租赁资金来源决定了融资租赁机构的资金成本，而租赁资金管理则关系到融资租赁机构的资金效益。融资租赁机构对租赁资金进行管理的内容主要有以下几个方面：

（一）租赁资金运用的安全性管理

实践中，融资租赁机构也会面临租金不能按时收回甚至不能收回的风险。因此，融资租赁机构在租赁资金运用时，必须认真审核，确保资金的安全。租赁资金运用的安全性管理应当从两个方面入手：一是对融资租赁项目进行可行性审查；二是对承租人进行评估。

1.对融资租赁项目进行可行性审查

融资租赁项目是否可行直接影响融资租赁机构的利益，影响租金的收回。考察租赁项目的盈利性和潜在的各种风险是可行性审查的核心。融资租赁机构对租赁项目的可行性审查主要包括四个方面的内容：

（1）对租赁项目的适宜性进行审查。承租人的融资方式很多，并不是所有的项目都适合以租赁的方式来融资，作为租赁的标的物是有一定条件的，只有当承租人拟购买的设备符合租赁标的物条件时，才能用租赁的方式融资。

（2）对租赁项目的盈利性进行审查。对租赁项目的盈利性进行审查是租赁项目可行性审查的核心。融资租赁机构应审查：租赁项目是否符合国家产业政策，在宏观上是否符合国家经济发展的方向；设备、工艺、技术、性能是否先进；产品是否符合市场需要，是否有较强的竞争能力和应变能力，是否可以外销、创汇和节汇。评估的重点是承租人的技术力量、生产布局、项目规模、项目成本、技术设备性能及对外采购等方面。在对租赁项目的盈利性进行评估时，要用经济效益指标进行衡量，以对租赁项目进行最终的取舍。

（3）对租赁项目的担保和租赁物件的变现能力进行审查。对租赁项目的担保进行评估，主要是对担保人和担保物的审查，当承租人不能按时缴纳租金时，担保人和担保物的可靠性就成了是否能保证融资租赁机构盈利的关键。对租赁物变现能力的审查也是十分重要的，主要审查租赁物的通用性、技术更新周期以及在二级市场上的活跃程度等。当承租人不能履行合同时，融资租赁机构可以通过对租赁物的变现来收回投资。

（4）利用财务现值分析的方法来综合评价租赁项目的可行性。

2.对承租人进行评估

由于出租人与承租人之间存在着信息不对称，所以会产生两个问题：一是逆向选择；二是道德风险。逆向选择和道德风险都可能导致出租人（融资租赁机构）蒙受巨大的经济损失，因此出租人在与承租人签订融资租赁合同之前必须对承租人进行评估，具体包括对承租人的资信能力、经营管理能力和盈利能力的评估分析。

（1）对承租人资信能力的评估。资信能力是指承租人的资产信誉表现、财力状况、履约表现的记录等。承租人的资信能力越强，其履约的可能性就越大，融资租赁公司的资金安全性就越好。当然，承租人的资信能力状况也不是一成不变的，它是随着承租人的经营状况、外部环境的变化而变化的。因此，融资租赁机构要随时收集承租人的资料，对承租人的资信能力进行评估。在国外，一般有专门的评估机构来评估承租人的资信能力状况。

（2）对承租人经营管理能力的评估。承租人的经营管理能力是其能否盈利的关键。善于经营管理的承租人能够最大限度地发挥租赁设备的作用，实现盈利。反之，如果承租人的经营管理能力差，即使拥有先进的设备，也难以发挥设备的效用来创造利润。因此，在对承租人的经营管理能力进行评估时，首先是对其主要领导人进行评估，因为领导人关系到整个承租人的发展前途。评估的主要内容是了解承租人的主要领导人的年龄、才能与成就；考查主要领导人的精力是否充沛，思想是否敏锐，是否具有创新精神，是否理性，是否能处理好上下级关系，能否全面调动员工的积极性，对国内、国外市场是否了解，能否抓住有利时机，管理方法是否先进等。其次是对承租人的员工进行评估。考查员工的整体素质、技术水平、技改经验、生产经验，是否具有创新意识，对本行业的高精尖技术了解和把握的程度，有无敬业精神等。

（3）对承租人盈利能力的评估。承租人的盈利能力对融资租赁机构获取利润有直接的影响。一般而言，承租人的盈利能力越强，出租人的风险就相对越低。对承租人的盈利能力进行评估时，要从多方面对承租人进行考查，如承租人的资本结构、固定资产状况、生产效率等。还可以利用一些财务指标进行考查，如销售毛利率、资产净利率、资产周转率和销售净利率等。

（二）租赁项目管理

租赁项目管理是出租人实现融资租赁项目收益的最重要的步骤和环节，通常由出租人的资产管理部门进行。如果租赁项目管理不当，那么出租人的收益可能受到巨大影响，甚至遭受巨大的损失。租赁项目管理是防范租赁项目出现风险、保证租赁项目顺利实施的一个重要环节。融资租赁机构在完成签订租赁合同、订货、报关和监督验收等一系列租赁项目的前期管理工作后，还要做好租赁项目的后期管理工作。

租赁项目后期管理主要包括：对与租赁项目有关的资料进行管理、对租赁项目进行监测和对租赁项目进行评价。

1.对与租赁项目有关的资料进行管理

在后期管理工作中，融资租赁机构应当建立健全文件资料管理体系，整个业务活动都要保存文字记录和原始资料。对与租赁项目有关的资料要进行统计并作登记；对于直接反映租赁项目经济效益的数据资料，在整个租期内应当及时进行统计分析，如租赁项目的投资构成、预期收益、产品市场占有率等，以便融资租赁机构能够随时掌握租赁项目的进展情况。

2.对租赁项目进行监测

融资租赁机构在租赁项目开始实施后，必须对租赁项目实施情况进行跟踪监测，以便及时发现问题、解决问题，确保租赁项目预期收益的实现和租金的收回。

融资租赁机构对租赁项目监测的内容主要包括租赁项目的投资资金是否到位，租赁项目设备的到货、安装、调试和运转情况，租赁项目的工程进度，租赁项目投产后的经营管理情况，租赁项目的产值、利润和税金的实现情况，租金的支付情况等。其中，监测的核心内容是租赁项目的经济效益情况和租金的支付情况。出租人可以根据以上内容制定一系列的监测指标，定期测算并作相应的记录。例如，要定期对承租人的现金流量的实际情况和租赁项目评估资料中的现金流量预测进行比较，定期对承租人的市场销售实际情况和租赁项目评估资料中的市场销售预测进行比较，定期收集承租人的财务报表并对其整体经营情况进行财务分析。如果出现问题，则应及时采取相应措施加以解决。对租赁项目的监测应贯穿整个租赁项目实施过程的始终。

3.对租赁项目进行评价

租赁项目具有很高的风险，其运作受到诸多因素的影响。因此，在选择与评估租赁项目时，要建立完整的租赁项目评价指标体系，选择科学的评价方法，从而提高租赁项目运作成功的可能性，促进融资租赁业与经济的发展。租赁项目实施投产后，要对租赁期间租赁项目的情况进行总结和评价，主要目的是考查租赁业务的成果，为以后开展租赁业务提供参考。

租赁项目评价的内容主要包括租赁设备的运转情况、租赁项目的经济效益等。其中经济效益是考核的重点，一般用量化的指标进行考核，主要有租赁期间年产值平均增长率、租赁期间项目投资年平均利润率、租赁期间项目投资年平均创汇率。计算公式分别为：

租赁期间年产值平均增长率=（各年新增产值总和÷年数）÷租期前一年的产值×100%

租赁期间项目投资年平均利润率=（各年利润总和÷年数）÷投资总额×100%

租赁期间项目投资年平均创汇率=（各年创汇总额÷年数）÷投资总额×100%

上述三个指标数值越大，表明租赁项目的投资效益越好。

（三）租金收回管理

租金及时按约收回是融资租赁机构继续发展的基础。一般来说，融资租赁机构的资金大部分是借入资金，因此，如果出现租金收不回的情况，融资租赁机构不但不能获得利润，而且还会面临无法偿还债务的风险，使其信誉受损。更严重的是，如果融资租赁机构所借入的是外汇资金，由于租金未能及时收回而延误了外债偿还的时间，则不仅会造成政治上的不良影响，而且还有可能在延误期间由于外汇汇率发生变动而造成经济上的损失。因此，融资租赁机构必须加强对租金的管理，以保证租金的及时、足额收回。其具体措施如下：

1.在融资租赁机构内部实行项目负责人制

在租金收回管理中，应当保证每一个租赁项目有专人负责，实行专项控制，及时掌握承租人交付租金情况及欠租的原因，积极督促承租人及时交付租金。

2.设立相关监控指标

通过设立相关监控指标来监督和掌握承租人交付租金的情况，使融资租赁公司的损失尽可能降到最小。

融资租赁机构设立的主要监控指标包括交付租金次数逾期率和交付租金金额逾期率。交付租金次数逾期率是累计交付租金逾期次数与应交付租金次数的比率，交付租金金额逾期率是累计逾期交付租金金额与应交付租金总额的比率。这两项指标的数值越大，表明承租人的经济效益越差，交付租金的能力也就越差，融资租赁机构应当高度重视并采取相应措施。

3.依法收取租金

承租人无论经营状况如何，都应按融资租赁合同的规定交付租金。融资租赁合同中应严格明确租金的金额、支付方式、支付日期以及租金的构成、计算方法。当承租人拖欠租金时，融资租赁机构应当运用法律手段，依法维护自身的经济利益。为了预防承租人毁约致使租金无法收回，融资租赁机构应当要求承租人提供保证金，同时要求承租人提供担保。若承租人违约，则由担保人代替支付；担保人不能履行支付义务时，融资租赁机构有权依法追究承租人及担保人的经济责任。

（四）租赁信用管理

融资租赁机构筹集资金时能否争取到优惠的条件和价格，不仅取决于融资租赁公司的经济实力，而且从某种意义上讲，更重要的是取决于融资租赁机构的信用状况。如果融资租赁机构的信用记录良好，银行或其他金融机构就愿意与之建立长期的合作关系，有利于其融通资金；如果融资租赁机构的信用状况不佳，那么这不仅会提高融资成本，而且有可能无法及时筹集到所需要的资金，影响租赁业务的经营。因此，融资租赁机构融资时一定要遵守诚实信用原则，保证按时偿付借款本金和利息，尤其是在境外融资时，应主动偿付所借外债的本金和利息，绝不能延迟偿付。按时偿付借款本金和利息的前提是租金的按时、足额收回，若出租人的租金收回发生困难，则应尽快从其他融资渠道筹集资金，以保证及时偿付借款本金和利息。不能或延迟偿付借款本金和利息的记录往往会影响融资租赁机构的信誉和形象，增加以后进行融资的难度。

（五）资金结构合理配置管理

资金结构的合理配置管理又称资金的静态管理。资金是融资租赁机构生存和发展的物质基础。资金结构的合理配置，是提高融资租赁机构经济效益的前提条件。

合理的资金结构必然会给融资租赁机构带来好的经济效益，而好的经济效益又能使融资租赁机构增加积累，推动其资金结构实现良性循环。如果融资租赁机构的资金配置不合理，就必然会使其资金结构趋于恶化，造成资金的非良性循环，甚至是恶性循环。资金的合理配置包括资金来源的合理配置、资金运用的合理配置以及资金来源与运用的合理配置。

从资金来源来看，融资租赁机构的资金来源中既有通过票据贴现、同业拆借等方式获取的短期资金，又有通过贷款、发行股票或债券等方式获取的中长期资金；既有外汇资金，又有本币资金。因此，融资租赁机构应当根据自身的资信状况、筹资能力、筹资优势以及资金运用需求，合理安排各种资金来源，争取以尽可能低的成本获得稳定的资金来源。

从资金运用来看，融资租赁机构应当通过对租赁项目的评估及效益分析，尽可能将资金运用于回报率高、风险低的租赁项目。在运用资金时，融资租赁机构还应该注意不能将资金集中投资到某几个租赁项目上，而应遵循风险分散原则将资金分散投资到多个租赁项目上。

从资金来源与运用来看，由于融资租赁机构的资金来源的期限有长有短，而资金运用的期限一般较长，所以融资租赁机构在安排融资与投资时，应当尽量使资金来源与资金运用的结构对称和偿还期对称，既要避免偿债危机，又要防止资金的闲置。

（六）资金运营的流量管理

资金运营的流量管理又称资金的动态管理。融资租赁机构属于负债经营，其负债的期限分为长期、中期、短期，资产的期限也各不相同。融资租赁机构对租金的收回是分次进行的，在某些情况下，对租赁设备价款支付也是分次进行的。可见，融资租赁机构营运资金的流入与流出之间存在着如何协调的问题。如果安排不当，则不仅会导致资金的闲置，造成融资成本的上升，还会导致资金周转出现问题，无法按时偿还借款本息。因而，融资租赁机构需要对资金运营进行动态分析，其方法主要是现金流量分析法。采用这种方法必须事先根据有关资料估算出一定时期内融资租赁机构的现金流入量（包括资金收入和其他各种渠道的资金流入）和现金流出量（包括到期借款本息的偿付、租赁设备价款的支付以及其他费用的支出），对现金流入量和现金流出量在期限和金额上搭配不妥之处要予以适当的调整，最后编制现金流量计划，并严格遵照执行。

第四节　融资租赁机构业务管理

一、融资租赁机构的业务经营范围

目前，我国的融资租赁机构主要有金融租赁公司、融资租赁公司两种类型。根据相关法规，每一种融资性租赁公司都有自己明确的、可以经营的业务范围。

（一）金融租赁公司的业务范围

我国《金融租赁公司管理办法》对金融租赁公司的业务范围作了明确的规定。

1.经国家金融监督管理总局批准，金融租赁公司可以经营下列本外币业务：（1）融资租赁业务；（2）转让和受让融资租赁资产；（3）向非银行股东借入3个月（含）以上借款；（4）同业拆借；（5）向金融机构融入资金；（6）发行非资本类债券；（7）接受租赁保证金；（8）租赁物变卖及处理业务。

2.符合条件的金融租赁公司可以向国家金融监督管理总局及其派出机构申请经营下列本外币业务：（1）在境内设立项目公司开展融资租赁业务；（2）在境外设立项目公司开展融资租赁业务；（3）向专业子公司、项目公司发放股东借款，为专业子公司、项目公司提供融资担保、履约担保；（4）固定收益类投资业务；（5）资产证券化业务；（6）从事套期保值类衍生产品交易；（7）提供融资租赁相关咨询服务；（8）经国家金融监督管理总局批准的其他业务。

金融租赁公司开办前款所列业务的具体条件和程序，按照国家金融监督管理总局有关规定执行。

金融租赁公司业务经营中涉及外汇管理事项的，应当遵守国家外汇管理有关规定。

（二）融资租赁公司的业务经营范围

我国《融资租赁公司监督管理暂行办法》对融资租赁公司的业务范围作了明确的规定。

1.经银保监会批准，融资租赁公司可以经营下列部分或全部业务：

（1）融资租赁业务；（2）租赁业务；（3）与融资租赁和租赁业务相关的租赁物购买、残值处理与维修、租赁交易咨询、接受租赁保证金；（4）转让与受让融资租赁或租赁资产；（5）固定收益类证券投资业务。

2.银保监会规定，融资租赁公司不得有下列业务或活动：

（1）非法集资、吸收或变相吸收存款；（2）发放或受托发放贷款；（3）与其他融资租赁公司拆借或变相拆借资金；（4）通过网络借贷信息中介机构、私募投资基金融资或转让资产；（5）法律法规、银保监会和省、自治区、直辖市（以下简称省级）地方金融监管部门禁止开展的其他业务或活动。

二、融资租赁机构的经营原则

（一）金融租赁公司的经营原则

为了保障融资租赁当事人的合法利益，我国《金融租赁公司管理办法》规定，金融租赁公司开展业务经营时应当遵循以下经营原则（或规则）：

1.金融租赁公司可以在全国范围内开展业务。

涉及境外承租人的，符合条件的金融租赁公司可以在境内、境外设立项目公司开展相关融资租赁业务。其中，租赁物为飞机（含发动机）或船舶（含集装箱）且项目公司需设在境外的，原则上应当由专业子公司开展相关业务。

2.专业子公司可以在境内、境外设立项目公司开展融资租赁及相关业务。

涉及境外投资事项的，应当符合我国境外投资管理相关规定。

3.金融租赁公司应当选择适合的租赁物，确保租赁物权属清晰、特定化、可处置、具有经济价值并能够产生使用收益。

金融租赁公司不得以低值易耗品作为租赁物，不得以小微型载客汽车之外的消费品作为租赁物，不得接受已设置抵押、权属存在争议或已被司法机关查封、扣押的财产或所有权存在瑕疵的财产作为租赁物。

4.金融租赁公司应当合法取得租赁物的所有权。

租赁物属于未经登记不得对抗善意第三人的财产类别，金融租赁公司应当依法办理相关登记。

除前款规定情形外，金融租赁公司应当在国务院指定的动产和权利担保统一登记机构办理融资租赁登记，采取有效措施保障对租赁物的合法权益。

5.金融租赁公司应当在签订融资租赁合同或明确融资租赁业务意向的前提下，按照承租人要求购置租赁物。特殊情况下需提前购置租赁物的，应当与自身现有业务领域或业务规划保持一致，且具有相应的专业技能和风险管理能力。

6.金融租赁公司以设备资产作为租赁物的，同一租赁合同项下与设备安装、使用和处置不可分割的必要的配件、附属设施可纳入设备类资产管理，其中配件、附属设施价值合计不得超过设备资产价值。

7.售后回租业务的租赁物必须由承租人真实拥有并有权处分。

8.金融租赁公司应当按照评购分离、评处分离、集体审查的原则，优化内部部门设置和岗位职责分工，负责评估和定价的部门及人员原则上应当与负责购买和处置租赁物的部门及人员分离。

金融租赁公司应当建立健全租赁物价值评估体系，制定租赁物评估管理办法，明确评估程序、评估影响因素和评估方法，合理确定租赁物资产价值，不得低值高买。

9.金融租赁公司的评估工作人员应当具备评估专业资质。需要委托第三方机构评估的，应当对相关评估方法的合理性及可信度进行分析论证，不得简单以外部评估结果代替自身调查、取证和分析工作。

10.金融租赁公司应当持续提升租赁物管理能力，强化租赁物风险缓释作用，充分利用信息科技手段，密切监测租赁物运行状态、租赁物价值波动及其对融资租赁债权的风险覆盖水平，制定有效的风险管理措施，降低租赁物持有期风险。

11.金融租赁公司应当加强租赁物未担保余值的评估管理，定期评估未担保余值，并开展减值测试。当租赁物未担保余值出现减值迹象时，应当按照会计准则要求计提减值准备。

12.金融租赁公司应当加强未担保余值风险的限额管理，根据业务规模、业务性质、复杂程度和市场状况，对未担保余值比例较高的融资租赁资产设定风险限额。

13.金融租赁公司应当加强对租赁期限届满返还或因承租人违约而取回的租赁物的风险管理，建立完善的租赁物变卖及处理的制度和程序。

14.金融租赁公司应当建立健全覆盖各类员工的管理制度，加大对员工异常行为的监督力度，强化业务全流程管理。加强对注册地所在省（自治区、直辖市、计划单列市）以外的部门或团队的权限、业务及其风险管理，提高内部审计和异常行为排查的频率。

15.金融租赁公司与具备从事融资租赁业务资质的机构开展联合租赁业务，应当按照"信息共享、独立审批、自主决策、风险自担"的原则，自主确定融资租赁行为，按实际出资比例或按约定享有租赁物份额以及其他相应权利、履行相应义务。相关业务参照国家金融监督管理总局关于银团贷款业务监管规则执行。

16.符合条件的金融租赁公司可以申请发行资本工具，并应当符合监管要求的相关合格标准。

17.金融租赁公司基于流动性管理和资产配置需要，可以与具备从事融资租赁业务资质的机构开展融资租赁资产转让和受让业务，并依法通知承租人。如果转让方或受让方为境外机构，则应当符合相关法律法规规定。

金融租赁公司开展融资租赁资产转让和受让业务时，应当确保租赁债权及租赁物所有权真实、完整、洁净转移，不得签订任何显性或隐性的回购条款、差额补足条款或抽屉协议。

金融租赁公司作为受让方，应当按照自身业务准入标准开展尽职调查和审查审批工作。

18.金融租赁公司基于流动性管理需要，可以通过有追索权保理方式将租赁应收款转让给商业银行。金融租赁公司应当按照原租赁应收款全额计提资本，进行风险分类并计提拨备，不得终止确认。

19.金融租赁公司基于流动性管理需要，可以开展固定收益类投资业务。

投资范围包括：国债、中央银行票据、金融债券、同业存单、货币市场基金、公募债券型投资基金、固定收益类理财产品、AAA级信用债券以及国家金融监督管理总局认可的其他资产。

20.金融租赁公司提供融资租赁相关咨询服务，应当遵守国家价格主管部门和国家金融监督管理总局关于金融服务收费的相关规定。坚持质价相符等原则，不得要求承租人接受不合理的咨询服务，未提供实质性服务不得向承租人收费，不得以租收费。

21.金融租赁公司应当对合作机构实行名单制管理，建立合作机构准入、退出标准，定期开展后评价，动态调整合作机构名单。

金融租赁公司应当按照适度分散原则审慎选择合作机构，防范对单一合作机构过于依赖而产生的风险。金融租赁公司应当要求合作机构不得以金融租赁公司名义向承租人推介或者销售产品和服务，确保合作机构与合作事项符合法律法规和监管要求。

22.金融租赁公司出于风险防范需要，可以依法收取承租人或融资租赁业务相关方的保证金，合理确定保证金比例，规范保证金的收取方式，放款时不得在融资总额中直接或变相扣除保证金。

23.金融租赁公司应当充分尊重承租人的公平交易权，对与融资租赁业务有关的担保、保险等事项进行明确约定，并如实向承租人披露所提供的各类金融服务的内容和实质。

金融租赁公司不得接受无担保资质、不符合信用保险和保证保险经营资质的合作机构提供的直接或变相增信服务，不得因引入担保增信而放松资产质量管控。

24.金融租赁公司以自然人作为承租人的，应当充分履行告知义务，保障承租人知情权等各项基本权利，遵循真实性、准确性、完整性和及时性原则，向承租人充分披露年化综合成本等可能影响其重大决策的关键信息，严禁强制捆绑销售、不当催收、滥用承租人信息等行为。

金融租赁公司应当使用通俗易懂的语言和有利于承租人接受、理解的方式进行产品和服务信息披露，经承租人确认后，对销售过程进行录音录像等可回溯管理，完整客观记录关键信息提示、承租人确认和反馈等环节。

（二）融资租赁公司的经营原则

为了保障融资租赁当事人的合法利益，我国《融资租赁公司监督管理暂行办法》规定，融资租赁公司开展业务经营时应当遵循以下经营原则（或规则）：

1.融资租赁公司进口租赁物涉及配额、许可等管理的，由租赁物购买方或产权所有方按有关规定办理手续，另有约定的除外。

融资租赁公司经营业务过程中涉及外汇管理事项的，应当遵守国家外汇管理的有关规定。

2.融资租赁公司应当建立完善以股东或股东（大）会、董事会（执行董事）、监事（会）、高级管理层等为主体的组织架构，明确职责分工，保证相互之间独立运行、有效制衡，形成科学高效的决策、激励和约束机制。

3.融资租赁公司应当按照全面、审慎、有效、独立原则，建立健全内部控制制度，保障公司安全稳健运行。

4.融资租赁公司应当根据其组织架构、业务规模和复杂程度，建立全面风险管理体系，识别、控制和化解风险。

5.融资租赁公司应当建立关联交易管理制度，其关联交易应当遵循商业原则，独立交易、定价公允，以不优于非关联方同类交易的条件进行。

融资租赁公司在对承租人为关联企业的交易进行表决或决策时，与该关联交易有关联关系的人员应当回避。融资租赁公司的重大关联交易应当经股东（大）会、董事会或其授权机构批准。

融资租赁公司与其设立的控股子公司、项目公司之间的交易，不适用本办法对关联交易的监管要求。

6.融资租赁公司应当合法取得租赁物的所有权。

7.按照国家法律法规规定租赁物的权属应当登记的，融资租赁公司须依法办理相关登记手续。若租赁物不属于需要登记的财产类别，则融资租赁公司应当采取有效措施保障对租赁物的合法权益。

8.融资租赁公司应当在签订融资租赁合同或明确融资租赁业务意向的前提下，按照承租人的要求购置租赁物。特殊情况下需要提前购置租赁物的，应当与自身现有业务领域或业务规划保持一致，且与自身风险管理能力和专业化经营水平相符。

9.融资租赁公司应当建立健全租赁物价值评估和定价体系，根据租赁物的价值、其他成本和合理利润等确定租金水平。

售后回租业务中，融资租赁公司对租赁物的买入价格应当有合理的、不违反会计准则的定价依据作为参考，不得低值高买。

10.融资租赁公司应当重视租赁物的风险缓释作用，密切监测租赁物价值对融资租赁债权的风险覆盖水平，制定有效的风险应对措施。

11.融资租赁公司应当加强租赁物未担保余值管理，定期评估未担保余值是否存在减值，及时按照会计准则的要求计提减值准备。

12.融资租赁公司应当加强对租赁期限届满返还或因承租人违约而取回的租赁物的风险管理，建立完善的租赁物处置制度和程序，降低租赁物持有期风险。

13.融资租赁公司对转租赁等形式的融资租赁资产应当分别管理，单独建账。转租赁应当经出租人同意。

14.融资租赁公司应当严格按照会计准则等相关规定，真实反映融资租赁资产转让和受让业务的实质和风险状况。

15.融资租赁公司应当建立资产质量分类制度和准备金制度。在准确分类的基础上及时足额计提资产减值损失准备，增强风险抵御能力。

16.融资租赁公司按照有关规定可以向征信机构提供和查询融资租赁相关信息。

17.融资租赁公司和承租人应对与融资租赁业务有关的担保、保险等事项进行充分约定，维护交易安全。

三、融资租赁机构业务监管指标

(一)金融租赁公司业务监管指标

我国《金融租赁公司管理办法》规定，金融租赁公司应当遵守以下监管指标的规定：

1.资本充足率。各级资本净额与风险加权资产的比例不得低于国家金融监督管理总局对各级资本充足率的监管要求。

2.杠杆率。一级资本净额与调整后的表内外资产余额的比例不得低于6%。

3.财务杠杆倍数。总资产不得超过净资产的10倍。

4.同业拆借比例。同业拆入和同业拆出资金余额均不得超过资本净额的100%。

5.拨备覆盖率。租赁应收款损失准备与不良租赁应收款余额之比不得低于100%。

6.租赁应收款拨备率。租赁应收款损失准备与租赁应收款余额之比不得低于2.5%。

7.单一客户融资集中度。对单一承租人的融资余额不得超过上季末资本净额的30%。

8.单一集团客户融资集中度。对单一集团的融资余额不得超过上季末资本净额的50%。

9.单一客户关联度。对一个关联方的融资余额不得超过上季末资本净额的30%。

10.全部关联度。对全部关联方的融资余额不得超过上季末资本净额的50%。

11.单一股东关联度。对单一股东及其全部关联方的融资余额不得超过该股东在金融租赁公司的出资额，且同时满足单一客户关联度的规定。

12.流动性风险监管指标。流动性比例、流动性覆盖率等指标应当符合国家金融监督管理总局的相关监管要求。

13.固定收益类投资比例。固定收益类投资余额原则上不得超过上季末资本净额的20%，金融租赁公司投资本公司发行的资产支持证券的风险自留部分除外。

经国家金融监督管理总局认可，特定行业和企业的单一客户融资集中度、单一集团客户融资集中度、单一客户关联度、全部关联度和单一股东关联度要求可以适当调整。

（二）融资租赁公司业务监管指标

我国《融资租赁公司监督管理暂行办法》规定，融资租赁公司应当遵守以下有关监管指标的规定：

1.融资租赁公司融资租赁和其他租赁资产比重不得低于总资产的60%。

2.融资租赁公司的风险资产总额不得超过净资产的8倍。风险资产总额按企业总资产减去现金、银行存款和国债后的剩余资产确定。

3.融资租赁公司开展的固定收益类证券投资业务，不得超过净资产的20%。

4.融资租赁公司应当加强对重点承租人的管理，控制单一承租人及承租人为关联方的业务比例，有效防范和分散经营风险。融资租赁公司应当遵守以下监管指标：

（1）单一客户融资集中度。融资租赁公司对单一承租人的全部融资租赁业务余额不得超过净资产的30%。

（2）单一集团客户融资集中度。融资租赁公司对单一集团的全部融资租赁业务余额不得超过净资产的50%。

（3）单一客户关联度。融资租赁公司对一个关联方的全部融资租赁业务余额不得超过净资产的30%。

（4）全部关联度。融资租赁公司对全部关联方的全部融资租赁业务余额不得超过净资产的50%。

（5）单一股东关联度。对单一股东及其全部关联方的融资余额，不得超过该股东在融资租赁公司的出资额，且同时满足本办法对单一客户关联度的规定。

银保监会可以根据监管需要对上述指标作出调整。

第五节　融资租赁机构风险管理

融资租赁机构在开展现代租赁业务经营的过程中，无论是经营租赁业务，还是融资租赁业务，无论是出租人还是承租人，从融资租赁合同的签订、执行到合同的终止，都可能面临影响租赁业务正常进行的各种因素。这些因素或事件，因其具有极强的不确定性，继而呈现出风险的特征。现代租赁业务一次性投资额大、周期长，同时业务链又广泛涉及金融、国际贸易、法律、交通运输、保险、企业经营管理等多个领域，使租赁风险来源更加多元化。因此，分析研究融资租赁机构的各种风险及其防范策略，具有特别重要的意义。2023年中央金融工作会议指出："坚持把防控风险作为金融工作的永恒主题。"

一、租赁风险的含义与特征

（一）租赁风险的含义

租赁风险，是指在租赁业务中各种因素导致租赁合同不能顺利执行、租赁行为中断、当事人的利益不能实现或者受到损失的风险。或者说，租赁风险是由于租赁业务经营过程中的各种不确定性因素而给租赁当事人带来损失的风险。

租赁风险容易发生的主要原因有两个：

一是租赁物的所有权与使用权相分离。在租赁期间，租赁标的物的所有权掌握在出租人手中，而使用权则掌握在承租人手中，两权处在相互分离的状态。出租人事先融通资金购买承租人选定的设备，然后租给自己无法直接干预和控制的承租人进行使用管理，其对租赁设备只拥有所有权，而没有使用权。

二是租赁当事人的利益存在差异。现代租赁业务主要涉及三个当事人，即出租人、承租人和供货人，三者的利益是不一致的。对出租人而言，其融资购买租赁设备的直接目的是希望通过租赁业务获取租金，收回投资并获利；对承租人而言，其采用租赁方式添置设备的主要目的是获得使用设备的便利或节省经营成本；对供货人而言，其主要目的是扩大设备（产品）销售规模，获得销售收入。现代租赁业务中的任何一方当事人（尤其是出租人与承租人）出现问题，都可能导致租赁风险的发生，影响其他当事人获取正当、合法的经济利益。

（二）租赁风险的特征

现代租赁业务本质上是一种融资与融物相结合的特殊金融业务，它具有一般金融风险的特征，但与其他金融机构业务经营的风险相比，又具有自身独有的一些特征。

1.客观性与主观性并存

在现代租赁业务的各种风险中，有的是租赁活动本身所具有的风险（各种业务性风险），这是由融资租赁机构无法消除的客观因素造成的；有的是由融资租赁机构的内部经营因素和外部宏观管理因素造成的风险（宏观管理和内部经营风险），这些租赁风险产生的根源不在现代租赁业自身，而是由参与宏观管理和业务经营人员的主观上的过失造成的。从理论上来说，这类主观租赁风险会随着宏观管理体制和方法的完善以及内部经营管理水平的提高而消除。

2.危害性与机会性并存

现代租赁业务的风险本身就具有带来损失的可能性。任何风险和损失都会对融资租赁机构乃至整个金融体系的稳定造成不同程度的危害。这是大多数风险所具有的一般特征。但根据现代租赁业运行的内在规律，融资租赁机构租赁投资的风险与收益之间存在着正相关的关系，高风险的租赁投资一般会给融资租赁机构带来更高水平的收益，而低风险的租赁投资只能给融资租赁机构带来相对较低的收益，这就是现代租赁业务风险的机会性。当然，具有这种机会性的风险不是普遍的，只有这种由于承租企业经营财务状况而造成的信用风险或者流动性风险等业务性风险，才有可能具有机会性特征。

3.可测性与不可预知性并存

现代租赁风险所具有的规律性，使得人们在进行租赁业务管理和风险控制时，可以通过分析租赁业务活动中形成的各种租赁经济现象和搜集的各种租赁经济数据，运用特定的风险估测方法，对租赁风险进行定性和定量测定。但是，由于现代租赁风险同时还具有无序性特征，融资租赁机构在租赁风险管理过程中，不可能完全准确地测定出所有租赁风险的影响程度，而且各种租赁经济因素都在变化之中，现代租赁风险也会因此而发生许多变化，融资租赁机构对租赁风险的测定就会失去准确性，所以现代租赁风险也就具有一定的不可预知性。

4.可控性与不可消除性并存

在现代租赁业务中，由于租赁风险的产生与发展具有一定的规律性，租赁风险程度具有一定的可测性，所以融资租赁机构只要按照市场规律开拓租赁业务，管理租赁风险，完善租赁业务运行的外在环境机制和内部经营管理机制，采取适当的防范、规避措施，就能够对租赁风险进行有效的控制和转化。但是，现代租赁风险所具有的无序性和不可测性，又使得融资租赁机构不可能对风险进行完全的控制，更不可能加以消除。即使有些租赁业务风险可以防范与控制，也要付出相应的成本与代价，而结果也只能作相应的转化而不是加以消除。

5.双重保障性与累积性并存

现代租赁以明确、具体的租赁物作为业务对象，租赁物的所有权明确地归属于出租人，融资租赁机构还可以在租赁合同中设置担保，从而形成对承租人偿付风险的双重保障，因而现代租赁业务的信用风险与其他金融业务的信用风险相比，其风险程度相对较低。从某项租赁业务上来看，租赁风险往往体现为承租人对租金的延期支付或不能支付。因此，如果承租人对某一期租金的支付违约，那么承租人对以后各期租金的支付也容易出现违约情况，这就使得租赁风险具有了累积性的特征。

6.相关性与独立性并存

现代租赁业务的许多风险之间具有一定的相关性，如内部经营风险与业务性风险、汇率风险与信用风险之间就具有较大程度的关联性。现代租赁业务的各种风险相互作用、相互影响，共同组成现代租赁业务的风险体系。融资租赁机构在进行租赁业务风险管理时，应当充分考虑各类租赁风险之间存在的关联性，只有这样才能达到有效控制租赁风险、减少租赁损失的目的。但是，各种租赁业务风险又具有不同程度的相对独立性，对某些租赁风险的防范处理并不能消除对其他类型租赁风险的不利影响。融资租赁机构在管理和控制租赁风险时，应当全面细致地对租赁风险进行有效处理。

二、租赁风险的分类与主要租赁风险

（一）租赁风险的分类

租赁风险可以按照不同的标准或者从不同的角度进行划分，从而呈现出多样化的特点。租赁风险可以进行以下分类：

1.按照风险性质的不同分类

按风险性质的不同可以分为纯粹风险和机遇性风险。

（1）纯粹风险，是指只有损失可能而无获利可能的风险。无论是出租人还是承租人，在租赁合同期内，都会遭遇各种自然灾害、意外事故，从而给其带来经济损失，绝无获利的可能。纯粹风险的发生总是不幸的，灾害事故只能给租赁当事人带来损失，因而这种风险是被当事人所畏惧和厌恶的。

（2）机遇性风险又称投机风险，是指既有损失可能又有获利可能的风险。机遇性风险导致的结果有三个，即损失、无损失和盈利。由于机遇性风险有获利的可能，对租赁当事人具有诱惑力，所以租赁当事人为了获利，甘愿冒险。机遇性风险产生的根源在于从事高风险的租赁交易可能获得高收益。

2.按照业务性质的不同分类

按照业务性质不同可以分为市场风险、经营风险、金融风险、信用风险、政治风险、法律风险、自然灾害风险、税务风险等。其中，自然灾害风险是纯粹风险，金融风险是机遇性风险。以下将对这些类别的租赁风险进行具体分析。

上述各类风险，其成因和防范措施不尽相同。识别不同类型的风险，正确分析其成因并采取有效的预防性措施，是融资租赁机构风险管理的重要环节。

（二）主要租赁风险

1.市场风险

市场风险是指由于市场价格和市场需求以及科学技术的不断变化，租赁设备的经济寿命缩短，所以预计的经济效益和残值收益不能实现的风险。

在现代租赁业务中，影响融资租赁机构出租设备的因素有很多，如设备的销路、市场占有率、所生产产品的发展趋势、消费结构以及消费者的心态和消费能力等，这些因素一旦发生异常的变化，就会对出租人（融资租赁机构）的业务经营产生不利的影响。在科学技术不断进步的时代，租赁设备的经济使用寿命日益缩短，其无形损耗越来越大。对承租人来说，如果在租期内租赁设备因为技术进步的影响而变得技术落后，而承租人又不能提前解除合同，那么就要承担较大的风险；对融资租赁机构来说，如果设备市场的技术已经进步，那么尚未出租的设备或承租人退回的设备就很难再租赁出去。因此，双方当事人在签订租赁合同之前，就要根据设备市场的行情及发展趋势，进行租赁业务的决策，避免因为信息滞后导致设备需求低于预期而遭受经济损失。

2.经营风险

经营风险是指由于经营管理活动的缺陷或人为失误而造成经济效益无法达到预期目的给租赁当事人带来损失的风险。

对出租人来说，经营风险一方面表现在内部，如规划和计划不科学，对租赁项目的可行性未进行科学的评估，业务决策失误，未按购货合同和租赁合同履约，企业的组织管理、财务管理、资金调度、合同管理不完善，资产负债管理监控指标不符合要求等；另一方面表现在外部，如承租人未能按期交付租金等，从而降低了出租人的利润指标甚至导致其发生亏损，个别融资租赁机构名为租赁，实为股东圈钱，从而引发财务危机。

对承租人来说，经营风险既可能发生在企业内部，又可能发生在企业外部。经营风险在企业内部表现为内部控制制度不健全及缺乏执行力和有效的经营手段；在企业外部则表现为原材料、辅助材料、动力、交通运输等价格的上涨或供应不足，产品或服务价格的下降、需求不旺，以及供货人或出租人发生违约等。以上这些经营风险对承租人的经济效益产生不利影响。

3.金融风险

在现代租赁业务中，金融风险主要来自利率风险与汇率风险。

利率风险，是指利率升降的变动给租赁当事人造成损失的风险。租赁交易是基于某个隐含利率签署的，利息是租金构成中最重要的因素之一，而融资利率的高低与租金数额呈现出同方向变化的关系。在金融市场上，利率会随市场资金供求关系的变化而升降，当市场利率发生波动时，租赁双方会有一方将承担亏损。如果出租人向银行或其他金融机构融资采用的是浮动利率，那么在租期内市场利率上升，必然导致租赁公司的融资成本相对增加，使预期收益水平下降；而从承租人角度看，如果签订的是固定利率的租赁合同，在利率下降时就无法享受利率下跌带来的租赁成本降低的好处。

汇率风险，是指在国际经济交往中，各国货币之间汇率发生变化给租赁当事人带来损失的风险。在租赁交易中，从购买合同的签订到租赁合同的完成一般需要比较长的时间。在此期间，尽管租赁设备的货价没有变化，但是用于支付的货币汇率发生变动就会影响进出口商的利益。对出口商来说，若用于支付的货币汇率下降，则会导致其实际收入减少；而对进口商来说，若结算货币汇率上升，则会导致其实际进口成本的增加。此外，如果融资租赁公司筹集的是外汇资金，那么其偿付贷款本息时若汇率上升，则需要支付较多的利息。

4.信用风险

信用风险又称违约风险，是指在现代租赁业务中当事人不能全部或仅部分按时履行所承担的对他方的责任而导致租赁行为中断、使当事人的利益不能实现或者受到损失的风险。信用风险一般有三种情况：一是出租人的违约风险。这是指因融资租赁机构本身资金不足或工作疏忽、失误而导致未及时向供货人支付货款，租赁物不能按期提供给承租人使用，从而使承租人蒙受经济损失。二是承租人违约的风险。这主要是由于承租人面临一些客观因素或承租人不讲信誉、恶意欺诈等主观因素引起的，如延付租金甚至不付租金，或是所交租金币种与合同不符等。三是供货人的违约风险。这主要表现为供货人未能按合同规定的时间交货或未能达到合同约定的交货质量、包装物、技术等要求，从而使承租人无法按期或根本就不能使租赁设备产生效益，导致出租人不能及时收回租金而蒙受经济损失。

5.政治风险

政治风险，是指租赁当事人从事正常活动的政治环境或政府采取的政策发生出乎人们意料的变动而产生的风险。政治风险一般有以下三种类型：一是转移风险，即政府在资本市场、产品市场、技术市场以及利润和人员转移等方面采取限制措施而产生的租赁设备不能转移及租金难以支付的风险。二是所有权风险，即由于政府实行了资本国有化、对外资股权进行限制、取消特许专卖权、在投资部门和地区等方面进行限制而带来的风险。三是企业运转风险，即由于政府对企业在生产、销售、筹资等方面进行干预而带来的风险。此外，动乱、战争、政变、民族冲突、政策变更等也会造成政治风险。政治风险一旦发生，其影响巨大，因而在国际租赁业务中，当事人必须关注政治风险。

6.法律风险

法律风险是指融资租赁法律法规体系不健全，法律与法律之间、法律与政策之间不一致，导致租赁当事人的权益得不到保护而遭受损失的风险。它是融资租赁机构面临的主要风险之一。

7.自然灾害风险

自然灾害风险，是指因火灾、地震、台风、龙卷风、暴雨、洪水、海啸、雪崩、泥石流等自然灾害给租赁当事人带来损失的风险。它属于纯粹风险。在实务中，对出租人来说，自然灾害风险通常出现在租赁设备运输的过程中；对于承租人来说，自然灾害风险主要出现在使用租赁设备期间。自然灾害风险一旦发生，就必然对租赁当事人造成巨大的损失。

8.税务风险

税务风险又称税收风险，是指由于一国税率和纳税条件发生变化给租赁当事人带来损失的风险。例如，在真实租赁中，出租人可以享受税收优惠政策，而且出租人为了吸引顾客还会降低租金，与承租人分享税收优惠。如果税收优惠政策发生变动，出租人要缴纳的税金增加，则出租人收益就会减少，甚至出现亏损。

三、主要租赁风险的防范策略

融资租赁业务从签订租赁合同到合同执行完毕，出租人和承租人都会遇到影响融资租赁业务正常开展的各种重要的不利因素和事件，而正是这些不确定性导致了融资租赁业务的风险。因此，融资租赁业务涉及的各方当事人有必要进行租赁风险管理，以避免或减少租赁风险所带来的经济损失。在我们已经了解了各种租赁风险之后，就要掌握防范和化解这些风险的方法，从而使租赁各方当事人将损失控制在最低限度。由于租赁各方当事人所处的地位不同，所以采取的防范和化解租赁风险的策略或措施也就有所不同。

（一）市场风险的防范策略

在市场经济体制及全球经济一体化背景下，市场因素对融资租赁业务的影响是巨大的，租赁当事人必须全面对待、科学防范，否则可能带来灭顶之灾。出租人和承租人都必须对租赁项目的可行性进行深入研究，做好租赁设备的技术及未来发展趋势的前景预测，并与国际上同类设备进行综合比较分析。对与本企业密切相关且技术更新快的租赁设备，租赁期限应相应缩短。在价格水平上涨较快的形势下，对租赁设备的折旧形式及残值估价也应作出必要的调整。

（二）经营性风险的防范策略

对出租人而言，融资租赁机构在受理租赁业务前，要严格按照经济规律办事，进行细致、科学的咨询和调研。接受租赁项目后应当坚持按程序办事，对租赁项目的可行性进行科学论证，对租赁项目的发展能力进行静态与动态的考察，对租赁项目的收益采用定性与定量相结合的方法加以分析，对承租人的信誉、财务状况、经营能力等要给予慎重调查和正确评价，以便择优受理租赁项目。在签订购买合同时，如果需向供货人预付订金，则融资租赁机构一般应要求供货人出具不可撤销函。在签订租赁合同时，要将可能出现的问题或风险在条款中列明，严格规定约束条件和责任条件。为避免或减少损失，融资租赁机构可以采取以下几种防范经营风险的措施：一是在租赁合同签订后向承租人一次性收取租赁物总金额10%左右的保证金，可用保证金冲抵部分租金；二是在手续费收入中按一定比例拿出一部分作为风险基金（坏账准备金），以消化呆坏账项目；三是在租赁合同中必须明确约定如果承租人延期交付租金，则每日应按3‰～5‰的比例加收利息，如果承租人单方面终止合同，则将承担高比例的违约赔偿；四是在租赁合同履行过程中如果发现承租人无力继续经营，支付租金已无保障，则融资租赁公司有权直接收回租赁设备，其间产生的所有费用均由承租人承担。

对承租人而言，要防范经营性风险就应当提高企业的管理水平，完善内部控制机制，增强企业的凝聚力与向心力，建立积极健康的企业文化，采用科学的方法对市场需求和市场价格进行充分的调查研究及预测，建立灵活有效的供销体系，提高企业的竞争力。当出租人要求预付的定金或保证金的数额较大时，承租人可要求出租人出具不可撤销保函。

（三）金融风险的防范策略

1.利率风险的防范策略

对融资租赁机构而言，利率风险主要发生在筹集资金的阶段。因此，融资租赁机构选择哪种借款（贷款）利率就显得十分重要。一般可供选择的贷款利率有优惠利率、同业拆借利率、出口信贷利率、混合贷款利率、政府贷款利率、国际金融组织贷款利率等。融资租赁机构在与贷款人签订信贷协议时，其选择浮动利率或固定利率的一般原则是：当市场利率处于上升趋势时，应采用固定利率；当市场利率处于下降趋势时，应采用浮动利率；当无法预测国际金融市场利率的升降趋势时，应采用浮动利率。此外，也可以利用利率互换、货币互换等金融创新手段对利率风险加以防范。

2.汇率风险的防范策略

为了避免汇率风险带来的损失，融资租赁机构应当采取以下几种防范汇率风险的措施：（1）要正确选择交易中使用的货币。出口应力争采用趋于升值的货币（硬货币）计价；进口应当争取采用趋于贬值的货币（软货币）计价，当然，也可以同时使用两种货币。（2）采用划拨清算方式。交易双方商定，在一定时期内双方的经济往来采用同一种货币计价，每笔交易额只在账面上划拨，到规定的期限再进行清算。通过这种方式，双方交易额的大部分可以互相抵销，从而避免汇率波动带来的损失。（3）使用外汇保值条款。外汇买卖双方将签订合同之日的汇率固定，并在合同中注明实际付款时仍然使用此汇率，从而避免汇率风险带来的损失。（4）采用远期外汇交易。远期外汇交易是指交易双方事先约定，并在未来某个交易日按照事先约定的汇率进行交割的外汇交易。出租人要在将来某天收取一定金额的外币资金，它可以和银行签订远期外汇交易合约，约定在租金收取日以确定的汇率卖出相当于租金的外汇，从而规避了汇率风险。承租人需要和银行签订协议，约定在租金支付日以确定的汇率买入相当于租金的外汇。（5）采用外汇期权交易。外汇期权是指期权合约的持有者（即买方）拥有在规定的期限内按双方商定的汇率买卖一定数量外汇的权利。期权只是一项权利而非义务。若结果对期权持有者有利，则它将选择执行期权；否则不执行期权。期权又分为看涨期权和看跌期权。如果出租人预计租金所使用的货币有贬值的趋势，它可以买入看跌期权或卖出看涨期权，这样就可以按照较高的汇率将收取的外币租金卖出。如果承租人预计租金所使用货币有升值的趋势，它可以买入看涨期权或卖出看跌期权，这样就可以保证以较低的价格买入外币，支付租金。此外，还可以利用外汇掉期交易、外汇期货交易和"一篮子"货币进行保值，防范汇率风险。

（四）信用风险的防范策略

信用性风险产生的主要原因就是信息的不对称，因此，在租赁项目开始之前，要利用各种可获得租赁当事人信息的渠道，对租赁当事人的信誉进行咨询和调查，以便作出最客观的评价。

对出租人来说，要对租赁设备供应商的设备生产能力、信誉进行调查，以确保设备能按时交到承租人手中；同时，也要对承租人的经营能力、资信进行详细的评价，以确保能按时收到租金。出租人可以向承租人收取一定的保证金，要求承租人提供经出租人认可的经济担保人。在租赁期内，出租人还要尽力帮助承租人解决技术和设备维修上的难题，让承租人能正常使用设备。

对承租人来说，租赁设备前要对出租人的筹资能力、信誉进行细致详尽的分析，以保证能按计划开工。特别是当出租人是国外的租赁公司时，本国承租人应通过各种渠道对出租人的信誉进行咨询、查证。当出租人要求预付定金时，承租人可就该项资金要求出租人开立可以接受的不可撤销的保函。

（五）政治风险的防范策略

政治风险的防范以预防为主。在开展国际融资租赁交易之前，应对租赁交易的另几方当事人（出租人、承租人和供货人）所在国的社会制度、劳资关系、民族问题、政治局势、政党执政情况等进行比较详尽的了解，避免在政局不稳的国家开展业务。

（六）法律风险的防范策略

法律风险是出租人而不是承租人面临的主要风险。法律风险一旦发生，就必将使出租人遭受较大的经济损失，影响出租人的稳定发展。因此，为了保障出租人的利益，实务中融资租赁机构应加强事前对风险的防范，其中包括法律文书的合法性以及担保的设置等法律问题。对出租人可能承担的所有权风险，除了依靠立法来规范融资租赁合同的条款内容外，出租人也应在日常经营中积极加以防范。首先，出租人应当与承租人订立全面的融资租赁合同，可通过约定违约金或赔偿损失的方式确定承租人无权处分租赁物所要承担的责任。另外，可以在融资租赁合同中约定承租人有义务配合、协助出租人在租赁设备表面作出能够表明租赁设备权属的标记并有义务维护租赁设备上的所有权标识。其次，租赁期内在不影响承租人正常生产经营的前提下，出租人有权定期检查租赁设备的状态以及所有权标识的贴附情况，承租人应当配合出租人检查租赁设备的合理要求。虽然定期检查、贴附标识这些行为可能会增加出租人的成本，但与后期可能产生的损失相比，这些前期投入都是值得的，防患于未然，更能保障融资租赁公司的合法权益。

（七）自然灾害风险的防范策略

由于自然灾害风险属于纯粹风险，所以租赁当事人可以通过向保险公司投保不同险别的运输险和财产险来防范此类风险。出租人可以自己向保险公司投保，将租赁设备的不确定性损失转化为固定的费用，并将保费计入租金。或者，由承租人直接向保险公司投保，支付保费。当设备在自然灾害中受到损害时，投保人就可凭借保单向保险公司索赔。此外，租赁当事人应当尽量避免在自然灾害容易发生的季节或地点运输或使用租赁设备。

（八）税务风险的防范策略

一般情况下，税收政策能体现出宏观经济政策的取向。因此，租赁当事人应及时分析所在国的宏观经济现状、行业现状及趋势，采取措施合理避税，避免受到税收政策变动带来的不利影响。国外的融资租赁机构为补救自身税务风险所造成的损失，一般在租赁合同中加入税率发生变化时租赁利率也随之变动的条款。

--- **本章小结** ---

目前我国有两类融资租赁机构，即金融租赁公司、融资租赁公司。金融租赁公司由国家金融监督管理总局负责监管，融资租赁公司由银保监会、省级人民政府、

省级地方金融机构共同实施监管。金融租赁公司属于非银行金融机构，融资租赁公司属于类金融机构。

融资租赁机构管理的形式有两种：一是外部监管，二是内部管理。加强对融资租赁机构的管理有利于提高融资租赁机构的经营能力，有利于维护金融体系的稳定

融资租赁机构采取有限责任公司或股份有限公司的组织形式。融资租赁机构组织管理的内容包括设立条件、变更、解散、破产及内部组织机构设置等。

资金是融资租赁机构生存和发展的决定因素和必要条件，其筹集资金能力的大小和资金管理水平的高低，直接关系到融资租赁机构的发展命运。因此，融资租赁机构不仅要在国内筹集本币资金，也要在国外筹集外汇资金，还要创造新型融资渠道。融资租赁机构资金管理的内容包括租赁资金运用的安全性管理、租赁项目管理、租金收回管理、租赁信用管理、资金结构合理配置管理和资金运营的流量管理。

融资租赁机构业务管理的内容包括确定融资租赁机构的业务范围、经营原则和业务监管指标。

租赁风险管理是融资租赁机构管理的重要内容之一。租赁风险，是指在租赁业务中各种因素导致租赁合同不能顺利执行、租赁行为中断、使当事人的利益不能实现或者受到损失的风险。租赁物的所有权与使用权相分离，以及与租赁当事人的利益存在差异是租赁风险产生的原因。租赁风险有自身独有的一些特征：客观性与主观性并存；危害性与机会性并存；可测性与不可预知性并存；可控性与不可消除性并存；双重保障性与累积性并存；相关性与独立性并存。主要的租赁风险包括市场风险、经营风险、金融风险、信用风险、政治风险、法律风险、自然灾害风险和税务风险。每一类租赁风险产生的原因不同，采取的防范风险的策略也就不同。

───────────── **关键概念** ─────────────

金融租赁公司　融资租赁公司　有限责任公司　股份有限公司　租赁资产证券化　租赁基金　融资租赁保理　融资租赁信托　租赁风险

───────────── **思考与应用** ─────────────

1.融资租赁机构管理的形式和意义有哪些？

2.融资租赁机构采取哪些组织形式？

3.融资租赁机构的资金来源渠道有哪些？

4.融资租赁机构的资金管理包括哪些内容？

5.融资租赁机构业务监管的指标有哪些？

6.融资租赁机构面临哪些主要风险？

参考文献

［1］王淑敏，齐佩金．金融信托与租赁［M］．3版．北京：中国金融出版社，2011.

［2］闵绥艳．信托与租赁［M］．3版．北京：科学出版社，2012.

［3］王春满，徐立世．金融信托理论与实务［M］．北京：高等教育出版社，2015.

［4］马丽娟．信托与融资租赁［M］．3版．北京：首都经济贸易大学出版社，2016.

［5］孙迎春，伏琳娜．金融信托与租赁［M］．2版．大连：东北财经大学出版社，2014.

［6］叶伟春．信托与租赁［M］．2版．上海：上海财经大学出版社，2011.

［7］蔡鸣龙．金融信托与租赁［M］．2版．北京：中国金融出版社，2013.

［8］丁贵英．金融信托与租赁实务［M］．2版．北京：电子工业出版社，2012.

［9］吴世亮，黄冬萍．中国信托业与信托市场［M］．2版．北京：首都经济贸易大学出版社，2013.

［10］刘澜飚．融资租赁理论与实务［M］．北京：人民邮电出版社，2016.

［11］刘辉群，韦颜秋，王进军．融资租赁导论［M］．北京：电子工业出版社，2017.

［12］胡阳，孙宗丰．融资租赁风险控制［M］．北京：电子工业出版社，2016.

［13］孙书元．信托探究［M］．北京：中国经济出版社，2012.

［14］左毓秀，史建平．信托与租赁［M］．北京：中国经济出版社，2001.

［15］徐保满. 金融信托与租赁［M］. 北京：科学出版社，2007.

［16］宋清华，李志辉. 金融风险管理［M］. 北京：中国金融出版社，2003.

［17］邢成. 信托经理人培训教程［M］. 北京：中国经济出版社，2004.

［18］徐孟洲. 信托法［M］. 北京：法律出版社，2006.

［19］邵祥林，董贤圣，丁建臣. 信托投资公司经营与管理［M］. 北京：中国人民大学出版社，2004.

［20］朴明根，王春红，邹立明，等. 信托、典当、拍卖与租赁管理论［M］. 北京：经济科学出版社，2008.

［21］左毓秀. 信托与租赁［M］. 北京：中国经济出版社，1998.

［22］王豫川. 金融租赁导论［M］. 北京：北京大学出版社，1997.

［23］张同庆. 信托业务风险管理与案例分析［M］. 2版. 北京：中国法制出版社，2018.

［24］叶伟春. 信托与租赁［M］. 4版. 上海：上海财经大学出版社，2019.

［25］潘修平，侯太领，等. 中国家族信托：原理与实务［M］. 北京：知识产权出版社，2017.

［26］贾毅军，付丛笑. 融资租赁实务全书［M］. 北京：中国法制出版社，2018.

［27］施慧洪. 信托投资学［M］. 北京：首都经济贸易大学出版社，2024.